各國ノ政黨
〔第二分冊〕
（大正十二年十月）

外務省歐米局

各國ノ政黨〔第二分冊〕

大正十二年十月

日本立法資料全集　別巻
1146

信山社

第十七編　獨逸國ノ政黨

第十七編　獨逸國ノ政黨

第一章　緒　論

世界大戰ノ末期獨逸革命帝政瓦解ニ至ル迄ノ獨逸國政黨實況ハ大正四年帝國外務省編纂ニ係ル「各國ノ政黨」ニ依リ略之ヲ窺知シ得ヘシト雖モ大戰中愈欝積シ來レル民主社會主義思想ハ爆發シテ革命トナリ獨逸國ノ組織ヲ根本的ニ改造シタルハ勿論同國ノ政治經濟ヲ始メ萬般ノ社會事情從テ又一變スルニ至レルヲ以テ之ヲ背景トシテ立テル政黨モ亦或ハ離合集散シテ新黨ヲ組織シ或ハ其ノ綱領ヲ改正シ孰レモ皆昔日ノ面目ヲ一新スルニ至レリ故ニ本論ニ於テハ右革命ニ依リ改造セラレタル各政黨最近ノ實況(一九二一年初頃迄)ヲ概說シ以テ獨逸國現在將來ノ政局判斷ニ資セントスルモノナリ

然レトモ政黨ハ前述ノ如ク國家組織政治經濟ヲ始メ社會萬般ノ事情ニ立脚シ之ト共ニ變異スルモノナルヲ以テ先ツ獨逸現在政黨形成ノ原因タル革命ヨリ各政黨ノ基礎ヲ確立スルニ至ラシメタル第一次國會選擧迄ノ同國政情及政黨ノ勢力ニ多大ノ關係ヲ有スル國會議員選擧法ヲ概略說明セン

トス

第二章　革命ヨリ第一次國會選擧ニ至ル迄ノ政情

第一節　獨逸革命ノ原因

獨逸革命ノ原因ハ後世歴史ノ判斷ニ依リ初メテ決定セラルヘキモノナルヲ以テ茲ニハ革命爆發ニ至レル歴史的事實ヲ略述スルニ止メントス

抑獨逸帝國ノ瓦解ヲ誘致シタル根本的動機ハ一九一八年一月八日米國大統領「ウイルソン」ノ十四箇條宣言ニ在リト云フヘシ當時(イ)連年ノ戰爭ト封鎖トニ依リ國力疲弊ヲ極メ(ロ)財政逼迫シ(ハ)露西亞革命ノ影響及敵國側ヨリノ祕密援助(ニ)生活困難ニ伴フ下層民ノ不平(ホ)勞働者ノ都市集中等種々ノ原因ニ依リ民主社會主義ノ思想益蔓延シ社會黨ノ勢力增大シタル獨逸ニ於テハ國內擧テ平和ヲ渴望シツツアリタル際ナルヲ以テ一月二十八日宰相「ヘルトリング」ハ墺洪國ノ正當ナル要求ヲ滿足セシムルコト及土耳古ノ不可侵ヲ保障スルコトノ二點ヲ條件トシテ大體右十四箇條ノ宣言ニ同意ナル旨聲明スルニ至レルカ英佛新聞紙ハ徹底的勝利ヲ要求シ右聲明ヲ以テ無誠意挑發的ノモノトシテ一笑ニ附シタリ然ルニ其ノ後民主社會主義ハ愈勢力ヲ得九月二十四日國會中

央委員會ニ於テハ「政府ノ議會化」卽チ社會民主黨(Sozialdemokratische Partei Deutschlands)ノ入閣問題高調セラレ而シテ同黨ハ入閣ノ最小限度要求條件トシテ(イ)國際聯盟及一般的軍備縮少ノ精神ヲ無條件ニ承認スルコト(ロ)「セルビヤ」「モンテネグロ」ノ復興白耳義ニ對スル賠償ヲ承認スルコト(ハ)「ブレスト、リトウスク」及「ブカレスト」平和條約ハ一般的平和ノ妨タルヘカラス又占領地ハ返還ノ上民主的政府ヲ組織セシムルコト(ニ)「エルザス、ロートリンゲン」ノ自主獨逸國內一切ノ聯邦ニ普通選擧ヲ採用セシムルコト(ホ)獨逸政府ハ統一政府タルヘク政府以外ニ存スル無責任ノ事實上ノ政府ヲ廢止スルコト參議院國會兩議員兼任ヲ禁止セル憲法第九條ノ廢止皇帝及軍憲ノ布告類ハ豫メ宰相ニ通知スルコト(ヘ)集會及新聞紙ノ自由檢閱ハ單ニ純軍事關係ノ事項ニ限ルコトヲ主張シ之ニ對シ宰相ハ潛航艇戰徐々ニ效果ヲ奏シツツアルヲ以テ形勢左迄悲觀スルヲ要セストト述ヘタルモ翌二十五日盟邦「ブルガリヤ」無條件休戰降伏ノ報道到達シ憲法民主化ノ要求遂ニ勝ヲ制シタリ而シテ「ヘルトリング」ハ議院政治ノ採用ヲ以テ自己ノ政見ニ合セストシ之ヲ拒絕シタルモ社會民主黨ノ攻擊ニ堪エスシテ遂ニ辭職シ理想家ニシテ社會黨ヨリ好感ヲ以テ迎ヘラレタル「バーデン」大公「フリードリヒ」二世ノ甥「マックス」親王ソノ後ヲ襲ヘリ新宰相ノ任務ハ內ニアリテハ皇帝ノ權力ヲ削減シ又「ウイルソン」及全左黨ノ要求スル議院政治ヲ採用スルコト又外ニ在リテハ平和ヲ締結スルコトニ在リタルカ其ノ後十一月十六日「マツクス」自ラ發表シタル處ニ依レハ同氏ノ目的ハ休戰ヨリハ寧ロ戰爭ノ目的ヲ詳細ニ宣定シ以テ獨逸ノ意圖「ウイルソン」ノ原則ト合致スルコト及右原則ノ爲ニハ重大ナル國民的犠牲ヲモ厭フモノニ非サルコトヲ全世界ニ表明セントスルニ在リタリ然ルニ十月一日最高軍司令部ハ戰線ノ狀況二十四時間內ノ休戰ヲ必要トスルモノアルヲ理由トシテ卽時ノ休戰ヲ要求シタルヲ以テ宰相ハ已ムヲ得ス休戰ニ決意シ同日中央黨進步國民黨及社會民主黨ヲ中心トスル議院政府（無任所大臣トシテハ中央黨ヨリ Gröber, Erzberger 進步國民黨ヨリ Haussmann 社會民主黨ヨリ Scheidemann 其ノ他ハ內務ニ中央黨ノ Trimborn 勞働ニ社會民主黨ノ Bauer 同次官ニ舊勞働組合書記長 Giesberts 外務ニ官僚ナルモ民主的ナル Solf 同次官ニ社會民主黨ノ David 等就任ス）ヲ組織シ十月四日休戰ヲ請フニ至レリ十月八日ニ至リ軍事專門家ハ前記戰線ノ狀況ニ關スル判斷ヲ以テ誤謬ニシテ事實左迄悲觀スヘキニ非サル旨ヲ主張シタルモ既ニ遲ク十一月十一日休戰條約締結セラレタリ十月四日宰相ハ先ツ國會ニ於テ民主主義ヲ主眼トスル旨宣言シ爾來着々右方針ニ依リ改革ヲ進メ十月二十八日皇帝モ亦新政府ノ改革ニ依リ皇帝ノ權利ノ主要ナル部分國民ニ移リタル旨勅諭スルニ至レルカ右改革ノ結果皇帝ノ地位ハ英國皇帝ノ地位ト略同等タルニ至レルヲ以テ「ウイルソン」及獨逸勞働者ハ本來之ヲ以テ滿足スヘキ筈ナリシモ當時偶〻米國ニ於ケル大統領改選ニ際シ「ウイルソン」ハ對選擧ノ運動上對獨敵愾心ヲ利用スルノ必要ヲ認メテ皇帝ノ退位ヲ要求シ獨逸國內ニ於テモ亦社會民主黨ハ益勢ヲ得ツツアル獨立社會黨ト競爭スル必要上同シク皇帝ノ退位ヲ要求スルニ至レルヲ以テ形勢愈切迫セリ

第二節　革命ノ狀況

然ルニ當時「キール」ニ於テ政府カ汎獨主義者ノ運動ニ依リ絕望的海戰ヲ決行セントシツツアリトノ浮說流布セラレタル結果十一月三日水兵間ニ一大暴動勃發シ三十七名ノ士官殺害セラレ次テ「リユーベツク」漢堡等各地ニ暴動蔓延シ若干ノ軍艦ハ赤旗ヲ揭ケ所在掠奪ヲ見ルニ至レリ茲ニ於テ社會民主黨ハ宰相ニ對シ皇帝ノ卽時退位ヲ强要シタルカ十一月八日先ツ「ミユンヘン」ニ於テ巴威共和國宣言セラレ次テ休戰條件頗ル慘憺タルモノアリトノ報道流布セラルルヤ翌九日伯林中央政府モ亦瓦解セリ宰相「マツクス」ハ自己ノ政策ノ破綻ヲ告白シ又皇帝ノ退位及皇太子皇位繼承權ノ拋棄決定セラレタル旨宣言セラレタリ

當初皇帝ハ軍指揮官トシテノ地位ヲ維持シ以テ國內ノ赤化ヲ防カントシタルモ軍隊側カ生命ノ安全ヲ保障セサリシ爲十一月十一日和蘭「アメロンゲン」ニ蒙塵シ二十三日皇太子モ亦「ウイーリン

ゲン」島ニ逃亡セリ
十一月二十八日皇帝ハ皇位拋棄ヲ十二月五日皇太子モ亦皇位繼承權拋棄ヲ夫々正式ニ宣言セリ
「マックス」ハ當初皇太子ノ皇位又ハ皇位繼承權拋棄及ヒ之ニ伴フ十二歳ノ皇太孫ニ對スル攝政設置等諸問題解決セラルル迄其ノ地位ヲ維持シ然ル後社會民主黨首領「エーベルト」ヲ宰相トシテ憲法制定帝國會議ヲ召集シ以テ將來ニ於ケル國家ノ形式ヲ議決セシメントシタルモ其ノ意ヲ果サス十一月九日「エーベルト」ヲ後任宰相トシテ自已ノ閣員全部ト共ニ辭職スルノ已ムナキニ至レリ
新宰相「エーベルト」ハ先ツ「獨逸民衆ニ告ク」トノ布告ヲ發シ自己ノ任官ヲ宣言シ一般ニ新政府ニ協力スヘキヲ要請シタルモ翌十日ニハ伯林ノ秩序全ク壞敗シ十一日社會民主黨ト獨立社會黨トノ妥協ニ依リ Ebert, Scheidemann, Landsberg（以上社會民主黨）Hasse, Dittmann, Barth（以上獨立社會黨）ヨリ成ル國民受任委員（Volksbeauftragten）ノ政府組織セラレタリ閣員トシテハ「エルツベルゲル」「ゾルフ」等留任シ又大藏 Schiffer（國民自由黨）内務 Preuss（進歩國民黨）食糧 Wurm（社會民主黨）新任セラル國民受任委員ハ十二日法律ノ效力アル處分ヲ公布シ戒嚴令撤廢、集會結社新聞紙信教ノ自由、政治犯ノ特赦、祖國救濟義務法 Gesetz uber den vaterlandischen Hilfsdienst 傭人條例、農業勞働者特別規則ノ廢止、一九一九年一月一日ヨリ一日八時間勞働制ヲ採用スルコト私的侵害ニ對スル所有權保護及二十歳以上ノ者ニハ男女ヲ問ハス憲法制定國民會議選擧權ヲ附與スルコトヲ宣セリ次テ獨逸內各聯邦ニ於テモ王政倒レテ共和政宣言セラレ所在露西亞ノ例ニ倣ヒ勞兵會設立セラレ勞働ニ從事スル國民ノ被信任者トシテ最高權力ヲ掌握セントセリ伯林勞兵會ハ全獨逸ニ對スル權力獲得ニ努メ憲法制定國民會議ノ召集ヲ遷延セシメントシタルノミナラス議院制度ハ舊時代ノ遺訓ナル故無產階級ノ獨裁 Diktatur des Proletariats ヲ以テ之ニ代フヘキモノトシ憲法制定國民會議ヲ全然阻止セントサヘシタリ然レトモ右ハ國民大多數ノ希望ニ合致セサルノミナラス社會民主黨ハ右民意ノ壓伏ヲ以テ民主主義ニ反ヌルモノトシテ之ヲ排斥シ又勞兵會ヲ以テ國民會議カ新政府ヲ決定スル迄ノ過渡的機關ニ過キスト宣言シ伯林以外ノ兵士會議ハ一面社會主義共和國ヲ主張スルニ拘ハラス極端運動殊ニ「スパルタクス」團（共產主議者ノ團體ニシテ後ニ說明ス）ノ運動ニ反對シ「ヒンデンブルグ」元帥ヲ首トスル最高軍司令部兵士會議ハ十一月二十六日左右何レニ由來スルヲ問ハス一切ノ恐怖政治ニ反對シ國家ヲ紊亂セントスル企圖及狂想者又ハ暴力者ノ爲祖國ト國民トヲ深淵ニ陷ルルコトニ斷乎反對スル旨ヲ宣言シ又當時「ライン」河ヲ渡リテ歸國ノ途ニ就キツツアリタル第四軍ノ兵士五十萬モ十一月二十四日「エーベルト」ニ對シ同樣ノ電信ヲ送リ其他南獨地方ニ於テハ伯林ノ支配ヲ非トシテ分離思想盛トナレリ伯林恐怖主義者

ハ之等ノ反對危險ニ關セス十一月二十七日其ノ權力下ニ在ル半官報「ウォルフ」通信ヲシテ「革命ハ新ナル國法ヲ確立シ社會主義共和政維持反革命運動鎭壓ノ爲政權ヲ勞兵會ニ歸セシメタリ而シテ伯林勞兵會執行委員會ハ全獨逸勞兵會代表者會議カ正式ノ執行委員會ノ選擧スル迄其ノ權限ヲ代行シ政府閣員ヲ任免ス云々」トノ趣旨ヲ發表セシメタリ次テ十一月二十五日假政府ハ約七十名ノ革命大臣ヨリナル獨逸國會議 Reichskonferenz ヲ伯林ニ召集シタルカ同會議ハ獨逸統一ノ維持國民會議ヲ速ニ召集スルコト暫定平和ヲ速ニ締結スルコトノ必要ヲ宣言セリ而シテ英佛ハ勞兵會代表者トノ交渉ヲ一切拒絕シタリ十二月十六日ヨリ二十日迄伯林ニ開催セラレタル全國勞兵會會議ハ執行委員會ヲ排シテ執行立法權ヲ六名ノ國民受任委員ニ授ケ又一九一九年二月十六日ニ執行セラルル筈ナリシ憲法制定國民會議選擧ヲ同年一月十九日ニ繰上クルコトトセリ十二月五日「スパルタクス」團員ト軍隊トノ間ニ衝突アリタルカ同二十四日伯林宮城ヲ占領シツツアリシ過激派水兵ハ軍隊ト衝突シテ六十八名ノ死者ヲ生セリ政府內ニ於テハ社會民主黨ノ穩和社會主義ト獨立社會黨ノ過激社會主義トノ間ニ議纒マラス獨立社會黨側ハ軍隊ヲ濫用シテ之等過激派ノ暴動ヲ鎭壓スルニ反對ナリシ爲政府ハ何等斷乎タル處置ヲ決行シ得サリシモ水兵ハ結局宮城ヨリ撤退セリ其ノ間最高權力ハ二十七名ヨリ成ル中央會議 Zentralrat ニ歸シタルカ同會議ハ同二十七日獨立社會黨

ノBarth, Dittmann及Haaseヲ斥ケテ社會民主黨ノNoske及Wisselヲ入レ純社會民主黨政府ヲ組織セシムルニ至レリ（獨立社會黨ノ「ハーゼ」等ハ過激派取締ニ關スル方針ニ關シ社會民主黨側ト意見衝突シタルヲ機トシ政府ヨリ脫退シタルモノナリ）又十二月二十日外相「ゾルフ」辭職シテ「コーペンハーゲン」駐劄公使Brockdorff-Rantzau伯其ノ後ヲ襲ヘリ

第三節　憲法制定國民會議選擧ヨリ「カップ」政變迄

十一月九日ノ革命ハ獨逸全國ニ亙リ暴動ヲ誘起シ勞兵會所在ニ政權ヲ獲得シ且之ヲ維持センカ為所謂古陋ノ議院制度ヲ廢シテ無產階級ノ獨裁制ヲ樹立シ「ソヴイエット」共和國ヲ建設セントシ一方ニ於テ共產黨（「スパルタクス」團）大イニ右思想ヲ宣傳シタルヲ以テ憲法制定國民會議ノ前途頗ル疑問トナリタルカ右ハ國民大多數ノ希望ニ合致セサルモノナルヲ以テ國內各方面ノ勢力殊ニ社會民主黨ノ强力ナル反對ニ依リ一九一九年一月十九日遂ニ國民會議選擧ノ施行ヲ見ルニ至レリ（東部戰線ニ在ル軍隊間ニ於テハ二月二日特別選擧ヲ執行ス）而シテ革命ノ結果各政黨ハ新ナル政情ニ適合センカ為或ハ相互ニ分合シテ新政黨ヲ組織シ或ハ其ノ政綱ヲ變更シ何レモ面目ヲ一新シタルカ右ニ關シテハ後ニ詳說スヘシ

選擧ノ結果ハ社會民主黨一六九中央黨九〇民主黨（舊進歩國民黨及國民自由黨ノ大多數ヨリ成ル）七五國粹國民黨（舊保守黨）四二獨立社會黨一一二國民黨（舊國民自由黨ノ一部）一一二「バヴアリヤ」農民同盟四獨逸「ハノーヴアー」黨二無所屬一ニシテ卽チ佛國ニ引渡サレタル「エルザス、ロートリンゲン」ヲ除キ議員總數四百二十三名ナルヲ以テ兩社會黨ヲ合算スルモ過半數ニ不足ナリ而シテ憲法制定國民會議ハ伯林動亂ノ爲二月六日「ワイマー」Weimar ニ召集セラレタルカ二月十一日臨時大統領ノ選擧ヲ施行シタル結果「エーベルト」之ニ當選シ次テ假憲法制定セラレ大統領ハ之ニ基キ「シヤイデマン」ヲ宰相ニ任命シ宰相ハ更ニ社會民主黨及左右兩派ノ中間ニ位スル中央黨並民主黨ヲ基礎トスル聯合內閣ヲ組織セリ其ノ顏觸ハ植民 Bell 無任所 Erzberger 郵政 Giesberts（以上中央黨）外務 Brockdorff-Rantzau 內務 Preuss 大藏兼副宰相 Schiffer 無任所 Gothein （以上民主黨）勞働 Bauer 經濟 Wissel 食糧 Robert Schmidt 司法 Landsberg 國防 Noske 無任所 David（以上社會民主黨） ナリ之ヨリ先一九一八年十一月十一日ニ締結セラレタル休戰ハ一九一九年一月十六日更ニ嚴酷ナル條件ノ下ニ延長セラレ二月十六日再ヒ延長セラレタルカ聯合側ハ一月十八日巴里ニ於テ平和會議ヲ開催シ先ツ相互間ニ平和條件ヲ議定シタル後四月二十五日獨逸全權ヲ同會議ニ招請セリ然ルニ宰相「シヤイデマン」ハ聯合側ヨリ交付セラレタル平和條約承認ヲ拒絕シテ六月二十一日外相「ブロックドルフ、ランツアウ」及藏相 Dernburg（民主黨「シッフアー」ノ後ヲ襲ヘル者）ト共ニ辭職シタルヲ以テ同日勞働相「バウエル」之ニ代リ社會民主黨七名中央黨四名ヨリ成ル所謂條約調印内閣ヲ組織シタルカ民主黨ハ入閣ヲ拒絶セリ新内閣顏觸ハ宰相「バウエル」外務 Müller 内務 David 勞働 Schlicke（以上社會民主黨）大藏 Erzberger 國庫 Mayer-Kaufbeuren（以上中央黨）ニシテ食糧、經濟、國防、郵政、植民ノ五相ハ留任セリ新内閣ハ六月二十二日及二十三日ノ國民會議ノ決議（兩囘共平和條約調印贊成二百三十七反對百三十八）ニ基キ六月二十八日遂ニ平和條約ニ調印シ次テ七月三十一日 Preuss 等ノ起草ニ係ル新憲法國民會議ニ於テ議決セラレ八月十三日ヨリ實施セラレタリ新憲法ノ特色ハ一ハ大イニ聯邦ノ權力ヲ削減シテ著シク中央集權主義統一國主義ヲ發揮セルコトニシテ一ハ革命及之ニ依リ勢力ヲ獲得セル社會民主黨ノ影響ニ依リテ社會主義ノ思想ヲ採用シタルコト之レナリ

十月三十日民主黨再ヒ入閣スルコトトナリ「シッフアー」司法ヲ Koch 内務ヲ引受ケ又新設セラレタル復興省ハ Gessler 之ヲ引受クルコトニ決シタルカ十一月七日植民省廢止セラレ殘務ハ復興省ニテ取扱フコトトナレリ次テ一月十日平和條約批准セラレ爾後獨逸政府ノ内政外政共ニ條約實施事務ヲ中心トスルニ至レリ

第四節　「カツプ」政變

舊軍閥官僚大地主大商工業者ヲ代表スル右黨ハ革命後一時氣息ヲ潛ムルノ已ムナキニ至リシモ(イ)元來多額ノ資金ト宣傳機關トヲ備ヘ且ツ軍隊及解散兵ノ中堅ヲ味方トシテ有スルコト(ロ)革命以來戰時ノ緊張氣風漸次薄ラキ一方戰爭ノ經濟的影響ハ刻々各方面ニ顯ハレテ國民生活ヲ壓迫スルニ至レルモ苛酷ナル平和條約ヲ控ヘタル政府ハ之ヲ輕減スルノ善後策ヲ講シ得サルヲ以テ政府ニ對スル失望ノ念國民ノ一半ニ愈擴マリ之等分子ハ漸次强硬ナル政府ヲ思フニ至レルコト(ハ)中央黨中社會黨ニ近キ一派ヲ代表スル藏相「エルツベルゲル」ハ閣內ニ於ケル事實上ノ首班者トシテ社會黨ト結ヒ厖大ナル社會的租稅政策ヲ以テ右黨方面資本家大地主ヲ壓迫セルコト(ニ)一九一九年十一月十五日「ヒンデンブルグ」元帥國民會議內戰責者審問委員會ノ審問ニ應スル爲來伯シタル頃ヨリ右黨ノ宣傳愈激烈トナリ氣勢從テ增大シタルコト(ホ)國民會議選擧ニ大勝シタル社會民主黨ハ其ノ勢力失墜ヲ危惧シ正式大統領及國會選擧ヲ出來得ル限リ遷延シタルコト(ヘ)平和條約ニ依リ解散セラルヘキ軍隊ノ不平等種々ノ原因ヨリ右黨ノ勢力及反政府熱大イニ盛トナリタルカ一九二〇年一月二十四日國會反大統領選擧法案發表セラレ遠カラス兩選擧共實行セラルルコトト

ナリ三月六日右黨諸新聞紙ハ「ヒンデンブルグ」ノ立候補アリ得ヘキヲ報道セリ然ルニ三月九日五月一日限リ國民會議ヲ解散スヘシトノ國粹國民黨ノ提議否決セラレ政府ハ一九二〇年秋平和條約ニ基ク人民投票全部終了スル迄ハ新選擧ヲ施行セスト聲明セリ三月十一日「ウォルフ」通信ハ社會民主黨カ憲法ヲ改正シ國民ノ直接選擧ニ代フルニ國會ノ選擧ニ依リ大統領ヲ選擧セシムルコトトセント欲シ且右憲法改正ニ必要ナル三分ノ二ノ多數國民會議ニ於テ確保セラレタリトノ趣旨ヲ發表シタルカ翌十二日ニハ藏相「エルツベルゲル」ハ國粹國民黨員「ヘルフエリッヒ」トノ訴訟ニ依リ財産隱匿租税逋脱ニ關スル非行社會ニ暴露セラレタル爲辭職スルノ已ムナキニ至レリ然ルニ當時前記諸原因ニ依リ現政府ニ不滿ナル極端右黨少壯派ノ間ニ軍閥ト提携シ武力ニ依リ政府ヲ顚覆シテ强硬ナル武斷政府ヲ樹立セントスル計畫隱密裡ニ謀議セラレ十二日政府ハ右黨極端派カ武力ニ依リ政府顚覆ヲ計畫シツツアル旨ヲ發表シ伯林國民聯合會 Nationale Vereinigung 事務所ノ家宅搜索ヲ執行シ尙 Generallandschaftsdirektor（土地組合總理事）Kapp 等ノ逮捕命令ヲ發スルト共ニ國防第一軍司令官 Lüttwitz 將軍ヲ待命トナシタルカ時既ニ遲ク十三日ニ至ルヤ在 Döberitz 軍隊ハ Erhard 指揮ノ下ニ伯林ニ進擊シ最後通牒ノ形式ニテ種々ノ要求ヲ提出セリ政府ハ之ヲ拒絕シ「ドレスデン」ニ逃亡シタルヲ以テ革命軍ハ十三日午前六時伯林中央政府諸官廳ヲ占領シ「カップ」及

「リユツトウイツ」ノ名ニテ從來ノ政府倒レ宰相「カツプ」國防相兼陸軍總司令官「リユツトウイツ」將軍ノ下ニ秩序自由及實行ノ新政府組織セラレタルコトヲ宣シ又國民會議ノ任務ハ憲法制定及平和條約締結ヲ以テ消滅シタルニ依リ同會議ハ最早存在セス尙內部ノ秩序囘復次第憲法上ノ秩序ヲ復歸シ新選擧ヲ行フヘシ等ノ布告ヲ發シタルカ之ニ對シ社會民主黨幹部ハ大統領「エーベルト」宰相「バウエル」ヲ始メ同黨大臣全部等ノ名ヲ以テ一般「ストライキ」ヲ宣言シ又「エーベルト」「バウエル」政府ハ「ドレスデン」ヨリ「何レノ政黨モ何レノ健全ナル人物モ干與シ居ラサル狂想者ノ「クーデター」ニ對シ憲法上ノ政府ヲ擁護スヘシ」トノ趣旨ヲ布告セリ議長 Fehrenbach ハ三月十七日國民會議ヲ「スツツトガルト」ニ召集スル旨ヲ宣シ又「バヴアリヤ」「ウユルテンベルグ」及「バーデン」ノ首相(社會民主黨)ハ共同シテ全力ヲ盡シテ憲法政府ヲ擁護スヘシトノ意味ヲ聲明セリ十四日「ミユンヘン」ニ於テモ社會民主黨ノ Hoffmann 內閣倒レ伯林トハ關係ナク伯林ト類似ノ軍政府樹立セラレタリ

伯林ニ於テハ一般「ストライキ」極端完全ニ實行セラレ生活ニ必需ナル諸工業モ全部運轉ヲ休止シ印刷職工ハ「カツプ」政府ノ布告類ヲ印刷スルコトヲモ拒メリ十五日憲法政府ハ「スツツトガルト」ニ移レリ而シテ「カツプ」側ニ贊同シタルハ東普魯西 Pommern, Schlesien, Brandenburg 及 Mecklenburg, Hamburg, Kiel, ノ一部等ニシテ其ノ他殊ニ普魯西「ウュルテンベルグ」「バーデン」「ヘッセン」政府ハ憲法政府ニ對シ忠實ヲ維持セリ其後「カップ」政府及舊政府側ヨリ公表セラレタル種々ノ布告報道等ヲ綜合判斷スルニ「リュットウイッ」等カ十二日最後通牒ノ形式ニテ大統領及國防相ニ申入レタル要求ノ主ナルハ當時平和條約ニ甚キ實行シッツアリシ國防軍解散武裝解除武器引渡等ヲ停止スルニ在リテ其ノ他速ニ國會及大統領選擧ヲ執行スヘキコト政府ノ改造ヲ實行スヘキコト等ノ問題モ當初又ハ中途ヨリ要求セラレタルモノノ如シ而シテ「カップ」等ハ伯林ニ軍政府ヲ樹立シテ全國ノ呼應ヲ俟チタルモ（イ）右黨有力者ハ右過激急進主義ヲ殆フミテ贊助セス又國防軍ノ大部モ憲法政府ニ忠實ナルカ又ハ觀望的態度ヲ取レルコト（ロ）各地方モ亦軍閥跋扈ノ弊ヲ十分味ヒ居ル關係上直ニ呼應スルニ至ラス（ハ）社會黨ノ勢力ハ國民ノ一半ニ深ク侵潤シ居ルノミナラス幹部ハ百方力ヲ盡シテ軍閥官僚帝政主義ノ反動防止ヲ宣傳シタルコト（ニ）殊ニ伯林其ノ他ニ於ケル官吏雇員及勞働者一般「ストライキ」ノ效果偉大ニシテ官公署及始メ一切ノ商店工場交通瓦斯電氣水道等皆運轉休止セラレタル爲食糧其ノ他生活必需品ノ缺乏ハ軍政府ニ對スル怨嗟ノ聲ヲ高メタルハ勿論所在ニ掠奪起リ延イテハ赤化ニ至ルノ虞アルコト等（伯林「ライプチヒ」「ドレスデン」「フランクフルト」「キール」等ニ於テハ勞働者ト軍隊トノ間ニ衝突起レリ）種々ノ原因ヨリ「カッ

「ブ」政府ハ十五日ニハ一應勞働者ニ對シ復業ヲ慫慂シ次テ「ストライキ」禁止ヲ嚴命シタルモ何等ノ效果ナク一方「ザクセン」軍司令官 Märcker 將軍ヲ初メ種々ノ人士ハ當初ヨリ新舊政府間ニ立チテ妥協ヲ圖リタルモ憲法政府ハ絕對的ニ新政府ノ無條件降伏ヲ要求シテ妥協ヲ全然郤ケタル爲「カップ」「リユットウイッツ」等モ遂ニ政權ヲ維持スルコト能ハス最初ヨリ伯林ニ止マリ新政府ト折衝シツツアリタル副宰相「シッファー」及伯林ニ殘留セル國民會議各政黨員ノ一部ト協議ノ上(イ)國會選擧ハ遲クモ六月中ニ之ヲ施行スルコト(ロ)大統領ハ憲法ノ規定ニ從ヒ國民ヲシテ選擧セシムルコト(ハ)政府改造ノ必要ヲ認ムルコトノ三點ニ付妥協ヲ了シタル後同政府ハ十七日遂ニ「バウエル」政府ハ十三日「カップ」政府樹立ノ原因タル政治上ノ要求ヲ容ルルニ決シタルヲ以テ執行權ヲ陸軍總司令官(「リユットウイッツ」ノ後任ニ任命セラレタル「ゼークト」將軍ヲ指ス)ニ與ヘテ辭職スル旨ヲ宣言シ敗退スルニ至レリ在「スッツトガルト」憲法政府ハ之ニ對シ政府及「スッツトガルト」ニ參集シツツアル國民會議ノ大部分ハ叛徒トノ妥協ニ一切反對シ從テ叛徒ノ壓迫ニ依リ前記諸點ヲ承認スルコトハ當初ヨリ之ヲ拒絕シ來レリトノ意味ヲ聲明シタルモ其ノ後右三點ハ事實上略履行セラレタリ十七日夕「スッツトガルト」政府ハ「カップ」「リユットウイッツ」敗退シタルニ付經濟ノ瓦解ヲ防ク爲速ニ一般「ストライキ」ヲ終止スヘシトノ布告ヲ發シ二十二日ニハ Legien

等ヲ首班トスル勞働組合側トノ間ニ妥協纒マリ勞働者側ヨリ軍閥ノ傀儡ヲ以テ目サレ居タル國防相「ノスケ」辭職シタルモ一般「ストライキ」ハ二十四日ニ至リ漸ク終了セリ
伯林以外ノ各地殊ニ中獨「ザクセン」及「ルール」地方等ノ工業地ニ於テハ一般「ストライキ」ハ共産黨騷擾ニ變化シ其ノ後鎭定ニ多大ノ日子ヲ要セリ
政府ハ二十一日再ヒ伯林ニ歸還シタルカ勞働組合ノ要求モアリ二十六日內閣ヲ改造スルコトトナリ「バウエル」辭職シテ翌二十七日社會民主黨領袖 Hermann Müller 其後ヲ襲ヒ從來同樣社會民主中央、民主三黨ヨリ成ル新內閣ヲ組織セリ（宰相兼外相 Müller 國庫 Bauer（前宰相）內務兼副宰相 Koch（民主）國防 Gessler（民主）司法 Blunck（民主）大藏 Wirth（中央）食糧 Hermes（中央等）

第五節　「カップ」政變ヨリ第一次國會選擧迄

四月二十三日國民會議ハ國會選擧法ヲ議決シ次テ五月二十一日ノ兩會議ヲ以テ全然其ノ任務ヲ終了シタル旨宣言セリ四月卅日大統領令ヲ以テ第一次國會選擧ヲ六月六日ニ施行スル旨布告シタルカ既ニ久シキ以前ヨリ選擧運動ニ着手シ居タル各政黨ハ一層猛烈ニ活動スルニ至レリ一九二〇年一月九日「バヴアリヤ」國民黨ハ中央黨ノ中央集權主義統一國主義ニ反對シテ全然同黨ヨリ分離シ

五月二日ニハ中央黨廓淸ヲ名トシテ基督敎國民黨同黨ヨリ脫退シ（但シ右兩黨共中央黨トハ一部ノ政見ヲ異ニスルノミニシテ大體ニ於テ同黨ト同一步調ヲ取ルモノナルヲ以テ中央黨ノ友黨ト見ルヲ得ヘキモ最近ニ至リ「バヴアリヤ」國民黨ハ多少右傾ノ傾向ナキニ非ス）又民主黨ニ於テハ舊進步國民黨系ニ屬スル分子ハ同黨カ社會黨ト共ニ一般「ストライキ」宣言ニ贊成シタルヲ非トシ四月末 Wiemer, Mugdan 兩氏ノ下ニ同黨ヲ脫退シ國民黨ニ入黨シタルカ之等ハ何レモ對選擧準備ト見ルヲ得ヘシ六月六日ノ選擧ニ於テハ西普魯西「ポーゼン」ハ大部分波蘭ヘ割讓セラレタル結果「オイベン、マルメデイー」及「ザール」地方ハ平和條約ニ依リ共ニ選擧ヨリ除外セラレ又上部「シレジヤ」東普魯西「シユレスウイヒ、ホルスタイン」ニ於テハ平和條約ニ基ク人民投票終了迄選擧ヲ延期シ舊國民會議員ヲ以テ國會議員ト見做スコトトナリタルカ選擧ノ結果ハ（イ）政見常ニ動搖シテ確乎タラサル民主黨減少シテ右黨タル國粹國民黨殊ニ國民黨大イニ膨張シ（ロ）常ニ政府黨トシテ中間「ブルジョア」諸黨ト妥協策ヲ取リ來レル社會民主黨比較的減少シテ極端社會主義ヲ主張スル獨立社會黨ノ激增ヲ見（ハ）中央黨ハ「バヴアリヤ」及基督敎兩國民黨ノ得票丈減シタルノミニテ大體舊勢力ヲ維持シタルコト之ナリ尚議員數ハ四白二十一名ヨリ四百六十六名ニ增加シタルカ其黨派別ハ社會民主黨一一三獨立社會黨八一中央黨六九國粹國民黨六二民主黨四五「バヴアリヤ」國民黨二〇獨逸「ハノーヴァー」黨四「バヴァリヤ」農民同盟四共產黨二(Paul Levi 及 Clara Zetkin)ナリトス右選擧ノ結果政府ハ「バヴァリヤ」國民黨ヲ加フルモ十分ナル多數ヲ制スル能ハサルコトトナリタル爲八日總辭職ヲ爲シ而シテ後繼內閣ノ組織ニ關シテハ國民黨ノ帝政主義ト社會民主黨ノ社會主義ト相容レス又中央民主兩黨ト獨立社會黨トハ全然相容レサルモノアルヲ以テ其ノ妥結頗ル困難ナリシモ二十一日中央黨ノ Fehrenbach 宰相ニ就任シ二十六日漸クニシテ內閣ノ組織ヲ了セリ新內閣ハ國民中央民主三黨ヨリ成ルモノニシテ國會ニ於ケル基礎ハ過半數ニ達セサルモ其ノ妥協的政策ニ依リ或ハ國粹國民黨或ハ社會民主黨ノ閣外ヨリノ後援ヲ得ントシタルモノニシテ其ノ顏觸ハ宰相 Fehrenbach 大藏 Wirth 郵政 Giesberts 食糧 Hermes 勞働 Brauns(以上中央黨)內務 Koch 國防 Gessler (以上民主黨)外務 Simons 交通 Gröner(以上民主黨ニ近シ)司法兼副宰相 Heinze 經濟 Scholz 國庫 Raumer (以上國民黨)ニシテ復興大臣ハ未定ナリ次テ六月二十六日臨時大統領「エーベルト」ノ請求ニ依リ正式大統領選擧ノ議起リシモ社會民主黨ノ好意ヲ繫ク必要上當分「エーベルト」ヲシテ其儘大統領ノ職ニ止マラシムルコトトセリ

第六節　結　論

以上論シタル所ニ依リ獨逸現在將來ノ政局ノ大勢ハ略之ヲ判斷スルヲ得ヘシ而シテ社會黨ハ革命ニ依リ一時大ナル勢力ヲ獲得シタルモ所謂「プロレタリア」トシテ社會黨共產黨ニ屬スヘキ工場勞働其ノ他勞働ニ依リ生活スル者ノ數ハ獨逸人口六千萬中二千萬乃至二千五百萬ト稱セラル、ニ過キサルヲ以テ大勢定マリ且ツ國會カ國內ノ各勢力ヲ公平代表スルニ至ルトセハ「プロレタリア」諸黨ト「ブルジョア」諸黨トノ割合ハ右人口ノ割合ニ相應セサルヘカラス革命ノ際內部的ニ赤化スルニ至ラサリシ獨逸ヲ赤化セシメ得ヘキ外部的原因ハ（イ）過激派露西亞カ益勢力ヲ擴大シ其ノ理想タル世界革命ノ一楷梯トシテ獨逸ヲ席卷スル場合（ロ）聯合側カ「ヴエルサイユ」條約ヲ文字通嚴格ニ執行シ獨逸ヲシテ自暴自棄ニ陷ラシムル場合ノ二ツヲ想像シ得ヘシト雖露西亞經濟力大部分消耗シ盡サレ殊ニ一九二〇年八月中旬「ワルシヤウ」附近ニ大敗シテ以來勢力益衰フルニ至リ又聯合側ノ對獨態度モ屢次ノ最高會議其ノ他ノ會議ニ依リ幾分宛ナリトモ漸次ニ緩和セラレ目下賠償問題最後ノ大難關トシテ殘レルノミナルヲ以テ意外ノ事變勃發セサル限リ先ツ赤化ノ虞ナキモノト云フヘシ殊ニ「カップ」政變一週年ニ該レル一九二一年三月十三日ヲ期シ獨逸各地ニ勃發シタル共產黨暴動カ其ノ目的タル無產階級ノ獨裁制ヲ達成スルニ至ラスシテ鎭壓セラレテ以來曩ニ獨立社會黨ヨリ分離シテ同黨ニ參加シタル有力ナル分子ノ一半再脫退スル等共產黨ノ凋落著シキモノアリ又獨逸選擧法最廣範圍ノ普通選擧主義比例代表主義ヲ採用セル結果略公平ニ各方面ノ勢力ヲ代表セシムルヲ得ヘク前述ノ第一次國會選擧ノ結果ハ能ク之ヲ立證スルモノナリ然レトモ其ノ結果トシテ極右黨タル國粹黨ヨリ國民黨中央黨民主黨社會民主黨獨立社會黨及極左黨タル共產黨ノ順序ニ於テ勢力分配セラレタル結果各派共過半數ニ達セス內閣ノ組織至難トナリタルハ已ムヲ得サル次第ト云フヘシ蓋シ國粹國民黨ハ左黨ト氷炭相容レサルハ素ヨリ中間黨タル中央黨民主黨中ノ左派トモ相容レサルヲ以テ「ブルジョア」諸黨ノミニテ國會ニ多數ヲ制スルコト困難ニシテ又「プロレタリア」諸黨ハ全部聯合スル場合ニモ過半數ニ足ラサルノミナラス共產黨ハ專ラ革命ニ依ル無產階級ノ獨裁ヲ主張シ妥協ヲ肯セサルヲ以テ右聯合スラ不可能ノ有樣ナリ故ニ國民黨ヨリ社會民主黨又ハ獨立社會黨迄ノ聯合ヲ妥結シ以テ國會ニ確實ナル基礎ヲ得ルノ外ナシ而シテ獨立社會黨ハ一九二〇年十月分裂シ共產主義者ハ同黨ヨリ脫退シテ共產黨ニ合併スルニ至リシ結果社會民主黨トノ溝渠漸次消失シツツアルモ尙「ブルジョア」諸黨殊ニ帝政主義ノ國民黨トハ妥協頗ル困難ナルモノアリ又社會主義ハ當初其ノ主張中ニ帝政主義諸黨トハ絕對ニ妥協セサルヘキ意味ヲ存シタル爲國民黨（理想トシテ帝政主義ヲ採用スルモ合法ナル憲法改正ノ手段ニ依リテノミ之ヲ達成セントスルモノナルコトヲ明ニセリ）トノ提携不可能ナリシモ一九二一年九月上旬「ゲルリッ

ツ」ノ黨大會ニ於テ舊「エルフルト」綱領ヲ改正シテ新政綱ヲ議決スルト同時ニ右妥協ノ障害ヲ撤去シタルヲ以テ所謂「ストレーゼマン」（國民黨）ヨリ「ヒルファーディング」（獨立社會黨）迄ノ聯合ハ困難ナリト雖モ「ストレーゼマン」ヨリ「シャイデマン」（社會民主黨）迄ノ聯合ハ可能ニシテ現ニ普魯西現内閣ハ之ヲ基礎トシテ成立セリ現 Wirth 内閣（中央黨民主黨及社會民主黨ヲ基礎トス）ハ宰相「ヴィルト」カ中央黨左派ノ首領タリシ「エルツベルゲル」ノ後繼ヲ以テ目セラレ社會黨ニ近キ人物ナル爲國民黨ヨリハ寧ロ獨立社會黨ノ後援ニ俟ツモノ多キ有樣ナリ叙上ノ如キ事情ナルヲ以テ今後當分ノ間ハ何回内閣ノ交迭ヲ見ルモ突發的事變ノ結果大勢ニ甚シキ變化ヲ見サル限リ其ノ基礎ハ國民黨ヨリ獨立社會黨迄ノ間ニ在ルヘク又各勢力ノ分布モ其ノ時期ニ於ケル政況如何ニ依リ右黨左黨ノ小增加ヲ見ルヘキモ大體ニ於テハ現勢ヲ維持スヘシ

第三章　一九二〇年四月二十七日ノ國會選擧法概略

國會ハ獨逸國民ノ代表者ヨリ成リ右代表者タル議員ハ四年ノ任期ヲ以テ一般平等直接祕密ノ選擧ニ依リ比例選擧ノ原則ニ基キ男女ヲ問ハス滿二十年以上ノ國民ニ依リ選擧セラル卽チ選擧當日ニ滿二十年以上ノ獨逸國民ハ原則トシテ凡テ一票ノ選擧權者ニシテ又少クモ滿一年以上獨逸國民タルモノハ凡テ被選擧權ヲ有スルモノトス全國ヲ三十五ノ選擧區ニ別チ更ニ之ヲ十七ノ聯合選擧區ニ統括ス各選擧區ニ於テハ遲クモ選擧ノ二十一日前當該選擧區ノ選擧權者五十名以上ノ署名アル選擧區候補者名表ヲ選擧區長ニ提出スルヲ得候補者ハ各選擧區ニ於テ唯一ノ候補者名表ニノミ揭ケラルルヲ得聯合選擧區内ノ各選擧區候補者名表ハ同一ノ全國候補者名表ニ聯繫(Anschluss)(遲クモ選擧ノ十日前或ル選擧區候補者名表ノ殘餘得票ヲ或ル全國候補者名表ニ送致合算セラレタキ旨ヲ選擧區長ニ對シ宣言スルコト)セラレタル限リ遲クモ選擧ノ十四日前之ヲ聯絡(Verbindung)セシムルヲ得

全國選擧區(獨逸全國モ亦或ル意味ニ於テ一大選擧區ヲ構成ス)ニ於テハ遲クモ選擧ノ十六日前少クモ選擧權者二十名ノ署名アル全國候補者名表ヲ獨逸國選擧長ニ提出スルヲ得候補者名ハ何レノ

候補者名表ニ於テモ明瞭ナル順序ニ於テ記載スルヲ要ス候補者ハ唯一ノ全國候補者名表ニノミ掲ケラルルヲ得ルモ同時ニ當該全國候補者名表ト聯繋セラレタル一ノ選擧區候補名表ニ掲ケラルルヲ妨ケス投票ノ計算方法ハ

（イ）各選擧區候補者名表ノ得票六萬毎ニ一名ヲ當選セシム

（ロ）六萬ニ足ラサル得票又ハ殘餘得票ハ當該選擧區候補者名表カ聯結セラレタルモノナル場合ニハ聯合國選擧區ニ又單ニ一ノ全國選擧區候補者名表ニ聯繋セラレアル場合ニハ當該全國候補者名表ヲ送致ス

（ハ）聯合選擧區ニ於テハ右選擧區候補者名表ヨリ送致セラレタル殘餘投票ヲ聯結セラレタル選擧區候補者名表毎ニ合算シ六萬票毎ニ一名ヲ當選セシム右當選者ハ各選擧區候補者名表ノ有スル殘餘得票數ニ從ヒ割當ツルモノトス但シ聯結セラレタル選擧區候補者名表ノ少クモ一ツカ三萬以上ノ得票ヲ有セサルニ於テハ殘餘得票ハ無視セラルルモノトス殘餘得票同數ナルトキハ抽籤ニ依リ順位ヲ定ム而シテ前記聯合選擧區ニ於ケル通算ノ結果尚殘餘得票アルカ又ハ無視セラレタル殘餘得票アルトキハ之ヲ當該選擧區候補者名表ト聯繋セラレタル全國候補者名表ニ送致ス

（二）　選擧區候補者名表及聯合選擧區ヨリ送致セラレタル殘餘得票ハ各全國候補者名表毎ニ合算シ六萬毎ニ一名ヲ當選セシム但シ最後ノ三萬以上ノ殘餘得票ハ之ヲ六萬票ト見做ス全國候補者名表ニ依リ當選スル議員數ハ之ト聯繫スル選擧區候補者名表ノ當選者數ニ超ユルヲ得ス（右制限ノ結果共産黨ハ第一次國會選擧ニ於テ全國ニ亙リ四十四萬票以上ヲ獲得シタルニ拘ラス全體ニテ二名ノ當選者ヲ出シタルニ過キス）

當選ハ候補者名表ニ掲ケラレタル順序ニ依リ之ヲ定ム或ル選擧區候補者名表ノ取得スヘキ當選者數カ同表ニ掲ケラレタル候補者數ヨリモ多キトキハ之ト聯結セラレタル他ノ選擧區候補者名表ニ割當テ尙餘剩アルトキ又ハ何等聯結セラレサルモノナルトキハ當該選擧區候補者名表ト聯繫セラレタル全國候補者名表ニ割當ツルモノトス

第四章　獨逸ノ政黨（一九二二年初頃迄ノ資料ニ據ル）

第一節　各政黨ノ名稱

（一）　凡ソ政黨ノ定義中ニ包含セラルヘキ政治團體中ニハ（イ）一國ノ全部又ハ一大部分ニ關スル利益ヲ代表シ右地域全體ニ基礎ヲ置キ堂々中央政界ニ覇ヲ爭ヒ一國政治ノ趨向如何ニ大關係ヲ有スルモノ（ロ）一國ノ極メテ一小部ニ關スル利益ヲ代表シ右一小地域ニノミ基礎ヲ置クモノ（ハ）一國ノ全部又ハ大部分ニ基礎ヲ置クモ純粹狹隘ナル理想ニ依リ團結セラルル結果到底多數ノ黨員ヲ獲得シ得サルモノ（ニ）以上ノ外種々ノ利益ヲ代表シ種々ノ基礎ヲ有スルモ其ノ性質上到底著シキ勢力ノ增大ヲ期待シ難キモノノ四種ヲ區分シ得ヘシ而シテ議院政治及普通選擧比例代表選擧制度ヲ採用セル新獨逸ニ於テハ各政黨ノ勢力原則トシテ議會選擧ニ表現スルヲ以テ獨逸ニ如何ナル政黨存在スルヤハ大體ニ於テ右選擧ニ依リ探知シ得ヘシ又前記（ロ）（ハ）（ニ）三種ノ小政黨或ハ選擧ニ依リ少數ノ代議士ヲ中央國會ニ選出シ得ルコトアリ或ハ然ラサルコトアルモ何レニシテモ大政黨ノ驥尾ニ附シテ活動スルノ外ナク大勢ニ關係ナキヲ以テ獨逸政黨ノ學究

的説明ヨリハ寧ロ獨逸政局判斷ノ資ヲ供スルヲ主眼トスル本論ニ於テハ主トシテ(イ)ニ就テノミ説明スルコトトセリ

(二) 各政黨ノ名稱

(甲) 大戰最後ノ選擧タル一九一二年國會選擧ノ結果ニ依レハ(詳細ハ大正四年外務省編纂「各國ノ政黨」參照)

(イ) 獨逸保守黨 Deutsche Konservative Partei

(ロ) 帝國黨 Reichspartei

(ハ) 以上ノ外右黨ニ屬スル小黨トシテ經濟聯合 Wirtschaftliche Vereinigung (「ブラウンシユワイク、ハノーヴァー」黨 Braunschweig-Welfische Partei 基督教社會政策黨 Christliche-Soziale Partei 獨逸社會政策黨 Deutsch-Soziale Partei ヨリ成ル)獨逸改良黨 Deutsche Reformpartei 地主同盟 Bund der Landwirte 等アリ

(ニ) 中央黨 Das Zentrum

(ホ) 國民自由黨 Nationalliberale Partei

(ヘ) 進歩國民黨 Fortschrittliche Volkspartei

（ト） 社會主義 Sozialdemokratische Partei Deutschlands (S. P. D.)

（チ） 其ノ他諸小黨「バヴアリヤ」農民同盟 Bayerischer Bauernbund 獨逸「ハノーヴアー」黨 Deutsch-Hannoversche Partei 波蘭黨 Polenpartei 丁抹黨 Dänenpartei「エルザス、ロートリンゲン」黨 Elsass-Lothringische Partei 等アリ

（リ） 以上ノ外代議士ヲ選出スルニ至ラサリシ諸小黨アリ

（乙） 一九一八年革命前國會ニ於ケル各政黨

（イ） 獨逸保守黨

（ロ） 獨逸黨 Deutsche Fraktion

帝國黨反猶太主義ノ諸黨 Antisemiten（基督敎社會政策黨等）地主同盟「バヴアリヤ」農民同盟其ノ他保守主義者ヲ合併シテ同一行動ヲ取リシモノ

（ハ） 國民自由黨

（ニ） 進步國民黨

（ホ） 中央黨

（ヘ） 社會民主黨

（ト）獨立社會民主黨 Unabhängige Sozialdemokratische Partei Deutschlands(U. S. P. D.)

（チ）雜

波蘭黨、「エルザス、ロートリンゲン」黨、丁抹黨、無所屬等

（丙）一九一九年憲法制定國民會議選擧ノ結果ニ依レハ

（イ）獨逸國粹國民黨 Deutschnationale Volkspartei

（ロ）獨逸國民黨 Deutsche Volkspartei

（ハ）中央黨 Zentrums-Partei

（基督敎國民黨 Christliche Volkspartei ト稱シタルモ其後同黨理想派カ Christliche Volkspartei トシテ分離シタル爲再ヒ Zentrums-Partei ト稱ス）

（ニ）獨逸民主黨 Deutsche Demokratische Partei

（ホ）獨逸社會民主黨 Sozialdemokratische Partei Deutschlands(S. P. D.)

最多數黨タル結果普通ニ多數派社會黨 Mehrheitssozialisten ト稱ス

（ヘ）獨逸獨立社會民主黨 Unabhängige Sozialdemokratische Partei Deutschland's(U. S. P. D.)

略シテ獨立社會黨ト稱ス

（ト） 諸小黨「バヴアリヤ」農民同盟Bayerischer Bauernbund及獨逸「ハノーヴアー」黨 Deutsch-Hannoversche Partei

（チ） 雜

「シユレスウイヒ、ホルタイン」農民及農業勞働者民主黨 Schleswig-Holsteinische Bauern-und Landarbeiter-Demokratie 及「ブラウンシユワイグ」地方選擧團 Braunschweigischer Landeswahlverband 等

（丁） 一九二〇年第一次國會選擧ノ結果ニ依レハ

（イ） 獨逸國粹國民黨

（ロ） 獨逸國民黨

（ハ） 中央黨

（ニ） 獨逸民主黨

（ホ） 獨逸社會民主黨

（ヘ） 獨逸獨立社會民主黨

（ト） 獨逸共産黨 Kommunictische Partei Deutschlands (K. P. D)

（チ）　諸小黨

(a)　「バヴアリヤ」國民黨　Bayerische Volkspartei

(b)　基督敎國民黨　Christliche Volkspartei

(c)　「バヴアリヤ」農民同盟

(d)　獨逸「ハノーヴアー」黨

(e)　其ノ他

（三）　以上（丁）ニ掲ケタルモノ卽チ獨逸現在ノ政黨ナリ

革命ニ依リ帝政倒レテ共和政樹立セラレ民主社會主義的思想勢ヲ得タル結果從來ノ「ブルジヨア」諸黨ハ其ノ成立ノ意義ヲ失ヒタルヲ以テ或ハ新ニ分合シ或ハ政綱ヲ立テテ其ノ面目ヲ一新スルノ必要ニ迫ラレ又社會黨ニ於テモ緩急意見ノ相違ハ遂ニ分裂ヲ來シ其ノ政綱ヲ改新スルニ至レリ卽チ舊大政黨ハ分合シテ（二）（丁）ノ（イ）乃至（ト）ニ掲ケタル諸政黨トナリタルモノトス又諸小黨中「バヴアリヤ」農民同盟及獨逸「ハノーヴアー」黨ハ其儘殘存シ又新ニ中央黨ヨリ「バヴアリヤ」國民黨及基督敎國民黨分離シタルカ爾餘ノ諸小黨中主ナルモノハ「ヴエルサイユ」平和條約ニ基ク領土割讓又ハ人民投票ノ結果殆ント其ノ成立ノ意義ヲ失ヒ消滅スルニ至リ又新ニ

種々ノ理想又ハ利益ヲ代表シテ新政黨樹立セラレタルモ大ナル勢力ヲ得ルニ至ラス且今後ノ選擧ニ於テ以上掲ケタル以外ノ諸小黨ヨリ若干ノ當選者ヲ生スル場合ニモ突發的形勢ノ激變ヲ見サル限リ重要ナル意義ヲ有スルニ至ラサルヘシ

（四）右獨逸現在ノ諸政黨ハ(a)右黨、(1)國粹國民黨(2)國民黨、(b)中間黨、(3)中央黨（「バヴアリヤ」基督敎兩國民黨「バヴアリヤ」農民同盟ハ當該各地方ノ利益問題ニ關セサル限リ中央黨ノ友黨トシテ大體ニ於テ同黨右派ト同傾向ヲ有シ又獨逸「ハノーヴアー」黨ハ中央黨民主黨ノ間ニ位シ主トシテ「ハノーヴアー」地方ノ利益ヲ代表ス）及(4)民主黨、(c)左黨、(5)社會民主黨(6)獨立社會黨(7)共產黨ニ分類スルヲ得ヘク其ノ政見ハ(1)乃至(7)迄ノ番號ノ順序ニテ右ヨリ左ニ推移セリ

第二節　各政黨ノ主義綱領

（一）各政黨ノ本領ハ絢爛ナル文章ヲ以テ高遠ナル理想ヲ說ケル政綱ノ字句ノミヨリ之ヲ知ルコトヲ得ス寧ロ後述ノ政黨成立ノ歷史ト相待テ始メテ窺知シ得ヘシト雖政綱ハ一般民衆ヲ自黨ニ引入ルルニ與テ力アルモノナル故其ノ字句亦輕視スヘキニ非ス又各政黨政綱中ニハ共通ノ分子尠ナカラス例ヘハ民主々義、男女平等ノ普通選擧制、各人ノ自由、言論出版ニ依ル意思表示ノ自

由、集會結社ノ自由、學問ノ自由、健全ナル國民生活、住宅難ノ排除、戰傷者及遺族ノ救助、才能者ニ對シ立身ノ途ヲ自由ニスルコト、公共生活ニ對スル婦人ノ共力等ハ殆ント凡テノ政綱中ニ主張セラレ居ルヲ以テ之等自明共通ノ分子ヲ度外視シテ看察スル時ハ各政黨主張ノ相異ハ結局次ノ三方面ニ歸着スヘシ

(イ) 國家生活ノ問題

國家ノ形式(政體)ヲ如何ニスヘキカ、獨逸國 Reich ト各聯邦及外國トノ關係ハ如何ニスヘキカ、植民地ヲ必要トスルカ、軍隊及行政ヲ如何ニスヘキカ、租税ヲ如何ニスヘキカ

(ロ) 經濟問題

生産手段ハ之ヲ社會化スヘキカ、所有權及相續權ハ如何ニスヘキカ、社會政策ハ之ヲ完成スヘキカ、中産階級ヲ維持奬勵スヘキカ、商業ヲ自由トスヘキカ

(ハ) 文化問題

國民思想(國粹思想)ハ之ヲ如何ニスヘキカ

宗教學校及婦人問題ハ如何

以下右三方面ヲ主トシテ各政黨ノ主義綱領ヲ概觀スヘシ

（二）　國粹國民黨

一九一八年十二月二十七日國粹國民黨ノ對選擧宣言及一九二〇年國粹國民黨綱領ニ依レハ其ノ政綱左ノ如シ

（イ）　國民及國家生活ノ問題

獨逸國民ヲ外國ノ强制的支配ヨリ解放シ强力ナル新獨逸國ヲ建設スルコト從テ「ヴエルサイユ」平和條約ヲ變更シ獨逸ノ統一ト經濟上必要ナル植民地ノ囘復トヲ要求ス、在外國及在占領地獨逸人ノ保護、在外獨逸人殊ニ墺太利人ヲ結合スルコト（殊ニ民族自決主義ニ依リ）、强力ニシテ獨逸主義ヲ以テ貫徹セル巧妙ナル外交政策、外交官ハ才幹學識アリ且獨逸思想ヲ抱ケル者ヨリ選任シ黨爭ヨリ超然タラシムルコト、王政ハ獨逸ノ特性及歴史的發展ニ最モ適合セルモノト認ム、各聯邦ハ其ノ自由決定ニ依テ其ノ政體ヲ定ムヘシ獨逸國（Reich）ニ對シテハ「ホーヘンツォルレルン」家ニ依テ建設セラレタル帝政ヲ復興スヘシ、獨逸國ノ統一ヲ主張スルモ其ノ基礎トシテ各聯邦ノ獨立及獨逸各種族ノ特色ヲ保持スヘシ、國家ハ有機體ナリトノ觀念ヲ主張シ一般平等直接祕密且男女ノ性ヲ問ハサル選擧ニ基ク國民代表機關ニ對シ立法ニ關スル決定的參加權及政策竝行政監督權ヲ保證スヘシ、議會ノ外又經濟的並知識的勞働ニ關スル職業ノ代表機關（所謂會議制度 Rätesystem）ヲ要求ス、黨爭ヨリ超然タル職業官吏制、司法官ノ獨立、行政ノ簡易化並行政ニ社會的精神ヲ注入スルコト、市町村ノ自治、適當ナル官吏法ノ改正、一般平等的徵兵義務但シ國民軍（Volksheer）タルノ特色ヲ忘レサルコト、海軍ノ復興、婦人ニ對シ公生活上平等權ヲ與フルコト、强力ニシテ外來ノ影響ヲ排セル獨逸國粹ノ維持涵養從テ猶太人其他ニ由來スル破壞力ニ抗爭ス、政府及公生活ヨリ猶太主義ノ勢力ヲ排斥スルコト、民力及國民保健ノ增進

（ロ） 精神生活ノ問題

基督敎ハ國民的ノモノニシテ國家並公私生活ノ基礎タリ各宗派ノ平等的待遇、基督敎會ノ自由及敎會並其ノ使用人ノ權利、保障、敎育ハ獨逸國粹及性格ノ涵養ヲ目的トスヘク從テ宗敎的タルヘキコト。統一學校制度、小學校ヨリ漸次高等敎育ニ進ムノ途ヲ容易ナラシムルコト、學校ノ監督ハ專門的ニ行フヘキコト、獨逸的基督敎的訓育及風習ニ對スル婦人ノ地位ヲ認ムルコト、靑年監護制、藝術ハ國粹的ニシテ且ツ國民敎育ニ有用ナルモノタルヘキコト

（ハ） 經濟生活ノ問題

私有財產及私經濟ノ維持而シテ右ハ幸福ヲ限度トスヘシトシ同時ニ共產主義ニ反對ス、國家其他ノ公共經濟ハ其ノ性質普通的ニシテ且私營ニ比シ一層有利ナル場合ニノミ之ヲ行フヘシ

トス、社會化ハ經濟破綻ニ瀕セル現時ニ於テハ一層愼重ノ考量ヲ要ス、經濟生活ニ於ケル職業的又ハ組合的團結ノ奬勵、强制經濟(Zwangswirtschaft)及戰時特別會社(Kriegsgesellschaften)ノ撤廢、暴利者及不正賣買者ノ取締、獨逸人ノ海外移住ヲ經濟的手段ニ依リ出來得ル限リ豫防シ外國ヨリノ歸還者ヲ保護スルコト。住宅難ノ除去、公共ノ爲ノ土地政策及內國移民ヲ行フコト、農業勞働者ニ土地ヲ與フルコト、生產ヲ增大スルコト、農業ハ獨逸ノ死活ニ關スル問題ニシテ自由農業ニ依リテノミ獨逸食糧ノ自給ヲ達成スルヲ得農業經營ニ必要ナル資料調達ヲ補助シ且農業ノ本質ニ反スル干涉ヲ撤去スルコト、工業及手工業モ亦經濟ノ第二ノ要素タル故原料供給及販路開拓ヲ畫策スヘキコト、商業モ大ニ之ヲ重視スヘク又商船ヲ復興スルコト、中產階級ノ維持及保護、國家ノ最貴重ナル勞働者ハ社會的立法ニ依リ絞取暴用ニ對シ保護スルコト、俸給又ハ賃銀ニ依リ勞働スル者殊ニ農業勞働者家僕婢及家內勞働者ニ對シ適當ナル勞働者雇員法ヲ制定スルコト、經濟的結社權ノ許與、國家ニ依リ承認セラレタル職業代表機關ニ對シテハ男女ヲ問ハス勞働者雇員ノ適當ナル代表者ヲ選出セシムルコト、企業ノ性質ニ依リ勞働者及雇員ヲ企業ノ利益ニ參與セシムルコト、產業會議法(Betriebsrätegesetz)ハ經濟的平和又生產增進ノ精神ニ於テ形成スヘキコト、勞働者及資本家ハ獨逸經濟ヲ復興スルノ精神ヲ以テ和合スヘキコト、「マルクス」主義ノ階級闘爭觀念ハ凡有文化ノ破壞者トシテ排斥スヘキコト、廠克相場暴落ニ由來スル自由職業者及精神勞働者ノ無產階級化ヲ防止スルコト、產業ニ從事スル婦人ノ經濟的保健的倫理的保護、獨逸國(Reich)各聯邦及地方團體ニ於テ一切ノ財源ハ統一的方針ニ依リ極限迄課稅スルノ必要ヲ認ムルモ各人ノ旣得權ヲ顧慮スヘシトス財產稅及所得稅ニ就テハ擔稅力及家族ノ狀態ヲ顧慮スヘキコト、官公企業ハ之ヲ專門的ニ經營シ其ノ純益ヲ公用ニ供スルコト、課稅ニ際シテハ產業的勞働ヲ寬恕シ又大財產大所得ニ課稅スル場合ニハ國民經濟ノ繁榮ニ必要ナル營業資本ノ構成ヲ阻害セサルコト其ノ他一般的財政ノ節約ヲ主張ス

右宣言ノ特徵ハ理想殊ニ國粹觀念ト基督敎思想トノ聯結ヲ高調セル點ニ在リ(右ハ一九二〇年國粹國民黨綱領前文ニ依リ明カナリトス) 國粹國民黨ハ主トシテ農民ノ間ニ地盤ヲ有スル關係上農業ノ利益ヲ代表スルコト勿論ナルモ民主社會ノ新思想益國民ノ間ニ普及蔓延シツツアル現狀ニ顧リミ勞働問題社會問題議院制度職業會議制度(Rätesystem)等ニモ留意スルニ至レルハ興味アル現象ト云フヘシ

(三) 獨逸國民黨

一九一九年十月十九日「ライプチヒ」ニ於テ決議セラレタル獨逸國民黨政綱要旨次ノ如シ

（イ）國家生活ノ問題

國粹觀念ト共ニ自由思想ヲ主張ス、帝政主義ヲ要求スルモ共和國ニ於テモ協力ヲ辭セス、統一國主義ヲ主張シ聯邦、漸次消滅セシムヘキモ夫レ迄ハ普魯西國ヲ瓦解セシムヘキニ非ストス、植民地ヲ要求ス、各國民ノ平和ハ望マシキモ現今ノ狀勢ニ於テハ絶望ナリトシ國際聯盟ニ就テハ何等主張スル處ナシ、國家ハ無限ノ權力手段ヲ有セサルヘカラスト爲スモ軍隊ヲ如何ナル組織トスヘキヤニ就テハ詳説セス、官吏及裁判官ノ獨立ヲ主張シ之ヲ民選トスルニ反對ス、租税ニ就テハ所得税及財産税ヲ要求スルモ勞働ニ依ル所得ヲ寛恕シ又家族ノ事情ヲ顧慮スヘシトス、間接税モ亦已ムヲ得サルモノナルヲ認ム

（ロ）經濟問題

生産手段ノ一般的社會化ニハ反對ナルモ企業ノ性質上之ヲ公共有トスル方有利ナル場合ニハ之ヲ公有トスヘシトス、私有財産及相續權ノ維持社會政策ハ之ヲ續行スヘキモ各種勞働者雇員ノ特殊的事情ヲ顧慮シ各人ヲ其價値ト給付力トニ依リ評價シ又特ニ精神勞働者ヲ考慮スルコト必要ナリトス、企業ニ於テハ勞働及勞働者ノ幸福ニ關係アル問題ハ勞働者雇員及企業者ノ代表者ヲシテ共同ニ處理セシメサル可ラサルモ事務的技術的指揮ハ企業者ノミニ委スルヲ

要ス、適當ナル土地政策ニ依リ不當ノ價値增加ヲ公共ノ利益ノ爲利用シ所在ニ安價ナル良家屋ヲ供給スルコトニ努力セサルヘカラス、農業ト工業トハ一樣ニ奬勵シ必要アル場合ニハ保護關稅ニ依リ之ヲ保護スヘシ、農民階級ハ大規模ノ移住政策ニ依リ之ヲ增大スルコトヲ要ス、農業勞働者ヲ經濟的ニ獨立セシムルコト必要ニシテ現今ノ形式ニ於ケル農業地ノ世襲財產ハ之ヲ廢止スヘシ、手工業及工業中產階級ノ勃興ハ大ニ重要ニシテ各經營者ニ勞働力ト原料買入資金融通ノ途ヲ與ヘテ之ヲ援助スヘシ、商業ヲ奬勵シ商業ニ對スル各種制限ヲ撤廢スヘシ

（八）　文化問題

國粹觀念ニハ特ニ重キヲ置キ汎有手段ニ依リ之ヲ涵養スヘシトス、基督敎ヲ獨逸國民生活ノ基本ト認ム故ニ國家ト敎會トハ和合協力セサルヘカラス、敎會ハ公法人トシテ存續シ收稅權ヲ有セサルヘカラス、宗敎ハ公敎育ノ主要素タルヘク各宗派ハ之ヲ平等ニ待遇スヘシ、官吏選任ノ際ニモ亦宗敎ニ依リ取扱ヲ異ニスヘカラス、學校ハ統一學校制トシ有能者ニハ種種昇級ノ途ヲ講スヘシ、學校ニ於テハ特ニ國民觀念又國粹思想ヲ養成スヘシ、小學校ハ敎育權利者ノ意向ニ從ヒ或ハ無宗敎的或ハ宗敎的トスヘシ、家庭生活ヲ强固ナラシムヘク妻ニハ家庭ノ主婦及母トシテノ活動ヲ容易ナラシムヘシ

右政綱ニ依リ國民黨ハ其ノ前身タル國民自由黨ノ本領タリシ國民主義(國粋主義)ト自由主義トヲ合致セシメントセリ然レトモ自由思想ノ敵ハ勞働者大多數ノ社會化要求ノミニ止マルモ國民思想國粋觀念ハ種々ノ方面ヨリ攻撃ヲ受ケ勞働者ハ國民的自覺ヨリモ國際的階級自覺ヲ一層強ク感受シ資本家ハ國家ノ利益ヲ自己ノ經濟的利益ノ犧牲ニ供セントシ舊敎主義者ハ敎會的利益ヲ先ニセントス從テ國民黨ハ國粋國民黨ト提携シテ國民思想國粋觀念ノ擁護ニ努メサルヲ得サルニ至レルモ國粋國民黨カ國粋主義帝政主義及反猶太主義ヲ極端ニ高調シ全然妥協政策ヲ排斥シツツアル結果怜悧ニシテ野心滿々タル「ストレーゼマン」等幹部ハ寧ロ社會民主黨ト妥協シテ政權ヲ獲得センコトノ方針ニ出テ又國民黨ノ重鎭ヲ形成スル大工業家モ一面外國ニ對スル關係ヨリ一面勞働者ト妥協ノ必要ヨリ極端ニ國粋觀念ヲ主張スルノ不得策ナルヲ漸次理解スルニ至レリ

(四) 中　央　黨

(甲) 中央黨政綱

一九一八年十二月三十日ノ中央黨宣言ノ要旨次ノ如シ

(イ) 國家主活ノ問題

階級的支配ヲ排斥シ民主的共和國ヲ主張ス、國家ノ統一ヲ維持スルコト、國防及外政問題ハ中央國家 Reich ニ一任スヘキモ各聯邦ノ特色ハ侵害スヘカラス、聯邦ハ敎會及學校ニ關スル問題ニ就テハ絕對的權限ヲ有セサルヘカラス、十分ナル殖民地ヲ要求ス、國際聯盟ニ贊成、國際紛爭ニ對スル强制的仲裁裁判制凡テノ國ニ於ケル少數民族ノ保護海洋ノ自由ヲ主張ス、小規模ノ軍隊存續ヲ要求スルモ如何ナル形式トスヘキヤニ就テハ明示セス、獨立ナル職業官吏制度ノ維持、裁判ハ職業的裁判官及普通人共同ニテ之ヲ行フコト、租稅ハ擔稅力ニ依リ分配賦課シ大所得及大財產ニハ重稅ヲ課スルコト間接稅ニ就テハ特ニ明示スル處ナシ

（ロ）　經濟問題

生產手段ノ社會化ヲ拒絕シ獨立セル私經濟ノ存續ヲ可トス、私有財產ノ完全ナル維持相續權ノ維持ハ自明トシテ特ニ揭ケス、都市及田舍ニ於ケル社會政策ハ之ヲ續行シ且ツ國際的協定ニ依リ一層容易ナラシムルコト、土地及住宅ノ改革、生產者ト同シク消費者ヲ保護スルコト、各人ノ品位ヲ重ンスルコト、中產階級ヲ維持シ之ヲ一層强力ナラシムルコト、生產力アル農民階級ハ特ニ移住政策ニ依リ之ヲ確保シ手工業者ハ原料勞力及資本ノ供與ニ依リ奬勵セラルヘク商人ノ正當ナル利益ヲ保護シ戰時的經濟組織ヲ撤廢スヘシ

（ハ）　文化問題

文化ニ對スル要求ハ特ニ廣大ナルモノアリ基督教生活ヲ維持シ且一層强烈ナラシムルコト、宗教的團體結社ヲ自由トスルコト、國家ト教會トノ關係ハ暴力ニ依リ阻害スヘカラサルノミナラス兩者妥協共力スヘシ、各宗派ノ信者及會堂ハ凡テノ地方ニ於テ一樣ニ顧慮セラレサルヘカラス殖民地ニ於テハ土人ヲ基督教ニ歸依セシムル樣努力スルコト、羅馬法皇ノ獨立ハ國際法ニ依リ之ヲ確保スルコト、小學校ハ宗教的トスルコト、各種學校ニ於テ十分ナル宗教々育ヲ行フコト、何レノ階級出身タルヲ問ハス有能者ニハ立身ノ途ヲ容易ナラシムルコト、統一學校制度及教育ノ無償ハ要求セス、婚姻及家族制度ヲ保護シ且强大ナラシムルコト、婦人ノ活動ニ就テハ婦人ノ特性ヲ顧慮スルコト、小兒ノ敎育ニ就テハ兩親及宗教團體ノ權利ヲ擁護スルコト

中央黨政綱ノ特色ハ「利益」ヨリハ寧ロ「觀念」即チ教會ニ對スル忠實及教會ノ道義的價値ニ關スル確信ヲ主眼トセル點ニ在リ而シテ之ト共ニ同黨中ニ代表セラルル各階級ノ利益ハ巧ニ顧慮セラレアルモ「人類ニ取リテハ靈魂ノ幸福ハ外部的財産ヨリモ重要ナリ」トノ立場ヨリ教會的見地ハ第一位ニ要求セラレ右要求ニシテ現世的要求ト合致セサル場合ニハ其ノ個人ノ經濟的福祉ニ關スルト獨逸國ノ權力榮譽ニ關スルトヲ問ハス前者ハ直ニ後者ハ犧牲ニ供セラレサ

ルヘカラストセリ

（乙）「バヴアリヤ」國民黨政綱

一九一八年十二月ノ「バヴアリヤ」國民黨綱領要旨次ノ如シ

（イ）國家生活ノ問題

「バヴアリヤ」國ニ於テ君主政ヲ可トスルヤ共和政ヲ可トスルヤニ關シテハ明言セスト雖國體ノ變更ハ之ヲ合法的ニ行フヘク暴力ハ一切排斥スヘシトス、民主主義議院政治ヲ要求シ又國民直接投票主義ヲ採用スヘシトス、何レノ聯邦ニモ優越權ヲ認メサル聯邦制ヲ主張シ殊ニ普魯西ノ優越權ヲ排斥ス、伯林ハ獨逸國タルヘカラス、聯邦ヲ廢シ統一國ヲ樹立スヘシトノ主張ニハ斷乎反對ス、「ボヘミヤ」及墺太利ノ獨逸人ヲ獨逸聯邦ニ加フルコト、外國ニ對スル統一的利益代表、統一的軍備、各聯邦間ノ自由通商、統一的社會立法ヲ承認ス、租税ニ就テハ貧富懸隔ノ平均化ヲ原則トスヘシトス

（ロ）經濟問題

各職業階級ノ利益ヲ平均シ特定階級ノ優越權ヲ排斥スルコト、所有權及相續權ノ維持但シ社會政策的制限ハ妨ケストス、「バヴアリヤ」國ノ經濟的利益ヲ擁護スルコト、諸般ノ社會

立法ヲ行フコト、戰時經濟ノ撤廢、公共生活ニ對スル婦人ノ協力

（ハ） 文化問題

基督教的世界觀ヲ一切ノ文化問題ノ基礎トスルコト、各宗派ノ自由平等、宗教學校制、婚姻及家庭ノ保護

「バヴアリヤ」國民黨ハ素ト「バヴアリヤ」國ニ於ケル中央黨ニシテ其ノ主張モ亦主トシテ統一主義ヲ排シテ聯邦ノ自由獨立權ヲ擴大セントスル點ニ於テノミ中央黨ト相異ナルノミナリ

（五） 民主黨

一九一九年十二月十五日決議セラレタル民主黨政綱要旨次ノ如シ

（イ） 國家生活ノ問題

民主的共和國統一國ヲ主張ス但シ各箇ノ獨逸種族ノ特色ヲ顧慮維持スヘシトス、殖民地ヲ要求ス、民族自決主義ニ贊同シ之ヲ基本トシテ凡テノ獨逸種族ヲ結合センコトヲ要求ス、小數民族ノ保護、獨逸ニ對シテモ平等權ヲ與ヘラレタル國際聯盟ニ贊成ス、聯合側ヨリ强制セラレタル傭兵制度ニ代フルニ一般徵兵制度ヲ基礎トセル國防軍（Miliz）ヲ組織スルコト、行政ニハ職業的官吏ヲ使用スヘキモ素人ヲモ之ニ參加セシムルコト、財產稅相續稅所得稅浪費稅

ヲ主張シ且ツ之等諸税ヲ財産及所得ノ著シキ不平等ヲ平均セシムルカ如ク形成スヘシト爲スモ同時ニ之カ爲資本ノ構成ヲ阻害スヘカラストス不評ナル間接税ニ就テハ特ニ注意シテ何等掲クル所ナシ

（ロ）　經濟問題

生産手段ノ社會化ハ一般的方法トシテハ之ヲ拒絶スルモ企業聯合合同等既ニ組織セラレ事實上經濟ノ自由沒却セラレ居ル場合ニハ他ノ方法ト共ニ相當ノ賠償ヲ支拂ヒテ生産手段ヲ社會化スルコトヲ認ム、私有財産ノ維持ヲ要求スルモ相續權ニ就テハ特ニ明示スル所ナシ、社會政策ヲ完成スル爲メ勞働法ヲ制定シ企業家及勞働者ヲ生産ニ於テ事實上平等ノ地位ニ立タシメ勞働者ヲ從屬者ノ地位ヨリ自覺アル協力者ノ地位ニ高メ精神勞働者ニ適當ナル報酬ヲ得セシメ農業勞働者ニ對シテハ移住ヲ容易ナラシメ土地ニ關スル投機ヲ阻止スヘシ、中産階級ノ保護獎勵ヲ要求シ小農ヲシテ家族的營業ヲ實行セシムル爲メ大所有地ヲ斷乎分配スヘク又手工業者及小商人ノ爲適當ノ手段ヲ講スルコト、又商業ノ一般的自由ヲ主張ス

（ハ）　文化問題

國粹思想ハ別ニ高調セサルモ全獨逸種族ノ聯合及外人ノ支配下ニ在ル獨逸人ヲシテ其ノ國民的特性維持ヲ容易ナラシメムコトヲ要求ス、敎會ヲ漸次國家ヨリ分離セシムルコト、從來敎

會ニ交付セラレタル補助金ヲ漸廢スルコト、學校ハ宗敎的統一學校制トスルコト、敎育ノ無償、有能者ニハ必要アル場合ニハ小學校及高等學校ニ於ケル學資金ヲ與フルコト、婦人ニ對スル權利制限ノ撤廢ヲ要求ス

右政綱中ニハ民主黨前身時代ヨリノ本領タル經濟ノ自由ニ就テハ特ニ高調セル所ナク社會黨ト同樣ニ或種生產手段ノ社會化ヲ認ムルモ社會黨カ社會化ヲ以テ理想的新經濟組織時代ニ至ル端緖トスルニ反シ民主黨ハ之ヲ不回避的害惡ナル故出來得ル限リ局限スヘシトス

（六） 社會民主黨

社會民主黨ハ革命後ニ於テモ一八九一年「エルフルト」大會ニ於テ決議セラレタル政綱ヲ其ノ儘維持シタルモ右政綱ハ歲月ヲ閱ルコト既ニ三十年ニ達シ其ノ內容現代ノ時勢ニ適セサルモノアルノミナラス革命ヲ經テ其ノ要求ノ一部既ニ達成セラレ殊ニ同黨カ政權ヲ掌握シ又ハ準政府與黨トシテ妥協政治ヲ實行シツツアル今日多少理想ニ過超シテ不便尠ナカラサルモノアルタメ一九二一年九月二十三日「ゲアリッツ」ニ於ケル大會ニ於テ新政綱ヲ決議セリ右ハ改革派社會黨ノ最新模範的綱領トシテ重要ナル意義アルモノナルヲ以テ特ニ全譯文ヲ左ニ掲クルコトトセリ

「獨逸社會民主黨ハ都市及地方ニ於テ勞働ニ從事スル國民ノ黨派ニシテ肉體的及精神的ニ生產ニ

從ヒ自己ノ勞働ニ依テ生計ヲ保テル總テノモノヲ共同ノ意識ト目的ノ下ニ結合シ民主主義ト社會主義トノ爲メニ戰フ團體ナリ

資本主義的經濟ハ近世技術ノ進步ニ依リ長大ノ發達ヲ遂ケタル生產手段ノ主要ナル部分ヲ比較的少數ノ資本家ノ手ニ移シ大多數ノ勞働者ヲ生產手段ヨリ引キ離シ無產階級ニ沒落セシメ依テ以テ經濟上ノ不均衡ヲ高メ困窮ニ苦シミツツアル多數者階級ヲ奢侈ナル生活ヲ營メル小數者ト對峙セシメタリ斯クシテ資本主義的經濟ハ無產階級解放ノ爲メノ階級鬪爭ヲ歷史的必然タラシムルト同時ニ道德的要求タラシメタリ

世界大戰及之ヲ終結セシメタル命令的平和條約ハ更ニ上記ノ傾向ヲ强メ企業及資本ノ集中ヲ速カニシ資本ト勞働富裕ト貧困ノ間ニ橫ハレル溝渠ヲ一層大ナラシメ工業銀行業商業及交通業ニ於テ新ニ企業ノ聯合及合同「カルテル」及「トラスト」ヲ結フノ傾向ヲ來シ又一面ニ於テ戰爭及投機ヲ利用シ無遠慮ニ利潤ヲ追フコトニ依リ新ナル有產階級勃興シ來レルニ反シ他面ニ於テ中小ノ有產者タル手工業者精神勞働者官吏雇員藝術家操觚者敎師及其他各種ノ自由職業者ハ無產階級ノ生活程度ニ沒落スルニ至レリ而シテ此當然ノ結果トシテ有力ナル經濟上ノ專制者ハ公生活ヲ腐敗セシメ有產階級ノ諸新聞ヲ買收シ以テ國家ヲ彼等ノ意ノ儘ニ左右セントスルニ至レリ

資本主義ノ旺盛ナル發達ハ帝國主義的權力擴張ニ依リ世界經濟ヲ支配セントスルノ野心ヲ更ニ煽リ現在ノ平和條約カ全世界ノ國民的及經濟的諸問題ヲ滿足ニ解決シ得サルカ如ク資本主義ノ發達ハ新ナル戰爭ノ禍因ヲ釀成シ遂ニ人類文化ノ瓦解ヲ招致スルノ虞アリ

然レトモ之ト同時ニ世界大戰ハ腐敗セル舊支配制度ヲ一掃シ政治上ノ變改ニ依リ民衆ハ其ノ社會的向上ニ必要ナル民主主義ノ權ヲ與ヘラレタリ

數十年來ノ榮譽アル犧牲多キ努力ニ依リ其ノ大ヲ爲シタル勞働運動ハ今ヤ偉大ナル勢力トナリ資本主義ニ向ヒ同等ノ敵手トシテ相對峙シ資本主義的組織ヲ覆滅シ無產階級ノ國際的結合並ニ國際法的法律秩序ノ完成及平等ナル國民ノ眞ノ聯盟ニ依リ人類ヲ新タナル戰爭ノ慘禍ヨリ防カントスルノ意思益旺盛トナルニ至レリ

而シテ此ノ意思ノ貫徹ヲ計リ生產者タル民衆ノ鬪爭ヲ自覺アリ統一アルモノタラシムルコト之レ卽チ社會民主黨ノ任務ナリ

社會民主黨ハ旣ニ獲得シタル自由ヲ保護スル爲メニ飽ク迄其ノ力ヲ盡スヘク又民主的共和制ヲ以テ歷史的發展ニ依リ與ヘラレタル取消シ得ヘカラサル國體ニシテ之ニ對スル攻擊ハ總テ國民ノ生存權ヲ蹂躪スルモノト認ム

社會民主黨ハ單ニ反對者ノ攻擊ニ對シ共和國ヲ擁護スルニ止マラス更ニ自由ナル國民的國家內ニ於テ組織セラレタル民意ニ依リ經濟ヲ支配センカ爲メ卽チ社會主義的精神ノ下ニ更新センカ爲ニ鬪フモノナリ而シテ先ツ集中セル大企業ヲ共同經濟ニ移シ更ニ進ンテ總テノ資本主義的經濟ヲ社會主義的經濟ニ改ムルハ生產的國民ヲ資本主義的支配ノ羈絆ヨリ解放シ生產ノ收益ヲ增加シ人類共同生活ノ經濟的且道德的向上ヲ持チ來サムカ爲メニ必要ナル手段ナリト認ム

以上ニ於テ獨逸社會民主黨ハ「エルフルト」宣言ニ揭ケタル綱領ヲ改訂セリ社會民主黨ハ新ナル階級的特權又ハ優先權ノ爲ニ戰フモノニ非スシテ寧ロ階級的支配及階級其ノモノヲモ廢止シ男女及血統ノ如何ヲ問ハス平等ノ權利ト義務ヲ有セシメンカ爲ニ戰フモノナリ而シテ社會民主黨ハ其ノ戰カ國民的及國際的共同團體內ニ於テ又國家（Reich, Staat）及自治團體內ニ於テ又勞働組合及各種組合（Genossenschaft）ニ於テ將又工場及家庭ニ於テ人類ノ運命ヲ決定スヘキモノナルコトヲ十分ニ自覺シ居ルモノナリ

上記ノ戰ノ爲ニ左記諸項ノ要求ヲ爲ス

經濟政策

土地鑛物並ニ「エネルギー」生產ニ利用セラルル自然的動力ハ之ヲ資本主義的掠奪ヨリ引離シ國

民共同團體ノ利用ニ移スコト、農業耕地ノ粗笨的使用又ハ不使用放置又ハ個人的奢侈ノ目的ノ爲メニスル濫用ヲ法律ヲ以テ取締ルコト、生產手段ノ資本主義的所有特ニ企業聯合「カルテル」及「トラスト」ニ對シテ中央政府之ヲ管理スルコト、獨逸國、聯邦各國及公共團體ノ官公企業ニ就テハ官僚化ヲ排斥シ民主的管理ノ下ニ之ヲ更ニ一層完成スルコト、營利ヲ目的トセサル組合ノ獎勵、會議制度(Rätesystem)ヲ完成シテ勞働者雇員役員ノ社會的及經濟政策的利益ヲ代表スル機關タラシムルコト

社會政策

統一セル勞働法ノ制定、勞働者團結權ノ保證、最長一日八時間勞働制ヲ法定スルコト、生命及健康ニ危害多キ企業ニ就テハ此ノ勞働時間ヲ更ニ短縮スルコト、夜間勞働ノ極端ナル制限、婦人及年少者ニ對スル夜間勞働禁止、特ニ健康ニ害アル企業竝ニ特ニ災害ノ危險アル機械ヲ使用スル勞働ニ婦人及年少者ヲ從事セシメサルコト、義務敎育年限內ノ小兒ヲ營利的勞働ニ從事セシメサルコト、總テノ營業及企業ノ監視、每週少クトモ四十二時間繼續ノ休憩時間ヲ與フルコト、一年一回休暇ヲ與ヘ且ツ休暇中賃金ヲ支拂フコト、家內勞働ノ弊害ヲ除去セントスル總テノ運動ヲ擁護シ家內勞働ヲ廢止スルモ經濟上重大ナル損害ノ伴ハサル方面ニ於テハ之ヲ廢止スルコト、社會保

險制ヲ一般的國民救濟制ニ改造スルコト

以上ノ基礎ノ上ニ國際的勞働保護ヲ促進スルコト

職業ニ對スル女子ノ一般的權利、官公吏ノ公民トシテノ權利及經濟上ノ權利ヲ保障且擴張スルコト

一定ノ計畫ノ下ニ勞働者階級ノ社會的必要ニ適合セル人口政策ヲ行フコト、子供多キ家族ニ對シ特別ノ救護ヲ與フルコト

財　政

所得税、財產税及相續税ヲ保障擴張シ之ヲ價値變動及營利資本ノ能力ニ順應セシムルコト、親等遠キ場合ノ相續權ハ國家ニ歸屬セシメ又國家ニ對スル遺留分制（Pflichtteil）ヲ設ケ且相續者ノ數ニ從ヒ之ヲ遞減スルコト、租税ノ逋脫及資本ノ逃避ニ對シ有效ナル訴追ヲナスコト、勞働力ニ對スル課税ヲ寬ニシ總テノ奢侈的過剩消費ニ對シ負擔ヲ課スルコト、資本主義的營利企業ノ財產ニ就テハ公共團體ニ對スル配分ノ制度ヲ設クルコト

憲法及行政

民主的共和國ノ保障、國家統一ノ確保、獨逸國ヲ有機的ニ組織セル統一國家ニ完成スルコト、市

町村及其ノ上級自治團體トシテ法律ニ依リ組成セラレタル公共團體（Gemeindeverbände）（郡縣州）ノ自治、民主的國民代表ニ依ル職業團體的組織ノ監督、總テノ國家機關ノ民主化、男女血統及信仰ノ別ヲ問ハス總テノ成年國民ノ憲法上及事實上ノ完全ナル平等

市町村政策

都市及市町村ニ對スル統一的市町村制竝ニ統一的市町村代表機關ノ設定、市町村ノ發案制度及人民投票制度、總テノ市町村吏員ヲ市町村代表機關ノ下ニ置クコト、市町村長ノ定期選擧制、市町村ヲ十分能力アル大團體ニ改正スルコト、市町村ノ違法的行政行爲ニ對スル國家干涉權ヲ制限スルコト、市町村機關ニ對スル監督官廳ノ認可權ノ廢止、獨逸國ノ法律ヲ以テ市町村ニ於ケル社會化ヲ自由ニスルコト

司法

現在勢力アル私法的法律觀念ヲ廢シ之ニ代フルニ社會的法律觀念ヲ以テスルコト、財產權ヲ人格權及社會的團體權ノ下ニ置クコト、階級的司法制度ニ反對シ司法ノ總テノ部門ニ於テ國民選出ノ裁判官ヲシテ決定的ニ參與セシムルコト、法律智識ノ一般的普及、法律用語ノ平易化、國民ノ總テノ階級ヨリ裁判官ヲ採用シ總テノ司法官廳ニ女子ヲ參與セシムルコト、法律敎育ノ課程ヲ改メ

社會主義的精神ヲ以テスルコト、總テノ司法事務ヲ獨逸國（Reich）ニ移スコト、總テノ刑事々件ノ控訴制、刑ノ執行ヲ獨逸國（Reich）法律ヲ以テ規律スルコト、刑法ハ應報主義ニ依ラス社會防衛主義及敎化主義ニ依ルコト、死刑ノ廢止

文化及敎育政策

文化的貨財ニ對スル總テノ國民ノ使用權、敎育行政上ノ最高權ヲ國民共同團體ニ有セシムルコト

宗敎ハ私事內心ノ確信ニシテ政黨又ハ國家ノ關スルモノニ非ス、國家及敎會ノ分離

學校ヲ非宗敎的統一學校（Einheitsschule）ニ改ムルコト、學校ニ於ケル授業學用品及食事ヲ無料トスルコト

學校ヲ改革シ年少者ノ一層自治的ナル生活及勞働ノ共同團體トナスコト、男女ノ敎員ニ依ル男女兩性ノ共同敎育、專門家ニ非スシテ特ニ敎育ノ才アル者ヲ學校敎育ニ參與セシメ又父兄會議ヲ通シ父兄ヲシテ學校ノ敎育及監督ニ責任アル參與ヲ爲サシムルコト

靑年ヲ家庭學校及自由ナル靑年運動ニ依リ社會的國民團體竝ニ人類團體ノ自覺アル一員トシテ敎養シ共和國ノ理想社會的義務充實ノ觀念及世界平和ノ理想ニ導クコト、少年期ニ始マリ成年期ニ終ル年少者保護ハ特別ノ役員及機關ヲ有スル獨立ノ公共事業トスルコト

活氣アル國民文化ヲ建設スル爲ノ自由ナル勞働共同團體トシテ成年國民ニ對スル敎育機關ヲ設クルコト

國際關係及「インターナショナル」

平和ノ最善ノ保障トシテ民主的基礎ノ上ニ立ツ勞働者階級ノ國際的結合

國際聯盟ヲ作リ其ノ規約ヲ承認スル各國民ヲ全部加入セシメ又各國ノ議會ヨリ政黨ノ勢力ニ比例セル代表者ヲ派遣セシムコト、國際聯盟ヲシテ眞ノ勞働法律及文化ノ共同團體タラシムルコト、總テノ國際爭議ヲ國際裁判所ニ依リ解決セシムルコト、各國民ニ平等ニ適用セラルル國際法ノ範圍內ニ於テ國民ノ自決權ヲ認ムルコト、完全ナル相互主義ニ基キ國際法ニ依リ總テノ少數民族ヲ保護スルコト、國際聯盟ノ保障ノ下ニ國際的ニ軍備ヲ縮少スルコト、各國ノ兵力ハ國內ノ保安維持竝ニ國際聯盟ニ依リ國際的義務ヲ强制スル共同的制裁ニ必要ナル程度迄縮少スルコト、總テノ殖民地及保護地ヲ國際聯盟ノ最高主權ノ下ニ置クコト、總テノ經濟上ノ交易地方ニ對シ門戶開放ノ原則ヲ實行スルコト、各國ノ外交代表機關ノ民主化及簡易化

國民ノ生活權ヲ經濟的ニ寬大ニ取扱ヒ且之ヲ承認スル意味ニ於テ「ヴェルサイユ」平和條約ヲ改訂スルコト

右政綱ニ依リ社會民主黨ノ主張スル主タル目的ハ一言以テ之ヲ蔽ヘハ改革派社會主義（Reformsozialismus）ニシテ卽チ一面「デモクラシー」又ハ議院政治（Parlamentarismus）ノ如キ從來ノ制度ヲ承認シツツ徐々ニ生產手段ヲ社會化セントスルニ在リ社會化ノ手段トシテハ暴力ニ依ル無產階級ノ獨裁又ハ恐怖主義ニ依ルコトナク國民ノ代表機關タル國會ノ立法ニ依ラントスル結果「ブルジョア」諸黨トノ妥協政治ヲモ敢テスルニ至レルナリ尙輕卒ノ社會化ヲ非トシ各箇ノ場合每ニ社會化カ果シテ勞力ヲ減シテ收益ヲ增加スヘキヤ否ヤヲ愼重ニ調査スヘシトス

（七）　獨立社會黨

一九一九年十二月五日「ライプチヒ」ニ於テ議決セラレタル獨立社會黨實行綱領ニ依レハ同黨ノ政綱要旨次ノ如シ

（イ）　國家生活ノ問題

無產階級ノ獨裁但シ直ニ之ヲ樹立スヘキヤ又ハ徐々ニ實行スヘキヤハ明示セス、獨逸國ヲ無產階級的共和國トナシ職業代表者會議聯合會（Rätekongress）ヲ首トセル政治的勞働者會議ヲシテ全立法及執行權ヲ掌握セシムルコト、各聯邦ヲ廢シテ獨逸ヲ統一國トナスヘキヤ否ヤニ就テハ政綱中ニ何等明示セラレサルモ之ヲ主張ス、階級ヲ自覺セル各國勞働者ノ連帶性ヲ認メ各國民トノ友好關係及社會主義的諸共和國ト同盟締結ノ途ヲ直ニ開クコトヲ主張ス、反革命的傭兵軍ヲ解散シ又有產階級及土地所有者ニ對シ全部武裝解除ヲ實行シ階級ヲ自覺セル勞働者ニ依リ國防軍ヲ組織スルコト、行政ハ凡テ政治的勞働者會議ヲシテ實行セシメ法制モ社會主義ノ原則ニ依リ改造スルコト、累進的所得稅財產稅相續稅ヲ主張シ一切ノ間接稅及關稅ニ反對ス

（ロ） 經濟問題

資本主義的企業ノ社會化ヲ直ニ開始スルコト、大所有地大森林都市ノ不動產鑛山水力大電氣工場鐵工場其ノ他ノ大工業交通業銀行保險業ハ直ニ之ヲ社會化スルコト、右社會化ニ對シ賠償ヲ支拂フヤ否ヤハ明示セス、私有財產及相續權ニ就テモ何等明ニ主張セサルニ依リ如何ナル範圍程度ニ於テ之ヲ維持スヘキヤ否ヤハ不明トス生產ハ凡テ之ヲ經濟會議（Wirtschaftsräte）ノ手ニ移スコト、一切ノ勞働能力者ニ勞働ノ義務ヲ負擔セシムルコト、社會立法ヲ完成スルコト、特ニ住宅食糧保健制度ニ注意スヘシ、中產階級ニ就テハ何等明示セサルモ其ノ漸次消滅スルニ至ルハ己ムヲ得スト認ム、商業ニ就テモ何等主張スル所ナシ

（ハ） 文化問題

國粹思想ニ就テモ亦何等要求セス、宗敎ハ私事トシ從テ國家敎會ノ完全ナル分離ヲ要求ス、敎會團體ヲ私的結社ト宣言ス、非宗敎的統一學校制、敎育ヲ物質的生產ト結合セシムルコト、婦人ヲ男子ト平等ノ地位ニ置キ其ノ權利ヲ制限スル一切ノ法律ヲ廢止スルコト

右政綱ニ依リ獨立社會黨ノ主眼トスル處ハ無產階級ノ獨裁ニ依リ資本主義的社會秩序ニ代フルニ社會主義的社會秩序ヲ以テスル點ニアリ而シテ右目的達成ノ爲メニハ革命的勞働組合及既存ノ無產階級的會議組織（Räteorganisation）ト提携シテ凡有政治的議院的經濟的鬪爭手段殊ニ民衆ノ行動ヲ利用スルコトヲ主張ス而シテ革命後ニ於テモ獨立社會黨內ニハ社會黨左翼ニ屬スル分子ト純共產主義者ト混同シ居タル爲如何ナル程度迄激烈ニ右鬪爭手段ヲ利用スヘキカ殊ニ恐怖政策（Terrorismus）ヲモ敢テスヘキヤ否ヤニ關シ兩派ノ意見一致セサリシカ後述ノ如ク一九二〇年十月共產主義者カ同黨ヨリ分立シテ共產黨ニ合併シテ以來獨立社會黨ノ主張ハ改革派社會主義ト共產的純革命派社會主義（Revolutionärer Sozialismus）ノ中間ニ出ツルニ至レリ（所謂第二半「インターナショナル」ノ傾向ヲ有ス）

（八）　共產黨

一九一八年十二月十四日共產黨成立前獨立社會黨內共產主義者幹部ハ「スパルタクス」同盟ノ要

求）（Was will der Spartakusbund）ナル宣言ヲ發シタルカ右政綱ハ間モナク成立セラレタル共產黨ニ依リ採用セラレ次テ一九一九年十月ノ大會ニ於テ（イ）共產主義ノ原則及策略（ロ）議院制度（ハ）勞働組合ノ三問題ヲ決議シタルカ右ニ依レハ共產黨ノ政綱要旨左ノ如シ

（イ）國家生活ノ問題

速ニ無產階級ノ獨裁政治ヲ樹立スルコト、國權ハ全部勞働ニ從事スル者ノ手ニ歸セシムヘシ、全獨逸ノ勞兵會議（Arbeiter-und Soldatenräte）ハ一ノ中央會議（Zentralrat）ヲ又中央會議ハ一ノ執行會議（Vollzugsrat）ヲ選擧スヘク而シテ執行會議ハ最高ノ立法及執行權ヲ掌握スヘシ獨逸ヲ統一國トナシ聯邦ヲ全然廢止スヘシ、外國ニ於ケル共產主義ノ諸黨ト直ニ結合ヲ締結シ獨逸革命ヲ擴張シテ世界革命ニ至ラシムヘク世界無產階級ノ國際的結合ニ依リ永久的平和ヲ確保セサルヘカラス、從來ノ軍隊ニ代フルニ無產階級ニ屬スル男子全部ヨリ成ル勞働者防衞軍（Arbeiterwehr）ヲ組織シ其ノ現役ニ屬スル部分ヲ赤衞軍（Rote Garde）トナシ以テ革命ヲ恆久的ニ保護セシムヘシ、現在ノ官吏ニ代フルニ勞兵會議ノ代表者（Vertranensmann）ヲ以テスヘシ、租稅ハ全然之ヲ主張スルコトナク國家ハ生產ノ收益中ヨリ其ノ一般的目的ニ必要ナル金額ヲ返還セシメ得ヘキモノトス

（ロ）　生産手段ノ社會化ハ最廣ノ範圍ニ於テ實行スヘシ、總テノ大中農業鑛山鎔鑛所大工業交通業大商業及銀行ハ無償ニテ之ヲ收用スヘシ、小農業ハ其ノ所有主ノ自由拋棄ヲ見ル迄存續セシムヘシ私有財産ハ或ル小範圍ニ於テノミ之ヲ存續セシムヘシ、中央會議ニ於テ決定スヘキ一定額以上ノ財産ハ凡テ之ヲ沒收ス、凡テノ國債及公債特ニ戰時債務ハ中央會議ニ於テ決定スヘキ一定額以上ハ之ヲ無效ト宣言スヘシ、小資本及特ニ家具ニ就テハ私有財産ヲ引續キ存續セシム相續權ニ就テハ明示セラレサルモ少クモ家具ニ就テハ之ヲ存續セシムルモノトス、生産ノ指導ハ之ヲ産業會議（Betriebsräte）ニ委スヘシ、當分ノ間猛烈ナル社會立法ヲ實行スヘシ、最長一日六時間勞働制、住宅食糧及健康ニ對スル根本的施設、中産階級ノ維持ニ就テハ何等明示セス、農業ニ就テハ統一的中央部指揮ノ下ニ同業組合ヲ組織セシムヘシ、商業ノ廢止

（ハ）　文化問題

國粹思想ニ就テハ何等言及スルコトナク共産黨カ常ニ無産階級ノ世界革命ノ利益ヲ代表スルモノタルヲ說キタルノミ、宗敎ニ就テハ何等主張スル處ナシ、敎育ハ革命ノ精神ニ於テ改造スヘシト主張ス、右ハ少クモ統一學校制及敎育ノ無償ヲ意味スルモノトス

右政綱中ニ主張セラレタル共産黨ノ主タル目的ハ最モ明瞭ニ無産階級ノ世界革命ニ依リ資本主義

的社會秩序ニ代フルニ直ニ社會主義的社會秩序ヲ以テスヘシト云フニ在リ而シテ同黨ハ右目的カ唯鬪爭ニ依リテノミ達成セラルヘシトシ之カ爲ニハ强力ナル政治的經濟的手段多數者ノ「ストライキ」多衆示威運動擾亂ヲ利用セサルヘカラストセリ議院的交涉ニ參加スルハ右目的達成上大ナル效果ナキモ民衆ヲ感化スル上ニ多少ノ效果アリトス尙右目的ハ出來得ヘクムハ暴力又ハ流血ニ依ラス唯多數者ノ壓迫ニ依テノミ達成セントスルモ資本家階級ノ暴力ヲ以テスル抵抗ニ對シテハ必要アラハ又暴力ヲ以テ之ヲ壓倒スヘシト主張ス（Terrorismus）

第三節　各政黨成立ノ由來

獨逸政黨ノ沿革ハ殆ント二百年ノ古ニ遡リ爾來政黨的形骸及觀念漸次發展シ一八四八年ニ至リ具體的政黨ノ樹立ヲ見タル後種々ノ變遷ヲ經テ以テ今日ニ及ヒタルモノナルカ其ノ歷史全部ヲ敍說スルハ本論文ノ目的ニ非サルヲ以テ以下主トシテ社會黨及革命ニ依リテ成立シタル現在諸政黨成立ノ由來ニ就テ說述スヘシ獨逸政黨當初ヨリノ歷史ハ「ベルグストレーサー」博士著政黨史（Bergsträsser:Geschichte der politischen Parteien）ニ詳說セラレアルニ付仍テ以テ研究スルヲ得ヘク又帝國外務省編纂「各國ノ政黨」中ニモ大戰前迄ノ各政黨ノ沿革ヲ簡單ニ揭載セラレアリ

（一） 國粹國民黨

國粹國民黨ハ一九一八年十一月九日革命後同月末ヨリ十二月初ニ至ル間ニ於テ國粹的基督敎的政策ヲ主張セル諸政黨相集マリ組織シタルモノニシテ獨逸保守黨及帝國黨ヲ中堅トシ經濟聯合獨逸改良黨ノ二小政黨其ノ他同主義者之ニ參加セリ國粹國民黨ノ本領ハ實ニ獨逸國粹的（deutschnational）ナル名稱ニ依リ十分發現セラレ居レリ尚國粹國民黨ノ成立ヲ解説スレハ左ノ如シ

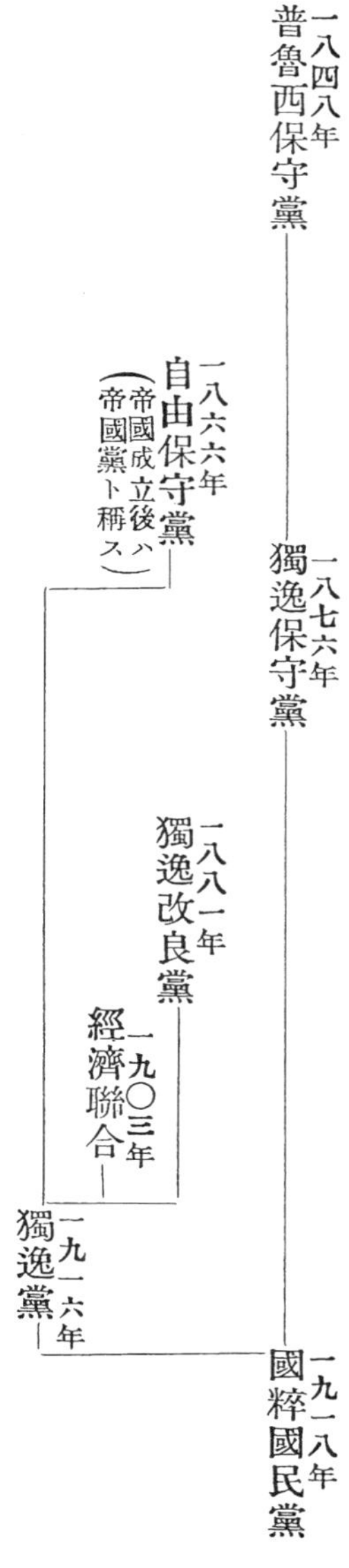

（イ） 獨逸保守黨

十八世紀末葉獨逸及英國ニ於テ時代精神ニ反抗シテ國粹的基督敎的國家思想勃興シ卽チ獨逸ニ於テ啓蒙主義者（Aufklärung）ニ反對シテ Justus Möser 又英國ニ於テハ佛國革命ニ反對シテ Burke 起レリ而シテ Burke ノ思想ハ Gentz ニ依リ獨逸ニ輸入セラレ Schelling, Hegel,

Adam Müller, Stahl 等ハ右保守的國家論ヲ更ニ深刻ナラシメタルカ右思想ヨリ一八四八年ノ憲法爭議ノ際普魯西保守黨(Konservative Partei Preussens)成立シ帝國建設後一八六七年獨逸保守黨ト稱スルニ至レリ

保守黨ノ主張ハ一八九二年九月八日ノ所謂「テイヴォリ」綱領(Tivoliprogramm)ニ依リ明カナルカ右ニ依レハ强力ニシテ十分組織アリ且國粹的基督敎的思想ニ充實セル國家ヲ要求シ獨逸ノ特性ヨリ發現シタル制度ヲ右國家ニ於テ忠實ニ維持發展セシメントス卽チ外國ニ對シテハ强力ナル政策普魯西其ノ他聯邦ノ特異ノ生存維持王權ヲ制限セサルコト選擧權ノ不擴張ヲ主張ス又帝國建設後獨逸ノ一般生活漸次平易化シタル結果保守黨ニ於テモ從來ノ理想的目的ノ外經濟的利益ヲモ大イニ重視セサルヘカラサルニ至リ一八九三年地主同盟(Bund der Landwirte)組織セラルルヤ該同盟ハ農業ノ利益代表者トシテ保守黨ノ中堅ヲ爲スニ至レリ爾來保守黨ハ終始農業ノ利益ヲ主張シ穀物輸入ニ對スル高價ナル關稅ヲ要求シ又運河開鑿ニ反對シ以テ廉價ナル外國穀物ノ輸入ヲ防カントス其ノ他農業ニ不利益ナル租稅殊ニ相續稅ニモ反對セリ保守黨ハ又右ト關係ナク獨逸國粹ヲ主張スル反面トシテ猶太人猶太主義ニ反對シ「テイヴォリ」綱領中ニハ反猶太主義(Antisemitismus)ノ條項ヲモ加ヘタリ(機關紙「クロイツ、ツ

アイトウング」、領袖「フォン、ハイデブランド」「フォン、カルドルフ」「ウエスタルプ」伯、「デイートリヒ」等）

（ロ）　帝國黨

一八六六年普魯西保守黨中同黨ノ綱領ヲ極端ニ固執セサル一派ハ普墺戰役後議會ニ提出セラレタル損害賠償法（Indemnitätsgesez）（「ビスマーク」カ議會ノ協贊ヲ經スシテ軍備擴張豫算ヲ實行シタル爲其ノ後右ニ對スル政府ノ責任ヲ消滅セシムル意味ニ於テ議會ニ提出シタルモノナリ）ニ贊同セント欲シ（純保守派ハ同法ヲ以テ國民代表ニ對スル不名譽ナル讓步トシ之ニ反對セリ）保守黨ヨリ分離シテ先ツ自由保守聯合（Freikonservative Vereinigung）次テ自由保守黨（Freikonservative Partei）ト稱シ帝國建設後ハ帝國黨（Reichspartei）ト稱セリ帝國黨ハ保守黨ト後述ノ國民自由黨トノ間ニ立ツモノニシテ保守黨ニ接近スルモ保守黨ノ如ク極端ニ保守主義及農業利益ヲ固執スルコトナク又明確ニ反猶太主義ヲ主張スルコトナシ（機關紙「ポスト」領袖「ガムプ」男等）

（ハ）　經濟聯合及獨逸改良黨

經濟聯合（Wirtschaftliche Vereinigung）ハ一九〇三年獨逸社會政策黨（Deutsch-Soziale Partei）

（一八八九年創立）ノ一部基督教社會政策黨（Christlich-Soziale Partei）（一八七八年創立）其ノ他ヨリ組織セラレタルモノニシテ又獨逸改良黨（Deutsche Reformpartei）ハ一八八〇年創立セラレ其ノ後一九〇〇年ニ獨逸社會政策黨等ト共ニ獨逸社會改良黨ヲ組織シタルカ一九〇三年舊獨逸社會政策黨ノ一部經濟聯合ニ加入シタル結果殘部ハ再ヒ獨逸改良黨ト稱スルニ至レルモノナリ經濟聯合及獨逸改良黨ハ共ニ基督教主義及獨逸國粹主義（特ニ反猶太主義）ヲ高調シ經濟問題ニ關シテハ中產階級ノ利益ヲ代表セリ

右二黨ハ一九一六年一月帝國黨及同主義者ト共ニ獨逸黨（Deutsche Fraktion）ヲ組織シタルカ同黨「フオン、ガムプ」男、「シユルツ」及「ウエルナー」等ヲ首領トシテ二十八名ノ代議士ヲ擁セリ

（二）獨逸國民黨

獨逸國民黨ハ一九一八年十一月九日革命後國民自由黨ノ一部ヨリ組織セラレタルモノナリ（民主黨ノ部ノ解說參照）卽チ十一月十五日先ツ民主黨ノ創立宣言セラレ次テ右綱領ヲ基礎トシテ舊進步國民黨及國民自由黨ノ幹部間ニ設立ニ關スル協議行ハレタルカ遂ニ完全ナル妥協ニ至ラス國民自由黨ノ右翼ハ間モナク民主黨トハ獨立ニ獨逸國民黨ヲ創立シ其ノ左翼ハ進步國民黨ト共ニ獨逸

民主黨ヲ設立シタルモノトス而シテ獨逸國民黨ノ綱領ハ同年十二月ニ宣言セラレタリ

民主黨中社會黨トノ提携ヲ潔シトセサル一派ハ一九二〇年六月六日施行セラレタル第一回國會選擧ニ對スル準備ノ意味ヲモ含メテ民主黨ヨリ分離シ國民黨ニ加入スルニ至レリ

國民黨ノ前身タル國民自由黨ハ一八六六年普魯西進歩黨（Preussische Fortschrittspartei）ヨリ分離シタルモノニシテ卽チ普魯西進歩黨中同黨ノ無用ノ政府反對ヲ非トスル一派ハ同黨ヨリ獨立シテ國民自由黨ヲ樹立シ「ビスマーク」ノ大獨逸政策ヲ援助スルニ至レルモノトス從テ同黨ハ一面自由思想ヲ棄テサルト共ニ一面國粹思想ヲ採用シ獨特ノ理想ヲ有セス Nationalliberal ナル名稱ニ依リテモ明カナルカ如ク同黨中ニハ常ニ右兩分子ヲ包含セリ同黨ノ政綱モ亦國粹自由ノ兩思想ヲ採用シ一面ニ於テ强力ナル陸海軍ヲ主張シテ中央黨及社會民主黨ノ世界主義ニ反對スルト同時ニ一面ニ於テ移轉ノ自由營業ノ自由ヲ擁護シ普魯西選擧權ノ擴張ヲ主張シ一定ノ形式ヲ固執スルコトニ反對シ時代精神ヲ尊重シテ之ヲ滿足セシムヘシト爲ス經濟的方面ニ於テハ農業ニ對スル保護政策ヲ主張シ又保護關稅ニ依ル工業保護ノ可否ニ就テハ當初意見一致セサリシモ結局之ヲ是認セリ（機關紙「ケルニッシュ、ツアイトユング」、「テーグリッヘ、ルンドシャウ」領袖「ストレーゼマン」、「フリードベルグ」、「シッファー」、「リスト」、「ユンク」等）

右國民自由黨ノ眞面目ハ今日ノ獨逸國民黨中ニモ之ヲ認ムルヲ得ヘシ然レトモ既ニ政綱ノ部ニテ述ヘタルカ如ク革命ニ依リ自由主義ノ要求略滿足セラレタル結果國民黨ハ今ヤ國粹國民黨ト提携シ第二位ノ右黨トシテ國粹主義ヲ高調シツツアルヤノ外觀ヲ呈スルニ至リ殊ニ「スチンネス」其ノ他重工業者ノ大部分ヲ網羅スル結果國粹國民黨カ農業ノ利益ヲ代表スルト同シク工業ノ利益代表者トシテ社會主義ニ對抗シツツアリ最モ最近ニ於テハ官吏雇員其他上級中產階級ノ間ニ其ノ勢力ヲ扶植セントスル傾向アルノミナラス其ノ成立ノ本質ヨリ民主黨ト脈絡相貫通スルモノナキニ非サルナリ從テ國民黨增大スルニ從ヒ民主黨ハ愈其ノ勢力ヲ失フニ至ルヘシ（民主黨ト國民黨トノ間ニハ國粹思想ニ關スル意見ノ差異ノ外大ナル主張ノ差ナシ）

（三）　中央黨及其ノ與黨タル諸小黨

中央黨ハ革命ヲ通シ其ノ儘存在ヲ維持シタル政黨ナルモ一面民主的ナル新形勢ニ適合シ一面基督教國民黨（Christliche Volkspartei）トシテノ特色ヲ一層發揮スル爲一九一九年十二月三十日政綱ヲ一新スルニ至レリ（機關紙「ゲルマニヤ」、「ケルニッシエ、フォルクス、ツアイトユング」領袖「スパーン」、「エルツベルゲル」、「グレーベル」、「トリムボルン」等）

中央黨ハ他ノ政黨ト異ナリ哲學的ヨリハ寧ロ宗教的基礎ニ立脚セリ舊教ノ教義ニ從ヘハ神カ現世

ヲ支配スルト同様神界行政ノ爲ニ基督ニ依リ設置セラレタル敎會ハ國家ノ上ニ立タサルヘカラス敎會ハ一般的永久的且無過誤的ナルニ反シ國家ハ有限的亡滅的有過誤的ノモノナリ故ニ敎會ノ無制限ナル活動ハ國家ノ福祉ニ比シ遙カニ重要ナリ右敎義ハ「カトリツク」敎會ニ依リ發展セシメラレ十三世紀ニハ「トーマス、フォン、アクイノ」ニ依テ確立セラレ又十九世紀ニハ羅馬法皇「ピウス」九世ニ依リ大イニ宣布セラレタリ而シテ「ピウス」九世ハ右主張ニ依リ國家權力トモ鬪爭スルニ至レルカ右「カトリツク」敎會ノ要求ニ對スル護衞軍トシテ一八七〇年十二月十三日ニハ普魯西ニ又一八七一年ニハ獨逸帝國ニ於テ中央黨組織セラレタルモノトス之ヨリ先「ライヘンシユペルガー」等ヲ中心トスル舊敎議員ノ一團ハ一八六〇年頃左右兩派ニ對シ中立ノ態度ヲ持シ且議會ノ中央ニ議席ヲ占メ中央黨ト稱シタルコトアリシモ同黨ハ其ノ後間モナク消滅シ右一八七〇年ニ組織セラレタル中央黨卽チ現在ノ中央黨ニ發展シタルモノナリ從テ中央黨ハ舊敎會ノ自由獨立及勢力ヲ大イニ高調シタルカ右目的ヲ遂行スル爲頗ル巧妙ナル政策ヲトリ各種ノ職業階級各種ノ物質的利益ヲ其ノ舊敎主義ニ依リ統括スルニ至レリ獨逸帝國建設後「ビスマーク」カ法皇領復興ノ爲伊太利ニ干渉スヘシトスル舊敎徒ノ要求ヲ拒絕スルヤ政府反對ノ方針ヲ取ルニ至リ爾來「ビスマーク」ノ舊敎會ニ對スル所謂文化鬪爭（Kulturkampf）ニ際シテモ能ク之ニ對抗シテ其ノ存立ヲ維持セリ中央黨ニ依リ代表セラルル諸階級ニハ大農アリ小農アリ手工業者アリ商人アリ大工業勞働者アリ而シテ中央黨ハ之等階級ノ經濟的利益ヲ巧ニ顧慮採用シ農民手工業者及小商人ニ對シテハ中産階級的政策ニ依リ工業勞働者ニ對シテハ社會政策ニ依リ何レモ其ノ要求ヲ滿足セシメツツアリ又國家財政ニ就テハ常ニ節約政策ヲ主張ス從テ舊敎主義ニ依リ統括セラレタル以外ニハ中央黨ハ各種ノ政見ヲ包含シ其ノ右派ハ獨逸國民黨ニ近ク其ノ左派ハ社會民主黨ニ近ク中間黨トシテ左右何レトモ妥協ノ可能性ヲ有ス尚中央黨ハ信仰ニ立脚セル結果勢力極メテ堅實ナルモノアルモ革命以來社會民主黨ト提携シテ同黨ノ社會主義ヲ援助シ殊ニ統一國主義ヲ採用シテ各聯邦ノ獨立性ヲ出來得ル限リ制限セントシタル結果獨逸內農業國トシテ保守的傾向强ク殊ニ各聯邦ノ獨立性ヲ維持セントスル聯邦主義旺盛ナル「バヴアリヤ」國ニ於ケル中央黨ハ同黨ノ左傾政策及統一國主義ニ反對シテ一九一八年十一月先ツ「バヴアリヤ」國民黨（Bayerische Volkspartei）ヲ組織シタルカ中央黨領袖「エルツベルゲル」ノ統一國主義的演說ニ反對シテ一九二〇年一月九日遂ニ全然中央黨ヨリ分離セリ然レトモ「バヴアリヤ」國民黨ハ元來中央黨ト宗敎的基礎ヲ同一ニシ政見亦大ナル差異ナキ關係上「バヴアリヤ」國ノ地方的利益ニ關スル問題ヲ除キテハ中央黨ノ友黨トシテ同黨右派ト同一行動ヲ取ルモノト見ルヲ得ヘシ

「バヴアリヤ」國民黨ノ外一九二〇年五月二日中央黨中社會民主黨トノ提携ヲ快トセサル一派ハ同黨ノ廓清ヲ名トシテ基督敎國民黨（Christliche Volkspartei）ナル名稱ノ下ニ中央黨ヨリ分離シタルモ勢力尙微弱ニシテ「バヴアリヤ」國民黨ト相提携シ居レリ

「バヴアリヤ」農民同盟ハ一八九〇年頃中央黨ノ政策ニ慊ラサル舊敎ノ「バヴアリヤ」中產階級農民ニ依リ組織セラレタルモノニシテ常ニ農業ノ利益ヲ代表シ聯邦自主主義（Separatismus）ヲ主張セリ又獨逸「ハノーヴアー」黨ハ「ハノーヴアー」國滅亡後一八六九年「ハノーヴアー」地方ノ特殊利益及「ハノーヴアー」朝ノ利益ヲ代表スル目的ヲ以テ同地方住民ニ依リ組織セラレタルモノニシテ國會ニハ一八九八年ヨリ代議士ヲ出シ中央黨ノ與黨トナレリ現時ニ於テハ「ハノーヴアー」地方ノ特殊利益擁護ヲ目的トス

（四）　獨逸民主黨

獨逸民主黨ハ一九一八年十一月十五日舊進步國民黨（Fortschrittliche Volkspartei）及國民自由黨ヨリ成立シタルモノナリ同日民主黨創立ノ宣言發セラレタルカ進步國民黨ノ領袖ト國民自由黨ノ領袖トノ間ニ協議纏マラス國民自由黨ノ右派ハ「ストレーゼマン」等ヲ中心トシテ別ニ獨逸國民黨ヲ設立シタル結果「フリードベルグ」、「シッフアー」等ヲ中心トスル左派ノミ民主黨ニ加入スルコトトナレリ「カップ」政變後同黨內舊進歩國民黨ニ屬セシ一派ハ民主黨カ「カップ」政變ノ際社會黨ト共ニ一般「ストライキ」ヲ宣言シタルヲ非トシ一九二〇年四月末 Wiener 及 Mugdan 氏等ノ引率下ニ民主黨ヲ脱退シテ獨逸國民黨ニ加入シタルカ右ハ同年六月ノ第一回國會選擧ニ對スル準備トシテ實行セラレタルモノナルヘシ民主黨及獨逸國民黨ノ成立ヲ併セテ解説スレハ次ノ如シ

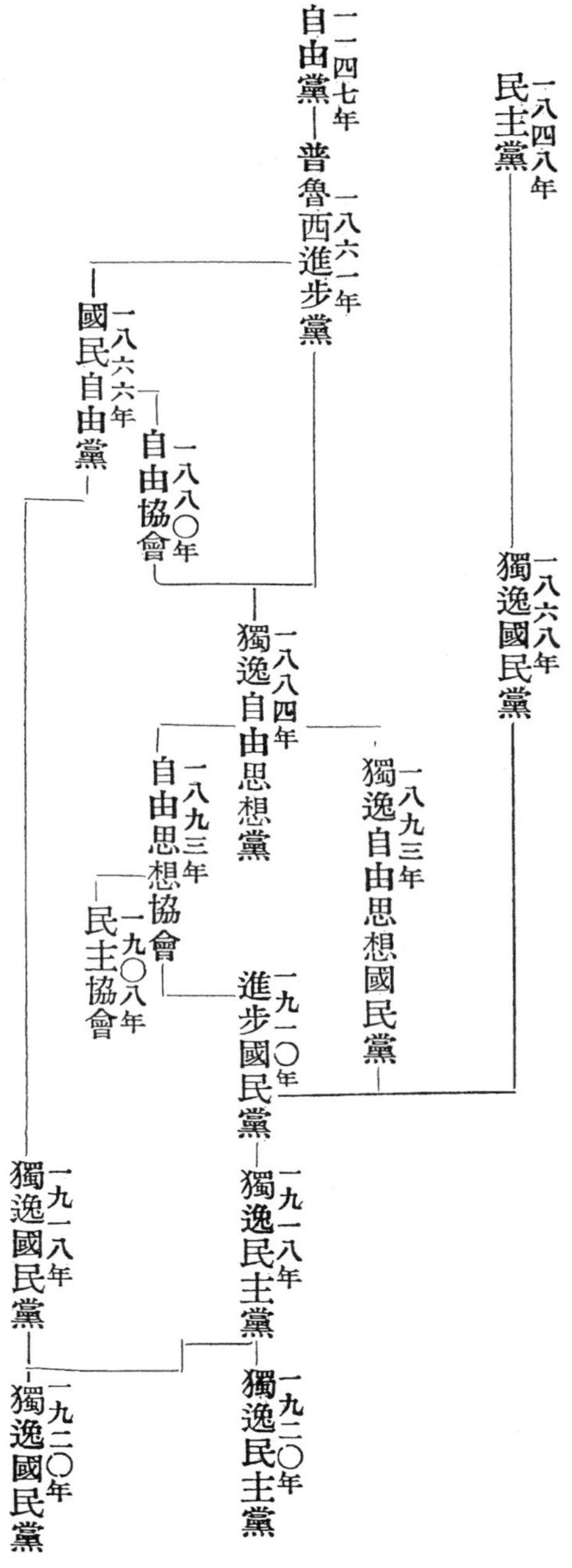

進歩國民黨ノ精神的基本ハ十八世紀ニ發端ス當時啓蒙主義（Aufklärung）唯理主義（Rationalismus）

ノ産物トシテ現行憲法ニ代フルニ理性ニ依リ起案セラレタル模範憲法ヲ作リ國民ノ大多數ニ統治權ヲ與ヘ又個人ニハ出來得ル限リ大ナル自由ヲ與フヘシトノ思想起リ右思想ハ佛國ニ於テハ「ヴオルテール」、「ルッソー」等ニ依リ確立セラレ一七八九年ノ革命ニ依リ大體ニ於テ實現セラレタルカ同時ニ獨逸ニモ漸次ニ輸入セラレ佛國革命後ハ全國ニ蔓延セリ

右自由民主ノ思想ニ立脚セル政黨ハ既ニ一八四七年ノ普魯西聯合議會及一八四八年ノ「フランクフルト」國民會議ニ於テ發生シタルカ尚雜然タル政治團體ヲ爲スニ止マリ進歩國民黨ノ基礎ハ一八六一年ニ成立セリ當時普魯西ニ於テ「ビスマーク」カ軍隊改革ヲ斷行セントスルヤ自由民主ノ思想ヲ抱ケル其ノ反對者ハ團結シテ普魯西進歩黨（Preussische Fortschrittspartei）ヲ組織シ墺太利トノ折衝ヲ名目トセル軍備擴張計畫ノ背後ニハ民衆威壓ノ目的潛在スルモノトナシ政府ノ軍備擴張案ニ反對セリ同黨ハ一八六二年ヨリ一八六六年迄三五二名ノ普魯西下院議員中二五〇名ノ多數ヲ占メタルカ保守黨ノ場合ニ於ケルト同樣「ビスマーク」ノ提案セル損害賠償法案（前掲）ニ對スル贊否ノ問題ヨリ一八六六年黨ノ分裂ヲ來シ溫和派ハ別ニ國民自由黨ヲ組織セリ而シテ國民自由黨ハ爾後十年間ニ亙リ政府ヲ援助シタルカ常ニ時代ノ形勢ニ順應シタル結果無方針ノ非難ヲ被リタリ一八七七年「ビスマーク」カ從來ノ自由經濟政策ヲ變更スルヤ國民自由黨內ニ分裂ヲ來シ一八八〇年其ノ左翼ハ自由協會（Liberale Vereinigung）ヲ設立シタルカ同協會ハ一八八四年進歩黨ト

合件シテ獨逸自由思想黨（Deutsch-Freisinnige Partei）ヲ建設セリ然ルニ一八九三年宰相「カプリヴィ」ノ軍備案ニ關シ意見衝突ノ結果自由思想黨ノ分裂ヲ來シ軍備案反對ノ左翼ハ獨逸自由思想國民黨（Freisinnige Volkspartei）ヲ又軍備贊成ノ右派ハ自由思想協會（Freisinnige Vereinigung）ヲ組織セリ之ヨリ先既ニ一八四八年頃南獨方面ニ民主自由ノ政黨別ニ設立セラレタルカ同黨ハ一八六八年獨逸國民黨（Deutsche Volkspartei）（一九一八年革命後組織セラレタル現在ノ獨逸國民黨トハ別物ナリ）ナル名稱ヲ以テ具體的ニ政黨ノ形骸ヲ具フルニ至リ大體ニ於テ進歩黨左派ト同一傾向ヲ有シタリ一九〇八年自由思想協會ノ左派ハ獨立シテ民主協會（Demokratische Vereinigung）ヲ組織シタルカ一九一〇年「フリードリヒ、ナウマン」等ノ斡旋ニ依リ自由思想國民黨自由思想協會及獨逸國民黨ノ三自由黨再ヒ聯合シ進歩國民黨ヲ組織セリ

以上進歩國民黨及其ノ前進タル自由諸黨ノ主張スル自由民主主義ノ目的トスル處ハ政府ノ權力ヲ出來得ル限リ制限シ人民代表ノ權力ヲ强大ナラシムルコト軍備擴張ノ要求ニ反對シ之ニ同意スルノ必要ニ迫ラレタル場合ニハ之ニ依リ人民代表ヲ拘束スル期間ヲ出來得ル限リ短クスルコト國民ニ對シ大ナル選擧權ヲ與フルコト殊ニ普魯西選擧權ノ擴張等主トシテ政治的方面ニ存シ經濟的目的ハ當初餘リ重要視セラレサリシカ獨逸帝國建設後保護關稅及社會政策ノ是非ニ關スル論爭起リ

シトキ本黨ハ「オイゲン、リヒター」指揮ノ下ニ所謂放任主義ヲ主張シ經濟生活ヲ王權ヨリ自由ナラシムヘシトセリ而シテ保護關稅ニ對シテハ世界商業ノ自由ヲ主張シ又勞働者保護論者ニ對シテハ法律ヲ以テ企業者勞働者間ノ關係ニ干涉スルコト及勞働者强制保險ニ反對セリ右主張ノ結果自由諸黨ハ國權ノ援助ヲ餘リ必要トセサル一部商工業ノ利益殊ニ超國家的色彩アル猶太人商工業者及銀行家ノ利益ヲ代表スルニ至レリ然レトモ偉大ナル輿論ノ力ニ壓セラレ遂ニ社會政策ヲ承認セリ帝國ノ末期革命前ニ政府議院化及普魯西選擧法ノ改正問題論議セラルルヤ進步國民黨ハ大イニ之ヲ唱道シタルカ革命ニ依リ其ノ要求ノ大半達成セラルルニ至レリ（機關紙「フランクフルテル、ツアイトユング」、「ベルリーネル、ターゲブラット」、「フオツシツシエ、ツアイトユング」、領袖「フイシユベック」、「ハウスマン」、「ウイーマー」等）

獨逸民主黨ヲ構成セル他ノ要素タル國民自由黨ノ主張ニ就テハ獨逸國民黨ノ部ニ詳說セリ

以上兩分子ヨリ成レル現在民主黨ノ主張ハ自由民主的思想ヲ基礎トスルコト勿論ナリト雖一面必シモ劃一ナラサルモノアリテ社會民主黨ニ近キ意見ト獨逸國民黨ニ近キ意見トヲ併セテ包含セリ然レトモ極端ナル國粹主義ト社會主義トニ對シテハ氷炭相容レサルモノアルヲ以テ國粹國民黨及獨立社會黨並共產黨ニ對シテハ常ニ相反對シ居レリ卽チ民主黨ハ獨逸國民黨ト社會民主黨トノ間

ニ立チ其ノ政見常ニ動搖シツツアルモノナリ

(五) 社會民主黨

社會民主黨ハ既述ノ如ク革命ノ中堅ヲ成シタル政黨ニシテ永キ歷史ヲ有ス之ヲ解說スレハ左ノ如シ

一八六四年 國際勞働者協會 — 一八六九年 社會民主勞働黨
一八六三年 一般獨逸勞働者組合 —
— 一八七五年 獨逸社會勞働黨 — 一八九一年 獨逸社會民主黨 — 一九一七年 獨逸社會民主黨
— 一九一七年 獨立社會民主黨 — 一九一八年 獨立社會民主黨
— 一九一五年 インターナチオナーレ團 — 一九一八年 獨逸共產黨
— 一九二〇年 獨立社會民主黨
— 一九二〇年 聯合共產黨

獨逸ニ於ケル社會民主主義的運動ハ一八三〇年代ニ發端ス當時獨逸ニ於テハ曩ニ佛國ノ社會主義學者 St. Simon, Fourier, Proudhon 等ノ提唱シタル社會主義ノ學說ヲ研究スル者出テタルカ他方ニ於テ佛人「ルイ、ブラン」ハ一八四〇年巴里ニ於テ勞働黨ヲ建設シ獨逸ノ手工業者モ亦之等佛國社會主義運動者ニ倣ヒ且之ト氣脈ヲ通シテ社會主義的運動ヲ開始セリ然レトモ之等學説及運動ハ佛國ノ模倣ニ過キスシテ大ナル勢力ヲ得ルニ至ラサリシカ「カール、マルクス」及「フリードリヒ、エンゲルス」出テ社會主義ノ新説ヲ確立シテ以來右運動ハ其ノ面目ヲ一新スルニ至レリ卽チ「マルクス」及「エンゲルス」ハ一八四七年共同シテ共產主義宣言（Kommunistische Manifest）ヲ發表シ次テ「エンゲルス」ノ補助ニ依リ「マルクス」ハ有名ナル資本論（Das Kapital）ヲ著シ以テ近世社會主義ノ基礎ヲ確立セリ「マルクス」及「エンゲルス」ハ右理論ヲ共產主義ト名付ケタルカ其ノ影響廣マリタル後ニ於テハ勞働運動ノ局外ニ立チ兩者ノ考案セル社會主義的制度ノ爲ニ宣傳スル者ヲ社會主義者ト稱シ社會ノ社會主義的改造ヲ要求スル勞働者ヲ共產主義者ト稱セリ（社會主義及共產主義ニ就テ詳説スルコトハ本論ノ目的ニ非サルヲ以テ之ヲ略ス）「マルクス」及「エンゲルス」ハ勞働者ノ解放ヲ以テ勞働階級自ラ實行セサルヘカラサルモノト爲シ自ラ共產主義者ト稱シ其ノ考案セル實行綱領ヲ共產主義ノ宣言ト名付ケタリ尙「マルクス」及「エンゲルス」等ハ從來ノ社會主義ヲ空想的社會主義ト稱シ單ニ社會主義的空想ヲ畫クニ過キスト爲スニ反シ自ラハ不可抗的ニ社會主義ニ發展スルノ途ヲ科學的ニ確立シ社會主義ニ對シ始メテ確乎タル基礎ヲ與ヘタリト爲シ自已ノ主義ヲ科學的社會主義ト稱セリ「マルクス」及「エンゲルス」ノ主義ニ從ヘハ今日ノ資本主義的社會ニ於テハ唯僅少ノ資本家ノミ生産手段ヲ占有シ大多數ハ資本家ノ壓迫掠奪ニ甘セサルヘカラサル狀態ニ在リ而シテ國家ハ右ニ對スル唯一ノ救濟手段タリ資本家勞働者兩階級ノ間ニハ絕エサル鬪爭愈激烈ニ行ハレ遂ニハ社會革命ニ達スヘシ右社會革命ニ依リ勞働者階級ハ始メテ資本家階級ノ支配權ヲ破壞シ生産手段ヲ社會有トシ以テ階級ノ差別ナク又階級ノ鬪爭ナキ新社會ヲ創造シ得ヘシトス而シテ右社會革命ヲ如何ニ實行スヘキヤニ就テハ「マルクス」及「エンゲルス」ハ各種各樣ナル意見ヲ表示シタルノミナラス時ニハ其ノ意見相矛盾スルコトアリタル爲爾來同主義信者ノ間ニ激烈ナル論爭起リ其ノ一派卽改革派社會主義者（Reformsozialisten）ノ意見ニ依レハ社會革命ハ悠々法律變更ノ道ニ依ルヘシトシ卽チ民主主義議會政治ヲ認メ先ツ國民代表中ニ大多數ヲ制シ以テ資本主義ヲ漸次廢止シテ社會主義ノ理想ヲ達成スヘシト主張スルニ反シ他ノ一派卽チ革命派社會主義者（Revolutionäre Sozialisten）ハ社會革命ハ暴力ヲ以テスル轉覆ニ依ラサルヘカラストシ先ツ無産階級ノ獨裁制ヲ確立シ然ル後ニ遲滯ナク生産手段ノ社會化ヲ實行スヘシト主張セリ社會黨間絕エス離合行ハルルハ右主張ノ差ニ基クモノトス科學的社會主義ノ信者ハ一八六四年創立ニ係ル國際勞働者協會（Internationale Arbeiterassoziation）（所謂第一「インターナショナル」ト稱セラルルモノ）ニ參加シタルカ一八六九年第一「インターナショナル」ノ獨逸ニ於ケル會員ハ「ウイル

ヘルム、リーブクネヒト」及「アウグスト、ベーベル」ヲ中心トシ「アイゼナッハ」ニ於テ勞働者會議ヲ開キ社會民主勞働黨（Sozialdemokratische Arbeiterpartei）ヲ組織セリ之レ卽チ獨逸社會民主黨ノ前身トス

之ヨリ先「フエルヂナント、ラッサーレ」ハ「マルクス」派トハ離レ民主社會的思想ヲ基礎トシ平和的合法的運動ニ依ル普通平等直接祕密選擧制度ノ達成ヲ目的トシテ一八六三年一般獨逸勞働者組合（Allgemeiner Deutscher Arbeiterverein）ヲ設立セリ「ラッサーレ」ノ思想ハ右選擧權擴張ニ依リ獨逸勞働者ノ社會的利益ヲ十分代表セシメ以テ社會ノ階級鬪爭ヲ除去セントスルニ在リテ其ノ根本ニ於テハ「マルクス」ト大差ナシ兩者ノ差異ハ「マルクス」カ主トシテ經濟的理論ヲ固執スルニ反シ「ラッサーレ」ハ實際的政治ヲ主トシタル點ニ在リ（「ラッサーレ」ハ一八四八年以來「マルクス」ノ發表スル各種ノ著書論文等ヲモ閱讀シタリト云フ）一八六四年「ラッサーレ」ノ死後一般獨逸勞働者組合ハ適當ナル統率者ヲ得ス數派ニ分裂シテ互ニ鬪爭シタルカ一八六八年「ビスマーク」カ北獨逸同盟ニ於テ「ラッサーレ」ノ主張タル普通選擧ヲ採用シ且同年「フオン、シユワイツアー」カ同組合ノ首領トナリテ以來再ヒ勢力ヲ囘復スルニ至レリ其ノ後一般獨逸勞働者組合內ニ於テハ過激分子漸次勢力ヲ得一八七一年「シユワイツアー」ヲ除名シテ以來ハ其ノ主張愈「マルクス」派ト接近

セリ一八七四年帝國議會選擧ノ結果「ラッサーレ」派ト「マルクス」派ノ社會民主勞働黨トハ勢力略四儔スルニ至リ且官憲ノ干涉益甚シカリシ爲兩派ハ一八七五年五月「ゴータ」ニ會議ヲ開キ合併シテ獨逸社會勞働黨（Sozialistische Arbeiterpartei Deutschlands）ヲ組織セリ「ゴータ」綱領ハ「マルクス」派ノ「アイゼナッハ」綱領ト大差ナク過激ナルモノナリキ卽チ「ラッサーレ」ノ國民的社會民主主義ニ對シ「マルクス」派ノ國際的社會主義ノ思想漸次勝利ヲ占ムルニ至レリ一八七七年ノ帝國議會ニ於テ社會勞働黨カ約五十萬ノ投票ヲ獲得スルヤ「ビスマーク」ハ同黨抑壓ノ必要ヲ認メ Hödel 及 Nobiling カ皇帝「ウイルヘルム」一世ノ暗殺ヲ企圖シタルヲ機トシ一八七八年社會民主黨ノ公共ニ危險ナル努力取締法ナル特別法ヲ公布シ其ノ後同法ハ屢更新セラレシモ其ノ效ナク社會勞働黨ノ勢力益擴大シ右特別法モ遂ニ一八九〇年廢棄セラルルニ至レリ次テ同黨ハ一八九一年十月「エルフルト」大會ニ於テ新政綱ヲ立ツルト共ニ其ノ名稱ヲ獨逸社會民主黨ト改メ以テ今日ニ及ヘリ（獨立社會黨及共産黨分離顚末ニ就テハ各其ノ部ニ說明スヘシ）尙社會民主黨ハ第一「インターナショナル」活動能力ヲ失ヒタル結果今日ニ於テハ一八八九年創設ニ係ル第二「インターナショナル」（國際社會主義會議）ニ屬ス

社會民主黨最近迄ノ綱領タリシ「エルフルト」宣言ハ改革派社會主義ニ立脚スルヤ革命派社會主義

ヲ主張スルモノナリヤ明瞭ナラサルモ社會民主黨ハ常ニ之ヲ前者ニ解釋シ從テ當初ノ間ハ「ブルジヨア」諸黨ヲ以テ反動團體ノ一塊トナシ協力ヲ全然拒絶シタリシモ其ノ後進步國民黨及中央黨ト提携シ大戰中ニハ戰費ヲ協贊シ又革命後ニ於テハ中間ノ「ブルジヨア」諸黨ト聯立內閣ヲ組織シタルノミナラス一九二一年九月「ゲアリッツ」大會ニ於テハ帝政主義ノ獨逸國民黨ト提携スルノ主義上ノ障害ヲスラ撤去スルニ至レリ又社會化問題ニ就テモ「ブルジヨア」諸黨ト聯合ノ必要ヨリ大ナル讓步ヲ爲シタリ卽チ社會民主黨最近ノ傾向ハ暴力又ハ恐怖政策ハ露西亞ニ於テ見ルカ如ク社會ヲ改良セントシテ却テ之ヲ毒スルモノナル故社會主義ハ常ニ現行民主主義ヲ利用シテ達成セサルヘカラス換言スレハ最廣ノ普通選擧ヲ基礎トセル議會ヲ承認シ其ノ大多數ノ決議ニ依リ社會主義ヲ實行セントス而シテ議會ニ多數ヲ制スルニ至ル迄ハ理想ヲ固執シ無效ノ批評ニ甘ンスルヨリハ理想ヲ多少枉ケ「ブルジヨア」ト妥協シテ社會主義ノ幾分ナリトモ達成スルヲ得策ナリト認メツツアリ從テ其ノ主張ハ頗ル實際的ナリ

(六) 獨立社會黨

獨立社會黨ハ社會民主黨ヨリ分離シタルモノナリ一九一四年大戰爆發ニ際シ社會民主黨左派ハ各地ニ於テ戰爭反對ノ運動ヲナシタルカ國會ニ於テ戰費決議セラルルニ當リテハ當初一致之ヲ協贊

セリ然レトモ其後「カール、リーブクネヒト」及「フーゴー、ハーゼ」ヲ中心トスル社會民主黨左派ハ戰費要求ニ反對シ從テ社會民主黨右派ニモ反對スルニ至レリ而シテ「リーブクネヒト」派ハ同年九月十八日「スツツトガルト」會議ニ於テ團結シ漸次發展シテ共産黨ヲ形成スルニ至リタルカ右ニ關シテハ共産黨ノ部ニ於テ說明スヘシ又「ハーゼ」（當時社會民主黨首領ノ一人ナリ）ノ率ユル一派ハ社會主義學者「カール、カウツキー」等ノ學說ニ從ヒ「リーブクネヒト」派ノ純革命派社會主義ト社會民主黨右派ノ改革派社會主義トノ中間ニ出テントスルモノニシテ一九一四年八月四日第一回ノ戰費要求以來新ニ戰費要求セラルル毎ニ其ノ數ヲ增加シ一九一五年十二月ニハ四十三名ノ多數ニ達セリ一九一六年三月緊急軍事豫算ノ票決ニ際シテ反對派十七名ハ再ヒ反對投票ヲ爲シタルヲ以テ社會民主黨ヨリ除名セラレタルカ「ハーゼ」ハ「レーデブーア」、「デイツトマン」等ト共ニ十八名ヨリ成ル社會民主共働團（Sozialdemokratische Arbeitsgemeinschaft）トシテ活動シ次テ一九一七年四月「ゴータ」會議ニ於テ新ニ獨立社會民主黨ヲ組織セリ然ルニ獨立社會黨內ニモ亦左右二派ノ傾向成立ノ當初ヨリ存在シタルカ是レ同黨ノ主張カ革命派社會主義ト改革派社會主義トノ間ニ彷徨スル結果ニ外ナラサルナリ而シテ獨立社會黨ハ「リーブクネヒト」派ト共ニ卽時ノ講和及革命ヲ鼓吹シ又一九一八年十一月九日革命ノ後ハ社會民主黨ト妥協シテ所謂國民受任委員ノ政府ヲ組

織シタルモ黨內ノ極端派ニ制セラレテ到底妥協政治ヲ行フヲ得ス同年十二月二十七日假政府ヨリ脫退セリ

獨立社會黨ノ政綱ニ關シテハ黨內左右兩派ノ意見纏ラサリシ結果當初ハ「エルフルト」宣言ヲ其ノ儘採用シ唯之ヲ革命的ニ解釋スルニ止メ次テ同宣言ノ精神ノミヲ採用スルコトトシ一九一九年十二月五日始メテ同黨獨特ノ政綱ヲ決議セリ而モ右最後ノ政綱決議ニ際シテモ一面改革派社會主義ノ第二「インターナショナル」ヨリ分離スルコトヲ明ニシタルカ直ニ莫斯科ノ第三「インターナショナル」ニ加入スヘキヤ否ヤヲ明カニセス右派ニ屬スル同黨幹部ニ對シ右加入ヲ遷延スルノ口實ヲ與ヘタリ然レトモ其後左派ノ運動效ヲ奏シ莫斯科側ト交涉スルコトトナリ一九二〇年七月二十一日同地ニ開催セラレタル第三「インターナショナル」第二回大會ニ對シ委員トシテ「クリスピエン」、「デイットマン」、「ドイミヒ」、「ステッカー」ノ四氏ヲ派遣シタルカ「クリスピエン」ハ曩ニ莫斯科側ヨリ提示セラレタル二十一箇條ノ加入條件中恐怖主義（Terrorismus）ヲ非認スル意味ノ回答ヲナシタル爲款待セラレサルノミナラス寧ロ訊問ヲ受ケ政府御用社會主義者トシテ輕侮セラレ且「クリスピエン」、「デイットマン」等同黨右派ノ領袖ノ辭職ヲ强要セラレタリ一方露西亞ノ慘憺タル狀況ヲ親シク見聞シタル結果無產階級獨裁ニ對スル憧憬ノ夢ヨリ醒メタル「デイットマン」ハ歸獨後獨立社會黨機關紙「フライハイト」紙上ニ於テ露西亞ノ眞狀ヲ發表シタルカ右ハ內外ノ新聞紙ニ依リ大イニ傳播セラレ至大ノ印象ヲ與ヘタル結果獨立社會黨內ニ於テハ「クリスピエン」等ノ右派ト依然莫斯科ニ忠誠ノ態度ヲ維持セル「ドイミヒ」等ノ左派トノ間ニ激烈ナル軋轢起リ九月一日ヨリ四日ニ亙リ伯林ニ開催セラレタル獨立社會黨全國會議ニ於テモ第三「インターナショナル」加入條件ノ採否決定セサリシカ十月十六日「ハルレ」ノ黨大會ニ於テ大多數ヲ以テ右加入條件可決セラレタル爲右派ハ直ニ議場ヨリ退キ獨立社會黨內左右兩派ノ分離ハ遂ニ玆ニ實現ヲ見ルニ至レリ而シテ右派ニ屬スル國會議員ハ五十九名ニシテ依然舊名ヲ存續シ左派ニ屬スル議員二十二名ハ十一月一日伯林ニ開催セラレタル共產黨大會ニ於テ之ト合併シ爾來共產黨ハ獨逸聯合共產黨(Vereinigte Kommunistische Partei Deutschlands)ト稱スルニ至レリ

右分離ニ依リ共產的分子ヲ一掃シタル獨立社會黨ハ表面ニ於テハ依然革命派社會主義ヲ主張スルモ恐怖主義ヲ棄テタル結果社會民主黨トノ主張ノ差異大イニ減少シ今日ニ於テハ單ニ「ブルジョア」諸黨トノ聯合ニ反對スルノミニシテ現「ヴイルト」內閣ニ對シテハ大體ニ於テ閣外ヨリ之ヲ援助シ居ル有樣ナリ又獨立社會黨ハ一九二一年二月外國ニ於ケル同主義者ト維納ニ於テ國際的會合ヲ爲シタルカ此レ所謂第二半「インターナショナル」ト稱セラルルモノナリ然レトモ第二半「イン

ターナショナル」ハ革命派社會主義ト改革派社會主義トノ間ニ介存シ存立ノ意義薄キモノナル故結局第二又ハ第三「インターナショナル」ニ歸屬又ハ分屬スヘク獨立社會黨モ亦共産黨トノ關係極メテ不良ナルニ顧リミ結局社會民主黨ト提携又ハ合併スルニ至ルヘシ

(七) 共産黨

共産黨(獨立社會黨左派ト合併シタル結果聯合共産黨ト稱ス)モ亦社會民主黨ヨリ分離シタルモノナリ一九一四年社會民主黨最左派ノ首領タル「リーブクネヒト」等ハ當初ヨリ戰爭ヲ非トシ戰費ノ協贊ニ反對シタリシモ黨議ニ拘束セラレテ八月四日第一回戰費要求ニ對シテハ贊成ノ投票ヲ爲シタリ然レトモ「リーブクネヒト」ト主義ヲ同フスル一派ハ九月十八日「スッツトガルト」ニ會議ヲ開キ「リーブクネヒト」等ヲ中心トシテ團結シ又第二回戰費要求ノ際ニハ「リーブクネヒト」ハ「ハーゼ」等比較的溫和ナル一派ニ反シ單獨反對投票ヲ爲シタルカ同派ハ純革命的社會主義無產階級ノ國際的連帶性(「インターナチオナーレ」)ヲ主張シタル爲「ローザ、ルクセンブルグ」等カ一九一五年五月出版シタル雜誌ノ名稱ニ從ヒ「インターナチオナーレ」團(Gruppe Internationale)ト稱セラレタリ「インターナチオナーレ」團ハ一九一五年秋頃迄ハ「ハーゼ」等ノ溫和派ト行動ヲ共ニシタルモ同年九月瑞西國「ベルン」附近ノ「チムメルワルド」ニ於テ社會主義者ノ國際會議開催セラレテ以來

「リーブクネヒト」等純革命派社會主義者卽チ共産主義者（露國人「レーニン」「トロツキー」モ同派ニ屬セリ）ハ溫和派ヨリ分離スルニ至リ一九一六年一月「リーブクネヒト」ノ私宅ニ於テ第一回ノ獨逸全國會議ヲ開キ「ローザ、ルクセンブルグ」ノ起草ニ係ル過激ナル實行綱領ヲ可決スルト共ニ自派ノ主義宣傳ヲ目的トスル出版物ノ發行ヲ決議セリ右出版物ハ「リーブクネヒト」カ「スパルタクス」（紀元前七十三年ヨリ七十一年ニ至ル羅馬ニ於ケル奴隷解放運動首領ノ名ニシテ該運動ハ當初多少ノ成功ヲ博シタルモ間モナク奴隷軍全滅シ鎭壓セラレタリ）ナル匿名ヲ以テ執筆シタル爲「スパルタクス」書翰ト稱セラレ「インターナチオナーレ」團モ亦「スパルタクス」團ト稱セラレタリ「スパルタクス」書翰ハ現共産黨ノ機關紙タル「ローテ、フアーネ」紙ノ前身トス其ノ後一九一七年四月純共産派以外ノ社會黨非戰論者カ獨立社會黨ヲ組織シタル際ニハ「スパルタクス」派ハ首領連入獄中ナリシ結果一時之ト行動ヲ共ニシタルモ兩者ノ主張素ヨリ一致スヘクモアラス一九一七年ヨリ一九一八年ニ亙リ極端ナル革命運動ヲ實行シ獨立社會黨カ帝政瓦壞後社會民主黨ト聯合シテ國民受任委員ノ政府ヲ組織シ憲法制定國民會議ノ召集ニ贊成シ且迅速極端ナル社會化ヲ主張セサリシコト等ニ反對シテ一九一八年十二月公然獨立共産黨ヲ組織セリ一九一九年一月十五日「リーブクネヒト」及「ローザ、ルクセンブルグ」殺害セラレタルハ共産黨ニ取リ大打擊ナリシモ之カ爲何等其ノ存立ヲ危クセラルルコトナク同年憲法制定國民會議ノ選擧ニハ參加セサリシモ（當初無産階級ノ獨裁勞農兵會議ノ設立ヲ主張シ議院制度ニ反對ス）一九二〇年六月第一回國會選擧ニ於テハ二名ノ當選者（「バウル、レヴイ」及「クララ、ツエートキン」）ヲ出セリ是レ共産黨カ民主主義議院政治ヲ否定スルニ拘ラス無産階級ノ獨裁及會議制度（「ソヴイエツト」制）ヲ樹立スルニハ手段ヲ選フヲ要セストノ主張ニ出ツルモノナリ一九二〇年十月獨立社會黨ノ分裂ニ依リ其ノ左翼ヲ合倂シテ以來共産黨ノ勢力ハ國會ノ内外ニ於テ大イニ增大シタルカ次テ莫斯科政府ヨリノ祕密ノ訓令ニ基キ無産階級ノ獨裁制樹立ノ爲種種畫策スル所アリ遂ニ一九二一年三月十三日「カツプ」政變一週年ヲ期トシテ伯林ニ在ル普佛戰爭戰捷紀念塔爆破（不成功ニ終レリ）ヲ先驅トシテ各地ニ於テ暴動ヲ起シタリ然ルニ右黨中間黨ハ素ヨリ兩社會黨及之ニ隷屬スル勞働組合全部暴動ニ反對シタル結果約一箇月ニ亙ル蠢動ノ後大事ヲ爲スニ至ラスシテ鎭壓セラレタルカ右失敗ニ歸セル暴動ノ責任問題ニ關シ黨內ニ論爭起リ四月始メ共産黨中央委員會ニ於テ同黨右派ハ右騷動ヲ以テ共産黨自體ノミナラス全「プロレタリアート」ノ利益ヲ害スルモノナルヲ以テ「マルクス」主義共産主義ニ合セストシ左派ハ之ヲ反駁セリ而シテ右騷動ヲ非難シタル黨首「バウル、レヴイ」及「クララ、ツエートキン」等ハ幹部ノ地位ヲ拋棄スルノ已ムナキニ至リタルカ「レヴイ」ハ「吾人ノ取ルヘキ途—暴動主義反對」(Unser Weg—Wider den Putschismus)ナル小冊子ヲ出版シテ自派ノ態度ヲ辯明シ「暴動ハ共產黨中何等有力者ニ於テ干與スルコトナク無責任分子ノ計畫ニ係ルモノニシテ一種ノ「バクーニン」主義的行動ト云フヘク「マルクス」主義ニ適セス云々」ト宣言シタル爲四月十五日共產黨ノ機密ヲ漏洩シ且同黨ヲ侮辱セリトノ理由ニ依リ除名セラレタリ（尙「レヴイ」一派ハ伊太利社會黨ノ分裂ニ關シテ共產黨左派及莫斯科側ト意見ヲ異ニセリ）而シテ「ドイミヒ」「アドルフ、ホフマン」等同黨領袖株ハ「レヴイ」ノ態度ヲ是認シ之ト連帶的責任ヲ負擔スル旨ヲ宣言シ其後右一派ハ「レヴイ」ト共ニ共產派共同團(Kommunistische Arbeitsgemeinschaft)ナル交涉團體ヲ組織セリ（議員數十五）從テ獨逸共產運動上ノ名士ノ大多數ヲ失ヒタル共產黨殘部ハ十一名ノ議員ヲ擁スルニ過キサルニ至レリ卽チ一九二〇年十月獨立社會黨ヨリ分離シテ共產黨ト合同シタル分子ノ過半ハ再ヒ共產黨ノ過激主義恐怖主義ヲ拋棄シ從テ獨立社會黨ト略主張ヲ同フスルニ至レルナリ故ニ同派ハ結局獨立社會黨ニ復歸スルノ外ナカルヘシ共產黨ハ其ノ後資金支出者ニシテ後援者タル露西派過激派ノ實力衰微ニ傾キタル結果幾分威勢ヲ減シタルノ傾向アリ尙共產黨ハ「マルクス」「エンゲルス」ノ科學的社會主義ヲ全然革命的ニ解釋シ自ラ「マルクス」ノ主義ノ嫡流ヲ以テ任シ社會民主黨ト稱セスシテ「マルクス」ト同樣共產黨ト稱セリ

第四節　各政黨勢力ノ優劣

（一）各政黨勢力ノ優劣ハ極端ナル普通選擧制及比例代表主義ヲ採用シタル今日ニ於テハ大體ニ於テ國會選擧ニ際ニ於ケル各黨派ノ得票數及之ニ基キ當選セル議員數ニ依リ略之ヲ制定シ得ヘシ然レトモ（イ）選擧ハ數年ニ一回行ハルルノミナルヲ以テ選擧前ニ於ケル偶發的原因ニ依リ多少番狂ヲ生スルコトアルコト（例ヘハ革命直後ノ憲法制定國民會議選擧ニ於テハ社會民主黨大勝ヲ博シ第一回國會選擧ニ於ケル「カツプ」政變ハ多少右黨ノ勢力ヲ削キ其他時局困難ノ際ニ於ケル政府黨ハ反對黨ニ比シ不利益ナル地位ニ立ツカ如シ）（ロ）選擧權者數莫大ニ達スル爲棄權者數モ亦數割以上ニ達スルコトアリ（例ヘハ一九一九年一月憲法制定國民會議選擧ニ於テハ有權者約三千五百萬中投票者約八十％又一九二〇年六月第一次國會選擧ニ於テハ有權者約三千三百萬中投票者約八十％ナリ）右棄權者カ何レノ政黨ニ屬スルヤハ大勢ニ大關係アリ故ニ各黨ノ黨勢ハ數回ノ選擧ニ於ケル得票及當選數ヲ比較考慮シテ初メテ正鵠ナル判斷ヲ下シ得ヘシ

（二）革命前ニ於ケル國會選擧ノ結果ハ直ニ之ヲ以テ革命後ノ選擧ノ參考ト爲スヲ得ス蓋シ選擧ノ基本タル憲法及選擧法領土人口其ノ他政黨自體等革命ノ前後ニ於テ多大ノ差異アレハナリ又

革命後ニ於テハ一九一九年一月十九日憲法制定國民會議及一九二〇年六月六日第一次國會ノ兩選擧執行セラレタルカ前者ハ臨時憲法及選擧法ニ依リタルモノナルヲ以テ各派勢力ヲ判斷スルニ十分參考トナルハ單ニ第一次國會選擧ノ結果ニ過キスト云ハサルヘカラス故ニ以下先ツ新憲法及新選擧法ニ基キ執行セセラレタル第一次國會選擧ノ結果ヲ詳細表説シ次テ參考トシテ憲法制定國民會議及革命前ニ於ケル帝國議會選擧ノ結果ニ就キ説明スヘシ

一九二〇年六月六日國會議員選擧結果一覽表

別表ノ通

備考

（イ）本表ハ主トシテ獨逸國統計局ノ調査ニ依リタルモノニシテ各政黨カ各地方ニ有スル勢力以テ明瞭ナルヘシ

（ロ）各政黨ノ得票及當選議員數ハ之ヲ看察スル時機ニ依リ多少ノ相違アリ例ヘハ政府當局發表ニ係ル分ニ於テモ第一回第二回等ノ發表毎ニ少數ノ差異ヲ生ス此レ投票計算ニ誤謬アルコト候補者ニシテ當選ヲ辭退スル者アルコト死亡者アルコト選擧違反ノ結果再選擧行ハルルコトアルコト運動ノ都合上他黨ノ名義ニテ出馬シ當選後眞ニ自己ノ目的トスル政黨ニ移ル者アルコト等種々ノ原因ニ基クモノトス又選擧後愈國會ノ召集開會ヲ見ル迄ニハ更ニ多少ノ異動ヲ生スヘシ各黨ノ勢力別等ヲ掲載セル各書ニ多少ノ差異アルハ右ノ理由ニ依ルモノトス獨逸國國會書記局ヨリ發行シタル國會要覽（Reichstagshandbuch I Wahlperiode 1920）ニ依レハ右選擧ノ結果タル各派ノ勢力トシテ左記ノ數字ヲ掲ケタリ

社會民主黨	一一三
獨立社會黨	八一
中央黨	六九

國粹國民黨	六六
獨逸國民黨	六二
民主黨	四五
「バヴアリア」國民黨	二〇
獨逸「ハノーヴアー」黨	四
「バヴアリア」農民同盟	四
共產黨	二
以上合計	四六六

（三）　次ニ一九一九年一月十九日ノ憲法制定國民會議選擧ノ結果ヲ獨逸國統計局ノ公表シタル處ニ依リ表示スレハ次ノ如シ本選擧ニ於テハ平和條約ノ結果「エルサス、ロートリンゲン」ハ選擧ヨリ除外セラレタリ

（甲）　各政黨ノ得票　選擧區別ニ依ラス又參考ノ爲一九一二年一月十二日帝國議會選擧ノ結果（「エルザス、ロートリンゲン」ヲ除ク）ト對比セリ

一九一九年　　一九一二年

國粹國民黨	三一二一四七九	獨逸保守黨	一一四七七一五
		帝國黨	三五九七八三
		獨逸改良黨	五一八九八
		經濟聯合	三〇四五五七
		合計	一八六三九五三
獨逸國民黨	一三四五六三八	國民自由黨	一六六二六七〇
中央黨	五九八〇二一六	中央黨	一九七七九五七
民主黨	五六四一八二五	進步國民黨	一五二七四八六
		民主聯合	二九三二九
		合計	一五五六八一五
社會民主黨	一一五〇九〇四八	社會民主黨	四一三九七〇四
獨立社會黨	二三一七二九〇		
合計	一三八二六三三八		
雜	四八四八四八	波蘭黨	四四一七四四
		雜黨	二一六一三五
		合計	六五七八七九

（乙）各政黨議員當選數

別表ノ通リトス本表ハ選擧區別ニ依リ尚候補者名表ノ聯結（獨逸國國會選擧法ニ關スル說明參照、憲法制定國民會議選擧法ハ國會選擧法ト大同小異ナリ）ヲ許サスト假定スル場合ノ各

派議員當選數ヲ對比シ以テ比例選擧制ヲ採用スル場合ニ各政黨ノ對選擧策戰カ如何ニ選擧ノ結果ニ影響ヲ及ホスヤヲ明ニセリ

右選擧ノ外東部戰線ニ在ル獨逸軍隊ハ一九一九年二月二日特別ノ選擧ヲ行ヒタル結果社會民主黨候補者二名當選セリ故ニ議員總數ハ「エルザス、ロートリンゲン」ヲ除キ四百二十三名ナリ尙國會書記局ニテ發行シタル憲法制定獨逸國民會議要覽ニ依レハ窮局的ニ確定シタル各派勢力別左ノ如シ

社會民主黨	一六五
中央黨	九〇
民主黨	七五
國粹國民黨	四二
獨逸國民黨	二二
獨立社會黨	二二
「バヴアリア」農民同盟	四
獨逸「ハノーヴアー」黨	二
無所屬	一
合計	四二三

（四）次ニ一八九八年ヨリ一九一二年ニ至ル帝國議會選擧ノ結果タル各派當選數及得票數ハ現在

ノ各政黨ノ基本タル舊政黨勢力關係ヲ明示スルモノナル故左ニ之ヲ掲クヘシ

政黨名＼選擧年	一八九八 當選數	一八九八 得票數（單位千）	一九〇三 當選數	一九〇三 得票數（單位千）	一九〇七 當選數	一九〇七 得票數（單位千）	一九一二 當選數	一九一二 得票數（單位千）
獨逸保守黨	五六	八五九	五二	九一四	六〇	一〇六九	四二	一〇四六
帝國黨	二三	三四四	二〇	三七一	二五	四八一	一四	四六三
其他ノ保守黨	二四	五三五	一八	四七六	二七	五〇〇	一〇	三七五
中央黨	一〇二	一四五五	一〇〇	一八七六	一〇四	二一四五	九三	一九九〇
國民自由黨	四七	九七一	五〇	一三一五	五六	一七一六	四六	一七一三
進步國民黨	五〇	八六三	三六	八七四	五〇	一三一一	四五	一五〇六
社會黨	五六	二一〇七	八一	三〇一一	四三	三二五九	一一〇	四二五〇
其ノ他	三九	確實ナル數字不明ニ付省略	四〇	確實ナル數字不明ニ付省略	三二	確實ナル數字不明ニ付省略	四二	確實ナル數字不明ニ付省略

尚一九一八年革命直前ニ於ケル各派勢力ヲ示セハ

中央黨	八九
社會民主黨	八六

進歩國民黨	四六
國民自由黨	四六
獨逸保守黨	四三
獨逸黨（帝國黨、其ノ他ノ保守派（基督教社會政策黨、反猶太派（獨逸社會政策黨、獨逸改良黨））、地主同盟、「バヴァリア」農民同盟）	二八
獨立社會黨	二四
波蘭黨	一九
「エルザス、ロートリンゲン」黨	八
無所屬	六

(五) 第一次國會選擧以後ニ於ケル各派勢力ノ異動

選擧區I(「オストプロイセン」)及XIV(「シュレスウイッヒ、ホルスタイン」)ニ於テハ平和條約ニ基ク人民投票ノ終了ヲ俟チ國會議員選擧ヲ執行シタルカ(夫レ迄ハ選擧區X「オッペルン」ト共ニ舊憲法制定國民會議議員ヲ以テ國會議員ト見做セリ)其ノ結果次ノ如シ(舊議員數ハ獨逸國國會要覽ニ依リ新議員數ハ一九二二年獨逸國內務省發行獨逸國要覽（Handbuch für das Deutsche Reich）ニ依ル）

（イ）選擧區Ｉ（「オストプロイセン」）

（新議員數）		（舊議員數）	
社會民主黨	三	社會民主黨	八
中央黨	一	中央黨	一
國粹國民黨	四	國粹國民黨	二
獨逸國民黨	二	獨逸國民黨	一
共產黨	一	民主黨	四
合計	一一	合計	一六

（ロ）選擧區XIV（「シユレスウイツヒ、ホルスタイン」）

（新議員數）		（舊議員數）	
社會民主黨	四	社會民主黨	五
國粹國民黨	二	國粹國民黨	一

獨逸國民黨	二
民主黨	一
合計	九

獨逸國民黨	一
民主黨	三
「シユレスウイツヒ、ホルスタイン」農民々主派	一
合計	一一

（八）尚選擧區X（「オツペルン」）ニ於テハ新選擧執行セラルル迄ハ憲法制定國民會議々員ヲ以テ國會議員ト見做シツツアリ參考ノ爲各派議員數ヲ擧クレハ次ノ如シ

社會民主黨	六
中央黨	七
國粹國民黨	一
民主黨	一
合計	一五

第五節　各政黨勢力ノ根據

各政黨勢力ノ根據カ何レニ在リヤハ之ヲ土地ニ關スル勢力ノ根據ト人ニ關スル勢力ノ根據トニ分

チテ觀察スルコトヲ得ヘシ而シテ前者ハ獨逸國內何レノ地方ニ何レノ政黨ノ根據アリヤノ問題ニシテ各政黨勢力ノ優劣ノ部ニ說明シタル選擧區別各黨派ノ得票及當選數ニ依リ略之ヲ察知シ得ヘク之ヲ概言スレハ兩社會黨及共產黨ノ根據ハ大都會其ノ他工業地方ニ存シ中央黨ノ根據ハ西部西南部西北部及「シユレジエン」等舊敎地方ニ存シ國粹國民黨ノ根據ハ「オーデル」河地方、「メクレンブルグ」、「チユーリンゲン」、「フランケン」、「ウユルテンベルグ」等東北部南部等ノ農業地方ニ存シ獨逸國民黨及民主黨ハ其ノ根據大商工業者金融業者其ノ他有產階級智識階級ニ在ル爲比較的ニ全國ニ散亂セリ又後者卽チ人ニ關スル各黨派勢力ノ根據何レニ在リヤニ就テハ客觀的ニ之ヲ判斷スルノ材料ヲ得ルコト至難ナルヲ以テ以下主トシテ主觀的觀察ニ依リ說明スヘシ（尙各政黨成立ノ歷史ニ關スル說明ヲ參照スヘシ）

（一）　國粹國民黨

大中農業者地主舊保守黨系軍人官吏及一部ノ自由職業者間ニ根據ヲ有シ黨費ハ主トシテ大農地所有者ニ於テ負擔ス

（二）　獨逸國民黨

舊國民自由黨系ノ有產階級官吏及重工業者ノ大部大商人ノ一部ニ基礎ヲ有ス最近ニ於テハ一面

帝政主義ノ理想及反猶太主義ヲ高調セサルコトニ依リ國粹國民黨ノ勢力ヲ侵サントシ一面民主主義ヲ高調シテ中產階級殊ニ其ノ下層階級ヲモ捕促セントシツツアリ黨費ハ主トシテ重工業者及大商人ニ於テ負擔ス

(三) 中央黨

舊敎ヲ信奉スル手工業者大部分ノ官吏及自由職業者ノ間ニ根據ヲ有シ選擧人ト舊敎會トノ密接ナル關係ノ上ニ立脚セル故其ノ勢力確乎タルモノアリ黨費ハ舊敎ノ大農業地所有者及西獨ノ大工業者ニ於テ負擔ス

「バヴアリヤ」國民黨及「バヴアリヤ」農民同盟ハ共ニ「バヴアリヤ」國ニ於ケル舊敎ノ農民ヨリ成立シ同國ニ於ケル中央黨トモ認ムヘキモノナリ而シテ元來農業國トシテ保守的ナル「バヴアリヤ」國ハ殊ニ革命ニ依リ苦キ經驗ヲ嘗メタル結果一層保守的トナリ加フルニ舊軍閥官僚其ノ他右黨極端派ハ右保守的傾向ヲ利用シテ同國ヲ右黨勢力ノ擴張及王政囘復ノ策源地トセル關係上同國ニ於ケル最大勢力タル「バヴアリヤ」國民黨及「バヴアリヤ」農民同盟ノ兩黨ハ素ト「バヴアリヤ」ノ獨逸國內ニ於ケル聯邦的自主權主張(所謂Separatismus)ノ點ニ於テノミ中央黨ト意見ヲ異ニシタルニ止マリシモ最近ニ於テハ却テ極右黨タル國粹國民黨ト同一步調ヲ取ルノ傾向ナキニ非ス

（四）　民主黨

智識的有産階級殊ニ猶太人ノ間ニ地盤ヲ有ス黨費ハ猶太人ノ大商人及金融業者ヨリ支出セラル

（五）　社會民主黨

工業手工業及農業ノ温和的勞働者及一部自由職業者ノ間ニ地盤ヲ有ス黨費ハ勞働組合ニ於テ之ヲ負擔シ組合員ハ一定ノ會費ヲ支辨スルコトトナリ居レリ

（六）　獨立社會黨

工業手工業及農業ノ比較的過激ナル勞働者及猶太人ヲ中堅トスル智識階級ノ間ニ地盤ヲ有ス黨費ハ主トシテ勞働者ノ黨員ニ於テ之ヲ負擔ス

（七）　共産黨

過激ナル勞働者及智識階級ノ間ニ地盤ヲ有ス共産黨ニ屬スル勞働者ハ兩社會黨ニ屬スル勞働者ニ比シ一層下層階級ニ屬シ失業者其ノ他衣食ノ資ニ窮スル者等過激化シテ共産黨ニ投スル場合多シ從テ共産黨ノ一定黨員以外ニ何等カ事故突發スルニ當リ兩社會黨勞働者ニシテ共産黨ノ過激ナル宣傳ニ雷同シ之ト同一行動ヲ取ルニ至ル場合尠ナカラス黨費ハ黨員タル勞働者以外ニ外國殊ニ露西亞勞農政府ヨリ密送ヲ受クル場合アルモノノ如シ

第六節　各政黨現領袖株ノ人物略歴

（一）　國粹國民黨

（甲）　首領

（イ）「オスカー、ヘルグト」（Oskar Hergt）

現國會議員一八六九年十月「ナウムブルグ」（「ザーレ」河畔）ニ生レ「ウュルツブルグ」「ミュンヘン」及伯林各大學ニ學ヒ「ザクセン」州ノ司法官試補陪席判事「リーベンウエルダ」區裁判所判事ヲ經テ一九〇二年ヨリ一九〇四年迄「ヒルデスハイム」縣廳及「ハノーヴアー」州廳ノ書記官一九〇四年ヨリ一九一四年迄普魯西大藏省勅任參事官一九一五年「リークニッツ」縣知事一九一六年ヨリ一九一七年迄「オッペルン」縣知事一九一七年八月ヨリ一九一八年十一月迄普魯西大藏大臣タリ革命後ハ國粹國民黨ノ建設者兼黨首トシテ活動セリ純官僚出身ニシテ人物モ極メテ保守的官僚的ナリ

（ロ）「ゲオルグ、シュルツ」（Georg Schulz）

現國會議員一八六〇年五月「ブロムベルグ」郡「カロレヴォ」ニ生ル「チユービンゲン」及伯林

兩大學ニ於テ法律學ヲ修ム「ブレスラウ」地方裁判所長ヨリ一九〇七年一月以來國會議員ニ選擧セラレ帝國保險法及雇人保險ニ關スル委員會ノ委員長トナリ一九一〇年ヨリ一九一二年迄國會第二副議長一九一九年ヨリ一九二〇年迄憲法制定國民會議議員タリ

（乙）其ノ他ノ領袖株

（イ）「カール、ヘルフエリツヒ」（Karl Helfferich）

一八七二年七月「ラインプアルツ」「ノイスタツト」ニ生ル一八九〇年ヨリ一八九四年迄「ミユンヘン」伯林及「ストラースブルグ」諸大學ニ於テ法律學及國家學ヲ修メ一八九九年伯林大學國家學講師トナリ一九〇一年未タ三十歲ニ達セスシテ敎授ニ昇進ス同年外務省植民局囑託トナリ次テ公使館參事官同勅任參事官ヲ經テ一九〇五年同局ノ議政官（Vortragender Rat）トナル一九〇三年獨逸側代表者トシテ米墨貨幣委員ト交渉ス一九〇六年「コンスタンチノープル」ニ於ケル「アナトリヤ」鐵道及「バグダード」鐵道幹部ニ入ル一九〇八年伯林獨逸銀行理事一九一三年巴里ニ於ケル「バルカン」問題整理ヲ目的トスル國際財政會議獨逸全權委員トナル大戰勃發後純官僚出身タル藏相「キユーン」カ尨大ナル戰時財政整理ニ不適任ナルコト判明スルヤ一九一五年之ニ代リテ大藏大臣ニ任命セラレ三回ニ亙リ三百二十億麻

克ニ達スル軍事公債ヲ募集ス斯クシテ漸次宰相ノ信任ヲ得一九一六年内務大臣兼副宰相ニ任命セラル然レトモ内相トシテハ帝國議會多數ノ信頼ヲ得ル能ハス其ノ傲頑ナル態度ニ就キ大イニ攻撃ヲ受ケ一九一七年辭職ノ已ムナキニ至レリ但シ辭職ニ際シテハ皇帝ヨリ再ヒ國家ノ重任ヲ委スルコトアルヘキ旨ノ勅語ヲ賜ハリ同年十二月戰時經濟ヲ平時經濟ニ移スノ準備事務ヲ委囑セラル一九一八年七月「ミルバツハ」伯暗殺後其ノ後ヲ襲ヒテ莫斯科ニ於ケル獨逸外交代表者トナリシモ露獨關係紛糾ノ為翌月歸獨セリ革命後「エルツベルゲル」ニ對シ强硬ナル反對ヲ為シタル為中央黨及社會民主黨ノ怨ヲ買ヒタルモ國粹國民黨ニ入リテ其ノ領袖ノ一トシテ數ヘラルルニ至リ殊ニ「エルツベルゲル」トノ訴訟ニ依リ大イニ活動シテ同氏ヲ藏相ノ地位ヨリ失脚セシメタリ一九二〇年第一次國會選擧ニハ議員ニ當選ス猾介ナルモ鋭利ナル政治家ニシテ Die Reform des deutschen Geldwesens nach der Grundung des Reichs 1898, Handelspolitik 1900, Das Geld 1919, Deutschlands Volkswohlstand 1917, Der Weltkrieg 1919 等ノ著書アリ

(ロ)「オツト、ホエツチ」(Otto Hoetzsch)

一八七六年二月「ライプチヒ」ニ生ル一八九五年ヨリ一八九九年迄「ライプチヒ」「ミユンヘ

ン」ニ大學ニ於テ歴史及國家學ヲ學フ一九〇六年伯林大學歴史學講師一九〇六年ヨリ一九一二年迄「ポーゼン」大學歴史學教授一九一二年以來伯林大學歴史學及東歐羅巴地理學教授一九一一年ヨリ一九一四年迄陸軍大學歴史學教授革命後憲法制定普魯西議會議員ニ當選ス現國會議員ニシテ眞摯ナル學者的政治家ナリ民主主義及社會主義ノ勢力ヲモ能ク理解シ居リ著書トシテハ Beitrage zur russischen Geschichte 1907, Russland 1917, Russische Probleme 1917, Der Krieg und die grosse Politik 1914-1917, Politik im Weltkriege 1916, Die Vereinigten Staaten von Nordamerika 1903, Stande und Verwaltung von Cleve-Mark 等アリ又「クロイツツアイトユング」水曜版ニ掲ケラルル外交記事ノ執筆者ニシテ且東歐研究協會副會長タリ

(ハ)「フオン、ウエスタルプ」伯 (Kuno Friedrich Viktor Graf v. Westarp)

現國會議員一八六四年八月「オボルーク」郡「ルドム」ニ生ル「チユービンゲン」「ブレスラウ」「ライプチヒ」伯林諸大學ニ學フ 一八八六年司法官試補 一八九一年縣理事官補一八九三年「ボムスト」郡長一九〇〇年「ランドウ」郡長一九〇二年內務省補助官一九〇三年警察署長一九〇四年「シエーネベルグ」警察署長一九〇八年ヨリ一九一九年迄行政裁判所評定官後備近衞步兵少尉「ヨハニーテル」結社法律團員一九〇八年以來革命ニ至ル迄國會議員タリ

（ニ）「グスタフ、ロエージツケ」（Gustav Roesicke）

一八九三年地主同盟創立以來ノ首領「ダーメ」附近ノ「ゴエルスドルフ」ニ於ケル騎士領所有者現國會議員一八五六年七月伯林ニ生ル伯林「ゲッチンゲン」「ライプチヒ」諸大學ニ於テ歷史、哲學及法律學ヲ修ム一八八一年ヨリ一八八六年迄伯林「ハルレ」「ナウムブルグ」ニ於テ司法官試補一八八六年ヨリ一八八九年迄「ハルレ」ニ於テ裁判所陪席判事一八八九年以來地主トシテ「ダーメ」附近ノ「ゴエルスドルフ」ニ於ケル騎士領ノ耕作ニ從事ス「ブランデンブルグ」州農會幹事取引所委員會委員「エルフルト」「ハルレ」及「マグデブルグ」縣鐵道會議委員一九一三年ヨリ一九一八年迄普魯西下院議員一八九八年ヨリ一九〇三年迄一九〇七年ヨリ一九一二年迄及一九一四年ヨリ一九一八年迄國會議員、憲法制定國民會議議員、臨時獨逸國經濟會議議員タリ政治、國民經濟及農業ニ關スル諸論文アリ

（三） 獨逸國民黨

（甲） 首領

「グスタフ、ストレーゼマン」（Gustav Stresemann）

現國會議員一八七八年伯林ニ生ル伯林「ライプチヒ」兩大學ニ於テ歷史國家學及文學ヲ學フ一

九〇一年ヨリ一九〇三年迄獨逸「チヨコレート」製造業者組合書記一九〇二年ヨリ一九一八年迄「ザクセン」工業家組合理事又獨米經濟協會幹部員トナル右工業家組合理事トシテ國民自由黨ニ加入シ漸次政治的方面ニ於テモ勢力ヲ占メ一九〇六年ヨリ一九一二年迄「ドレスデン」市會議員一九〇七年ヨリ一九一二年迄一九一四年ヨリ革命迄國會議員、國會ニ於テハ雄辯家トシテ知ラレ國民自由黨幹部ノ一員トナリ戰爭中ハ極端ナル併合政策ヲ主張ス一九一七年ヨリ一九一八年迄國民自由黨首領タリ革命後一九一八年末ヨリ一九一九年初ニ至ル間ニ於テ國民自由黨ノ大半カ進歩國民黨ト合併シテ獨逸民主黨ヲ組織スルヤ國民自由黨右派（殊ニ「ウエストフアーレン」及「ザクセン」地方ノ）ヲ團結シテ獨逸國民黨ヲ組織ス憲法制定國民會議議員ニ當選ス一九一九年一月二十七日自黨ニ屬スル國民會議議員ト連名ニテ和蘭ニ蒙塵セル皇帝「ウイルヘルム」二世ニ對シ王政主義ノ主張ヲ含メル賀詞ヲ送レリ然レトモ最近ニ於テハ内外ノ政情ニ顧ミル所アリテ幾分自由民主的傾向ヲ帶フルニ至リ妥協政策ヲ主張シテ社會民主黨トノ提携ヲモ辭セストセリ現在獨逸ニ於ケル第一流ノ政治家ノ一人ナリ週刊雜誌「ドイツチエ、シユテインメ」ノ發行者又 Wirtschaftspolitische Zeitfragen 1912, Macht und Freiheit 1917, Von der Revolution bis zum Frieden von Versailles 1920 等ノ著書アリ

（乙）其ノ他ノ領袖株

（イ）「フーゴー、スチンネス」（Hugo Stinnes）

「ミユールハイム」及「ワイスコルム」ニ於ケル商業經營者現國會議員一八七〇年二月「ミユールハイム」ニ生ル「スチンネス」家ノ事業ノ始祖ハ祖父「マツチアス、スチンネス」ニシテ父「フーゴー、スチンネス」ヲ經テ漸次盛大ニ赴キシモノナリ一八八八年「ミユールハイム」ノ實業學校卒業後「コーブレンツ」「カール、スペーター」氏ノ下ニ於テ使用人トシテ商業ノ實務ヲ習得シ次テ「ウイーテ」鑛山ニ於テ使用人トシテ鑛業ノ實際ヲ習得ス一八九〇年祖父ノ建設シタル「マツチアス、スチンネス」商會ニ入リ自己ノ母ノ有シタル二割ノ株權ヲ代表ス一八九二年同商會ヲ出テ一八九三年自ラ五萬麻克ノ資本ヲ以テ有限責任會社「フーゴー、スチンネス」商會ヲ建設ス「フーゴー、スチンネス」商會ハ其ノ後大イニ發展シ既ニ開戰前全國ニ於テ數十ノ支店ヲ有スルニ至レリ今日巨額ノ資金ヲ以テ活動セル「スチンネス」商會ノ責任資本ハ右ノ如ク僅々五萬麻克ナルモ「スチンネス」ノ信用ハ些カモ之カ爲害セラルルコトナシ同商會ノ經營スル所ハ內國及海外航海業、石炭採掘、壓搾炭製造、石炭壓搾炭販賣、鐵業等多岐ニ亙リ六隻ノ航洋汽船及三十六隻以上ノ「ライン」「エルベ」兩河用汽船ヲ有セリ次テ大戰中ニ於ケル「スチンネス」商會ノ發展ハ目醒シキモノアリ莫大ノ軍需品殊ニ鐵製品ノ供給ニ依リ「スチンネス」商會ノ勢力ハ各種ノ工業界ニ擴大セラレ戰前ニ於テ二千五百萬乃至三千萬麻克ト稱セラレタル其ノ財產ハ今日ニ於テハ十億麻克以上ニ達セリ「スチンネス」ノ財產增大シ怪腕愈冴ユルニ從ヒ屢耳目ヲ聳動スル事件ヲ惹起スルニ至レリ例ヘハ「ドイツチエ、アルゲマイネ、ツアイトユング」ヲ始メ多數ノ新聞紙ヲ買收シ大造船所ヲ經營シテ多數ノ大商船ヲ進水セシメ「スパー」會議ニ於テ「ロイド、ジョージ」ノ肝膽ヲ寒カラシメタルカ如シ又「スチンネス」ノ事業經營方針頗ル露骨傲岸ナルモノアル爲勞働者側ヨリ資本家ノ代表ヲ以テ見做サレ社會民主黨ハ「スチンネス」ヲ以テ國民生活ヲ毀害スルモノト爲シ石炭ノ社會化ニ依リ其ノ勢力ヲ削カント努力シツツアリ

（ロ）「アルベルト、フォェーグラー」(Albert Vögler)

現國會議員一八七七年二月「ボルベック」ニ生ル工科大學ニ學ヒ一九〇一年ヨリ一九〇二年迄「バウム」機械工場技師一九〇二年ヨリ一九〇六年迄「オスナブリユック」「ゲオルグス、マリエン」鑛業會社技師長一九〇六年ヨリ一九一二年迄「ドルトムンド」鐵工業株式會社理事一九一五年以來「ボフーム」獨逸「ルクセンブルグ」鑛業株式會社理事長、勞資協調會幹部員

獨逸國經濟會議副議長、憲法制定國民會議議員其ノ他多數ノ工業家團體ノ會長又ハ會員タリ

（ハ）「ウイルヘルム、カール」（Wilhelm Kahl.）

現國會議員一八四九年六月巴威國「クラインホイバッハ」ニ生ル一八七六年「ミユンヘン」大學講師一八七九年「ロストック」大學敎授一八八三年「エルランゲン」ニ又一八八八年「ボン」ニ轉勤ス一八九五年以來伯林大學法律學敎授、憲法制定國民會議議員、普魯西新敎々會會議幹部員、寺院法國法及刑法ニ關シ種々ノ著書アリ獨逸法律新聞及獨逸刑法新聞發行者ノ一員タリ

（ニ）「ヤコブ、リーサー」（Jacob Riesser）

現國會議員伯林大學名譽敎授一八五三年十一月「フランクフルト」ニ生ル一八七二年ヨリ一八七五年迄「ハイデルベルグ」「ライプチヒ」「ゴエッチンゲン」各大學ニ學フ一八七五年司法官試補一八七九年裁判所陪席判事一八八〇年「フランクフルト」ニ於テ辯護士トナル一八八八年商工業銀行（Darmstädter Bank）重役一九〇六年伯林大學名譽敎授、財政經濟銀行等ニ關シ種々ノ著書アリ伯林商業界ノ元老ニシテ伯林商業會議所副會頭、獨逸商業會議委員一

九〇三年以來國民自由黨幹部員、現獨逸國民黨幹部員、伯林商業者組合副會長又從來開催セラレタル銀行者會議ニハ常ニ會長ニ推サレタリ一九一六年ヨリ一九一八年迄國會議員次テ憲法制定國民會議議員トナル

(ホ)「クルト、ゾルゲ」(Kurt Sorge)

現國會議員「クルップ」株式會社理事一八五五年七月「ツウイッカウ」ニ生ル一八七三年ヨリ一八七七年迄「ザクセン」「フライベルグ」鑛山大學ニ學フ卒業後各種鑛業會社ノ技師理事等ヲ經テ一八九三年「クルップ」會社ニ入リ一八九九年以來同社ノ理事タリ

一九一〇年ヨリ一九一一年迄獨逸技師組合會長一九一七年以來資本家組合會長、獨逸工業團會長一九一九年以來勞資協調會資本家側主席代表者トナル

(ヘ)「ルドルフ、ハインツェ」(Rudolf Heinze)

現國會議員一八六五年七月「オルデンブルグ」ニ生ル一八八三年「ライプチヒ」高等學校卒業一八八四年ヨリ一八八六年迄「チユービンゲン」「ハイデルベルグ」伯林「ライプチヒ」各大學ニ學フ一八八七年ヨリ一八八八年迄一年志願兵一八九三年陪席判事一八九六年區裁判所判事一九〇一年地方裁判所判事一九〇六年「ドレスデン」地方裁判所長一九一二年大審院補助

檢事一九一四年大審院勅任裁判官一九一六年土耳其國司法次官一九一八年七月「ザクセン」國司法大臣一九一八年十一月辭職退役大尉一八九九年ヨリ一九〇六年迄「ドレスデン」市會議員一九〇七年ヨリ一九一一年迄國會議員(國民自由黨)一九一五年ヨリ一九一六年迄「ザクセン」議會議員一九一九年ヨリ一九二〇年迄憲法制定國民會議議員同年六月司法大臣兼副宰相一九二一年辭職

(ト)「ジークフリード、フォン、カルドルフ」(Siegfried v. Kardorff)

現國會議員一八七三年二月四日伯林ニ生ル一八九二年商業學校卒業「ハイデルベルグ」及「ブレスラウ」ニテ法律學及國家學ヲ學フ一八九五年司法官試補並一九〇一年高等文官各試驗合格一八九五年ヨリ一八九六年迄一年志願兵一九〇一年ヨリ一九〇四年迄「ホエヒスト」郡高等官一九〇八年迄農商務省補助官一九〇八年四月「リッサ」郡長一九二〇年一月待命一九〇九年十一月ヨリ一九一八年十一月迄「アラウスタット」「リッサ」「ラミッチ」「ゴスチン」各議會議員憲法制定國民會議議員一九二〇年四月國粹國民黨ヨリ獨逸國民黨ニ移ル

(チ)「ハンス、フォン、ラウマー」(Hans v. Raumer)

現國會議員一八七〇年一月「デッサウ」ニ生ル一八九〇年高等學校卒業一八九〇年ヨリ一八

九三年迄「ローザンヌ」「ライプチヒ」伯林各大學ニテ法律學及國家學ヲ學フ一八九三年「シュレジエン」司法官試補一八九六年「リユーネブルグ」縣高等官補一八九九年同高等官一九〇五年「ウイットラーゲ」郡長一九一一年在「オスナブリユック」「ハノーヴアー」植民沼澤地利用會社長トナル一九一二年在「オスナブリユック」下「ザクセン」發電所長一九一五年對伯林電力供給事業同盟理事一九一六年末ヨリ一九一八年三月迄國庫省軍事關係囑託石炭稅法ヲ起算ス一九一八年三月獨逸電氣工業中央聯合事務擔任幹部トナル勞資協調會創立者ノ一員ニシテ同時ニ中央幹部員、一九二〇年獨逸國電氣經濟顧問、電氣工業對外商業局委員同年國庫大臣トナル一九二一年辭職ス

(三) 中央黨

(甲) 首領

(イ) 「ウイルヘム、マルクス」(Wilhelm Marx)

現國會議員一八六三年一月「ケルン」ニ生ル一八八一年ヨリ一八八四年迄「ボン」大學ニ學フ司法官試補裁判所陪席判事ヲ經テ一八九四年「エルベルフエルド」地方裁判所判事一九〇四年「ケルン」地方裁判所敕任判事一九〇六年ヨリ同地控訴院敕任判事同一九〇七年以來「デ

ユッセルドルフ」ニ轉勤一八九九年ヨリ一九一八年迄普魯西下院議員一九一〇年ヨリ一九一八年迄國會議員、憲法制定國民會議及憲法制定普魯西會議議員

（ロ）「ヨハネス、ベッカー」（Johannes Becker）

現國會議員一八七五年二月「ウエストファーレン」「エルスペ」ニ生ル一八八九年ヨリ一九〇二年迄「リューデンシャイド」ニ於テ勞働者トナル一九〇二年ヨリ一九〇五年迄「ハーゲン」勞働團體書記一九〇六年ヨリ一九〇七年迄「グラードバッハ」「ウエストドイッチエ、アルバイターツァイトユング」紙編輯人一九〇八年ヨリ一九一二年迄伯林ニ於テ新聞記者トナル一九一三年以來勞働者療病貯金局全國組合事務擔當者トナリ又雜誌「病院保險」編輯人トナル一九一九年十一月以來勞働省顧問一九〇七年以來國會議員、憲法制定國民會議議員、社會保險勞働者保護等ニ關スル著書アリ

（ハ）「テオドール、フォン、ゲラルド」（Theodor v. Guérard）

現國會議員一八六三年十二月「コーブレンツ」ニ生ル「フライブルグ」「ボン」伯林各大學ニ於テ法律學及國家學ヲ學フ司法官試補、理事官補等ヲ經テ一八九八年ヨリ一九〇五年迄「モンシャウ」郡長爾後「コーブレンツ」縣廳敕任參事官タリ

（乙）　其ノ他ノ領袖株

（イ）「ヨゼフ、ヴイルト」（Joseph Wirth）

現國會議員一八七九年九月「バーデン」「フライブルグ」ニ生ル同地大學ニテ數學、自然科學及國民經濟學ヲ學フ一九〇八年「フライブルグ」實業專門學校敎授トナル一九一一年「フライブルグ」市會議員一九一三年「バーデン」議會議員一九一四年國會議員一九一九年「バーデン」憲法制定議會及獨逸憲法制定國民會議議員一九一八年革命後「バーデン」大藏大臣トナリ一九二〇年獨逸大藏大臣一九二一年宰相トナル「ヴイルト」ハ中央黨中社會黨ニ近キ左派ヲ代表シ「エルツベルゲル」ノ後繼者ヲ以テ目セラレ左黨側ノ氣受ヨク而モ人物極メテ妥協的ナルノミナラス相當ノ斷行力ヲ具ヘ國歩艱難ノ獨逸現下ノ宰相トシテ能ク國內各派ノ勢力ヲ妥結シ聯合側ト應酬シ居レリ

（ロ）「コンスタンテイン、フエーレンバッハ」（Constantin Fehrenbach）

現國會議員一八五二年一月「ウエルレンデインゲン」ニ生ル「フライブルグ」大學ニ學ヒ一八八二年以來同地ニ於テ辯護士トナル一八八四年ヨリ一八九五年迄「フライブルグ」市會副議長一八九五年以來同市市參事會員、郡會議員一八八五年ヨリ一八八七年迄及一九〇一年ヨ

リ一九一三年迄「バーデン」議會議員一九〇七年ヨリ一九〇九年迄「バーデン」議會議長一九〇三年以來國會議員一九一七年ヨリ一九一八年迄國會豫算委員長一九一八年國會議長憲法制定國民會議議長一九二〇年第一次國會選擧後宰相トナル一九二一年賠償問題ノ爲挂冠、中央黨內ノ長老タリ

（ハ）「ペーター、スパーン」（Peter Spahn）

現國會議員一八四六年五月「ウインケル」ニ生ル一九一七年ヨリ一九一八年迄普魯西司法大臣一八八四年ヨリ一九一七年迄國會議員一八八二年ヨリ一八九八年迄普魯西下院議員一九一八年普魯西上院議員憲法制定國民會議議員、中央黨ノ長老トシテ有力ナル政治家ナリ

（ニ）「アダム、ステーガーワルド」（Adam Stegerwald）

現國會議員、獨逸勞働組合同盟首領、獨逸基督敎勞働組合總監部首領一八七四年十二月「ウユルツブルグ」附近ノ「グロイセンハイム」ニ生ル指物職人トナリ後「スッツトガルト」及「ミユンヘン」ノ實業補習學校ニ學フ一九〇〇年ヨリ一九〇一年迄「ミユンヘン」大學聽講生トシテ二學期間國民經濟學ノ講義ヲ聞キ又一九〇三年ヨリ一九〇五年迄「ケルン」商業學校ニ於テ國家學ノ諸問題ニ關スル講義ヲ聞ク其ノ後勞働組合運動ニ參加シ一八九九年基督敎

木材勞働者中央同盟ヲ創立シ一九〇二年ニハ基督敎勞働組合書記長トナリ勞働組合運動ニ於テ嶄然頭角ヲ表スニ至リ又能ク勞働者及國家ノ爲ニ活動セリ一九〇八年國際的基督敎勞働團體ノ書記ニ任セラル次テ勞働運動視察ノ爲英、蘭、白、佛、葡、伊、端西、墺等ヲ巡遊ス戰時中大藏省財政顧問及戰時食糧局幹部員トシテ活動シタルカ一九一七年其ノ功ニ依リ普魯西上院議員ニ選任セラル勞働團體代表者ニシテ普魯西上院ニ入リタルハ之ヲ以テ嚆矢トス革命後憲法制定國民會議及憲法制定普魯西會議ノ議員トナル一九二〇年普魯西民福大臣一九二一年普魯西首相兼民福大臣トナリシカ同年辭職ス「ステーガーワルド」ハ勞働者出身トシテ形式上中央黨左翼ニ屬スルモ人物理想的ニシテ直ニ社會黨ト妥協スルニ適セス寧ロ民主黨國民黨ヨリ好感ヲ以テ迎ヘラレ居ル有樣ニシテ此ノ意味ニ於テ現宰相「ヴイルト」ト意見合致セス一九二〇年「エッセン」ニ於ケル基督敎勞働組合大會ニ於テ獨逸國民ヲ愛國的基督敎的民主的社會的國民團體ニ改造スル必要アルコトヲ主張シ一九二一年四月日刊新聞紙 Der Deutsche ヲ發行シテ自己ノ主張ヲ宣傳シツツアルカ如キハ能ク其ノ面目ヲ發揮スルモノト云フヘシ

（ホ）「ハインリヒ、ブラウンス」（Heinrich Brauns）

現國會議員勞働大臣一八六八年一月「ケルン」ニ生ル同地「アポステル」高等學校卒業後「ボン」「ケルン」兩大學ニ學ヒ後「ボン」及「フライブルグ」ニ於テ國民經濟學及國法學ヲ學ヒ一九〇五年卒業一八九〇年ヨリ一八九五年迄「クレーフェルト」法敎師一八九五年ヨリ一九〇〇年迄「ボルベック」副牧師一九〇〇年以降舊敎獨逸國民協會本部理事、憲法制定國民會議議員、勞働問題ニ關シ種々ノ著書アリ

（ヘ）「ヨーハン、ギースベルツ」（Johann Giesberts）

現國會議員郵政大臣一八六五年二月「ストレーレン」ニ生ル小學校卒業後一八九九年迄賃銀勞働者爾後「ウエストドイッチエ、アルバイターツアイトユング」紙編輯人一九一八年一月經濟省社會政策顧問ニ任セラル一九一八年十一月ヨリ勞働省次官「ライン」州地方保險局民福本部、社會改良協會幹部員、勞働者法律保護國際協會代表者、基督敎勞働組合總聯合及基督敎金屬勞働者聯合各幹部員、獨逸赤十字社中央協會員一八九二年ヨリ一九一八年迄「ミユンヘン、グラードバッハ」市會議員一九〇五年以降國會議員一九〇六年以降普魯西下院議員一九一九年ヨリ一九二〇年迄憲法制定國民會議議員

（ト）「ヨハネス、ベル」（Johannes Bell）

現國會議員一八六八年九月「エッセン」ニ生ル一八八六年高等學校卒業一八八六年ヨリ一八八九年迄「チユービンゲン」「ライプチヒ」「ボン」各大學ニテ法律學及國家學ヲ學フ一八八九年ヨリ「ウエルデン」「エッセン」「ふム」各地ノ司法官試補一八九三年裁判所陪席判事一八九四年一月ヨリ「エッセン」ニ於テ辯護士トナル一九〇〇年ヨリ同地公證人一九一二年ヨリ法律顧問官各種組合協會等ノ幹部員一九〇〇年ヨリ「エッセン」市會議員、一九〇八年ヨリ普魯西下院議員、一九一二年ヨリ國會議員最後ニハ中央黨首領ノ一トナル憲法制定國民會議及憲法制定普魯西會議議員一九一九年二月ヨリ植民大臣同六月ヨリ交通大臣一九二〇年五月辭職ス

(四)「バヴアリヤ」國民黨

(甲)首領

「ヨーハン、ライヒト」(Johann Leicht)

現國會議員一九六八年十二月「ビシユベルグ」ニ生ル一八九三年以來舊敎僧侶トナリ一九一三年以來國會議員憲法制定國民會議議員

(乙)其ノ他ノ領袖株

「ゲオルグ、ハイム」（Georg Heim）

現國會議員一八六五年四月「アシャッフエンブルグ」ニ生ル「ウユルッブルグ」及「ミユンヘン」大學ニ於テ經濟學ヲ學フ助敎員ヨリ「アンスバッハ」實業學校敎師トナル一八九四年「フイヒテルゲビルゲ」販賣組合ヲ創立シ次テ又「バヴアリヤ」農民ノ農業中央組合ヲ創立シ各其ノ會長トナル一八九七年「バヴアリヤ」議會及帝國議會議員ニ選擧セラレ其ノ計畫的斷行的性格ト辯說力トニ依リ頭角ヲ表ハスニ至ル然レトモ「バヴアリヤ」政府ハ之ヲ嫌忌ス一九〇七年「バヴアリヤ」農民ノ經濟的利益增進ニ全力ヲ傾倒セント欲シテ敎職ヲ拋棄ス一九一二年ノ選擧ニハ參加セサリシモ革命後憲法制定國民會議議員ニ選ハレ大イニ「バヴアリヤ」ノ聯邦的自主權ノ爲ニ鬪ヘリ一九一八年十一月他ノ有志ト共ニ「バヴアリヤ」國民黨ヲ創立ス同黨ハ一地方的政黨ニ過キサルモ元ト中央黨ノ一部トシテ「バヴアリヤ」國舊敎農民ニ立脚スル關係上其ノ基礎極メテ固ク且ツ二十名ノ代議士ヲ有スルニ依リ其ノ向背必シモ大勢ニ影響ナシトセス而モ近來內外諸種ノ大問題ニ關シ寧ロ國粹國民黨ト共ニ保守主義ヲ主張スルノ傾向ヲ示セルハ特ニ注目ニ値ス而シテ「ハイム」ハ同黨最有力ノ人物ナリ

（五）民主黨

（甲）首領

（イ）「カール、ウイルヘルム、ペーターゼン」（Carl Wilhelm Petersen）

現國會議員一八六八年一月三十一日漢堡ニ生ル「ハイデルベルグ」及「ライプチヒ」大學ニ學フ後漢堡ニテ辯護士トナリ一八九九年ヨリ一九一八年迄漢堡議會議員タリ階級選擧制採用セラルルヤ他ノ有志ト共ニ進步國民黨ヲ創立シ多年ニ亙リ其ノ首領タリ一九一八年漢堡上院議員ニ選ハル憲法制定國民會議議員、穩厚ニシテ德望高キ政治家ナリ

（ロ）「エーリッヒ、コッホ」（Erich Koch）

現國會議員一八七五年二月「ブレーメルハーフエン」ニ生ル「ボン」「ミユンヘン」等ノ大學ニ學フ一八九八年ヨリ一九〇一年「オルデンブルグ」ニ於テ司法官試補一九〇一年ヨリ一九〇九年迄「デルメンホルスト」市長一九〇九年ヨリ一九一三年迄「ブレーメルハーフエン」ニ於ケル市理事一九一三年ヨリ一九一九年迄「カッセル」市長一九一九年內務大臣一九二〇年三月ヨリ同六月迄副宰相一九〇一年ヨリ一九〇九年迄「オルデンブルグ」議會議員一九一三年ヨリ一九一八年迄普魯西上院議員獨逸及普魯西都市會議幹部員憲法制定國民會議議員

（ロ）「アントン、エルケレンツ」（Anton Erkelenz）

一八七八年十月「ライン」河畔ノ「ノイス」ニ生ル鍵職及旋盤職ヲ習得ス一八九八年頃ヨリ勞働組合運動ニ參加シ一九〇二年勞働團體書記トナリ一九〇七年獨逸勞働組合聯合首領革命後憲法制定國民會議議員トナル現國會議員

(乙) 其ノ他ノ領袖株

(イ)「オイゲン、シッファー」(Eugen Schiffer)

現國會議員一八六〇年二月「ブレスラウ」ニ生ル「ブレスラウ」「ライプチヒ」「チュービンゲン」各大學ニ於テ法律學ヲ學フ「ツアブルッエ」區裁判所判事「マグデブルグ」地方裁判所判事、控訴院敕任判事、行政裁判所評定官、大藏次官ヲ經テ革命ノ際大藏大臣トナリ其ノ後「シャイデマン」內閣ニ於テモ大藏大臣トナリ副宰相ヲ兼ネタリ夙ニ國民自由黨ニ加入シテ政治運動ニ於テモ頭角ヲ表ハシ革命ノ際ニハ國民自由黨ノ左派ヲ率ヰテ進步國民黨ト共ニ民主黨ヲ組織セリ一九一九年六月平和條約調印ニ際シ民主黨員トシテ內閣ヨリ脫退挂冠シタルモ同十月同黨再入閣シタル際ニハ司法大臣兼副宰相トナル一九二〇年「カップ」政變後挂冠ス最近ニハ上部「シレジヤ」問題解決ニ關シ獨逸側代表者トシテ大イニ活動セリ一九〇三年ヨリ一九一八年迄普魯西下院議員一九一二年ヨリ一九一七年迄國會議員憲法制定國民

會議議員

(ロ)「ワルター、シユツキング」(Walter Schücking)

現國會議員一八七五年一月「ミユンスター」ニ生ル「ミユンヘン」「ボン」伯林「ゲッチンゲン」各大學ニ學フ一八九七年「ゲッチンゲン」ニ於テ司法官試補一八九九年同大學法科講師一九〇〇年「ブレスラウ」大學助敎授一九〇二年「マールブルグ」大學ニ轉勤同一九〇三年以來法科敎授一九一九年「ヴェルサイユ」平和會議獨逸全權附トナル憲法制定國民會議議員、法制史國法國際法等ニ關スル多數ノ著書アリ有力ナル平和論者トシテ多數ノ國際的及獨逸內ニ於ケル平和團體ノ會員タリ

(ハ)「ベルンハルド、デルンブルグ」(Bernhard Dernburg)

現國會議員一八六五年七月「ダールムスタット」ニ生ル高等學校ニ學ヒ次テ一八八八年迄法科大學聽講生タリ後伯林及紐育ニ於テ商業ノ實務ニ從事シ一八八九年ヨリ一九〇一年迄獨逸信託會社(Deutsche Treuhandgesellschaft)理事一九〇一年ヨリ一九〇六年迄「バンク、フユール、ハンデル、ウント、インドユストリー」銀行理事一九〇七年外務省植民局長一九〇七年ヨリ一九一〇年迄植民大臣米國ニ巡遊スルコト七回一九一〇年ニハ支那及日本ニ遊

フ一九〇六年ヨリ一九一〇年迄聯邦參議院ニ於ケル普魯西國代表者一九一三年以來普魯西上院議員革命後一九一九年大藏大臣兼副宰相憲法制定國民會議議員

(二)「オツト、ゲスラー」(Otto Gessler)

現國會議員、國防大臣一八七五年二月「ウユルテンベルグ」「ルードウイクスブルグ」ニ生ル「エルランゲン」「チユービンゲン」「ライプチヒ」各大學ニ學ヒ次テ「バヴアリヤ」法律實習生トナリ後「バヴアリヤ」司法省補助官「ストラウビング」第三檢事一九〇五年ヨリ一九一〇年迄「ミユンヘン」勞働裁判所判事一九一一年ヨリ一九一四年春迄「レーゲンスブルグ」市長一九一四年ヨリ一九一九年十月迄「ニユルンベルグ」市長一九一九年十一月ヨリ一九二〇年三月迄復興大臣一九二〇年三月ヨリ國防大臣

(六) 社會民主黨

(甲) 首領

(イ)「ヘルマン、ミユラー」(Hermann Müller)

現國會議員一八七六年五月「マンハイム」ニ生ル「マンハイム」高等學校「ドレスデン」及「ノイスタツト」實業學校ニ學フ「フランクフルト」ニ於テ商業ノ實務ヲ見習ヒ次テ「フランク

フルト」及「ブレスラウ」ニ於テ商業使用人トナル一八九九年以來「ゲアリッツエル、フォルクスツアイトユング」編輯人一九〇六年以來社會民主黨幹部員一九一九年以來同黨首領タリ一九一九年「バウエル」内閣ニ於テ外務大臣トナリ一九二〇年三月ヨリ六月迄宰相トナル一九〇三年ヨリ一九〇六年迄「ゲアリッツ」市會議員一九一六年ヨリ一九一八年迄國會議員革命ノ際一九一八年十一月ヨリ十二月迄執行委員會（Vollzugsrat）委員次テ中央委員會（Zentralrat）委員、憲法制定國民會議議員同國民會議豫算委員長

（ロ）「フイリップ、シャイデマン」（Philipp Scheidemann）

現國會議員「カッセル」市長一八六五年七月「カッセル」ニ生ル小學校卒業後印刷職ヲ習得ス一八九五年迄植字校正職工兼印刷職工長一八九〇年ヨリ新聞記者トナリ社會民主黨ノ爲ニ活動ス一八九五年「ポーセン」ニ於ケル「ミッテルドイッチエ、ゾンターグスツアイトユング」紙編輯人一九〇〇年以來相次テ「ニュルンベルグ」「オッフエンバッハ」及「カッセル」ニ於ケル社會民主黨諸新聞紙ノ編輯人一九〇七年ヨリ一九一一年迄「カッセル」市會議員同年社會民主黨幹部ニ選ハル一九〇三年以來國會議員國會ニ於テハ峻烈ナル雄辯家トシテ屢地主同盟及保守黨トノ折衝ニ於テ其ノ才幹ヲ認メラル一九一二年國會第一副議長戰爭中ハ妥

協的平和（所謂 Scheidemann-Frieden）ヲ主張ス一九一八年秋再ヒ國會第一副議長一九一八年十月無任所大臣十一月革命ノ際ニハ國民受任委員（Volksbeauftragter）トナル一九一九年二月以來宰相、同六月平和條約調印ニ反對シテ挂冠一九二〇年一月「カッセル」市長ニ選ハル憲法制定國民會議議員

（ハ）「オットー、ウエルス」（Otto Wels）

現國會議員一八七三年九月伯林ニ生ル壁紙貼付職ヲ習得シ南獨及北獨ニ於テ右職人トナル一九〇六年壁紙貼付職人組合ノ役員トナリ一九〇七年社會民主黨「ブランデンブルグ」州支部書記又一九一三年ヨリ同黨幹部トナル一九一二年以來國會議員革命後憲法制定國民會議議員

（乙）其ノ他ノ領袖株

（イ）「フリードリヒ、エーベルト」（Friedrich Ebert）

現獨逸國大統領一八七一年二月「ハイデルベルグ」ニ生ル父ハ裁縫職人ニシテ一八七七年ヨリ一八八五年迄「ハイデルベルグ」ノ小學校ニ學フ一八八五年ヨリ一八八八年迄同地ニ於テ馬具職（Sattler）ヲ習得ス一八八九年以來社會民主黨ニ加入ス一八九四年新聞編輯人一九〇

〇年勞働組合書記一九〇五年社會民主黨幹部書記一九一三年社會民主黨首領革命ノ際宰相トナリ又國民受任委員會議ノ首班トナル一九一九年國民會議召集後臨時大統領ニ選ハル

（ロ）「グスタフ、アドルフ、バウエル」（Gustav Adolf Bauer）

現國會議員一八七〇年一月「ダーケメン」ニ生ル小學校退校後一九〇二年迄辯護士事務所ノ書記タリ一九〇三年ヨリ一九〇八年迄自由勞働組合中央勞働書記局書記一九〇八年ヨリ一九一八年迄獨逸勞働組合總委員會副會長一九一八年十月革命ノ直前勞働大臣トナル一九一九年六月ヨリ一九二〇年三月迄宰相爾后交通大臣、目下國庫大臣兼副宰相タリ平和條約ハ「バウエル」内閣ノ調印スル所ナリ一九一二年以來國會議員憲法制定國民會議議員

（ハ）「パウル、ロエーベ」（Paul Löbe）

現國會議長一八七五年十二月「リーグニッツ」ニ生ル小學校卒業後一八九〇年ヨリ一八九五迄植字職ヲ習得シ一八九八年迄植字職工タリ其ノ間職工トシテ南獨、墺洪、伊太利、瑞西ヲ遊歷ス一八九九年以來「ブレスラウ」ノ「フォルクスワッハト」紙編輯人一九〇五年選擧法改正ニ關スル示威運動宣言等ニ依リ禁獄セラル一九〇五年以來「ブレスラウ」市會議員、一九一五年以來「シュレシヤ」州議會議員憲法制定國民會議副議長社會民主黨中最モ策略ニ富ム

政治家ノ一ナリ

（ニ）「エドアルド、ベルンスタイン」（Eduard Bernstein）

現國會議員一八五〇年一月伯林ニ生ル高等學校ニ學ヒ一八七〇年ヨリ一八七八年迄銀行使用人一八七二年以來社會民主黨ニ入リ瑞西「チューリヒ」及倫敦ニ於テ社會民主黨ノ雜誌編輯ニ從事シタル外獨逸ニ於テ種々ノ新聞雜誌業ニ關係ス一九〇二年ヨリ一九〇六年迄及一九一二年ヨリ一九一八年迄國會議員一九一九年獨立社會黨ヨリ全然關係ヲ斷テリ社會民主黨內ノ學者トシテ多數ノ著書論文アリ

（ホ）「グスタフ、ノスケ」（Gustav Noske）

一八六八年七月「ブランデンブルグ」ニ生ル夙ニ木材勞働者トシテ社會民主黨ニ加入シ一九〇六年以來國會議員沈着ナル雄辯家トシテ知ラル一九一八年革命ノ先驅トシテ「キール」ニ水兵ノ暴動起ルヤ政府ノ命ニヨリ之ヲ鎭定セリ次テ伯林ノ「スパルタクス」暴動ノ際ニハ司令官トシテ再ヒ秩序ヲ恢復セリ一九一九年一月國民受任委員ノ一員トナル次テ「シャイデマン」及「バウエル」兩內閣ニ於テハ國防大臣タリシモ「カップ」政變ニ際シ勞働者ヨリ軍閥ノ傀儡トシテ攻擊セラレタル爲遂ニ挂冠シ「ハノーヴァー」州知事ニ隱退セリ目下尙勞働者

側ノ氣受惡シキ結果當分ノ間政界ノ表面ニ立ツコト困難ナルヘシ憲法制定國民會議議員

（ヘ）「ルドルフ、ウイッセル」（Rudolf Wissel）

現國會議員一八六九年三月「ゲッチンゲン」ニ生ル機械職工トシテ勞働運動ニ參加シ漸次才幹ヲ認メラレ一九一八年ニハ國會議員ニ選ハル革命後一九一九年一月國民受任委員ノ一員トナル憲法制定國民會議議員次テ經濟大臣トナル挂冠後ハ再ヒ中央勞働書記局ノ首班タリ

（ト）「エドアルド、ダヴイド」（Eduard David）

一八六三年六月「エデイゲル」ニ生ル「ポーセン」大學ニ學フ一八九一年ヨリ一八九四年迄「ポーセン」高等學校敎師其ノ間ニ社會民主黨ニ關係シ敎職ヲ抛棄シテ新聞紙及雜誌ヲ經營ス一九〇三年ヨリ一九一八年迄國會議員憲法制定國民會議議長革命ノ際外務次官トナリ後無任所大臣現在ハ獨逸內聯邦ノ一タル「ヘッセンダールムスタット」ニ對スル中央政府ノ公使タリ

（チ）「ロベルト、シユミット」（Robert Schmidt）

現國會議員一八六四年五月伯林ニ生ル小學校卒業後「ピヤノ」職トナル一八九三年ヨリ一九〇三年迄「フォーアウエルツ」紙編輯人一九〇三年ヨリ一九一九年迄勞働組合總委員會員之

ト同時ニ最初中央勞働書記局長トナリ後ニハ社會政策部員トナル一九一八年十月食糧省次官一九一九年二月食糧大臣後ニハ經濟大臣トナル一八九三年ヨリ一八九八年迄一九〇三年ヨリ一九一八年迄國會議員一九一九年憲法制定國民會議議員

（リ）「オツト、ブラウン」（Otto Braun）

現國會議員一八七二年一月「ケーニヒスベルグ」ニ生ル同地小學校ニ學ヒ石版印刷職書籍印刷職ヨリ印刷所所有者トナリ社會民主黨ノ編輯人會計主任幹部員一九一九年普魯西農務大臣一九二〇年普魯西首相トナル一九二一年一時辭職シ「ステーガワールド」之ニ代リシモ十一月再ヒ首相トナル「ケーニヒスベルグ」市會議員タルコト十年一九一三年ヨリ普魯西下院議員一九一九年憲法制定國民會議議員

（ヌ）「アレクサンダー、シユリツケ」（Alexander Schlicke）

現國會議員一八六三年三月伯林ニ生ル伯林高等學校中途退學、精巧機械職後轉シテ手工業學校ニ學フ次テ伯林「エルランゲン」「ライプチヒ」「ウエツツラー」「フランクフルト」（a. m. 及 a. o.）ニ於テ機械職トナル一八九一年ヨリ獨逸金屬勞働者組合書記一八九五年ヨリ同首領一九一九年一月ヨリ六月迄「ウユルテンベルグ」勞働大臣其後ハ獨逸國勞働大臣一九二〇

年辭職憲法制定國民會議議員

（七）獨立社會黨

（甲）首領

（イ）「ゲオルグ、レーデブーア」（Georg Ledebour）

現國會議員一八五〇年三月「ハノーヴアー」ニ生ル同地實業學校ニ學ヒ次テ英國ニ旅行シ後新聞記者トナル社會民主黨左翼ノ首領トナリ多數ノ新聞紙ヲ編輯ス一九〇〇年ヨリ一九一八年迄國會議員、戰爭ノ當初ヨリ戰爭ニ反對ス獨立社會黨建設者ノ一人戰爭中ヨリ既ニ社會革命ヲ主張ス但シ革命ノ際ニハ社會民主黨ト妥協シテ國民受任委員ノ政府ニ對スル入閣ヲ拒絶ス一九二〇年秋獨立社會黨分裂ノ際ニハ其ノ右派ニ屬セリ

（ロ）「アルフレード、ヘンケ」（Alfred Henke）

現國會議員一八六八年三月「アルトナ」ニ生ル小學校卒業後ハ獨學ヲ續ケ最初葉卷煙草職工トナリ一九〇〇年以來新聞記者トナリ一九〇六年以來「ブレーメン」議會ノ議員一九一二年ヨリ一九一八年迄國會議員其ノ後ハ「ブレーメン」及獨逸兩憲法制定國民會議議員トナレリ

（ハ）「アルトユール、クリスピエン」（Artur Crispien）

一八七五年十一月「ケーニヒスベルグ」ニ生ル獨立社會黨右派ニ屬シ且同黨首領タリ現國會議員

(乙) 其ノ他ノ領袖株

(イ)「ルドルフ、ブライトシャイド」(Rudolf Breitscheid)

現國會議員一八七四年十一月「ケルン」ニ生ル「ミュンヘン」「マールブルグ」兩大學ニ於テ國民經濟學ヲ學フ當初種々ノ新聞紙ノ編輯ニ從事シタルカ其ノ後露英佛等ニ遊ヒ一九〇三年ヨリ一九〇八年迄自由聯合(Freisinnige Vereinigung)ニ屬ス一九〇八年小政黨民主聯合(Demokratische Vereinigung)ヲ創立シ其ノ首領トナリシカ一九一二年社會民主黨ニ加入シ獨立社會黨創立以來之ニ屬ス目下同黨右派ニ屬シ議論比較的穩健將來ヲ囑望セラルル政治家ノ一ナリ

(ロ)「ウイルヘルム、デイットマン」(Wilhelm Dittmann)

現國會議員一八七四年「オイテイン」ニ生ル小學校卒業後一八九〇年ヨリ一八九四年迄指物職ヲ習得シ獨逸各地ニ於テ指物師トシテ生活ス一八九四年以來木材勞働組合及社會民主黨ニ屬ス一八九九年以來社會黨諸新聞ノ編輯ニ從事シ漸次名ヲ知ラルルニ至ル一九一二年ヨ

リ一九一八年迄國會議員獨立社會黨創立後ハ同黨幹部ニ屬ス革命ノ際ニハ國民受任委員政府ノ一員トナル第三「インターナショナル」加入問題ニ關シ獨立社會黨ニ內訌起リタル際ニハ「クリスピエン」ト共ニ同黨右派ヲ代表シテ莫斯科ニ赴キ歸來後露西亞經濟瓦解ノ慘狀ヲ發表シ大イニ「ソヴイエツト」政府ノ共產政治ニ對スル渴仰ノ熱ヲ醒シタル爲內外ニ名ヲ知ラルルニ至レリ現ニ國會副議長ノ一名ナリ

（ハ）「リヒヤルド、リピンスキー」（Richard Lipinski）

現國會議員書籍業ヲ營ミ同時ニ著作家タリ一八六七年二月「ダンチヒ」ニ生ル一八七四年ヨリ一八八一年迄「ダンチヒ」小學校ニ學ヒ次テ商業ノ實務ヲ習得シテ番頭トナル一八九〇年「ライプチヒ」ニ於テ商人組合ヲ組織シ一八九七年ヨリ獨逸番頭中央組合ヲ創設ス一九〇〇年勞働新聞組合一九〇一年近代的勞働運動ニ從事スル獨逸雇員補助會ヲ創立シ一九〇七年以來社會民主黨ノ又獨立社會黨分立後ハ同黨ノ「ライプチヒ」區首領タリ一八九一年ヨリ一九〇一年迄諸新聞紙ノ編輯人一九〇一年以後ハ書籍業ニ從事シ傍ラ著述家トシテ活動セリ一九〇三年ヨリ一九〇六年迄國會議員一九一八年十一月十五日ヨリ一九一九年一月十六日迄「ザクセン」國內務大臣兼外務大臣一九一九年三月以來「ザクセン」議會議員兼副議長「ザ

クセン」ニ於ケル獨立社會黨首領ニシテ又「ザクセン」國內相タリ勞働問題ニ關シ種々ノ著書ヲ有ス

（八）共產黨

(1) 共產黨

（一）首領

（イ）「ウイルヘルム、バルツ」(Wilhelm Bartz)

現國會議員一八八一年十二月十日「タンゲルミユンデ」ニ生ル一八八八年ヨリ一八九六年迄「タンゲルミユンデ」小學校ニ學ヒ一八九六年ヨリ一九〇〇年迄印刷職工トシテ「マルネ」「ウイルヘルムスハーフエン」「デユツセルドルフ」「ブレーマーハーフエン」等ニ轉職ス一九〇七年ヨリ一九一九年迄社會民主黨機關紙ヲ編輯ス戰爭中同紙ヲ獨立社會黨ノ色彩ニテ指導セリ一九一九年五月以來他ノ新聞ヲ編輯ス一九〇〇年以來勞働運動ニ從事ス獨立社會黨分立ノ際共產黨ニ移ル

（ロ）「ウイルヘルム、コエーネン」(Wilhelm Koenen)

現國會議員一八八六年四月漢堡ニ生ル同地ノ小學校高等小學校勞働者學校及伯林ノ社會

民主黨學校ニ學フ一九〇四年以來「キール」書籍店ノ手代トナリ一九〇七年同地一新聞ノ通信員一九〇七年ヨリ一九一〇年迄「ケーニクスベルグ」ニ於ケル通信員タリ一九一一年以來「ハルレ」ニ於テ「フォルクスブラット」紙編輯人トナル社會黨及勞働運動ニ於テ辯說家トシテ活動セリ一九一八年ヨリ一九一九年迄「メルゼブルグ」勞兵會委員一九一九年ヨリ一九二〇年迄憲法制定國民會議議員「ハルレ」市會議員產業會議臨時中央委員會長一九一九年八月以來獨立社會黨中央委員會幹部タリ獨立社會黨分裂ノ際共產黨ニ移レリ

（乙）其ノ他ノ領袖株

（イ）「クララ、ツエートキン」(Clara Zetkin)現國會議員一八五七年七月「ウイーデラウ」ニ生ル「ライプチヒ」女子師範學校ニ學ヒ女教師トナル次テ巴里大學ニ學フ煽動的著作家トシテ國際的社會主義ノ爲ニ活動ス女子勞働者ノ利益代表機關タル「グライヒハイト」紙ノ創立者兼編輯人（一九一六年迄）一九一九年四月迄「ライプツイゲル、フォルクスツアイトユング」紙女子附錄版編輯人一九一九年五月以來「コンミユニステイン」紙編輯人多數ノ小著アリ

（ロ）「ワルター、ストエツカー」(Walter Stoecker)

現國會議員一八九一年四月「ケルン」(Deutz)ニ生ル「ケルン」實業學校ニ學ヒ二年間番頭タリ次テ「キール」及「ケルン」ニ於テ新聞記者トナル其ノ後二年間伯林「ライプチヒ」及「チユーリヒ」ニテ國民經濟學及歷史學ヲ學フ一九一五年二月ヨリ一九一八年十一月迄從軍一九一八年十一月「ケルン」ニ於テ勞兵會執行委員會員トナル一九一八年十二月ヨリ一九一九年六月迄「エルバーフエルト」ノ「フォルクストリビユーネ」紙編輯人一九一九年七月以來獨立社會黨中央委員會員一九一九年二月ヨリ六月迄「エルバーフエルト」市會議員一九一九年二月以來憲法制定普魯西議會議員、獨立社會黨分裂ノ際共產黨ニ移レリ

(11) 共產派共働團

(甲) 首領

「アドルフ、ホツフマン」(Adolph Hoffmann)

現國會議員一八五八年三月伯林ニ生ル七年間諸所ノ小學校及貧民學校ニ學フ最初彫刻業ヲ習得シタルモ眼病ノ爲鍍金業ニ轉職ス書籍店、織物業、金物業ノ小僧トシテ傭ハレ尙ホ「ペンキ」職、鍍金職ニ從事ス一八九〇年ヨリ一八九三年迄「ハルレ」及「ツアイツ」ニ

於テ社會民主黨新聞記者トナル爾後伯林ニ於テ書籍業ヲ經營ス編輯人トシテ屢處罰セラル一九〇〇年以來市會議員獨立社會黨分裂ノ際共產黨ニ移リシモ一九二一年三月同黨暴動ニ對スル責任問題ニ關シ黨首「パウル、レヴイ」等ト同一行動ヲ取リ其後共產黨ヲ脫退セリ

(乙) 其ノ他ノ領袖株

(イ) 「パウル、レヴイ」(Paul Levi)

現國會議員一八八三年三月「ヘッヒンゲン」ニ生ル同地小學校及實業學校ニ學ヒ「スツツトガルト」高等學校卒業後伯林及「グレノーブレ」大學ニ於テ法律學ヲ修ム「フランクフルト」(a.m.) 及「リンブルグ」ニ於テ司法官試補トナリ一九〇八年以來「フランクフルト」ニ於テ辯護士トナル共產黨首領トシテ「ローザ、ルクセンブルグ」「リーブクネヒト」等ニ次キ「クララ、ツエートキン」女史ト共ニ同黨建設ニ大功アリシモ一九二一年三月共產黨暴動(無產階級ノ獨裁政治ヲ樹立セントシテ失敗ニ終リシモノ)ニ對スル責任問題ニ關シ同黨左派ト意見ヲ異ニシ遂ニ除名セラルルニ至レリ

(ロ) 「エルンスト、ドイミヒ」(Ernst Däumig)

現國會議員一八六六年十一月「メルゼブルグ」ニ生ル小學校及高等學校ニ學ヒ一八八七年ヨリ一八九八年迄兵役ニ服ス一九〇一年三月以來「ロイシッシユエ、トリビユーネ」「フオルクスブラット、フユール、ハルレ」及「エルフルター、トリビユーネ」各紙編輯人一九一一年ヨリ一九一六年十月迄社會民主黨機關紙「フオーアウエルツ」紙編輯人其ノ後一九一八年十一月迄「グロースベルリーナー、ミットタイルングスブラット」紙編輯人一九一九年一月以來週刊紙「アルバイターラート」紙主筆「ハルレ」及「エルフルト」ニ於ケル社會民主黨首領一九一二年ヨリ一九一八年迄社會民主黨大伯林區委員會首領一九一八年獨立社會黨幹部員一九一八年十一月以來大伯林執行委員會員一九一九年八月以來大伯林產業委員會中央部員一九一九年十二月以來獨立社會黨首領、同黨分裂ノ際共產黨ニ移リシモ一九二一年三月共產黨暴動ニ對スル責任問題ニ關シ同黨左派ト意見ヲ異ニシ遂ニ脫黨スルニ至レリ

第七節　現在議會ノ黨派別

現國會選擧ノ結果ニ就テハ第四節各政黨勢力ノ優劣ノ部ニ於テ詳說シタルカ其ノ後議員死亡其他

ノ理由ニ依リ最近ニ於ケル議會ノ黨派別ハ右選擧ノ結果ニ比シ多少ノ異同アリ一九二二年獨逸國內務省發行獨逸國要覽ニ依レハ最近ニ於ケル各派議員數次ノ如シ

社會民主黨	一〇八
中央黨	六九
同上ニ準スヘキ者	三
國粹國民黨	七一
獨逸國民黨	六五
獨立社會黨	六一
民主黨	四〇
「バヴアリヤ」國民黨	一九
同上ニ準スヘキ者	一
共產派共働團	一五
共產黨	一一
「バヴアリヤ」農民同盟	四

獨逸「ハノーヴァー」黨	二
計	四六九

第八節　地方政府及地方自治體ノ政黨トノ關係

(一) 各政黨ノ統一ハ其ノ所屬者カ國會聯邦議會及地方團體議會ニ於テ同一ノ政治的原則ニ依リ行動スルニ依リ維持セラルルコト勿論ナリ然レトモ國會ニ於テ主義又ハ黨略上到底同一ノ聯立內閣ニ加入シ得サル諸政黨ニシテ地方ニ於テハ聯合ヲ組織スルコトアリ逆ニ又中央ニ於テ相提携セル政黨カ地方ニ於テハ相反對セル態度ヲ取ルコトアリ右ハ主トシテ各地方ノ特殊的狀況及選擧人ノ希望ニ因由スルモノニシテ其ノ杆格甚タシキニ至ルトキハ政黨ノ分裂ヲ來スモノトス例ヘハ當初中央黨「バヴアリヤ」部會タリシ聯邦自主主義ノ「バヴアリヤ」國民黨カ統一國主義ノ中央黨ヨリ分立シタルカ如シ

(二) 各政黨カ殊ニ中央ノ政治問題ニ關シ各地方ニ於テ如何ナル勢力ヲ有スルカハ第四節各政黨勢力ノ優劣ノ部ニテ說明セル選擧區別各黨派ノ得票及議員當選數ヨリ察知スルヲ得ヘシ

(三) 各政黨カ聯邦議會及地方自治體ノ議會ニ於テ如何ナル勢力ヲ有スルカハ當該聯邦又ハ地方自治體政府ノ政治ニ影響ヲ及ホシ從テ中央政府ノ政治及間接ニハ中央國會ニ於ケル各派ノ勢力

ニモ關係アルコト勿論ナリ然レトモ獨逸新憲法カ中央集權主義ヲ採リ聯邦及地方ノ權限ヲ著シク縮少シタル結果地方政治ニ及ホス影響從來ノ如ク大ナラス又極端ニ廣範圍ノ普通選擧制ヲ採用セル結果地方選擧民モ大イニ中央政治ニ干與スルノ機會ヲ與ヘラレ國會選擧ニ依リ直接ニ中央國政ニ參與シ得ルコトトナリタルヲ以テ地方政治ノ如何ヨリモ寧ロ中央政治ノ如何ニ依リ各政黨ニ對スル態度ヲ決定スルノ傾向アリ從テ地方政治ハ國會選擧ニハ從前ノ如ク大ナル關係ヲ有セス目下右中央集權主義ニ對シ事實上例外ヲ爲スハ依然保守主義聯邦自主主義ヲ主張シ事毎ニ中央政府ニ抗爭シツツアル「バヴアリヤ」國ノミナリトス以下各聯邦議會ニ於ケル各政黨勢力ノ分布ヲ略述スヘシ

（イ）「アンハルト」自由國

一九一九年七月十八日ノ憲法ニ基キ議會ハ普通平等祕密直接選擧制比例代表法ニ依リ選擧セラルルコトトナレリ一九二〇年六月六日選擧ノ結果左ノ如シ

社會民主黨	十三
獨立社會黨	四
共産黨	二

民主黨　六
國粹國民黨　六
國民黨　五

（ロ）「バーデン」民主共和國

一九一九年三月二十一日ノ憲法（同年四月十三日國民投票ニ依リ決定セラル）ニ基キ議會ハ普通平等祕密直接選擧制比例代表法ニ依リ選擧セラルルコトトナレリ一九二一年十月三十日選擧ノ結果次ノ如シ

中央黨　三十四
社會民主黨　二十
民主黨　七
國粹國民黨　七
共產黨　三
獨立社會黨　二
其ノ他ノ諸小黨　十三

（ハ）「バヴアリヤ」自由國

一九一九年八月十四日ノ憲法ニ基キ議會ハ普通平等祕密直接選擧制比例代表法ニ依リ選擧セラルルコトトナレリ一九二〇年六月六日選擧ノ結果次ノ如シ

「バヴアリヤ」國民黨	六十五
社會民主黨	二十七
獨立社會黨	二十
民主黨	十三
「バヴアリヤ」農民同盟	十二
「バヴアリヤ」中間黨（國粹國民黨）	十九
共産黨	二

（ニ）「ブラウンシユワイグ」自由國

一九二一年十二月二十二日ノ憲法ニ基キ普通平等祕密直接ノ比例選擧法ニ依リ選擧セラルルコトトナレリ

一九二二年一月二十一日ノ選擧ノ結果次ノ如シ

獨立社會黨	十七
社會民主黨	十一
民主黨	六
共産黨	二
地方選擧聯合	二十三

（ホ）「ブレーメン」自由國

一九二〇年五月十八日ノ憲法ニ基キ議會ハ普通平等祕密直接比例選擧法ニ依リ選擧セラルルコトトナレリ

一九二一年二月二十日ノ選擧ノ結果次ノ如シ

獨逸國民黨	三十一
社會民主黨	二十八
民主黨	二十四
獨立社會黨	二十三
國粹國民黨	八

共産黨　六

（ヘ）漢堡自由國

一九二一年一月七日ノ憲法ニ依リ議會ハ普通平等直接祕密比例選擧法ニ依リ選擧セラルルコトトナレリ

一九二一年二月二十日ノ選擧ノ結果次ノ如シ

社會民主黨	六十七
獨逸國民黨	三十三
民主黨	二十三
國粹國民黨	十八
共産黨	十六
獨立社會黨	二
無所屬	一

（ト）「ヘッセン」民國

一九一九年十二月十二日ノ憲法ニ依リ議會ハ普通平等祕密直接比例選擧法ニ依リ選擧セラ

ルルコトトナレリ

一九二一年十一月二十七日ノ選擧ノ結果次ノ如シ

社會民主黨	二十三
中央黨	十二
獨逸國民黨	十一
民主黨	五
共産黨	三
獨立社會黨	二
諸小黨	十四

（チ）「リッペ」自由國

一九二〇年十二月二十一日ノ憲法ニ基キ議會ハ普通平等祕密直接比例選擧法ニ依リ選擧セラルルコトトナレリ一九二一年一月二十三日ノ選擧ノ結果次ノ如シ

社會民主黨	八
國粹國民黨	五

獨逸國民黨　四
民主黨　二
共産黨　一
勞働組合代表者　一

（リ）「リユーベツク」自由國

一九二〇年五月二十三日ノ憲法ニ依リ議會ハ普通平等祕密直接比例選擧法ニ依リ選擧セラルルコトトナレリ

一九二一年十一月十三日ノ選擧ノ結果次ノ如シ

社會民主黨　三十九
獨逸國民黨　十
民主黨　九
國粹國民黨　六
共産黨　六
雜　十

（ヌ）「メックレンブルグ、シュウエリーン」自由國

一九二〇年五月十七日ノ憲法ニ基キ議會ハ普通平等祕密直接比例選擧法ニ依リ選擧セラルルコトトナレリ

一九二一年三月十三日ノ選擧ノ結果次ノ如シ

社會民主黨	二十八
國粹國民黨	十五
獨逸國民黨	十二
民主黨	三
共産黨	三
諸小黨	六

（ル）「メックレンブルグ、ストレリッツ」自由國

一九一九年一月二十九日ノ憲法（其ノ後一九二一年三月二十三日ニ至ル迄ニ數囘變更セラル）ニ基キ議會ハ普通平等祕密直接比例選擧法ニ依リ選擧セラルルコトトナレリ

一九二〇年五月十六日ノ選擧ノ結果次ノ如シ

社會民主黨	十五
獨立社會黨	一
民主黨	五
國粹國民黨及獨逸國民黨等ノ聯合	十
手工業者代表	四

（ヲ）「オルデンブルグ」自由國

一九一九年一月十七日ノ憲法ニ基ク一九二〇年六月六日ノ議會選擧ノ結果次ノ如シ

國民黨	十三
社會民主黨	十一
中央黨	十
民主黨	七
獨立社會黨	五
國粹國民黨	一

（ワ）普魯西共和國

一九二〇年十一月三十日ノ憲法ニ基キ議會ハ普通平等祕密直接比例選擧法ニ依リ選擧セラルルコトトナレリ一九二一年二月二十日ノ選擧ニ依レハ議會ニ於ケル各黨派別左ノ如シ

社會民主黨	百十四
中央黨	八十四
民主黨	二十六
國粹國民黨	七十五
獨立社會黨	二十八
獨逸國民黨	五十八
共產黨	三十一
獨逸「ハノーヴアー」黨	八
雜	四

普魯西現政府ハ獨逸國民黨ヨリ社會民主黨迄ノ聯立內閣ニシテ帝政主義ノ獨逸國民黨ト社會主義ノ社會民主黨トノ提携ハ社會民主黨「ゲアリッツ」大會後遂ニ成立スルニ至レリ

（カ）「ザクセン」自由國

一九二〇年十一月一日ノ憲法ニ依レハ議會ハ普通平等祕密直接比例選擧法ニ依リ選擧セラルヽコトトナレリ一九二〇年十一月十四日ノ選擧ノ結果次ノ如シ

社會民主黨	二十七
國粹國民黨	二十
獨逸國民黨	十八
民主黨	八
獨立社會黨	十三
共產黨	九
中央黨	一

（ヨ）「シャウムブルグ、リッペ」自由國

一九一九年三月十四日ノ暫定憲法ニ基キ議會ハ普通平等祕密直接選擧ニ依リ選擧セラルヽコトトナレリ一九一九年二月十六日ノ選擧ノ結果左ノ如シ

社會民主黨	八

民主黨	二
國粹國民黨	二
國民黨	一
無所屬	二

（タ）「チューリンゲン」自由國

一九二一年三月十一日ノ憲法ニ基キ議會ハ普通平等直接祕密比例選擧法ニ依リ選擧セラルヽコトトナレリ一九二一年九月十一日ノ選擧ノ結果次ノ如シ

社會民主黨	十三
獨立社會黨	九
共產黨	六
獨逸國民黨	九
國粹國民黨	四
民主黨	三
地方同盟	十

（レ）「ワルデック」自由國

一九一九年四月ノ暫定憲法ニ基キ議會ハ普通平等祕密直接比例選擧法ニ依リ選擧セラルルコトトナレリ一九一九年三月九日ノ選擧ノ結果左ノ如シ

社會主民黨	七
民主黨	七
國粹國民黨	六
獨逸國民黨	一

（ソ）「ウユルテムベルグ」自由民國

一九一九年九月二十五日ノ憲法ニ基キ議會ハ普通平等祕密直接比例選擧法ニ依リ選擧セラル丶コトトナレリ一九二〇年六月六日ノ選擧ノ結果次ノ如シ

國粹國民黨（「ウユルテムベルグ」人民黨等ト稱ス）	二十八
中央黨	二十三
社會民主黨	十七
民主黨	十五

獨立社會黨　八

共産黨　六

獨逸國民黨　四

（四）地方的小政黨ハ大部分ハ革命後成立シタル中央國會ノ大政黨ニ屬スルモノナルモ種々ノ地方的事情ヨリ舊名其ノ他異名ヲ維持シ居ルモノトス

第九節　外交其ノ他重要ナル內政問題ニ關スル各黨派ノ政見

各政黨ノ政見ニ關シテハ既述ノ各黨派主義綱領ニ關スル說明ヨリ略之ヲ窮知シ得ヘシト雖モ政綱ハ主トシテ表面的理想的ノモノニシテ各種ノ問題ヲ遺漏ナク網羅スルモ各黨派カ主トシテ高調スル點ハ內外ノ狀勢ニ從ヒ必シモ一定ナルモノニ非サルヲ以テ以下時事問題ニ對スル各黨派ノ態度ヲ略述スヘシ尙日本ニ對シテハ社會黨左派殊ニ共産黨カ日本ヲ以テ反社會主義的反動的ナル最後ノ國家ト見做シ時々日本ニ對シ反感的態度ヲ表示スル外一般ニ比較的無關焉ノ態度ヲ持シ中間黨殊ニ右黨方面ニハ大ニ同情ヲ有スルモノモ尠ナカラサル有樣ナリ

第一款　外交問題

（一）　國粹國民黨

「ヴェルサイユ」平和條約全體ノ改訂ヲ要求シ其ノ一條項ト雖モ承認セス從テ同條約履行ニ絕對反對ナリ

（二）　獨逸國民黨

「ヴェルサイユ」平和條約ノ變更ヲ要求ス從テ其ノ無條件履行政策ニ反對シ各條項殊ニ賠償編ノ規定ハ獨逸國民ノ給付能力ノ範圍內ニ於テノミ之ヲ履行スヘシトス各民族和平主義ニハ反對セサルモ空想的平和政策ヲ非トス對佛政策ニ關シテハ佛國カ經濟上獨逸ト密接ナル關係アルコトヲ認ムルモ同國ニ於テハ目下ノ處權謀的政治家ノミ政權ヲ掌握シ居ル關係上當分和合ノ實現不可能ナルニ付英國トノ政治的經濟的提携ニ同情ス

（三）　中央黨

平和條約ハ給付能力ノ範圍內ニ於テ之ヲ履行スヘシ各國トノ間ニ文化的經濟的關係ヲ實現セサルヘカラス殊ニ獨逸宣敎師ノ妨ケラレサル基督敎的活動ヲ要求ス各國ヲ平等ニ取扱フコト及强國聯合シテ專權ヲ掌握セサルコトノ二點ヲ條件トシテ國際聯盟ニ贊成ス軍備縮少問題ニ關シテモ各國ノ平等取扱ヲ要求ス

(四) 民主黨
平和條約中履行不能ノ條項ノ改訂ヲ要求シ殊ニ經濟條項及財政條項ハ給付能力ノ範圍內ニ於テノミ履行スヘシトス民族自決主義獨逸植民地ノ囘復國際的協力ヲ基礎トスル眞正ノ聯盟ヲ主張ス

(五) 社會民主黨
平和條約ハ經濟的負擔輕減及國民的生存權承認ノ意味ニ於テ之ヲ改訂スルコト各民族ヲ平等ニ取扱フ國際法ノ範圍內ニ於テ民族自決權ヲ認ム國內ノ平安維持ヲ標準トシテ總テノ國ニ於ケル軍備ヲ縮少スルコト民主的基礎ノ上ニ勞働者階級ノ國際的結合ヲ組織スルコト

(六) 獨立社會黨
社會主義ニ依リ統治セラルヽ各國民トノ間ニ友好關係ヲ妥結スルコトヲ主張ス

(七) 共產黨
凡有問題ニ關シ一向ニ世界革命ヲ主張ス

第二款　國家的秩序及行政問題

(一) 國粹國民黨

狹隘ナル國粹主義ニ立脚スル關係上常ニ政府反對ノ立場ニ立テリ最モ明白ニ王政主義ヲ主張シ國民トシテノ力眞ノ自由權利及正義ハ王政ニ依リテノミ始メテ保障セラレ得ヘシ獨逸新憲法ハ之ヲ暫行的ノモノト認ム中央國權ヲ强大ナラシムルコトヲ要求ズルモ同時ニ獨逸各種族ノ特性ヲ寛恕スヘシト爲ス一般徵兵制ヲ基礎トシテ舊時代ト同樣ニ訓練セラレタル國民軍ヲ組織スルコト政府及公共政治ニ於ケル猶太人ノ優越權ヲ事實上奪フコト

(二) 獨逸國民黨

獨逸新憲法ヲ承認ス然レトモ國家形式ノ理想トシテハ帝政ヲ主張シ從テ政綱中ニハ國民ノ自由決定ニ依リ合法的ニ帝政主義ヲ樹立スルコトヲ目的トスル意味ヲ揭ケタリ强固ナル中央集權主義ヲ主張シ又獨逸ノ特色ヲ純潔ニ維持スヘキコトヲ要求ス緩和セラレタル反猶太主義ヲ主張シ又舊軍隊組織ハ正義ノ政策ヲ保證スル意味ニ於テ必要ト認ム

(三) 中央黨

强固ナル中央集權主義ヲ主張シ聯邦及獨逸各種族ノ特色及要求ハ中央國家生存ノ必要內ニ沒入セサルヘカラストス新憲法ヲ承認シ又國防軍ハ憲法政府ノ掌中ニ收ムヘシト主張ス

(四) 民主黨

共和國ヲ以テ民國法治國ナリトシ全然之ヲ承認ス中央集權主義ヲ主張スルモ同時ニ獨逸各種族ノ特色ヲ顧慮スヘシトス平和條約ニ依リ强要セラレタル傭兵制ニ代フルニ一般徵兵制ヲ基礎トスル國防軍（Volkswehr）ヲ組織スルコト法ノ前ニハ一切平等ナルコト凡有形式ノ獨裁制排斥

（五）　社會民主黨

獨逸國ヲ有機的ニ分岐セラレタル統一國トスルコト聯邦及地方團體ニハ自治ヲ許スモ强固ナル中央集權制ヲ主張ス財產權ハ人格權及社會的團體權ノ下位ニ置クコト凡有階級裁判ニ反對シ全司法制度ヲ事實上國家ニ移スコト國防力ノ縮少國家敎會ノ分離小學校ハ廣範圍ノ自治權アル生活及勞働ノ共同團體ニ改造スルコト靑年ノ敎育ハ共和國ノ社會的義務履行及世界平和ノ理想ニ從ヒ之ヲ實行スルコト

（六）　獨立社會黨

革命的防衞軍ヲ組織スルコト社會主義的ニ經濟ヲ整理セル中央集權主義權利ノ社會主義的改造凡有勞働能力者ニ勞働ノ義務ヲ履行セシムルコト

（七）　共產黨

勞働者及雇員ヨリ成ル革命的防衞軍ヲ組織スルコト現在ノ國防軍及警察ニ對スル經費支出ヲ削

除スルコト階級司法ノ撤廢

第三款　經濟及社會政策

（一）　國粹國民黨

經濟的活動ノ基礎トシテノ各人ノ企業精神及利得ノ欲望ヲ承認ス私有財産及私經濟ノ絶對的承認凡有社會化計畫ニ反對但シ職業的同業組合的結合ニ贊成左黨側ノ階級爭鬪的思想ニ反シ企業家及勞働者ノ協力ヲ主張ス勞働者ニ對スル社會的施設

（二）　獨逸國民黨

私有財産維持、社會化ハ大體ニ於テ一般的永久的利益ヲ齎ラササルカ故ニ之ニ反對ス各人ヲシテ自由ニ其ノ力ヲ發展セシメ得ルノ權利ヲ要求ス但シ各人ノ利得慾ハ他人ノ幸福ト需要トヲ限界トシテ制限セラルヘシトス又經濟ノ發達ハ政治上最後ノ權力要素ニシテ且全國民ノ幸福ニ關聯アルモノトナシ大イニ之ヲ主張ス

（三）　中央黨

私有財産ニ立脚セル私經濟ノ原則的維持人格的人類的品位ヲ强ク高調スルト同時ニ社會政策ヲ主張ス權力ヲ以テスル强制的經濟整理（Zwangswirtschaft）ニ反對社會化ハ公共ノ幸福ニ有益ニ

シテ同時ニ經濟ノ能率ヲ高ムル場合ニノミ實行スヘシトス農工業ヲ獎勵セシムル爲ノ施設ヲ爲スコト社會的自由勞働者及企業家ノ協力社會的給護法竝賃銀契約法ノ制定及勞働爭議仲裁手續ノ規定ヲ主張ス

（四）　民主黨

原則トシテハ私有財產維持社會化ハ經濟ノ官僚化トシテ排斥ス凡有强制經濟(Zwangswirtschaft)ニ反對ス生產力ノ自由發展社會ノ不平等ヲ平均セシムルカ如キ政策ヲ取ルコト强者カ弱者殊ニ勞働者雇員小企業者手工業者及消費者ヲ絞取壓迫スルコトニ反對ス

（五）　社會民主黨

經濟的理想トシテ社會化ヲ高調シ凡テノ生產手段ハ資本主義的掠奪ヨリ解放シテ國民共同團體ノ爲ニ利用セラレサルヘカラス然レトモ右理想ノ實現ニ至ル迄ハ國家ハ資本占有生產手段特ニ「カルテル」「トラスト」ノ如キ企業ノ聯合合同ニ對シ十分ノ監督ヲ加ヘサルヘカラス社會政策ニ對シテハ有力ナル勞働者保險結社權ノ確保最長一日八時間勞働制勞働ノ際ニ於ケル保健ノ施設夜間勞働ノ禁止年々休暇ヲ與ヘ且休暇期間ニ對シテモ賃金ヲ支拂フコト

（六）　獨立社會黨

私有財產及生產手段ヲ共有トスルコト卽チ資本ヲ征服シテ社會主義的經濟秩序ヲ實現スルコト社會立法ヲ完成スルコト最長一日八時間勞働制完全ナル結社ノ自由、罷業權、產業會議（Betriebsräte）ノ權利擴張國家ハ社會ニ於ケル貧困者勞働無能力者又ハ失業者ノ生存ヲ維持スル義務アルコト

（七）共產黨

資本主義的經濟ヲ純共同經濟ニ變更スルコト一切ノ私有財產廢止全生產及消費ヲ國家ニ於テ集中的ニ整理スルコト右達成迄ハ勞働者ハ無產階級ノ獨裁制ヲ樹立スルコト右ハ有產階級ノ武裝解除勞働者ヲ武裝セシムルコトニ依リ成就セシメ得ヘク然ル上ハ暴力ニ依リ直ニ右經濟的目的ヲ實現スヘシト爲ス

第四款　財政問題

（一）國粹國民黨

農業的所有ニ對スル課稅ヲ寬ナラシムルコト直接間接ノ兩稅ヲ平等ニスルコト

（二）獨逸國民黨

租稅ハ經濟的活動ヲ毀害セサルヲ限度トスルコト財產ノ大部的ノ徵取卽チ所謂物的價値（Sachwerte）ノ徵取ニ反對ス財產稅及所得稅ハ現在既ニ擔稅力ノ限度ヲ超過セルニ依リ增稅ハ尙可能ノ限界ニ在ル消費ニ對スル間接課稅ニ就テノミ考慮スヘシトス

（三）中央黨

負擔ノ公正ナル分配財產ト消費トヲ可能ノ限界迄課稅スルコト租稅ハ擔稅者ノ給付能力ニ從ヒ配分スルコト

（四）民主黨

財產及所得ノ課稅ハ既ニ擔稅力ノ限度ヲ超過セリトシ此ノ點ニ關スル稅法改正ヲ要求ス特ニ國民經濟ノ原則ニ從ヒ活動セル資本ヲ寬恕スヘシトス又消費ニ對スル課稅ハ尙可能ノ限度內ニ於テ變更シ得ヘシトス

（五）社會民主黨

所得及財產ニ對スル課稅ハ更ニ之ヲ重クスルコト相續稅ヲ完成シテ價値ノ變動及生產的資本ノ給付能力ニ適合セシムルコト親等遠キ場合ニ於ケル國家ノ相續權ヲ認ムルコト奢侈的過度ノ消費ハ總テ之ヲ課稅スルコト、獨逸國竝各聯邦及公共團體ハ資本主義的營利企業ノ財產ニ干與スルコト

（六）　獨立社會黨

租稅政策ヲ社會主義的意味ニテ變更スルコト特ニ物的價値ノ徵取勞働ニ從事スル階級ニ對シテハ今日以上ニ增稅セサルコト從テ新ナル間接稅ニハ常ニ反對ス

（七）　共產黨

財產及所得ニ對シ沒收的重課稅ヲナスコト相續財產ヲ凡テ沒收スルコト戰爭ニ關與セル諸王侯軍指揮官及政治家ノ財產ヲ全部沒收スルコト國債ノ利子支拂停止但シ小出資者ヲ寬恕スルコト凡有財產ヲ社會主義的國家ノ有トスルヲ終局ノ目的トスルコト

第五款　主要問題ニ對スル各黨派ノ態度一覽表

左ニ揭クル一覽表（「エルツバツヘル」博士著「新政黨及其ノ綱領」Prof. Dr. P. Elzbacher: Die neuen Parteien und ihre Programme ニ依ル）ハ各種主要問題ニ對スル各黨派ノ態度ヲ見ルニ便利ナルヘシ

第十節　各黨主要機關紙

各政黨ニハ機關新聞紙ノ外公然ノ機關タル通信アリテ所屬機關新聞紙ニ報道ヲ供給シ及各地方ニハ地方的小機關新聞紙アリ以下大局ニ影響アル中央機關新聞紙及非公然機關紙ト認メラルルモノニシテ獨逸ニ於テ第一流ニ屬スルモノノミヲ掲クヘシ

（一）　國粹國民黨

（イ）　公然ノ機關紙

「クロイッツアイトウング」(Kreuzzeitung)

（ロ）　非公然機關紙

「ドイッチエ、ターゲスッアイトウング」(Deutsche Tageszeitung)

（二）　獨逸國民黨

（イ）　公然ノ機關紙

「ドイッチエ、アルゲマイネ、ツアイトウング」(Deutsche Allgemeine Zeitung)

（ロ）　非公然機關紙

「ケルニッシエ、ツアイトウング」

（Kölnische Zeitung）

「ライニシシユ、ウエストフアーリッシエ、ツアイトウング」（Rheinisch-Westfalische Zeitung）

（重工業者ヲ代表ス）

（三）　中央黨

（イ）　公然ノ機關紙

「ゲルマニヤ」（Germania）

（ロ）　非公然機關紙

「ケルニッシエ、ツアイトウング」

（Kölnische Zeitung）

（四）　「バヴアリヤ」國民黨

公然ノ機關紙

「バイエリッシエル、クーリエ」

(Bayerischer Courrier)

（五） 民主黨

非公然機關紙

「フランクフルター、ツアイトウング」

(Frankfurter Zeitung)

「ベルリーナー、ターゲブラツト」

(Berliner Tageblatt)

「フオツシツシエ、ツアイトウング」

(Vossische Zeitung)

（六） 社會民主黨

公然ノ機關紙

「フオーアヴエルツ」

(Vorwarts)

（七） 獨立社會黨

公然機關紙
「フライハイト」(Freiheit)
(八) 共產黨
公然機關紙
「ローテ、フアーネ」(Rote Fahne)

(大正十一年九月一日在獨日本大使館三等書記官佐久間信調査)

第十八編　諾威國

（大正十一年五月調）

第十八編　諸威國政黨

第一章　議會ノ組織

政黨ヲ記述スルニ先チ諸威議會ノ組織ヲ略述センニ議會ハ之ヲ「ストウルテイング」(Storting)ト稱シ二個ノ「テイング」(Ting-House) 即チ Odelsting (上院)及 Lagting (下院)ヨリ成リ議員ノ數ハ上下兩院ヲ合セ一二六人ニシテ議員總選擧後互選ニ依リ其ノ四分ノ一ハ下院(ラーグテイング)殘部議員ハ上院(オデルスチイング)ヲ組織ス

法案ハ先ツ上院ヲ通過シ次テ下院ヲ通過スルニ非レハ之ヲ法律トナスコト能ハス

第二章　諸威ノ政黨

一九二一年議員總選擧ノ結果議會ニ議員ヲ有スル各政黨左ノ如シ

一、右黨 (Hōire)

二、自由主義左黨 (Frisindede Venstre)

三、農民黨 (Landmandsforbundet)

四、左黨 (Venstre)

五、勞働民主黨 (Arbeiderdemokratene)

六、社會民主勞働黨 (Det Socialdemokratiska Arbeider Parti)

七、諸威勞働黨 (Det Norske Arbeiderparti)

ノ七黨ニシテ以下順次各黨ニ付記述スヘシ

第一節　右黨

右黨ハ諸外國ニ於テハ往々自由主義若クハ急進黨トサヘ認メラルルモノアルモ當國ニアリテハ本

黨ハ保守黨ナリ本黨ハ個人ノ自由問題ニ關スル限リ左黨ヨリモ尙ホ進ミタル見解ヲ有スルモ大體ノ政見ハ穩健ナル進步主義ナリ

第二節　自由主義左黨

本黨ハ元左黨ニ屬シ穩健主義ノ團體ナリシカ一九〇九年個人ノ自由問題ニ關シ黨員中其ノ領袖タル「ダンナール、クヌードセン」(Gunnar Knudsen)ト意見ノ相違アリタル爲メ之ヨリ分離シ一ノ獨立セル政黨ヲ組織スルニ至リタルモ元來其ノ主義綱領ハ右黨ト略同樣ナルヲ以テ從テ此兩黨ハ選擧ニ際シ又ハ議會內ニ於テ常ニ行動ヲ共ニシ事實上恰モ一政黨タルノ觀アリ

第三節　農民黨

本黨ハ一九一八年ノ總選擧前組織セラレタルモノニシテ右選擧ニ於テ本黨員ノ議員ニ當選セル者漸ク三名ナリシカ一九二一年十月二十四日ノ總選擧ニ於テハ十七名ニ上レリ

本黨員ハ一部右黨ヨリ一部分ハ左黨ヨリ分離シ來リシモノニシテ其ノ名ノ示スカ如ク土地所有者タル農民ノ利益擁護及福祉增進ヲ計ルヲ以テ主ナル目的トス本黨ハ政治問題ニ就テハ多ク右黨ト

行動ヲ共ニシ就中國費節約及貯金奬勵等ノ問題ニ關シ然リトス

第四節　左　黨

本黨ハ又純左黨（Detrene Venstre）若クハ聯合左黨（Detkonsoliderte Venstre）ト稱セラレ嘗テハ舊左黨（第二項參照）ノ左翼タリシモノナリ本黨ハ一九二〇乃至一九二一年右黨ノ「ハルヴオルセン」内閣時代ヲ除キ一九一三年以來政府黨ニシテ多クノ社會問題ニ關シテハ社會民主主義ヲ有スル急進黨ナリト稱スルヲ得ヘシ

第五節　勞働民主黨

本黨ハ前議會ニ於テ四名ノ議員ヲ有セルカ今議會ニ於テハ其數二名ニ減少セリ
本黨ハ一九一五年「カストベリ」（Castbery）ノ設立ニ係ルモノニシテ極端ナル急進黨ナリ就中小地主ノ安寧及小地主ノ增加ヲ企圖シ左黨ヨリモ遙カニ左傾セルモノナリ投票ノ場合ニハ左黨ト行動ヲ共ニスルコト多シ

第六節　社會民主勞働黨

本黨ハ約一ヶ年前迄ハ勞働黨（第七項參照）ノ一部タリシカ同黨ノ幹部ハ莫斯科政府ノ主義ヲ容認シ第三「インターナショナル」ニ加入セルヲ以テ本黨中ノ穩健主義ノ團體ハ「アムステルダム」「インターナショナル」ノ主義ヲ持續セントシ同黨ヨリ分離シテ別ニ獨立ノ一黨ヲ作レリ然レ共本黨ハ現ニ舊黨ニ屬スル職業組合ニ對シ依然大ナル勢力ヲ有ス客年末總選擧ノ際本黨ハ總テノ組合及舊黨ニ屬セル新聞全體ヲ手ニ入レタルヲ以テ議會ニ於テハ黨員數ニ比シ割合ニ多キ「マンデート」ヲ得タリ

第七節　諾威勞働黨

本黨ハ純粹ノ過激派ニシテ莫斯科政府ノ主義ヲ容認シ第三「インターナショナル」ニ執着ス現ニ莫斯科中央執行委員會ニ「ヤコブ、フリース」（Jacob Friis）ヲ代表者トシテ派遣シ居レリ理論上ヨリ云ヘハ本黨ハ革命黨ニシテ其ノ領袖ハ常ニ革命ヲ主張ス然レ共實際今日迄武力ニ訴ヘ以テ主義ノ貫徹ヲ企テタルコトナク常ニ適法ノ手段卽チ罷工示威運動總罷工等ニ依ルノミニシテ近キ將

來ニ於テモ劇烈ナル法ヲ採ルカ如キ形勢ヲ見ス

第三章　政黨ノ組織

諸威ノ政黨ハ何レモ類似ノ組織ヲ有シ中央ニ幹部地方ニ支部ヲ置ク地方ハ一部（Fylke=County）ヲ以テ一選擧區ヲ作リ都會ハ單獨又ハ他ノ都市ト合同シ以テ一選擧區ヲ構成ス地方支部カ中央幹部ノ監督ヲ受クルハ勿論ナリ今左ニ各黨ノ根據ヲ見ルニ

右黨ハ都會ノ資産階級農民學者及官吏等ノ間ニ根據ヲ有シ自由主義左黨モ亦本黨ト略同様ノ基礎ヲ有シ農民黨ハ純粹ナル土地所有ノ農民ヲ以テ組織セラル左黨ハ實質上ハ前述ノ如ク農民黨ナルヲ以テ其ノ黨員ニハ農民黨多キモ又都會ニ於ケル自由主義ノ一部人士及嘗テ諸威ヲ瑞典ト分離セシメ獨立ノ君主國タラシメント主張シタル人士モ之カ黨員タルモノアリ然ルニ憲法問題ノ解決ヲ告ケ次テ社會問題ノ漸次重要視セラルルニ至ルヤ本黨員ハ多數脱黨シ右黨、自由主義左黨、左黨乃至社會黨ニ轉シタルヲ以テ本黨ハ大ニ縮少セリ勞働民主黨ハ小作人及農業勞働者ヲ以テ基礎トシ未タ多クノ黨員ヲ有セス

社會民主黨及諸威勞働黨ハ其ノ根據ヲ主トシテ都市ノ工業勞働者及地方ノ工業地ニ置ク輓近増加シ來レル官公吏及青年學生ニシテ本黨ノ主義ニ贊スル者少ナカラス

第四章　各政黨ノ領袖

右黨及自由主義左黨

一、ハルヴォルセン（Otto Bahr Halvorsen）

一八七二年ノ出生ニシテ辯護士ヲ業トス一九一二年以來引續キ「クリスチニア」市ヨリ議員ニ選出セラレ議會ニ於ケル本黨代表者ニシテ一九二〇―一九二一年（約九ケ月間）首相タリシ人ナリ

二、コーノフ（Wollert Konow）

一八四七年ノ出生ニシテ法學士ナリ地主ニシテ一八八六年以來一八九一―一八九五年農務大臣タリシ時代ヲ除キ引續キ議員ニ選出セラル氏ハ諾威中第一ノ雄辯家ナルノミナラス財政及農業問題ノ「オーソリテイー」ニシテ最モ聲望アル政治家ナリ

農民黨

一、ホルストマルク（Bernt Holstmark）

一八五九年ノ出生ニシテ農學校々長タリシカ一九〇二年ヨリ一九〇九年及一九一八年ヨリ一

九二一年迄議員タリ又一九一〇年ヨリ一九一二年迄農務大臣タリシ人ニシテ本黨ノ領袖ナリ

二、メルビー (Johan Egeberg Mellby)

一八六六年ノ出生ニシテ國内ノ大地主ナリ一九〇四年—一九〇五年農務大臣トナリタル外別ニ政治的閲歴ヲ有セス一九二一年初メテ議員ニ選出セラレ本黨ノ領袖株ナリ

左黨

一、クヌードセン (Gunnar Knudsen)

一八四八年ノ出生ニシテ大地主タルト同時ニ船舶所有者ニシテ又技師タリ氏ハ一八九二年以來議員ニ選出セラルヽコト多ク又一九〇一年乃至一九〇三年及一九〇五年ニ大藏大臣トナリ更ニ一九〇八年乃至一九一〇年並ニ一九一三年—一九二〇年ニ首相タリシコトアリテ本黨ノ領袖ナリ

二、ブレール (Otto Albert Blehr)

一八四七年ノ出生ニシテ「クリスチアニア」區ノ行政長官タリシコトアリ現ニ首相タリ一八八三年乃至一八八八年及一八九五年乃至一九〇〇年迄國會議員トナリ又一八九一年乃至一八九三年迄在「ストックホルム」諾威公使館ノ一等書記官タリ一九〇二年乃至同三年首相トナ

リ其後一九二一年第二次内閣組織迄ハ何等政治ニ關係セサリキ

労働民主黨

一、カストベリ（Johan Castbery）

一八六二年ノ出生ニシテ地方裁判所判事タリ一九〇〇年以來引續キ國會議員ニ選出セラレ又一九〇八年乃至一九一〇年及一九一三年乃至一九一四年司法大臣トナル

二、ミエーエン（Alf Mjöen）

陸軍少佐ニシテ地主ナリ一九一三年以來國會議員ニ選出セラル

社會民主勞働黨

一、ブーエン（Anders Johnsen Buen）

一八六四年ノ出生ニシテ現ニ Ny tid ナル社會主義新聞ノ主筆ナリ一九〇六年ヨリ一九二一年迄國會議員ニ選出セラレ又現ニ本黨ノ領袖タリ

二、ヨスティン（Johan Gjöstein）

一八六六年ノ出生ニシテ學校長ナリ一九一二年以來國會議員ニ選出セラル氏ハ今後議會ニ於ケル本黨ノ「リーダー」タルヘシ

諸威勞働黨

一、グレップ (Kyrre Grepp)

一八七九年ノ出生ニシテ新聞記者ナリ現ニ諾威社會民主々義青年團長及本黨ノ幹事長ナリ

二、シエフロ (Olav Andreas Scheflo)

一八八三年ノ出生ナリ最近迄舊社會民主黨ノ機關紙ニシテ現ニ過激派機關紙トナリタル「ソシアル　デモクラーテン」ニ多年執筆セリ

本黨幹部ノ書記ニシテ又莫斯科過激派執行委員會ノ一員ナリ一九二一年總選擧ノ際議員ニ當選セルカ恐ラク議會ニ於ケル本黨ノ「リーダー」タルヘシ

議會ニ於ケル黨勢

右　黨	四一	五七
自由主義左黨	一六	
農民黨		一七
左　黨		三七
勞働民主黨		二

社會民主々義勞働黨	八
諸威勞働黨	二九
計	一五〇

第五章　政黨ト地方自治團體トノ關係

地方議員ノ選擧ハ普通選擧ニ依リ各三年每ニ行ハル右選擧ハ國會議員選擧ト同一ノ年ニ於テ之ヲ行ハス市長ハ多クノ場合國王ノ勅命ニ依ルモノナルヲ以テ市會議員ノ黨派如何ニ關係ナク又市廳ノ有給吏員其他ノ役員モ政黨ト關係ヲ有セス但シ無給吏員ハ現在政權ヲ占ムル政黨ノ選擧ニ依ルモノナルヲ以テ政府黨ノ變更ト共ニ進退ス

第六章　政黨ノ對外政策及內政問題ニ對スル態度

諸威ノ國際聯盟ニ加入スヘキヤ否ヤニ就テハ當時各政黨ハ何レモ投票ヲ行ヒ以テ其ノ加入ヲ決定セリ(「カストベリ」氏外數名ハ加入ニ反對セリ)

抑モ諸威ハ何レノ國トモ同盟ナク又「アンタント」ナシ

軍備問題ニ付テハ總テノ政黨ハ諸威ノ安全及ヒ中立ヲ保障シ得ル最少限度ニ之ヲ縮少セントス唯社會主義者(過激派ニ非ス)ハ軍備ノ不必要論ヲ主張ス一九二一年ニ解散セル議會ハ軍備ヲ如何ニ縮少シ又如何ナル程度迄輕減シ得ルヤヲ調査スル一委員會ヲ設置セルカ別ニ何等ノ結果ヲ見スシテ終リタリ

諸威ニ於ケル社會改革問題ニ關シ社會黨ト非社會黨トノ見解ハ大差ナシ社會黨ノ政治上及其「トレド、ユニオン」ノ組織ハ極メテ良好ナルヲ以テ多數ノ投票者ヲ出スニ非常ノ便宜ヲ有ス一九二〇年五月「トレード、ユニオン」ノ團員數十四萬四千二百十九名ニ達セリ一九二一年ノ國會議員選擧ノ際社會黨ハ八萬一千過激派ハ十八萬四千ノ投票ヲ得之レヲ通計セハ總數ノ約三十%半ヲ占ム

日本トノ關係

日本ト諸威ノ關係ハ常ニ良好ナリ兩國ノ通商關係ハ未タ深カシト云フヘカラス（諸威船ノ日本ニ雇傭セラルヽモノハ日本ニ航行ス）

第七章　政黨ノ機關紙

左ニ各黨ノ機關紙ヲ列記センニ

一、右　黨

一、Morgonbladet（クリスチアニア）（最モ主ナルモノ）

一、Aftenposten（クリスチアニア）

一、Trondhjems Adresseavis（トロンジエーム）

一、Bergens Aftenavis（ベルゲン）

二、自由主義左黨

一、Tidens Tegn（クリスチアニア）（最モ主ナルモノ）

一、Dagsposten（トロンジエーム）

一、Morgenavisen（ベルゲン）

三、農民黨

一、Nationen（クリスチアニア）

四、左黨

一、Dagbladet（クリスチアニア）（最モ主ナルモノ）

一、Verdens Gang（クリスチアニア）

一、Bergens Tidende（ベルゲン）

一、Stavanger Aftenblad（スタワンゲル）

一、Nidaros（トロンジユーム）

五、勞働民主黨

一、Velgeren（エーウイク）

六、社會民主勞働黨

一、Arbeider-Politiken（クリスチアニア）（最モ主ナルモノ）

一、Smaalenenes Social-Demokrat（フレドリックスタード）

一、Fremtiden（ドランメン）

七、諾威勞働黨

一、Social Demokraten（クリスチアニア）（最モ主ナルモノ）

一、Ny Tid（トロンジエーム）
一、Arbeidet（ベルゲン）
一、1 Mai（スタワンゲル）
一、Sôrlandets Social-Demokrat（クリスチアンサンド）

第十九編　洪牙利

（大正十一年十月調）

第十九編　洪牙利國ノ政黨

第一章　議會ニ於ケル各政黨ノ勢力

洪牙利現議會（一院制）ハ一九二二年六月ノ總選擧ニ依リ成立セルモノニシテ院内ニ於ケル各政黨ノ勢力ハ左ノ如シ

（一）　政府黨及政府ヲ援助スル者　百六拾四名

内　譯

基督小地主、農民及市民黨 (Christliche Kleinlandwirte, Bauern-und Bürgerpartei)　百四拾四名

「フザール」派 (Hüszár Grüppe)　拾四名

無所屬　六名

（二）　政府反對各派　八拾二名

内　譯

「アンドラシー」黨 (Andrassy Partei)	拾二名
「ハラー」派 (Haller Grŭppe)	拾三名
無所屬	拾七名
「ラッセー」黨 (Rassay Partei)	八名
民主黨 (Demokraten)	四名
四拾八年獨立黨 (48-er Unabhänige)	二名
四拾八年勞働黨 (48-er Arbeiter)	一名
社會民主黨 (Sozialdemokraten)	二拾五名

政府反對黨中「アンドラシー」黨「ハラー」派及無所屬ハ復辟主義、「ラッセー」黨以下四拾八年勞働派ハ國王自由選擧派、社會民主黨ハ共和論者ナリ

第二章　革命以來政權ノ移動大要

一九一八年十月第一革命以來洪牙利ニ於テハ前後七回内閣ヲ更迭シ政權ノ移動混雜シ居レルカ茲ニハ政黨關係ヲ明瞭ナラシムル目的ヲ以テ其重ナルモノニ付大要ヲ記述スヘシ

第一節　「カロリー」(Kálory) 内閣

「カロリー」伯ハ本來洪牙利獨立論者ニシテ一九一四年北米合衆國ニ渡航シ同地洪牙利移民ニ宣傳シ居リタルカ歸國ノ途中戰爭勃發シ佛國官憲ノ爲メ抑留セラレ次イテ一九一六年末同政府ノ許可ヲ得テ歸國セルモノニシテ爾來歸休中ノ病傷兵ノ間ニ洪牙利ノ獨立及非戰論ヲ宣傳シ更ニ一九一八年勃牙利カ降服セル際同伯ハ洪牙利議會ニ於テ單獨講和ヲ提議セルモノナリ

時恰モ形勢ハ一變シ脱走兵ハ續々歸還シ「ブダペスト」ハ混亂狀態ニ陷リタル爲メ Wekerle 内閣ハ瓦解シ之ニ次キ「カロリー」伯ハ四十八年獨立黨及社會主義者ト協同シ同志中ヨリ勝手ニ代表者ヲ選出シテ臨時國民議會ト稱シ其推薦ノ形式ニ依リ首相トナリ更ニ間モナク大統領ニ就任シタリ

然ルニ「カロリー」伯ハ戰爭ニ倦怠セル國民ノ弱點ヲ捉ヘ洪牙利ノ爲メ有利ノ平和ヲ締結スヘキ

コトヲ高調シ革命ニ成功セルモノニシテ洪國有力者モ大勢ニ强要セラレ暫時傍觀的態度ヲ執リタル次第ナルカ要スルニ「カロリー」伯ハ一種ノ妄想家ニ過キサリシヲ以テ間モナク內部ニ訌爭ヲ生シ次イテ一九一九年三月在「ブダペスト」佛國軍事委員カ「クレマンソー」ノ訓令ニ依リ聯合國ノ決定セル對洪平和條件ヲ通知スルニ及ヒ同伯ノ聲望ハ地ヲ拂ヒ其結果伯ハ共產主義者ニ政權ヲ讓リ大統領ノ地位ヲ退キタルモノナリ

第二節 「ベラ、クン」勞農政府

「ベラ、クン」(Belá Kun) ヲ中心トセル洪牙利勞農政府ハ一九一九年三月成立シ次イテ貴族及富豪ノ財產沒收、土地及工場ノ共有等ヲ宣言シ、高級官吏、將校、僧侶等ヲ殺戮シ極度ノ「テロリスム」ヲ實行シタルカ一般ノ人心ハ既ニ革命ヲ去リ反動的氣運擡頭シ來リタルヲ以テ「ベラ、クン」ハ人氣回復策トシテ洪國舊領土ノ回復ヲ高唱シ「チエック」及羅馬尼ニ對シ開戰ヲ宣言シタリ

然ルニ「チエック」トノ戰爭ハ寧ロ洪牙利側ニ有利ナリシカ佛國政府ノ仲介ニ依リ中止シ又羅馬尼ニ對シテハ最初洪牙利軍勝利ヲ得タルカ給養ノ不足ト革命ト沒交涉ナル農民兵多數ナリシ爲メ脫走者續出シ結局羅馬尼側ノ大捷トナリ同國軍隊ハ一時遠ク洪牙利內地ニ侵入セリ當時「ブダペ

スト」市ハ敗戰ノ報道並ニ食料大缺乏ノ爲メ第一次革命當時ト同樣ノ混亂ニ陷リ一方反革命派ハ各地ノ將校團ヲ糾合シ之ニ羅馬尼戰線ヨリノ脫走兵ヲ合セ逆ニ「ブダペスト」市ニ攻入リタル爲メ勞農政府ハ倒潰シ「ベラ、クン」ハ一時墺國ニ避難シ更ニ旅劵ヲ僞造シテ露國ニ逃出セルモノナリ

第三節　「フリードリッヒ」(Friedrich) 內閣及「フザール」(Huszár) 內閣

勞農政府ノ倒潰後反革命派ノ首領「ステフアン、フリードリッヒ」當時「ブダペスト」附近ニ寓居シ居リタル「ヨセッフ」大公ヲ攝政ニ推戴シ其命令ニ依リ內閣ヲ組織シ一時共產主義者ニ復讐的壓迫ヲ加ヘタルカ同內閣ハ畢竟スルニ「ハブスブルグ」復辟ノ伏線ヲ爲スモノナルヲ以テ「ブチット、アンタント」ハ强硬ニ同政府ニ反對シ聯合國モ亦「ヨセッフ」大公ノ退位、國民ヲ基礎トスル政府ノ樹立及條約批准ノ權限ヲ有スル議會ノ召集ヲ要求セルヲ以テ「ヨセッフ」大公ハ洪牙利全體ノ休戚ヲ尊重スル理由ニテ攝政ヲ辭退シ間モナク「フリードリッヒ」內閣モ總辭職ヲ爲シタリ「フリードリッヒ」內閣ニ次キ「カール、フザール」內閣ヲ組織シタルカ氏ハ前者ノ覆轍ニ鑑ミ內政上穩和政策ヲ採用シ一方上述聯合國ノ要求ヲ容レ一九二〇年二月總選擧ヲ行ヒ更ニ同三月ノ第一

次國民議會ニ於テ臨時憲法ノ制定及攝政ノ選擧（「ホルチー」提督當選）ヲ了シ又之レト前後シ聯合國トノ間ニ「トリアノン」平和條約ヲ締結シタリ換言セハ革命後無政府同様ノ狀態ニ在リタル洪牙利ハ「フザール」內閣ニ及ヒ始メテ內外ニ對シ國家タル條件ヲ具備スルニ至レルモノナリ

第四節　「テレキー」內閣及「ベトレン」現內閣

「フザール」內閣ノ辭職後一時小地主派單獨ニ政權ヲ握リタルカ同內閣ハ月餘ニシテ顚覆シ次イテ「テレキー」伯（Graf Teleki）小地主派及基督國民黨ヲ糾合シ聯立內閣ヲ組織シ約拾ケ月間持續シタルカ同伯ハ從來學術方面ニ沒頭セル人ナリシヲ以テ不安定ナル政界ノ指導者トシテハ必スシモ最適任ニアラサリシナリ從テ其在職中與黨內ニ確執絕ヘタルコトナク遂ニ一九二一年四月「カール」皇帝第一回復辟陰謀ノ跡始末ニ關シ「テレキー」伯ハ二枚舌ヲ使ヒタリトノ理由ヲ以テ右兩派ヨリ攻擊ヲ受ケ其結果現首相「ベトレン」伯ト更代シタルモノナリ

「ベトレン」（Bethlen）現內閣ハ一九二一年四月ニ成立シタルカ就任以來同伯ノ實行セル重ナル業績ハ左ノ二點ニ概括スルコトヲ得ヘシ

（イ）「ハプスブルグ」廢立ニ關スル法律ノ制定　同法律ハ「カール」先帝第二回復辟陰謀ヲ動機

トシ一九二一年十一月大使會議ノ要求ニ依リ制定セラレタルモノニシテ「ハブスブルグ」家ノ王位繼承權喪失及國王自由選擧ニ關スル原則ヲ規定ス

「ベトレン」伯ハ本來折衷的復辟派ノ部類ニ入ル可キ人物ナルヲ以テ外國ノ干渉ニ依リ「ハブスブルグ」復辟ヲ決定セルハ必スシモ其本懷ニアラサル可キモ而カモ同法律ニ依リ洪牙利政界ノ暗礁ハ暫定的ニ除却セラレタル次第ナリ又當時同伯カ腹背敵ヲ受ケ內「アンドラシー」伯ノ一派ヲ强壓スルト共ニ外「プチツト、アンタント」側ノ武力干渉ヲ排斥シ而カモ終始聯合國ト協調ヲ保チ甚タシク屈辱ヲ蒙ラスシテ局面ヲ拾收シタルハ何人モ推賞ヲ惜シム能ハサル處ナラン

（ロ） 新政府黨ノ組織　革命以後洪牙利政界ノ弱點ハ權力ノ所在確定セス感情乃至利害ノ背馳セル政黨ヲ結合シ兩頭主義ノ內閣ヲ組織セルコトニシテ之レカ爲メ政府ハ雙方ニ氣兼シ何等自信アル政策ヲ實行スル能ハサリシ次第ナリ「ベトレン」伯ハ上述ノ缺陷ヲ看取シ內閣組織ノ當時ヨリ絕對多數黨組織ノ急務ヲ唱導シ居リタルカ偶々第二回復辟陰謀ニ關聯シ基督國民黨分裂シタル爲同伯ハ玆ニ抱負ヲ實行スルノ機會ヲ得本年五月小地主派、故「チツサ」系ノ人物及各方面ノ專門家等ヲ結束シ新政黨ノ組織ヲ了シタリ

次イテ同伯ハ六月ノ總選擧ニ露骨ナル干渉ヲ試ミ「アンドラシー」一派ノ復辟派ニ大打擊ヲ加フルト共ニ一方自黨內ニ於テハ從來兎角我儘ノ嫌ヒアリタル小地主派ノ當選ヲ妨害シタル爲メ總選擧ニ於テ大勝利ヲ確保スルト共ニ政府黨內ノ實權ハ名實共「ベトレン」伯一味ノ手中ニ歸シタル次第ナリ

第三章　各政黨ノ政綱竝ニ概況

第一節　政府黨

（イ）基督小地主、農民及市民黨　同黨ハ政界ノ情弊打破ヲ目的トシ一九二二年五月現首相「ベトレン」伯ニ依リ組織セラレタルモノナリ創立日尚ホ淺キ爲メ黨內ニハ大地主對小地主、企業家對獨立工業者、自由主義者對保守主義者等ノ小分派存スル次第ナルモ大體ニ於テ洪牙利諸階級ノ穩健分子ヲ一括シ首相「ベトレン」伯ノ黨首的材幹ニ依リ相當鞏固ニ結束サレ居ルモノナリ政綱トシテ智識階級ト農民ノ協力、自由思想ト基督主義ノ調和、通商及交通ニ關スル制限撤廢等ヲ高唱ス

（ロ）「フザール」派（Hŭszar Grŭppe）前首相「カール、フザール」ヲ首領トシ本年初頭基督國民黨カ分裂セル際同黨ヨリ獨立セルモノナリ准政府黨ニシテ敎育家及官吏等ヲ地盤トス政綱ハ前述政府黨ト大同小異ナリ

第二節　政府反對黨

（イ）「アンドラシー」黨（Andrassy Partei）同黨ハ「ハブスブルグ」復辟問題ニ關シ基督國民黨ヲ脱シタル「アンドラシー」伯及「ベラ、クン」政府ヲ顚覆シテ著名ナル「ステファン、フリードリッヒ」兩派ノ合同ニ依リ成立セルモノニシテ官吏、敎育家、僧侶及中産階級ノ一部ニ同情者ヲ有シ洪牙利領土ノ保全「ハブスブルグ」復辟及猶太人排斥等ヲ政綱トス

（ロ）「ハラー」派（Haller Grüppe）前文相「ステファン、ハラー」ヲ首領トスル一派ニシテ上述「アンドラシー」黨ト同樣ノ色彩及感情ヲ有ス學校敎師、恩給者及保守的農民ヲ地盤トシ殊ニ「ハブスブルグ」復辟及無制限ノ普通選擧等ヲ高唱ス

（ハ）「ラッセー」黨（Rassay Partei）獨立小農黨、基督社會經濟黨及社會民主農民黨三派ノ合同團體ニシテ「カール、ラッセー」ヲ黨首トス小地主、農業勞働者、中流猶太人ヲ地盤トシ「ハブスブルグ」排斥ヲ高調シ急進民主的ナリ

（ニ）民主黨（Demokraten）「ドクトル、ウイルヘルム、ヴアッォニー」ヲ首領トシ約二拾年前「ブダペスト」市會一政派トシテ組織セラレタルモノナリ中流猶太人ヲ基礎トシ洪牙利ノ獨立及國王自由選擧ヲ高唱ス

（ホ）洪牙利四十八年獨立黨　一八四八年「ルドウイック、コスート」（Ludwig Kossuth）ニ依

リ組織セラレ戰爭前ハ人氣ヲ有シタル政黨ナリ戰爭ノ終末社會主義者ト行動ヲ共ニセル爲メ一時反動派ヨリ壓迫セラレタルカ今囘ノ總選擧ニ再ヒ擡頭セルモノナリ「ハプスブルグ」排斥ヲ政綱トシ一部小地主ノ間ニ勢力ヲ有ス

（ヘ）四拾八年獨立勞働黨　四拾八年獨立黨ニ共鳴セル市內勞働者ノ團體ニシテ其政綱ハ前者ト同樣ナリ

（ト）社會民主黨（Sozialdemokraten）　洪牙利ニ於ケル社會主義運動ハ獨逸同志ノ勸誘ニ依リ一八六七年 Michael Tancsics ナル者ニ依リ始メテ唱導セラレ次イテ一八六九年三月及八月ノ二回ニ「プレスブルグ」及「ブダペスト」ニ同志ノ大會ヲ開催シタリ又同派ハ當初「ゴルデネ、トロンペーテ」ト稱スル小新聞ヲ發行シ居リタルカ政府ノ壓迫ノ爲メ間モナク廢刊シ更ニ一八七〇年再ヒ機關紙ヲ創始シ獨逸及洪牙利兩語ヲ以テ獨逸同主義者ヨリ入手セル宣傳記事ヲ轉載シ居リタルカ同紙ハ卽チ現在同黨ノ機關紙タル Nepszava（民聲）ノ前身ナリ然ルニ洪牙利ニ於テハ農民大多數ヲ占メ且ツ政府ノ干涉强烈ナリシ爲メ同派ノ宣傳ハ頗ル困難ノ有樣ナリシカ漸次地盤ヲ造リ十九世紀末ヨリ二十世紀ノ初頭ニ掛ケ兎ニ角政黨的形體ヲ備ヘ且ツ政綱ヲ一定スルニ至レルモノナリ尙當時選擧權ノ範圍狹少ナリシ爲メ同黨ハ議會ニ代表者ヲ出ス能ハス戰爭中ハ普通選擧及「アンチ、ミリタリズム」ヲ標榜シテ當局ヲ攻擊シ居リタルカ偶々同派ノ宣傳ハ疲弊ノ極ニ達セル多數洪牙利人ノ要求ニ投合シ戰爭終末頃ニハ事實上一種ノ大勢力トナリ一九一八年「カロリー」伯同志ト提携シテ第一次革命ヲ成就シタリ

「カロリー」伯失脚ノ際同黨首領ハ政策ヲ誤リ「ベラ、クン」ト提携シテ極端ナル「テロリスム」ヲ實行シタル爲「フリードリッヒ」ノ反動政府成立後同黨ハ新國民軍隊ノ爲メ甚タシク追及セラレ一時全然政界ト絕緣スルノ己ムナキニ至リタルカ其後國民ノ反感モ緩和シ且ツ新選擧法ハ大都市ニ對シ祕密投票主義ヲ採用シタル爲去ル六月ノ總選擧ニ再ヒ活動ヲ開始シ寧ロ豫想外ノ好成績ヲ以テ二十五名ノ自派議員ヲ選出シ得タル次第ナリ但シ同黨ノ弱點ハ首領株カ國外ニ避難シ居リ議會ノ內外ニ適當ノ指導者ヲ有セサルコトニシテ目下僅カニ第二流ノ人物ナル「カール、パイエル」及「ユーリユス、パインドル」等ニ依リ統率サレ居ルモノナリ同黨ハ洪國都市ノ勞働者ヲ地盤トシ資本ノ社會化及共和政治ノ樹立ヲ主張ス

第四章　各政黨ノ領袖略歷

（一）政府黨

「ベトレン」伯（Graf Bethlen）　本年四十八歲 Siebenbürgen 州貴族出身ナリ一九〇一年下院議員ニ當選シ故「チッサ」伯ノ自由黨ニ加入シタルカ後「アポニー」伯ト共ニ脫黨シ一時「ルドウイック、コスート」ノ創立セル四十八年獨立黨ニ參加シタルコトアリ戰爭中ハ再ヒ「チッサ」伯ト握手シ同伯ノ武斷的政策ヲ援助シ又「ベラ、クン」勞農政府當時ハ維納ニ避難シタルカ其後歸國シテ下院議員ニ當選シ次イテ一九二一年四月現內閣ヲ組織セリ

「ベトレン」伯ノ政治的閱歷ハ曲折多ク殆ント各派ニ籍ヲ置キタル次第ナルカ其ノ主張ハ一貫シ居リ自由思想ト基督主義ヲ調和シ智識階級中心ノ政府ヲ建設スルニ存シタリ又同伯ハ政治上故「チッサ」伯ノ遺產相續者ト認ム可キモノニシテ其遣口モ後者ニ酷似スト稱セラレ洪牙利人中ニ好評アル人物ナリ

「クレベルスベルグ」伯（Graf Küno Klebelsberg）　本年四十七歲獨逸及佛國ニ留學シ總理大臣祕書官行政裁判所裁事等ヲ勤メ戰爭中ハ國務大臣待遇ニテ故「チッサ」伯ヲ贊助シ同伯兇變後一時政界

ヲ退キタルカ一九二一年四月「ベトレン」伯ニ依リ内務大臣ニ拔擢セラレタルモノナリ故「チツサ」伯系ノ有力者ニシテ現内閣副總理格ノ人物ナリ

「バンフイ」伯(Graf Nikolaus von Banffy)　東部洪牙利貴族出身本年四十九歳一九〇一年故「チツサ」伯ノ自由黨候補者トシテ下院ニ當選シ其後地方官トシテ好評アリ一九二〇年再ヒ政界ニ入リ昨年四月「ベトレン」内閣ノ外相ニ就任セルモノナリ外交上ノ閲歴豐富ナラサルモ知名ノ文藝通ニシテ同國貴族ノ典型的人物ナリ

「ステフアン、ツアボ」(Stefan Szábo)　政府黨中小地主系ノ首領ニシテ一九〇八年ノ總選擧ニ當選セル洪國最初ノ農民議員ナリ小作農出身ニシテ青年時代ヨリ地方行政ニ趣味ヲ有シ農民ヲ取纒ムル點ニ於テ技量ヲ示セリ「ベラ、クン」勞農政府以外ノ歴代ノ内閣ニ列シ現ニ「ベトレン」伯ノ下ニ農務大臣タリ同人ノ得意時代ハ革命後ノ約一ケ年ト認ム可キモノニシテ其後「チツサ」伯系政治家ノ復活ト共ニ不遇ノ地位ニ在ルモノト傳ヘラル

「カール、フザール」(Karl Huszár)「フザール」黨ノ首領ニシテ閣外ヨリ現政府ヲ援助ス學校敎師出身一九〇六年以來下院ニ籍ヲ有スル故參政治家ニシテ「フリードリツヒ」ニ次キ内閣ヲ組織シ聯合國ト「トリアノン」條約ヲ締結セルハ著名ノ事實ナリ其後「アンドラシー」伯及「ステフアン、ハラ

ー」ト共ニ基督國民黨ヲ組織シ居リタルカ本年初頭以來分離セルモノナリ新聞記者著述家トシテ令名アル人ナリ

（二）政府反對黨

（イ）復辟派

「アンドラシー」伯（Graf Julius Andrassy）「ビスマルク」ト協力シテ三國同盟ヲ締結シテ有名ナル「アンドラシー」ノ子ニシテ本年六十二歳ナリ少壯外務ニ奉職シ書記官トシテ伯林及「コンスタンチノープル」ニ在勤シタルコトアリ一八九五年下院議員ニ當選シ「チッサ」伯ノ自由黨ニ加盟シタルモ間モナク脱黨シ更ニ一九〇六年Wekerle内閣ノ内相ニ就任セリ又戰爭ノ終末墺洪國外務大臣ニ任命セラレタルカ革命勃發ノ爲職分ヲ行フ暇ナクシテ辭職シ次イテ一九二一年基督國民黨ノ總裁ニ推戴セラレタルカ間モナク第二回復辟陰謀ニ參加シ一時投獄セラタルコトアリ强硬ナル復辟論者ニシテ獨、英ニ好感情ヲ有シ居ル由ナリ

「ステファン、フリードリッヒ」（Stefan Friedrich）技師出身「カロリー」伯ノ革命内閣ノ陸軍大臣タリシカ共產主義者カ勢力ヲ得ルニ及ヒ辭職シ次イテ「ベラ、クン」一派ヨリ死刑ノ言渡ヲ受ケタルカ逃亡シテ反革命軍ヲ組織シ一九一九年八月勞農政府ヲ顚覆セルハ周知ノ事實ナリ又昨年墺洪

間國境劃定ニ關シ洪國人心ノ激昂セル當時ハ「スタイナマンガー」ニ於テ一揆團ノ結束ニ盡力シ次イテ「カール」皇帝第二回ノ復辟騷動ノ際ハ黑幕ノ一人トシテ「アンドラシー」伯ト共ニ投獄セラレタリ議會ニ於ケル復辟派ノ鬪將ニシテ「ベトレン」伯攻擊ヲ高調シ居ル人物ナリ

「ステフアン、ハラー」(Stefan Haller) 基督國民黨ノ宣傳家トシテ漸次勢力ヲ養成シ「フザール」及「テレキー」兩内閣ニ文部大臣タリ「アンドラシー」伯ト同主義ノ人物ニシテ强硬ナル復辟論者ナリ

「アポニー」伯 (Graf Albert Appony) 同伯ハ加特力主義ノ政治家ナルモ其政見ハ民主的ナリ戰爭前ハ四十八年獨立黨ニ屬シ「ハブスブルグ」ノ人的結合ヲ條件トセル洪牙利ノ政治的獨立ヲ高唱シ終始「チッサ」伯ト抗爭シタリ革命後一時政界ヲ遠カリ居リタルカ「フザール」内閣ノ懇望ニ依リ洪牙利講和全權トシテ「トリアノン」平和條約ヲ締結シ又「アンドラシー」伯カ復辟運動ニ關シ投獄セラレタル際基督國民黨總裁ニ選任セラレタルコトアリ目下無所屬復辟派ノ首領ニシテ議會最高委員會ノ議長ナリ

(ロ) 民主黨

「ウイルヘルム、ヴアソニー」(Dr. Wilhelm Vázonyi) 「ブダペスト」市辯護士出身ニシテ一九〇一年初メテ下院議員ニ當選シ一九一七年「エステルハッチー」内閣ニ司法大臣タリ猶太人ニシテ

閣員タリシハ同人ヲ以テ嚆矢ト爲ス由ナリ猶太人中產階級ニ勢力ヲ有ス

（ハ）「ラッセー」黨

「カール、ラッセー」(Karl Rassay) 司法官出身ニシテ「ベラ、クン」勞農政府顚覆後一時司法大臣タリシコトアリ著名ノ法律家ナルカ猶太人ト特別ノ關係ヲ有シ國民主義者ヨリ注意サレ居ル人物ナリ

（ニ）四十八年獨立黨

「テオドル、バッチアニー」(Theodor Batthyanyi)「カロリー」革命內閣ノ內務大臣トナリ同伯カ共產主義者ト握手スルニ及ヒ辭職セル人ナリ小地主ノ一部ニ同情者ヲ有ス

（ホ）社會民主黨

「ユーリユース、パインドル」(Jūliūs Peindl) 印刷職工出身ニシテ社會民主黨中先輩ノ一人ナリ一九一八年「カロリー」內閣ノ社會省大臣トナリ又「ベラ、クン」勞農政府ノ倒潰後聯合委員ノ希望ニ依リ社會民主黨內閣ヲ組織シタルコトアリ其後外國ニ避難シ一九二二年「ベダペスト」ニ歸還セルモノナリ現ニ勞働消費組合ノ會長ニシテ眞面目ナル人物ノ由ナリ

「カール、パイアー」(Karl Peyer)「メタル」職工出身ニシテ勞働者中ノ靑年派ニ屬ス在「ブダペスト」英國委員 Sir Clerk ノ斡旋ニ依リ「フザール」內閣ノ社會省長官タリシカ反動派ノ妨害ニ逢ヒ

數週後辭職シ次イテ國外ニ避難シ一九二二年歸還セルモノナリ多年鑛山勞働者ノ結束ニ盡力シ現ニ同組合ノ會長ナリ

第五章　各政黨ノ對外態度

洪牙利各政黨ノ對外態度ハ硬軟多少ノ相違アリトスルモ其傾向乃至感情ハ一致シ一般ニ聯合國ヲ好マス聯合國內部卽チ英佛ノ確執ノ如キハ大喝采ヲ以テ歡迎シ多數ノ場合ハ之ヲ過大視シ居ルモノナリ但シ英國及伊太利ニ對シテハ各派中ニ多少ノ同情者存ス而シテ右英國ニ對スル好感ハ同國議會ノ言論カ平和的ナルコト洪牙利直接關係ノ問題ニ關シ英國政府ノ措置公平ナルコト有力政治家カ一般的武裝解除ニ贊成ナルコト中歐問題ニ關シ佛國ヲ控制セントスル前首相ノ態度及英洪兩國ノ過去ニ於テ衝突ノ歷史存セサルコト等ニ由來シ又伊國ニ對スル同情ハ「ユゴースラブ」ニ對スル共通ノ利害西部洪牙利問題ニ對スル伊國政府ノ親洪的態度及同國政府筋ノ宣傳等ニ基因スルモノナル可シ

洪牙利各政黨ハ佛國ニ對シ可ナリ强烈ナル反感ヲ有ス蓋シ佛國ノ政策ハ中歐ニ露、獨ヲ分離スル大「ブロック」ヲ造ルニ存シ洪國ヲ相手トスルカ如キハ其本意ニアラサル可キモ洪牙利人ハ獨逸方面ノ「プロパガンダ」ヲ其儘ニ盲信スル風アリ戰敗國ノ悲慘ナル現狀ハ總テ佛國「インペリアリズム」ノ致ス處ナリト獨斷シ居ルモノナリ其他洪牙利人ノ腦裡ニ染込ミ居ル「ブチット、アンタン

ト」ノ黑幕ハ佛國ナリトノ觀念モ上述對佛反感ヲ助長スル一原因ナルヘシ

洪牙利各政黨カ「プチット、アンタント」諸國ニ對シ强度ノ反感ヲ有スルコトハ絮說ヲ要セサル處ナルカ「セルビヤ」ニ對シテハ其武人的國民性ヲ諒解シ多少同情ヲ寄スル者ナキニアラサルモ「チエック」及羅馬尼ニ對シテハ飽ク迄不良ニシテ彼等ヲ指シ裏切者卑怯漢ト侮蔑シ居ルモノナリ次ニ洪牙利及波蘭間ニハ國境ニ關スル爭議存在セス一方「チエック」ニ對シ共通ノ利害ヲ有シタルヲ以テ從來兩國ノ關係ハ頗ル親善ニシテ洪牙利人中ニハ波蘭トノ同盟ヲ夢想スル者モ尠ナカラサリシ次第ナルカ其後波蘭ハ「プチット、アンタント」側ト握手セルヲ以テ爾來兩國ノ關係ハ俄カニ冷却シタル傾向アリ

「トリアノン」平和條約ニ關シテハ各政黨ノ意見必スシモ一致セス首相「ベトレン」伯及反對派中ニ於テ「アポニー」伯ノ如キハ同條約ヲ正當視スルモノニアラサルモ國際關係ノ現狀ニ鑑ミ事實已ムヲ得サル措置ト認メ其非理過酷ナル點ハ條約ノ範圍內ニ於テ矯正ノ途ヲ講スヘク又少數洪牙利人ニ對スル壓迫ハ國際聯盟ニ訴ヘ其公平ナル批判ニ依リ解決ス可キモノトノ意見ヲ有シ居リ反之「アンドラシー」及「ラッセー」ノ各派ハ平和條約ノ改訂ヲ高調シ國際聯盟ヲ以テ空想家ノ誇張的創造物ニ過キスト貶シ居レリ最後ニ洪牙利各政黨ハ甚タシク親獨的ナルカ右ハ從來ノ軍事同盟ニ對

スル追憶戰敗國トシテノ共同ノ運命洪牙利ニ深キ根底ヲ有スル獨逸文化ノ影響等ニ由來セルモノニシテ其判斷ノ正否ハ暫ク措キ彼等ハ獨逸ハ戰爭ニ敗北セス獨逸ノ經濟力ハ破壞スル能ハス戰爭ノ責任ハ佛國ニ在リト盲信シ居ルモノナリ

第六章　各政黨機關紙

(一) 政府黨

(イ) Szózat(叫ヒ)　政府直屬ノ機關紙ニシテ最近ノ總選擧ニ政府黨ノ委員長タリシ Julius Gömbös 監督ノ下ニ在リ論調ハ Gömbös ノ個人的色彩ヲ發揮シ國王自由選擧、猶太人排斥及國民主義ヲ高唱ス

(ロ) Uj Barázda(新畦)　政府黨中小地主派ノ利益ヲ代表シ國王自由選擧ヲ高唱ス主筆 Dr. Karl Schindl ハ下院議員ニシテ土地制度改革ヲ唱導シ著名ノ人ナリ

(二) 反政府各派

(イ) Magyarság(洪牙利主義)　「アンドラシー」伯直屬ノ機關ニシテ記者出身ノ Stefan Milotay ヲ主筆トス保守的ニシテ親獨及「ハプスブルグ」復辟ヲ主張ス

(ロ) Virradat(旭新聞)　主筆 Andor Szakács ハ記者出身ニシテ一時「カロリー」伯ノ革命政府ヲ援助シタルカ其後「ステフアン、フリードリッヒ」内閣ノ新聞局長ニ任命セラレタルコトアリ爾來同氏ノ部下トシテ反動主義ノ宣傳ニ奔走シ居レリ基督敎主義及「ハプスブルグ」復辟ヲ高調シ

甚タシク親獨的ナリ

（ハ） Nemzeti Ujság（國民新聞） Zichy 伯ニ接近シ政府反對派中ノ無所屬ヲ代表ス主筆 Béla Turi ハ加特力僧侶ニシテ下院議員ヲ兼ネ記者トシテ敏腕ノ稱アリ論調ハ前者ト同樣ナリ

（ニ） Nepszava（民聲新聞） 社會民主黨ノ機關紙ニシテ共和制樹立及資本ノ共有化等ヲ高調ス主筆 Karl Vanczák ハ勞働者ヨリ身ヲ起シ煽動家トシテ同志ヨリ重寶視サレ居ル人物ナリ

（三） 獨立ノ重ナル新聞

（イ） Pester Lloyd（獨逸語新聞） 「ブダペスト」市富豪猶太人ノ機關ニシテ財界及株式取引所ノ利益ヲ代表ス主筆 Josef Veszi ハ下院議員、前新聞局長等ノ經歷ヲ有シ知名ノ人物ナリ論調ハ自由且市民的ナリ

（ロ） Pesti Hirlap（日々新聞） 中產階級ヲ代表シ保守的且ツ基督主義的ナリ 主筆 Eügen Rákosi ハ「ブダペスト」新聞記者協會ノ名譽會長ナリ

（ハ） Az Est（毎夕新聞） 自由主義ヲ高調シ政府ニ反對ス主筆 Andor Millkos ハ同紙ノ外 Pesti Napolo 及 Magyarország ノ持主ナリ

第二十編　芬蘭國

（大正十年八月調）

第二十編　芬蘭國政黨

第一章　芬蘭ニ於ケル政黨ノ發達

芬蘭ハ一二四九年瑞典領ト爲リテヨリ一八〇九年露國ニ併合セラルル迄凡ソ六百年ノ久シキ間大公國トシテ瑞典ノ治下ニ在リ其ノ間多數瑞典人ノ移住ヲ見且ツ瑞典ヲ通シテ西歐文明ニ接觸シ生活思想共ニ瑞典化シ今猶瑞典語ヲ用ヰ瑞典文明ニ愛着スル者甚タ多シ芬蘭國民ノ此ノ一團ヲ代表スル者ハ則チ瑞典黨ニシテ瑞典種ノ地主資本家等芬蘭ノ上流社會多ク之ニ屬シ政綱ハ保守親瑞的ナリ

芬蘭ハ瑞典ノ治下ヲ離レテヨリ既ニ百餘年ヲ經過シ其ノ間常ニ排露的感情ニ驅ラレテ多ク西歐特ニ獨逸ノ文明ニ接觸シタルカ露國ノ治下ニ自治領トシテ經濟上著シキ發達ヲ遂ケ且ツ十九世紀末歐洲ニ勃興セル Nationalism ノ思潮ノ影響ヲ受クルニ及ヒ漸次國民的自覺ヲ生シ之カ爲メ親瑞黨内ニモ自然自主自立ノ觀念ヲ生シタルカ特ニ芬蘭人間ニ於ケル自主獨立ノ觀念ノ發達ハ實ニ著シキモノアリ遂ニ智識階級ニ屬スル芬蘭人ハ相結合シテ芬蘭黨ヲ組織シ瑞典露國共ニ之ヲ排斥シ芬

蘭語及芬蘭文明ヲ皷吹シ芬蘭人ノ芬蘭主義ヲ標榜スルニ至レリ其後芬蘭黨ハ保守的ナル老芬蘭黨自由主義ノ青年芬蘭黨、國粹主義ノ國民黨(agrar)ノ三黨ニ分レタルカ老芬蘭黨ハ排瑞ノ餘リ親露的ナリトノ批難ヲ受ケテ漸次衰運ニ傾キ最近國民黨ノ勢力著シク伸長スルニ至レリ

芬蘭併合當時卽チ歷山一世ノ代ヨリ歷山二世ノ代ニ至ル迄露國ハ瑞典領時代ヨリ傳ハレル芬蘭固有ノ憲法及諸制度ヲ尊重シ其內政ニ干涉スルコト少カリシカハ露芬ノ政治的關係ハ稍〻圓滿ナリシカ文化ノ上ニ於テ相接觸融合スル處ナカリシカハ「ニコライ」二世ノ代ニ至リ露化政策ヲ採リ一八九八年芬蘭ノ軍隊ヲ解散シ一八九九年芬蘭ノ憲法ヲ停止シ一九〇五年之ヲ改正復活シ一九〇六年兵役稅ヲ課シ一九〇八年從來芬蘭事務大臣ノ專管ニ屬シタル芬蘭ノ立法行政ニ關スル事務ヲ內閣會議ノ議ニ附スルコトトシ以テ露國內閣ヲシテ芬蘭ノ政策ニ干與セシメ一九一〇年芬蘭ヲ純然タル露國ノ一行政區劃ト爲ス見地ヨリ所謂帝國立法法案ナルモノヲ通過スルニ及ヒ芬蘭國民上下ノ反抗激烈ト爲リ此ノ間ニ芬蘭ニ露國ノ專制政治ヲ打破シ芬蘭ノ政治上ノ自由ト社會的改革トヲ實現セントスル社會民主黨ヲ生スルニ至レリ然レトモ人種的關係ヨリ同黨內部ニモ瑞典派芬蘭派ノ塊アリ又露國社會黨ニ共鳴スル一派モアリタルカ芬蘭派ノ一部ハ農民勞働黨トシテ又親露派ノ一部ハ最近ニ至リ過激派トシテ何レモ獨立ノ政黨ヲ爲スニ至レリ

第二章　芬蘭各政黨ノ議會ニ於ケル勢力

<table>
<tr><th rowspan="2">黨名</th><th colspan="4">各黨議員數</th></tr>
<tr><th>一九〇七年</th><th>一九一七年（四月）</th><th>一九一七年（十月）</th><th>一九一八年（現在）</th></tr>
<tr><td>瑞典黨</td><td>二五</td><td>一二</td><td>二一</td><td>二二</td></tr>
<tr><td>老芬蘭黨</td><td>五〇</td><td rowspan="2">二四</td><td rowspan="2">六一</td><td>二八</td></tr>
<tr><td>青年芬蘭黨</td><td>二六</td><td>二六</td></tr>
<tr><td>國民黨</td><td>一七</td><td>四</td><td>二六</td><td>四二</td></tr>
<tr><td>社會民主黨</td><td>八〇</td><td>一六〇</td><td>九二</td><td>八〇</td></tr>
<tr><td>農民勞働黨</td><td>二</td><td>〇</td><td>〇</td><td>二</td></tr>
<tr><td>過激派</td><td>〇</td><td>〇</td><td>〇</td><td>〇</td></tr>
<tr><td>合計</td><td>二〇〇</td><td>二〇〇</td><td>二〇〇</td><td>二〇〇</td></tr>
</table>

註　一九一七年四月瑞典黨及芬蘭黨ハ選擧ニ對シ「ボーイコット」ヲナシタル爲メ小數トナレリ

第三章　芬蘭各政黨ト其機關紙

黨名	新聞ノ名稱	新聞ノ用語	發行地
老芬蘭黨	Ussi Suomi	芬蘭語	ヘルシンキ
	Iltalehti(夕刊)	同	同
青年芬蘭黨	Helsingin Sanomat	同	同
國民黨	Ilkka	同	同
瑞典黨	Hufvudstadsbladet	瑞典語	ヘルシングフォルス
	Dagens Press (夕刊)	同	同
	Svenska Tidningen	同	同
社會民主黨	Sosialidemokratti	芬蘭語	ヘルシンキ
過激派	Suomen Jyömies	同	同

註　「ヘルシングフォルス」ハ芬蘭語ニテ「ヘルシンキ」ト稱ス

第四章　芬蘭ノ獨立ト各政黨ノ態度

一九一七年
三　月
社會民主黨ハ「ケレンスキー」ニ對シ露國ト芬蘭トノ關係ハ英本國ト自治殖民地トノ關係ニ準リ新ニ之ヲ定ムヘキコトヲ要望ス
四　月
芬蘭代議院召集セラル（開戰以來召集セラレサリキ）
芬蘭ニ於ケル各派ノ新聞ハ自治ヲ以テ不完全ナリト爲シ歐洲諸國ノ保障ノ下ニ中立國ヲ建設スヘシト論セリ
五　月
瑞典黨ハ芬蘭ノ獨立ヲ決議ス
六　月
社會民主黨ハ獨立後露芬兩國ノ關係特ニ其經濟的關係ヲ圓滿ナラシムル爲メ自由ナル合意ニ

依リ兩國ノ新關係ヲ定ムヘキコトヲ決議ス

七　月

芬蘭代議院ハ軍事外交ヲ除ク一切ノ權力ヲ其ノ手ニ收メ露國ヲシテ芬蘭ノ政治ニ干與セシメサルコトヲ決議ス（七月十八日）露國臨時政府ハ芬蘭代議院ノ解散ヲ命ス

露國勞兵會ハ芬蘭ノ自治ヲ認メ芬蘭代議院ニ行政ノ全權ヲ與フヘキコトヲ決議ス

八　月

露國聯邦派露都ニ大會ヲ開ク

九　月

露國臨時政府ハ芬蘭元老院（從來芬蘭ノ行政機關）經濟部ニ行政權ヲ委任スヘキコトヲ通達ス

「ネクラソフ」芬蘭總督ニ任命セラル

十　月

芬蘭代議院新選擧ヲ終リ召集セラル

十一月

露國憲法議會召集セラレ過激派退場ス

過激派露國ノ政權ヲ握ル

芬蘭代議院ハ七月十八日ノ決議ヲ確認ス（十一月十五日）

十二月

瑞典黨及芬蘭黨（Moderate bloc）ハ七月十八日ノ決議ヲ確認セル十一月十五日ノ宣言ハ實質上獨立ノ宣言ナルヲ以テ獨立ヲ内外ニ周知セシムル措置ヲ執ルヘキコトヲ代議院ニ提議ス（十二月六日）

社會民主黨ハ獨立周知ノ措置ヲ執ル以前ニ露國ノ了解ヲ得ル爲メ露芬兩國人ヨリ成ル委員ヲ組織スヘキコトヲ提議シ否決セラル

瑞典及獨逸ニ代表者ヲ派遣シ獨立ノ承認ヲ求ム

瑞典及獨逸ハ露國憲法議會ノ承認アリタル後ニアラサレハ芬蘭ヲ獨立國トシテ承認シ能ハサル旨回答ス

一九一八年

一月

露國憲法議會召集セラレ居ラサリシヲ以テ芬蘭代議院ハ露國過激派政府ニ獨立ノ承認ヲ求ム

過激派政府ハ一月四日附ヲ以テ芬蘭ノ獨立ヲ承認ス
瑞典獨逸佛國相次テ芬蘭ノ獨立ヲ承認ス

第二十一編　佛蘭西國

（大正十一年七月調）

第二十一編　佛蘭西國ノ政黨

第一章　概　　說

（一）　佛國政黨ノ特質

佛國ニ政黨ナシトハ多數識者ノ論スルトコロナルカ英米ニ於ケルカ如ク統一的組織及規律ノ下ニ全國ニ亙リ截然タル分野ヲ劃シ黨員ノ所屬亦タ明確ニシテ國內ニ於テモ亦タ議會ニ於テモ同一黨名ノ下ニ共同行動ヲ爲ス現實ノ政治的結社ノ意義ニ於テハ佛國ニ政黨ナシト云フモ不可ナシ然レトモ佛國ニハ佛國特有ノ政治的結社卽チ政黨政派現存スルヲ否定スルヲ得ス蓋シ佛國ニ於ケル政黨政派ノ起源ハ佛國革命殊ニ第三共和國建設當初ニ在リテ而モ其近代的政治的結社ノ組織ヲ見ルニ至リシハ僅ニ一九〇一年以來ノコトニシテ其發達未タ幼稚ナルヲ免レス從テ國內幾多ノ小黨分立シ而カモ是等ノ諸黨ハ一部有志者ノ團結ニ外ナテスシテ全國民カ擧ツテ其何レカニ歸屬スルニアラス又是等諸黨ハ社會黨其他極メテ少數ノモノヲ除ク外ハ直接同黨名ノ下ニ議會ニ於テ代表セラルルニアラス議院內ニハ別ニ幾多ノ政派ヲ存シ此兩者卽チ國內ノ政黨(Partis)ト院內ノ政派

(groupes)トハ各別個ノ團體ニシテ組織上相互直接ノ代表關係ヲ有スルニアラス(後節「政黨ト政派トノ關係」參照)又各黨ノ綱領(programme)ナルモノモ單ニ黨ノ方針ヲ示スニ過キスシテ社會黨其他極少數ヲ除ク外ハ其黨員ニ對スル拘束力ヲ有セス各黨共規律ニ乏シク政客及一般選擧人ハ主トシテ各自ノ感情及利害ニ從テ行動シ黨員ノ所屬亦タ必スシモ明確ナラス(一九二〇年「ストラスブルグ」ニ於ケル急進社會共和黨大會決議中ニモ其黨員カ他黨派ニ屬シ又ハ數黨派ニ跨リ屬スルカ如キコトナカランコトヲ警告スルノ一項ヲ加ヘタルカ如キ其例證ナリ)要スルニ佛國ニハ名目上截然タル分野ヲ劃スル特定ノ政黨對立スルカ如キ觀アルモ實質上ハ單ニ感情利害ヲ同フスル人々ヨリ成ル幾多ノ集團存在スルニ過キスシテ佛國政黨ノ本領ハ議會ニ於ケル活動又ハ選擧機關トシテノ作用ヨリモ寧ロ國民ノ政治的敎化機關タルニ在ルカ如シ

然ルニ茲ニ注意ヲ要スルハ世間往々佛國ノ政黨ヲ呼フニ現實ノ政治的結社タル政黨組織ニ依ラスシテ漫然政見ノ傾向又ハ色彩ニ基ク分類若クハ議會內ノ政派別ヲ稱シテ何々黨ト稱スルコトアリ現ニ佛國內務省ノ發表ニ係ル選擧成績ニ關スル黨派別ノ如キハ其適例ナリ然レトモ是レ單ニ國民政見ノ傾向色彩ニヨル概念上ノ區別ニ外ナラスシテ直チニ之ヲ政黨ト謂フヲ得ス(後章「各政黨ノ名稱」參照)是レ實ニ佛國識者中佛國ニ政黨ナシト斷定スルモノアル所以ニシテ又佛國政治ヲ支配

スルモノハ政黨ニアラスシテ寧ロ國民ノ政治的傾向又ハ色彩ニ外ナラスト爲シ又佛國政治カ政黨政治ニアラスシテ感情政治("affaire de sentiment")ナリト論スル者アル所以ナリ

(二) 國內政黨ト院內政派トノ關係

國內ノ政黨別(Partis)ト議會內議員ノ政派別(groupes)トハ組織上直接關係ヲ有セサルハ前配ノ如シ卽チ政黨所屬ノ議員ト雖(社會黨員ヲ除ク外ハ)議會內ニ於テハ院內政派ノ一員トシテ行動スルノミニシテ何等院外ニ於ケル政黨ノ制肘ヲ蒙ルコトナシ而シテ現在議會內ニ於ケル諸政派中一定ノ政黨ヲ基礎トシテ組織セラルルモノハ頗ル稀ニシテ僅ニ社會黨、社會共和黨、急進社會共和黨乃至民衆自由行動派以外ノ諸政派ニ至ツテハ其黨系明瞭ナラス卽チ院外ノ政黨別ト院內ノ政派別トハ其分子互ニ相混交シ同一政黨ニ屬スル者ニシテ或ハ甲政派ニ屬シ或ハ乙政派ニ屬スルモノアリ又之ニ反シ同一政派ニ屬スル者ニシテ或ハ甲黨ニ屬シ或ハ乙黨ニ屬シ又或ハ何黨ニモ屬セサル者アリ只タ政黨ハ未タ法規上ノ認識ヲ得サルニ反シ議會內ノ政派別殊ニ下院內ノ政派別ハ一九一五年ノ議院規則ニヨリ政派制(groupes)確立セラレ之ニヨリ議員ハ何レカ一ノ政派ニ所屬ヲ決シテ議長ニ屆出ツルヲ要シ而モ一個以上ノ政派ニ屬スルヲ得サルコトトナレリ此等政派ハ前記ノ如ク少數ヲ除ク外ハ院外政黨ヲ基礎トシテ之ヲ院內ニ於テ代表スルモノニアラスシテ其自體別個ノ團體ヲ爲シ隨時會合ヲ催シ決議ヲ爲スコトアルモ其決議ハ之ヲ同派員ニ强制スルノ規律ナク同派員ノ去就マタ自由ニシテ議會內ノ投票ニ付テモ實際上ハ必スシモ共同ノ行動ニ出ツルヲ期シ難シ而カモ政派ノ現實上ノ作用ハ議會內ニ於ケル諸常設委員會ノ構成上委員選出ノ機關タルニ在リ卽チ議院規則ニヨリ各委員會ハ院內各政派ヨリ其員數ニ比例シテ選出セル代表者ヲ以テ構成ス而シテ是等委員會及ヒ其報告者 (rapporteur) ニ自黨員ヲ選出セシムルコトハ各政黨ノ最モ重キヲ措ク處ナルヲ以テ此點ニ於テ政黨ト政派トノ間ニ事實上緊密ノ關係ヲ生ス

(三) 政黨ト上院トノ關係

佛國上院ニ於テモ間接ニ諸政黨分子代表セラルルモ上院ノ構成上議員ノ選擧ハ間接選擧ニシテ其任期ハ九年ノ長期ニ亙リ其分子亦タ多クハ「ブルジョア」階級ニ屬シ社會黨及共產黨ハ未タ下院ニ議員ヲ有セス國內政黨トノ關係ハ下院ノ如ク密接ナラス殊ニ上院ニ於ケル各政派ト政黨トノ關係ハ下院ニ於ケルヨリモ一層鮮明ヲ缺キ一政派ニ屬スル議員ニシテ同時ニ三種ノ異レル共和諸黨ニ屬スル者アルカ如キ奇觀ヲ呈スルモノ少シトセス而カモ上院ノ政派ト下院ノ政派トハ各別個ノ分

類ニ屬シ其間何等直接ノ關係ナク名實亦タ相互ニ一致スルモノニアラス例ヘハ政治的色彩上ニ於テハ上院ノ共和左派(gauche républicains)ハ下院ノ民主共和聯盟派(entente républicaine démocratique)ニ相當シ上院ノ共和協同派(Union Républicaine)ハ下院ノ共和左派(gauche Républicaine)ニ又上院ノ民主左派(gauche démocratique)ハ下院ノ急進社會共和派(Républicains radicaux socialistes)ニ類似スルカ如シ故ニ本篇說クトコロハ主トシテ國內ニ於ケル政黨ニ關スルモノニシテ上院及下院ニ於ケル政派別ニ付テハ必要ニ應シ之ヲ略敍スルニ止ム

(四) 多數小黨分立ノ原因及結果

斯ノ如ク佛國ニ於テハ政黨政派多岐ニ分レ其組織及規律亦タ未タ鞏固ナラサル所以ハ主トシテ(一)數次ノ革命ニヨリ短時期ノ間ニ王制、帝制、共和制幾度トナク相次イテ變遷ヲ重ネタル歷史的特徵ト(二)不羈獨立ノ個性ヲ發揮シ議論ヲ尊ヒ妥協ヲ好マス動モスレハ權力ノ集中ヲ嫉視スル國民性ト(三)近世社會主義ノ勃興トニ歸スヘク從テ幾多ノ小黨分立ノ結果一黨ヲ以テ議會ノ過半數ヲ制スルモノナク內閣ハ常ニ數黨派ノ聯合內閣(所謂"Cabinet de concentration"ニシテ英國ノ所謂"coalition"ト似テ非ナルモノ)ナルヲ通例トス從テ內閣ノ政策ハ多ク諸黨ノ折衷妥協ニナレル政黨ニシテ一黨ノ政綱ヲ貫徹スルコト難ク又英米等ニ於ケルカ如ク政府ノ與黨ト反對黨(所謂 The opposition)ノ分野鮮明ナラス內閣ノ運命ハ一ニ繫テ各黨派ノ向背ニ存シ而モ各派ノ要求多クシテ悉ク之ヲ容ルルコト容易ナラス爲ニ諸黨聯合ノ破綻ヲ生スルノ機會多シ是レ佛國內閣ノ短命ナル最大原因ノ一ニシテ又政府政策ノ持久性ニ乏シキ所以ナリ

(五) 政治思想ノ四大系統

佛國政黨カ多岐ニ分レ其分類亦タ混沌タルモノアリト雖是等諸黨派分合ノ淵源ヲ討究スルトキハ其根蒂ニ横ハレル政治思想ニ下記ノ如キ四大系統アルヲ知ルヘク而シテ各政客ハ其名目上如何ナル黨派ニ屬スルヲ問ハス該四系統ノ一ニ歸屬スルヲ看取スヘシ論者往々這般系統ノ分類ヲ目シテ政黨ト名クル者アルモ之レ單ニ政見ノ傾向又ハ色彩ニヨル概念上ノ區別ニ外ナラスシテ特ニ此ノ如キ名稱ヲ有スル現實ノ政治的結社存在スルモノニアラス今其四大系統ヲ擧クレハ左ノ如シ

一、君主々義者(Monarchistes)

元來議會政治ノ弊ニ鑑ミ中央集權的君主制ノ復活ヲ主張セルモ其君主制復活ノ望絶ヘテ以來同派ノ主張ハ主トシテ加特力敎主義ニ基キ同宗派ノ特權防禦ノ爲之ニ反抗スル共和諸黨ニ對シ一

團結ヲ形成スルモノニシテ羅馬法皇トノ關係支持乃至國民敎育上加特力敎旨維持其他憲法改正行政權ノ擴張等ヲ主張ス而シテ此系統ニ屬スル人士ハ其數多カラサルモ佛國西部及北部地方並ニ陸軍將校部內ニ勢力ヲ有ス

二、穩和共和主義者 (Républicains modérés)

保守穩健ナル共和制度ヲ理想トシ私有財産權ノ保持、秩序維持、國家經費節約等ヲ主張シ急激ナル變革ニ反對シ敎會ニ對スル態度ハ宗敎上ノ理由ヨリモ寧ロ宗敎カ保守的影響ヲ及ホス點ヨリシテ之ニ同情ヲ有シ現行憲法ノ改正ハ却テ惡化センコトヲ虞レテ其改正ニ反對シ只タ現行憲法ノ適用ニ付テハ改良ヲ稱フ此系統ニ屬スル人士ハ全國敎育アル「ブルジョア」階級ニ多シ

三、急進的共和主義者 (Républicains radicaux)

此派ハ第一革命ノ傳統ヲ固持セントスルモノニシテ此派ト前項穩和的共和主義者トノ間ニハ政綱上著シキ區別アルニアラサルモ自ラ其感情及傾向ニ差異アルヲ免レス(詳細ハ後章「各政黨ノ政綱」參照)此系統ニ屬スル者ハ東部、南部大部分ノ中央部地方ニ勢力ヲ有ス

四、社會主義者 (socialistes)

此系統ハ Proudhon 又ハ Karl Marx ノ學說ニ歸依シ collectivisme 又ハ communisme ノ基礎ノ

上ニ社會改造ヲ企テントスル一派ニ外ナラス而モ其中穩健分子ニシテ急進的共和主義ニ傾ク者アリ又社會主義ヲ奉シナカラモ未タ其學說ヲ實現スルニ時到ラスト爲シテ其說ノ緩和ヲ計ル者アリ從テ同系統ハ社會主義的改良派ト革命的共產主義ニ傾ク者トニ分レ更ニ甚シキハ破壞的無政府主義ニ類スル「サンヂカリスト」ニ趨ル者アリ社會主義者ハ鑛山地方及工業都邑ニ於ケル勞働階級ニ多キモ其領袖ハ勞働者ニアラスシテ主トシテ文士又ハ智織階級ニシテ同系統ニ屬スル社會黨ノ如キハ諸政黨中最モ完備セル組織及規律ヲ有スル結社ナリトス

(六) 政黨分立ノ限界

佛國ニハ英米政黨ニ於ケルカ如ク關稅政策又ハ憲法解釋問題ニヨリ傳統的ニ政界ノ分野ヲ劃スル基本的事由ニ乏シク各黨政爭ノ內容ハ多クハ隨時發生ノ諸事項ニ過キス今各黨政綱ノ實質ヲ爲ス主要事項ヲ通觀スルニ君主制ト共和制トノ政體問題カ第三共和國建設ニ依テ終結セシ以來敎會ト國家トノ關係ハ政爭ノ中心問題タリシカ一九〇五年政敎分離法確立セシ以來該問題カ主トシテ羅馬法皇トノ外交關係維持ノ可否及敎育上加特力敎ノ特權ヲ認ムルヤ否ヤノ問題ニ局限セラレ國防問題ニ關シテハ兵役年限ノ短縮、社會問題トシテハ勞働者ノ組合權、養老年金、勞働衞生、工場法等アリ憲法改正問題トシテハ大統領ノ選擧方法及權限擴張、上院ノ構成、最高法院設置等ノ問題ヲ存シ課税ニ關シテハ佛國ハ常ニ保護關税主義ヲ持スルヲ以テ自由主義及保護主義ノ爭議ヲ見ス單ニ課税方法及所得税ニ關スル問題ヲ存スルニ過キス若夫レ外交ニ關テハ佛國ノ傳統的政策ヲ追フニ外ナラスシテ大體ニ於テ各黨派共方針一致シ只タ其方針遂行ノ方法及程度ニ付キ隨時議論ヲ生スルニ過キス

(七) 選擧事情

政黨ノ實質ヲ詳ニスルニハ選擧ノ内容ヲ略敍スルノ要アリ佛國ニ於ケル選擧ハ大統領選擧、國會上下兩院議員選擧並ニ地方自治團體議員(縣、郡、市參事會員)ノ選擧ナルカ其中大統領選擧ハ上下兩院議員ノ聯合ヨリ成ル國民議會(assemblée nationale)ニ依リ爲サルル間接選擧ニシテ而モ米國等ニ行ハルルカ如キ各黨ノ豫選會(caucus)ノ制ナク又國民議會ヲ構成スル上下兩院議員中上院議員ハ員數ニ於テ下院議員ノ約半數ニ過キサルヲ以テ大統領選擧投票上ニ於テモ下院ノ勢力重キヲナシ殊ニ上院議員ノ選擧ハ當該地區ノ下院議員及縣會、郡會、市會議員ヨリ成ル選擧團體ニヨリ行ハルル間接選擧ニシテ直接政黨トノ關係比較的剴切ナラス又縣、郡、市ノ自治團體議員ノ選擧モ後

章記スルカ如ク實際上政黨トノ關係密接ナラサルモノアルヲ以テ結局佛國選擧ト政黨トノ關係ハ主トシテ下院議員ノ選擧ヲ敍スルヲ以テ足レリトス

佛國下院ノ選擧ハ四年一囘行ハルル總選擧及補缺選擧ニ止マリ議會解散ニヨル總選擧ハ實際上殆ント稀ナリ（憲法上大統領ハ上院ノ同意ヲ得テ下院ヲ解散スルコトヲ得ルノ規定ヲ存スルモ實際上ハ一八七七年「マクマホン」大統領ノ時之カ解散ヲ行ヒタルノミニシテ其以來之ヲ實行シタルコトナシ）下院議員選擧法ハ從來小選擧區單記投票制ナル所謂 scrutin d'arrondissement ヲ用ヒシカ一九一九年ノ法律ニヨリ大選擧區聯記投票制ニ比例代表制ヲ加味シタル所謂 scrutin de lists départemental（縣 Département ヲ單位トシ約七萬五千人ニ付一人ノ割ニテ一縣少クトモ三名トシ六名以上割當テノ縣ハ之ヲ數區ニ分ツ）ヲ採用スルニ至リ最近ノ選擧卽チ一九一九年十一月十六日ニ行ハレタル總選擧ハ此新選擧法實施ノ第一回選擧ニ外ナラス

選擧ノ實際ヲ見ルニ政黨ノ主義綱領ヨリモ其人物經歷ニ重キヲ措キ議員候補者ハ（社會黨員ヲ除ク外ハ）自己カ議會ニ於ケル何政派ニ屬スヘキカヲ豫メ言明セサルヲ通例トシ又自己カ何黨員タルコトヲ標榜スルノ要ナク其政見發表（所謂 professions de foi）ハ主トシテ地方的事態ニ應スル個人的意見ヲ聲明スルニ過キスシテ其所屬政黨ノ政綱ニ論及スルコト少キノミナラス往々自黨ノ政

綱ト背馳スルコトアリ又立候補ニ就テモ（社會黨ノ外ハ）政黨ノ中央本部ノ認定ヲ要スルコトナク專ラ地方支部ニ於テ之ヲ行フ

投票部合ハ英米ニ比シ少キモ有權者ノ六割ヲ降ルコトヲ稀ニシテ一九一九年ノ選擧ニハ佛本國（「アルサス、ローレンヌ」及殖民地ヲ含マス）ノ有權者一一、〇四八、〇九二人中投票數七、八〇一、八七九ヲ算シ「アルサス、ローレンヌ」ニ於テハ有權者三九七、六一〇人中投票數三二八、九二四ニ上リ棄權者ハ僅ニ三割ニ過キサリキ

佛國行政制度カ極メテ中央集權ニ傾ク結果選擧ニ對スル政府ノ壓迫著シク地方官タル縣知事及郡長ハ一面選擧干涉ノ一機關タルノ觀アリト云フ

選擧費用ニ付テハ何等制限規定ナキモ比較的少額ナリ又地方ニ於テ農民ノ上ニ勢力ヲ有スルハ重ニ牧師、小學校校長及敎師並ニ地主等ナリ選擧ニ關スル瀆職ニ對シテハ一九一四年三月三十一日ノ取締法アリ

現在下院議員六百二十六名（內「アルサス、ローレンヌ」三區二十四名及殖民地十名ヲ含ム）ノ內容ヲ檢スルニ辯護士及醫師最多ク次ニ農業家及地主並ニ製造家ニシテ出版業者、文士、敎授、商業家、商工業使用人、技師、舊官吏等順次之ニ亞キ其他ハ微々タリ而シテ下院ハ富有者及上流者ニ

充チ概シテ中產階級ノ上流ニ位スル者多シ上院議員ハ三百十四名ニシテ醫師、辯護士、舊官吏及少數ノ農業家最多ク商工業家及地主ハ少シ

(附) 婦人參政權問題

佛國現行選擧法ハ男子ニノミ選擧權及被選擧權ヲ認メ未タ婦人參政權ヲ認メス蓋シ男性ニ對シテハ夙ニ一八四八年以來普通選擧權ヲ認メタルニ拘ハラス婦人參政權問題ハ未タ嘗テ重要視セラレタルコトナキノミナラス佛國婦人ハ一般ニ同問題ニ熱心ナラス而シテ本件カ初メテ議會ノ問題トナリシハ一九〇六年婦人ニ市、郡、縣會議員選擧權及被選擧權ヲ與フヘキ法案下院ノ普通選擧權委員會ニ於テ可決セラレタルモ遂ニ本會ノ討議ニ上ラスシテ葬リ去ラレタルカ一九一八年再ヒ議會ノ問題トナリ下院内ニ於テ婦人參政權派ト稱スル一政派ノ構成ヲ見ルニ至リ同年十月普通選擧權委員會ハ更ニ婦人ニ市會議員選擧權及被選擧權並郡縣會議員選擧權ヲ與フヘシトノ法案ヲ可決シタルモ一九一九年五月二十日下院本會議ハ右制限的法案ヲ否決シ之ニ代フルニ全然男子同樣ノ選擧及被選擧權ヲ婦人ニ認ムル旨ノ法案ヲ可決シ之ヲ上院ニ回付シタルモ上院ハ本件ニ對シ氣乘リセス今猶ホ委員會附托中ニテ未タ本會議ニ上程セラルルニ至ラス

第二章　各政黨ノ名稱及主義綱領

第一節　名　稱

佛國政黨ノ名稱ヲ列擧スルニ當リ特ニ注意ヲ要スルハ現實ノ政黨ト所謂政治的色彩ニヨル概念上ノ黨派別ト將亦タ議會內議員ノ政派別トヲ混同スヘカラサルコト是ナリ試ニ佛國內務省ノ發表ニ係ル選擧成績ニ關スル黨派別ナルモノヲ見ルモ單ニ被選擧人ノ政治的色彩ニヨリ概念上ノ分類ヲ示スニ過キスシテ現實ニ存在スル政治的結社ニヨル分類ニアラス例ヘハ一九一九年十一月ノ國會議員總選擧ノ結果ニ關スル內務省發表ニ係ル黨派別ヲ見ルニ保守黨(conservateurs)進步黨(Progressistes)共和左黨(Républicains de gauche)社會急進黨(radicaux et radicaux socialistes)社會共和黨(Républicains socialistes)統一社會黨(Socialistes unifiés)ト分類シ又最近一九二二年五月ノ地方自治團體選擧ノ結果ニ關スル內務省發表ノ黨派別ニ依レハ保守黨、共和黨、共和左黨、社會急進黨、社會共和黨、社會黨、共產黨及所屬不明ト分類シ居レルモ佛國ニ保守黨(君主々義及加特力敎派ヲ總稱シテ保守黨ト呼フコトアルモ)進步黨又ハ共和黨ト稱スルカ如キ現實ノ政黨組織存在スルニアラス是レ前章記述セルカ如ク所謂佛國政黨ハ政治的色彩又ハ傾向ヲ云フニ外ナラスト論スル者アル所以ナリ又議會內議員ノ政派別ト現實政黨ト混同スヘカラサルハ旣ニ前章說明セル處ナルカ世間往々右黨(droites)左黨(gauches)又ハ中央黨(centres)ナル稱呼ヲ用ユルコトアリ元來佛國議會ニ於テ右黨又ハ左黨ト稱スルハ嘗テ保守派ニ傾ク議員ヲ議長ノ右方ニ自由派ニ傾ク議員ヲ其左方ニ坐席ヲ定メタルヨリ稱シ來レル慣例ニ外ナラスシテ固ヨリ此ノ如キ特定ノ政黨アルニアラス單ニ其政見ノ傾向カ保守的又ハ進步的ナルカニヨリ俗ニ稱セラルル類別ニ過キスシテ而モ此類別ハ時代ニヨリ變遷アルヲ免レス嘗テハ左黨ト稱セラレタルモノモ今日ニ於テハ右黨又ハ中央黨ニ編入セラルルカ如キ其一例ナリ而シテ此ノ右黨左黨坐席區別ノ慣例ハ一九一五年ノ下院規程ニヨリ議席決定上ニ認メラルルニ至レリ卽チ同規程ニ據ルトキハ各議員ノ院內政派ノ何レカ一派ニ所屬ヲ決シテ議長ニ屆出ツルヲ要シ各議員ノ議席ハ議院事務官議長ト協議ノ上右屆出ニ基キ其保守的又ハ急進的傾向ニ從ヒ議長席ヨリ向テ右側ヨリ順次左側ニ配列シ又各議員ハ其席次割當後二十四時間內ニ自己ノ最モ近接セル政派ノ間ニ議席ヲ定メンコトヲ請求スルヲ得ルコトトナレリ從テ現在下院內ノ各政派配列ノ光景ヲ見ルニ極右方ニハ反動派タル立君黨員而シテ極左方ニハ共產黨並ニ社會黨員列席ス今現在下院內各政派ニ付一般ニ稱セラルル分類ヲ示セハ所謂立君黨

(Monarchistes)及「カトリック」黨（Actions libéral populaire）ヲ右黨ト稱シ共和聯合派（Fédération Républicaine）及民主共和同盟派（Alliance Républicaine dénocratique）ヲ中央黨ト稱シ社會共和黨(Républicains socialistes）及急進社會共和黨（Radicaux et Radicaux socialistes）並ニ社會黨（Socialistes）ヲ左黨ト稱シ就中社會黨（Socialistes）及共産黨（Communistes）ヲ極左黨ト稱ス

今茲ニ研究セントスル政黨ハ現在佛國々内ニ於テ政治的結社ヲ組織スル現實ノ政黨ニシテ其奉スル根本主義ニ從ヒ便宜上之ヲ君主主義派、共和主義派、社會主義派ノ三種類ニ概別シテ各政黨ノ名稱ヲ列擧スレハ左ノ如シ

一、君主々義派（Monarchistes）

（一）佛蘭西行動盟社（Ligue de l'Action Française）

（註）同社ハ所謂王黨（Royalistes）ノ中堅ニシテ現在君主々義派中唯一ノ政治的結社ナリ但シ同社以外ニ於テ未タ組織的團體ヲ構成セスシテ個人的ニ互ニ氣脈ヲ通スル君主制主張者ノ一群アルヲ忘ル可ラス所謂（Monarchistes）ト稱セラルル一派是ナリ世間往々此ノ（Monarchistes）乃至王黨（Royalistes）若クハ帝政派（Impérialistes 又ハ Bonapartistes）ヲ以テ政黨ナルカ如ク說ク者アルモ是レ單ニ這般ノ主義ヲ抱懷スル人士ノ概括的俗稱ニ外ナラスシテ此ノ如キ現實

ノ政黨組織存在スルニアラス

元來(Monarchistes)ト稱セラルル一派中ニハ所謂王黨(Royalistes)及帝政派又ハ「ボナパルト」派(Impérialistes ou Bonapartistes)ノ兩分子ヲ含ミ而シテ王黨ハ更ニ沿革上正系派(Légitimistes)及「オルレアン」派(Orléanistes)ノ二分子ヲ含ム而モ所謂王黨ハ第三次共和制ノ初年ニ於テハ議會ノ多數ヲ制セル一團結ナリシモ今日ニ於テハ特ニ此ノ如キ政黨存在スルニアラスシテ其中僅ニ政治的結社ヲ組織スルモノハ即チ佛蘭西行動盟社ニ外ナラス又所謂帝政派(Impérialistes ou Bonapartistes)ナルモノハ「ナポレオン」帝制時代ノ制度ヲ維持セントスル少數人士ノ一團カ巴里ニ一委員會ヲ組織シ此機關ヲ通シテ互ニ聯絡ヲ保ツニ過キスシテ未タ嘗テ政黨ヲ組織シタルコトナク亦自ラ政黨タルコトヲ否認スルニ見ルモ其ノ政黨トシテ存在セサルコト明ナリ故ニ立君黨又ハ王黨若クハ帝政派ヲ政黨トシテ揭クルハ謬見ナリ只タ此ノ如キ主義ヲ奉スル者ノ一派カ政界ニ相當ノ勢力ヲ有スルヲ注意スルヲ以テ足レリトス

二、共和主義派(Républicains)

(一) 民衆自由行動社(Action Libérale Populaire)

（俗ニ略シテA・L・P・ト稱ス）

（三）青年共和盟社（Ligue de la Jeune République）

（四）穩和（又ハ進歩）共和黨（Parti Républicain modéré ou progressiste）

（五）民主及社會共和黨（Parti Républicain Démocratique et Social）

（六）急進及社會急進共和黨（Parti Républicain Radical et Radical Socialiste）

三、社會主義派

（七）社會共和黨（Parti Républicain Socialiste）

（八）社會黨（Parti Socialiste, Section française de l'Internationale ouvrière）

（九）共產黨（Parti Communiste）（Section française de l'Internationale Communiste）

其他新民主黨（Démocratique Nouvelle）ナルモノ最近組織セラレタルモ未タ政界ニ何等ノ勢力ヲ有セス其他宗教ノ羈絆ヲ脱セントスル自由思想抱懷者（libre penseur）ノ敎社ナル「フラン、マソン」社（Franc-maçonnerie）及農工商代表者ノ諸團結存在スルモ何レモ政黨トナスニ足ラサルヲ以テ茲ニハ是等ヲ掲記セス只タ所謂新組合主義（néo-syndicalisme）ヲ奉シ革命的組合主義者（Syndicalistes Révolutionnaires）ト稱スル勞働組合一派（其中央機關ヲ勞働總聯盟（Confédération

Générale du Travail）ト稱シ又俗ニ略シテＣ・Ｇ・Ｔ・ト謂フ）ハ本來經濟的團結ニ過キサルモ事實上往々政治上ノ運動ニ干與シ共產黨ノ活動ト緊密關係ヲ有スルヲ以テ次節末ニ之ヲ附記スヘシ

第二節　主義綱領

（一）佛蘭西行動盟社（Ligue de l'Action Française）

同社ハ王黨（Royalistes）ノ中堅タル新政社ニシテ所謂新王政主義（Néo-Royalisme）ヲ標榜ス新王政主義トハ一九〇五年一月十五日同社創立ニ當リ舊來ノ傳統的王政主義ヲ刷新シ時艱ヲ救濟スル唯一ノ方法ハ王政復古ニ至ルヲ國民ニ周知セシメントスルモノナリ卽チ同主義ハ傳統的世襲的非議會的且分權的王政ヲ主張シ近世科學ノ理論ヲ尊重シ王政復古ノ爲ニハ武力ヲ用ユルモ可ナリト爲シ又一七八九年ノ人權宣言ニヨル民主說ヲ謬見ナリトシ時弊ノ原因ヲ共和制、議會政治、政黨其他異種人、猶太人等ニ歸シテ之ヲ排斥シ佛國民ノ佛國ヲ再現シテ王政ヲ確立スルニアラサレハ國運隆盛ヲ期ス可カラスト爲ス

信敎ノ自由ハ之ヲ否認セスト雖「カトリツク」敎會カ佛國ニ於テ最古ク且ツ最多數ナルヲ理由

トシテ之ニ他教ヨリモ優越ナル特權ヲ許與センコトヲ主張シ教育上大學ノ自治ヲ尊重シ又政黨ノ存立ヲ否認シ國政ハ一ニ王ニ歸セシメントス

經濟的綱領トシテハ勞働ヲ保護スルモ男子勞働者ニ對シテハ勞働時間ノ制限ハ其威嚴ト活動ヲ害スルモノトシテ反對シ地主ハ成ルヘク其土地ニ留マランコトヲ奬勵シ以テ地方民都市集中ノ弊ヲ防キ農業勞働ヲ增加セシメントス

社會的綱領トシテハ世襲貴族階級ヲ設ケテ王ヲ中心トスル政治上ノ藩屛ト爲シ長子相續制ニ依リ農工業者ノ經濟上ノ勢力ヲ保持セシメントス

（註）王黨ノ傳統的主義綱領ハ王黨ノ沿革（後章「各黨派成立ノ由來」參照）ニ胚胎ス元來（Monarchistes）ハ王黨及帝政派ヲ一括合稱セルモノニシテ王黨ハ又正系派及「オルレアン」派ヲ總稱スルモノナルハ前記（前節各政黨ノ「名稱」參照）ノ如クナルカ所謂正系派（Légitimistes）ハ「ブルボン」家ノ長系タル（Comte de Chambord）ヲ擁立セントシタル一派ニシテ絕對的君主專制主義ヲ奉シ又所謂「オルレアン」派（Orléanistes）ハ其ノ弟タル（Comte de Paris）ヲ擁立セントセル一派ニシテ前者ニ比シ立憲的且自由的ナル君主主義ヲ奉シ議會制度及國民主權說ヲ認メントスルニ傾ケルカ如シ要スルニ前記新王政主義ハ右王黨兩分子ノ折衷ニ成レル立君主

義ニ外ナラス

所謂帝政派又ハ「ボナパルト」派（Impérialistes ou Bonapartistes）ハ佛國革命及「ナポレオン」帝制時代ノ制度ヲ保持セントスル一派ニシテ君主制ヲ以テ共和制ニ代ヘントスル點ニ於テ所謂王黨ト相似タリト雖王黨ノ君主專制主義ニ傾クニ反シ帝政派ハ「ナポレオン」三世カ人民ノ直接選擧ニヨリ大統領トナリ次テ皇帝トナリタル事跡ヲ追ヒ人民ノ直接選擧（Plébiscite）ニヨル君主制ヲ主張シ卽チ自由ト秩序ト民權ト國權トヲ調和シ世襲制ト民選主義トヲ融和セントスルモノニシテ民主々義ト帝權主義トノ折衷ヲ理想トス

（二）民衆自由行動社（Action Libérale Populaire）

同社ハ宗敎上ノ主義ヲ以テ主眼トシ「カトリック」敎ノ信條ヲ固持スル所謂「カトリック」黨ナリ而シテ便宜上共和制ハ之ヲ認ム自ラ社名ヲ解說シテ「行動ヲ以テ本社ノ生命トス故ニ「行動」ト稱シ自由ノ擁護ヲ以テ政綱トス故ニ「自由」ト稱シ民衆ヲ後援トシ又民衆ノ地位ノ改善ヲ期ス故ニ「民衆」ト稱ス」ト爲スニ徵シ略ホ其理想ヲ窺フコトヲ得ヘシ

政治的綱領ノ主要ナルモノハ憲法改正ニシテ「人權宣言」ヲ憲法中ニ規定シ米國ニ於ケルカ如ク之カ保護ヲ最高法院ニ委シテ立法ニヨル侵害ヲ防カントス又大統領ノ選擧ヲ特別ノ選擧機關

ニヨラシメテ議會ノ勢力ヨリ獨立セシメントシ又議會ノ議員選擧ニ關スル裁判權ヲ奪ハントスルニ在リ而シテ選擧制度上ノ比例代表（Représentation proportionnelle）及各地方各職業ニヨリ其代表者ヲ以テ組織スル評議員會ヲ設ケントスル所謂職業代表(Représentation professionnelle)竝ニ學校生徒數ニ比例シテ補助給與ヲ定メントスル所謂公共敎育ニ關スル比例分配（Répartition proportionnelle）ハ同黨特有ノ三Ｒ・Ｐ・政綱ト稱セラル尙同黨ハ立法上ノ「レフエレンダム」、行政上ノ地方分權及官吏ノ地位保護ヲ主張ス

宗敎上ノ綱領ハ「カトリツク」敎會ヲ一九〇一年以來ノ反敎會的立法ヨリ解放セントスルニ在リ卽チ政敎分離法ニ反對シ法律上敎會ノ組織ハ豫メ羅馬法皇ノ同意ヲ要ストナシ從テ羅馬法皇トノ外交關係持續ヲ主張ス

經濟的綱領ハ Laissez faire 主義ヲ排シ又國家社會主義ニ反抗スルモ勞資ノ反目緩和ヲ主唱シ職業敎育、勞働者補償、勞働爭議、調停仲裁、勞働時間制限、家內勞働者ニ對スル最低年齡制、勞働組合ノ權限擴張等ヲ主張シ社會政策ハ基督敎主義社會改良主義ヲ奉ス

(三)　靑年共和盟社（Ligue de la Jeune République）

同社ハ所謂「カトリツク」敎黨ノ一派ニシテ舊ト「誠實、正義、親睦ヲ旨トスル民主共和制」ヲ

實現センコトヲ目的トセル所謂「シイヨン」(Sillon)ナル一派(國民敎化上ノ團結ニシテ政黨組織タルニ至ラサリキ)ノ後身タル新政社ナリ但シ其勢力徴弱ニシテ見ルニ足ルモノナシ同社ノ主義綱領ハ其前身タル「シイヨン」ト均シク「カトリツク」敎旨ト民主々義ヲ調和シ宗敎ト共和制ヲ同化セントスルモノニシテ其政綱ノ重ナルモノハ「レフエレンダム」、比例代表、定吏地位保護、勞働組合並ニ經濟上ニ於ケル國家干渉主義反對等ナリ

(四) 穩和共和黨 (Parti Républicain modéré)(又ハ進歩共和黨)(Parti Républicain progressiste)

同黨ハ共和主義諸黨中最モ穩健ニシテ保守的傾向著シキモノニシテ所謂「秩序ニ依ル進歩」ヲ以テ其本領トス一七八九年佛國大革命ノ主義ヲ奉シテ個人主義及自由主義ヲ尊重シ個人ノ自由及權利ハ公ノ秩序及社會進歩ニ心要已ムヲ得サル範圍內ニ於テノミ之カ制限拘束ヲ許スヘキモノト爲シ信敎ノ自由ヲ重ンシテ排敎會的立法ニ反對ス(從テ政敎分離法ニ反對セリ)政治的綱領ハ民衆自由行動社ノ政綱ニ類シ個人ノ自由權利ヲ確保スル爲憲法ヲ改正シ之カ保障ヲ最高法院ニ委ネ選擧爭議ノ裁決ハ議會以外ノ特別構成ニヨル委員會ヲシテ行ハシメ選擧法ノ改正(大選擧區制及比例代表)、行政上ノ地方分權、官吏任用法設定其他敎育ノ自由等ヲ主張ス經濟的綱領ハ社會主義又ハ共產主義ヲ排シ經濟上ノ自由主義ニ傾キ國家ノ獨占事業ニ反對シ個

人所有權主義ヲ辯護ス
社會的綱領トシテハ個人ノ自由主義ヲ固持シ養老年金、工場法等ノ勞働者保護法ヲ主張ス但シ最低年齡其他契約自由ノ制限ニ反對ス
（註）同黨中ニハ保守派及進步派並ニ其中間派ヲ存シ前記綱領ニ對スル態度必スシモ一致スルニアラサルモ領袖ノ勢力ニヨリ其結束ヲ維持シ居レリ而シテ右中間派ハ上院ニ於テハ共和左黨ニヨリ代表セラル
（五）民主及社會共和黨（Parti Républicain Démocratique et Social）
同黨ハ穩和共和黨ト急進社會共和黨トノ中間ニ位シ保守ニ偏セス急激ニ流レス其中庸ヲ得ンコトヲ理想トス國家ノ名譽ト權力ヲ擁護シ共和制ノ下ニ民主々義ノ完全ナル實現ヲ期セントシ秩序ト進步ヲ排敎會的信敎自由ノ下ニ發達セシメントス又經濟上國家ノ干涉ヲ嚴格ニ制限センコトヲ以テ主義トナシ總テノ共和主義者ニ對シ國民ノ一致團結、民主思想及社會進步ニ努メムコトヲ訴ヘ左ノ政綱ヲ主張ス
外交ニ關シテハ平和主義ヲ標榜シ佛國舊來ノ威嚴ト其民主的傳統ヲ擁護スルノ政策ヲ持シ帝國主義ニアラサルモ條約上ノ權利ニ基キ獨逸ノ軍備撤廢及其戰爭犧牲者ニ對スル債務ノ償却並ニ

其約束不履行ニ對スル嚴正ナル制裁ヲ主張ス

內政ニ關シテハ秩序及改良ヲ旨トシ國民的ナル共和制ニ基キ國家ノ改善ヲ行フ爲全國民ノ共力ヲ要求シ非宗敎的（laïcité）立法及宗敎ニ關スル國家ノ中立ヲ維持シ公共事業ニ於ケル同盟罷工嚴禁、三權分立ノ尊重、行政上ノ地方分權及簡捷、煽動者及無政府主義者ニ對スル嚴正ナル反抗、亂暴及反動的黨派ニ對スル共和諸黨ノ提携、國家ノ安全ニ適スル程度ノ兵役期間ノ短縮、現行選擧制度ノ改善及婦人參政權ノ漸進的擴張等ヲ主張ス

經濟上ニ於テハ工、商、農業ノ自由復歸（戰時中ノ制限ニ對シ）荒廢地復舊ニ對スル國家、縣、市及私設團體ノ共力、完全ナル專門敎育制度ノ組織、領事制度ノ改善等ヲ主張ス

社會政策トシテハ民主思想ニ忠實ニシテ寬大ナル且健實ナル改良主義ヲ奉ス但シ一切ノ團體所有權主義（collectivisme）ヲ排ス勞働契約ノ尊重、勞働自由ノ保護、勞働爭議ノ防止及緩和、職業上ノ組合、雇主及勞働者ノ協調、共和制ノ社會政策的立法及適用（例ヘハ所有權ノ獲得、安備住宅、生產共同、手工組合等）多數ヲ有スル家族ノ補助及國民出生率增加ニ關スル適當ナル方法、國民敎育制度ノ改正、社會平和ヲ安定シ勞働者ヲシテ革命的又ハ共產主義的傾向ヨリ轉シテ進步的秩序的民主々義ノ實現ニ向ハシムヘキ一切ノ方法等ヲ主張ス

財政ニ關シテハ侵略者ノ賠償支拂及辨償ニヨリ佛國ノ信用及財產ノ囘復、經費節約、戰時中創設セル不用ノ特別會計削除、成ルヘク速ニ豫算上ノ平衡ヲ囘復シ債務償却ノ健全ナル方法ヲ講スルコト等ヲ主張ス

（六）　急進及社會急進共和黨　(Parti Républicain Radical et Radical Socialiste)

同黨ハ極力民主主義ヲ奉スルモ數次變遷ヲ重ネタル沿革上黨中個人主義ト社會主義ノ兩端ニ傾ク分子ヲ存シ一方個人所有權制ヲ支持シテ團體所有權主義 (Collectivisme) 及共產主義 (Communisme) ヲ排斥スルモ所謂「左黨ニ敵ナシ」ト稱シテ社會黨ト接近シ他方ニ於テ穩和共和黨ノ極端ナル個人主義及自由主義ヲ非難シ國家干涉主義ニヨリ資本家ノ專橫ヲ抑ヘントシ諸種ノ國家獨占事業ヲ唱導ス殊ニ同黨ハ最近「左黨聯合」ヲ希望シ自ラ同黨ト社會黨トハ其畛域明瞭ナラサル場合アリ

同黨ノ政綱ハ元來一九〇七年「ナンシー」大會ノ綱題ヲ基本トナシ年々若干ノ修正ヲ加フルモノナルカ由來敎會ノ勢力ヲ惡ムコト蛇蝎ノ如ク所謂政敎分離ヲ以テ其ノ第一要綱ト爲セリ今大戰後ノ同黨政綱ヲ網羅セル一九二〇年十月「ストラスブルグ」大會宣言及綱領ノ要點ヲ擧クレハ左ノ如シ

良心ノ自由及宗教的平和ヲ佛國ニ確保スル一切ノ非宗教的法律（Les lois de laïcité）ヲ維持シ極力羅馬法王トノ關係恢復及教派的學校ニ對スル補助金供與ニ反對ス

憲法ノ卽時改正ハ現狀ノ下ニ於テハ却テ不安ヲ釀シ不必要ニ國民的團結ヲ危フスル政治的危機ヲ惹起スル惧アリト爲ス又組合權ノ如キ公共的自由ヲ擁護シ秩序ヲ維持シ公務ヲ保障スル爲民主政治ニ反セサル限リ最大限度ノ自由ヲ確保スヘキ官吏保護制度（官吏組合權ヲモ認ム）ヲ設ケンコトヲ希望ス

國家生産ニ勞働者ノ忠實ナル共力ヲ要スルヲ說キ勞働ノ結果ノ正當ナル部分ヲ勞働者ニ確保スヘキ正義ノ制度必要ナルヲ認ムルト同時ニ暴戾又ハ革命的行動ヲ排斥シ勞働者ハ其勤勞ニ應シテ勞働ノ代價ヲ享有スヘキモノト爲ス

國防ニ關シテハ國家ノ安全ヲ確保センコトヲ欲スルモ征服又ハ冒險ノ政策ニ反對シ—陸軍ハ材料ヲ充實シ現役兵役期間ヲ一ケ年トス

教育ニ關シテハ教育上中立（宗派ニ對シ）及良心ノ自由ヲ尊重シ教員ノ保護、非宗教的及義務的教育、男女義務教育發達、專門教育、（貧民兒童教育保障等ヲ主張ス

外政ニ關シテハ獨逸ニ對シ「ヴエルサイユ」條約ノ全部履行、英米トノ外交上ノ協調戰前獨墺

ノ壓迫ヲ蒙リタル中歐諸國トノ友誼ヲ發達セシムルコト佛露間ノ友誼恢復反對、國際聯盟支持、羅馬法皇トノ外交關係復舊反對ヲ主張ス

(七) 社會共和黨 (Parti Républicain Socialiste)

同黨ハ社會黨ヨリ脫シテ獨立セル一分派ニシテ社會主義ヲ奉スルト共ニ共和制ヲ支持シ革命的過激手段ヲ好マス畢竟改良派 (Réformiste) ニ外ナラス從テ時トシテ共和諸黨ニ近キ又時トシテハ社會黨ト提携ヲ辭セス

同黨ノ政綱ハ改良 (Réforme) ヲ以テ勞働者ノ權利ヲ確保スル爲一層完全ナル改造及社會的秩序設定ニ至ルノ道程ニ外ナラスト爲シ機械ノ發達及資本ノ集中ニヨリ勞働者ヲ單ニ賃金取リト爲スカ如キ種類ノ工業ハ漸次私營ヨリ公營ニ移スヲ要ストナシ此改造ノ準備トシテ組合制度、勞働者ノ經營及收益參加、私營事業ニ代フルニ國營ヲ以テセンコトヲ主張ス

農業ニ關シテハ社會黨ト異リ小作農夫ヲ「プロレタリア」ニ糾合セントセスシテ寧ロ小農所有者ヲ奬勵シ獨立生産者ノ組合ヲ以テ足レリトス

行政上ニ於テハ漸進的所得稅行政改革等ヲ唱導シ宗敎ニ付テハ排敎會派ナリ

外交國防ニ付テハ平和主義ナルモ外國ノ侵害ニ對シテハ反抗スヘシト爲ス

（八）　社會黨 (Parti Socialiste)

國際勞働黨佛國支派 (Section Française de l'Internationale Ouvrière)

同黨ハ諸派ノ社會主義者團體（革命的社會主義勞働黨 Parti Ouvrier Socialiset Révolutionnaire、佛國社會黨 Parti Socialiste de France、佛蘭西社會黨 Parti Socialiste Français、其他五個ノ自治聯合 Fédérations Autonomes）ノ合體セルモノニシテ個人主義及資本主義ニ基ク現社會制度ニ反對シ社會主義ニ依ル新社會ノ建設ヲ理想トス同黨ハ自ラ定義シテ「社會黨ハ生産及交易ノ方法ヲ社會化シ資本主義ヲ改造シテ團體所有主義 (Collectivisme) 又ハ共産主義 (Communisme) ノ社會ト爲サンコトヲ目的トスル階級黨 (parti de classe) ナリ」ト爲シ社會ノ支配權ヲ中産階級 (bourgeoisie) ヨリ奪ヒテ勞働階級 (Prolétariat) ノ手ニ收メンコトヲ期スル所謂階級鬪 (lutte des classes) ヲ唱フ從テ同黨ハ階級的、勞働的、革命的、國際的、平和的、非軍國的、非殖民的ノ特色ヲ帶フ

同黨ノ綱領ハ憲法改正準備トシテ選擧上ノ比例代表、兵役年限短縮、漸次正規陸軍ヲ民兵 (Militia) ニ代フルコト漸進的所得税、資本税、組合組織ノ自由、養老疾病傷害失業ニ對スル國家保險制度、教育普及發達等ヲ主張ス

外交ニ關シテハ國家主義及軍國主義ヲ排シ世界ノ平和ニ缺クヘカラサル英佛ノ同盟ヲ妨ケサル程度ニ於テ獨逸トノ接近ヲ主唱シ國際聯盟ハ資本主義ノ一機關ニ外ナラストシテ非難ス

（註）同黨ハ社會主義ヲ奉スルニ拘ラス佛國人口ノ大部分ヲ占ムル小農作者カ同時ニ小農業所有者ニシテ農業勞働者ナルノミナラス最モ保守的ニシテ且個人主義的ナルニ鑑ミ之ニ對シテハ其生產社會化主義ヲ緩和シ「同黨ハ農民ニ反對スルモノニアラスシテ勞働者ヲシテ生產機關ヲ有セシメントスルモノナリ然ルニ農民ハ生產ノ所有者ナルカ故ニ之ヲ奪フヲ欲セサル而已ナラス却テ之ヲ保護セントス」ト聲明セリ（一九一九年夏宣言）

（九）　共產黨（Parti Communiste）

共產國際黨佛國支派（Section Française de l'Internationale Communiste）

同黨ハ一九二〇年十二月「ツール」社會黨大會ニ於テ同黨カ露國ノ共產國際黨卽チ第三國際主義黨（Troisième Internationale）參加問題ニ分裂シタル際右參加ニ贊成セル所謂多數派（majoritaires）ニヨリ創設サレタルモノニシテ共產主義ヲ奉シ「モスコー」ナル共產國際黨ノ一支派ニ外ナラス但シ其揚言スル處ニヨレハ佛國共產黨ハ「モスコー」ナル第三國際主義黨ノ所謂二十一ヶ條件ナルモノヲ尊重スルノ要ナク又何等共產黨中央執行委員會ノ命ヲ奉スルノ義務ナク自黨任意

ノ決議ニ從フノミナリト云フ

同黨ノ政綱ハ前記社會黨ト大同小異ナルモ共産國際黨ト歩調ヲ保ツ爲隨時改正ヲ爲ス而モ社會黨ト共産黨トハ常ニ互ニ相鬩クト雖政治上ニ於ケル行動ハ殆ント同様ニシテ殊ニ其共同ノ敵タル資本主義ニ對シテハ常ニ同盟ヲ爲ス只タ其ノ手段方法過激ニシテ革命的色彩ヲ帶ヒ實際上ニ於テハ新組合主義者一派（Neo-syndicaliste 又ハ C.G.T.）又ハ無政府主義者（Anarchistes）ト行動ヲ共ニスルコトアリ

（附） 佛國勞働組合

（革命的組合主義者）（Syndicalistes Révolutionnaires）

同主義者ハ社會主義者ノ如ク未タ政黨ヲ組織セス又之ヲ組織スルヲ欲セサルモ廣ク勞働階級ニ傳播シ特ニ社會勞働問題ニ關シ政治上ノ一勢力ナルノミナラス「ヴエルサイユ」條約ニ反對セルカ如キ政治上ニ干與スルコトアルヲ以テ茲ニ之ヲ附記ス

同主義者ノ主義及目的ハ Georges Sorel, Lagardelle 及 Berth 等ノ唱導セル所謂新組合主義（Néo-Syndicalisme）ニ基キ資本主義ノ現社會制度ニ反抗シ勞働階級ヲ主腦トスル新社會ヲ實現セントスルモノナルカ其手段方法トシテ社會主義者カ政治的方法卽チ議會主義（Parlementalisme）ニ依ルニ反對シテ之ヲ以テ緩漫ナリトシ勞働組合（Syndicat）ヲ以テ其機關トナシ一般的同盟罷業（Grève générale）又ハ「ボーイコット」、「サボタージ」等ノ直接行動（Action directe）ヲ以テ階級鬪爭ノ目的ヲ達成セントシ就中其極端ナル分子ニ至ッテハ政府及法律ヲ無視シ殺人及爆破ヲ以テ其手段トナスコトアリ

其ノ綱領ハ世界的平和、戰爭排斥、戰爭ニ對シ一般的同盟罷業（一九二二年七月決議）國際聯盟支持、保護關稅及通過稅局廢止、經濟戰廢止、國際原料分配ノ爲運搬事務所ノ設立、軍備撤廢、個人ノ自由、勞働ヲ商品視セサルコト、男女同權、官吏組合組織權、農工商業勞働八時間制、十八歲以下婦女小兒及製麵麭業ノ勞働ノ夜業禁止、勞働災害保險、義務敎育十四年制、組合代表ニ基ク國民經濟理事會ノ設立、生產者消費者及政府ノ共同組織ニヨリル荒廢地復舊、勞働者住宅及公共遊戲地市營等ヲ主張ス又財產ハ社會公共ノ爲ニ個人ノ所有ニ委托サレタルモノナルヲ以テ國家ハ其財產權ノ行使ヲ監督スヘク若シ國家自ラ直接生產ヲ司ルヲ不可ナリトセハ必需品ノ生產ニ付テハ國家之カ勞働條件及利益分配等詳細ノ規定ヲ設ケサル可ラスト爲シ又外國勞働者ニ佛國勞働組合員同樣ノ特權ヲ認ム

佛國勞働組合ノ組織ハ其中央機關ヲ勞働總聯盟（Confédération Générale du Travail）又ハ略シテ

C・G・T・ト稱シ二千餘ノ地方的同業組合ヨリ成リ是等組合ハ更ニ產業ノ種類ニヨリ約四十三ノ全國同業組合聯合（Fédération Nationale de Métier et d'Industrie）ヲ組織シ勞働者ハ各自ノ同業組合ニ屬シ同組合ハ當該產業ノ聯合ニ屬シ右組合及聯合ハC・G・T・ニ屬ス卽チC・G・T・ハ是等聯合ノ代表者並各縣ノ同業組合團體（Bourse du Travail 又ハ Union des Syndicate）ノ代表者換言スレハ產業ノ種類代表並地方的代表ニヨリ組織セラルルモノトス從テC・G・T・ハ（一）產業組合聯合及（二）地方的組合聯合ニ分レ各部ニ幹事ヲ置キ此二部ノ幹事ノ聯合ニヨリ組織セル聯合委員會ナルモノ總務ヲ司ル而シテ此委員會ハ更ニ三部ノ委員ニ分レ一ハ同盟罷業二ハ統轄三ハ機關紙監督ヲ司ル

C・G・T・成立ノ由來ハ一九一二年「アーヴル」ニ於ケル社會黨大會ニ際シ同黨ヨリ離脫シテ組織セルモノニシテ其中 Jouhaux 氏ノ卒ユル穩和派ト Pierre Monatte 氏ノ卒ユル少數急激派ノ兩分子ヲ有シ一九二一年七月「リール」大會以來特ニ兩派ノ確執顯著トナリ急激派ハ露國ノ第三國際黨ニ參加シ共產黨ノ手先トナリ其中央機關ヲ Confédération Générale du Travail Unitaire ト稱シ各地方ニ革命的「サンヂカ」委員會ヲ設ケタリ爾來兩派各別ニ會合ヲ催シ數次ノ曲折ヲ經本年二月穩和派ノ評議員會決議ニヨリ遂ニ佛國勞働組合ノ分裂ハ全ク既成ノ事實トナルニ至

レリ即チ佛國勞働組合ハ露國々際黨ニ參加セルC・G・T・U・一派ト之ニ反對セル從來ノC
G・T・ト分立スルニ至レリ

第三章　各黨派成立ノ由來

佛國ニ於ケル近世的政黨ノ組織ハ僅ニ一九〇一年以後ニ屬スト雖是等各黨派的政見ノ分岐ヲ來シタル淵源ハ遠ク佛國革命ニ遡リ一七八九年六月「ヴエルサイユ」ニ於テ國民議會（Assemblée Nationale）成立スルヤ革新ニ對シ從來ノ制度ヲ擁護セントスル貴族及僧侶ノ一團ヲ生シ之ニ對シ「ブルタンニユ」地方人ヲ中心トスル民主々義派ノ一團次第ニ結束シテ「ジヤコバン」結社（La Société des Jacobins）ナルモノヲ組織シ同年十月同結社ハ「ヴエルサイユ」ヨリ巴里ニ移轉シ漸次他ノ地方ノ人士ヲ網羅シ所謂「民衆擁護者トシテ知ラルル代議士」全部（“tous les députés reconnus pour être les défenseurs de la cause du peuple”）ノ一團結ト成レリ蓋シ此ノ「ジヤコバン」結社ハ佛國政黨ノ濫觴ナリトス

一八七〇年第三次共和制建設ノ當時普佛戰爭ノ結果其休戰條約ノ規定ニ基キ單ニ對普和戰ノ決定ヲ爲ス爲メ召集セル國民議會及其後ノ同議會（一八七〇年―一八七六年）ニ於ケル議員ノ黨派別ハ帝政派（Impérialistes）正系派（Légitimistes）「オル レアン」派（Orléanistes）及共和派（Républicains）ノ分類ヲ示シタリシカ共和制愈々確立スルヤ爾來佛國政界ハ主トシテ共和派諸黨ノ離合ニ依リ各

黨變遷アリ今其各黨派ノ由來ヲ左ニ略敍スヘシ

一、立君派（Monarchistes）

立君派トハ所謂王黨及帝制派ノ總稱ニシテ就中現政黨ヲ組織シ居ルハ王黨ニ屬スル佛蘭西行動盟社ノミニシテ帝制派ハ僅ニ巴里ニ委員會ヲ有シテ互ニ聯絡ヲ保ツニ過キサルハ既記ノ如シ

（イ）王黨（Royalistes）

佛西行動盟社（Ligue de l'Action Française）

一八一四年再興セラレタル「ブルボン」家王朝カ一八三〇年七月第二革命ニヨリ顚覆セラルルヤ同家ノ長系タル「シャンボール」伯（Comte de Chambord）ヲ復活セシメント希望セル一派ヲ生セリ而シテ同伯カ「ブルボン」家ノ長系タルノ故ヲ以テ此一派ヲ正系派（Légitimistes）ト稱セリ又一八三〇年七月第二革命ニヨリ「ブルボン」家長系ニ代リ建設セラレタル弟系「オルレアン」家ノ王朝カ更ニ一八四八年巴里叛亂ニヨリ第三革命ニヨリ顚覆セラレ第二共和制樹立セラルルヤ同家ノ巴里伯（Comte de Paris）ヲ擁シテ「オルレアン」王朝ヲ囘復セントセル一派ヲ生セリ之ヲ「オルレアン」派（Orléanistes）ト稱セリ現今同派ノ擁立セントスル王位繼承候補者ハ「パリ」伯ノ子ナル「オルレアン」侯「フイリップ」八世（Duc d'Orléans,

Philippe VIII）ナリトス

斯ノ如ク王黨ノ二派ハ各其主張ニ徑庭アリシカ一八八三年「シャンボール」伯死シテ子ナク「ブルボン」家ノ長系茲ニ亡ヒ僅ニ弟系「パリ」伯ヲ殘スニ至リシカハ正系派ト「オルレアン」派トハ互ニ相融和スルニ至リシモ猶依然國旗トシテ三色旗ヲ排シ又其極端ナル君權天賦說ヲ棄テサリシ故遂ニ王朝復活ノ機ヲ逸セリ

一八九八年主トシテ「オルレアン」派ヨリ成レル佛蘭西行動委員會（Comité d'Action Française）ハ佛蘭西國家盟社（Ligue de la Patrie Française）ナル結社ヲ組織シタリシカ更ニ其政綱熟スルニ及ヒ一九〇五年一月十五日所謂新王制主義（Néo-Royalisme）（君權天賦說ニ代フルニ君權傳統說ヲ主張ス）ナルモノヲ標榜シ王制復古ヲ以テ時艱ヲ救濟スル唯一ノ方法ト爲ス佛蘭西行動盟社（Ligue de l'Action Française）ヲ組織スルニ至レリ

（ロ）　帝制派（Bonapartistes 又ハ Impérialistes）

一八四八年第三革命ニヨリ第二共和制建設セラルルヤ「ルイ、ナポレオン、ボナパルト」（Louis Napoléon Bonaparte）カ普通選擧ニヨリ大多數ヲ以テ大統領ニ當選シ次テ一八五一年國民直接投票（Plébiscite）ニヨリ大統領任期ヲ十ケ年ニ延長セラレ更ニ又普通選擧ニヨリ皇帝ノ位ニ卽クニ至レリ然ニ一八七〇年「ナポレオン」三世「セダン」ノ敗戰ニヨリ沒落シタルモ猶其子ヲシテ第二帝制ヲ復活セシメントスル一派ヲ存セリ之ヲ稱シテ帝制派又ハ「ボナパルト」派ト爲ス同派ハ一八七九年「ルイ、ナポレオン」ノ子陣歿シタル後同派ヲ率ユルニ足ル者ナク帝政復興ノ望モ殆ント絶ヘ一九一一年ニハ「ボナパルト」主義共和制（République Bonapartiste）ナルモノヲ主唱スル綱領ヲ發表スルニ至リ一九一四年及一九一九年ノ選擧ニモ或ハ獨立派（Indépendants）又ハ共和國民團結（Bloc National Républicain）中ニ混シ僅ニ其名殘ヲ歷史的反映ニ止ムルニ過キサルモ同派ハ巴里ニ「人民投票政治委員會」（Comité Politique Plébiscitaire）ナル機關ヲ有シ會員相互及流滴中ナル奈家ノ後裔「ヴイクトル、ナポレオン」（Victor Napoléon）トノ聯絡ヲ保チ議會ニ於テモ獨立派（Indépendants）中ニ王黨員ト共ニ「ボナパルト」黨員ヲ存シ相當勢力ヲ有ス

二、民衆自由行動社（Action Libérale Populaire）

一八九二年王黨「オルレアン」派ノ本尊「パリ」伯（Comte de Paris）カ基督教ヲ救護スルニハ只王制復古アルノミト宣言シタルニ對シ時局ヲ達觀セル羅馬法皇「レオン」十三世ハ「カトリック」教徒ニ對シ共和制ニ加擔スヘキ旨ノ敎書ヲ發セシヨリ之ニ從ヒ共和制ヲ支持シタル「カ

トリック」敎徒一派ヲ Ralliés ト稱シタリシカ一八九九年「ワルデック、ルツソー」(Waldeck Rousseau) カ「ツールーズ」ニ於テ有名ナル「カトリック」敎會排斥演說ヲ爲スヤ Ralliés ノ流ヲ汲ム國會議員等ハ主トシテ宗敎上ノ自由（其實「カトリック」敎會ノ特權）擁護ノ爲議會內ニ於テ一團結ヲ組織シ當初ハ單ニ之ヲ自由行動社（L'Action Libérale）ト稱セシカ更ニ之ニ「民衆」(populaire) ト一字ヲ加ヘテ民衆自由行動社（Action Libérale Populaire）ト命名シ一九〇二年五月十七日同黨ノ成立ヲ警視廳ニ登錄セリ佛國ニ於テ法規上ノ手續ヲ經テ政黨ノ成立ヲ見タルハ是ヲ以テ嚆矢トス

三、青年共和盟社（Ligue de la Jeune République）

王黨一派ノ「カトリック」派カ「カトリック」敎會ノ擁護ト共和制ノ排斥ニ努ムルニ反對シ「カトリック」敎ヲ奉スルト同時ニ民主共和主義ヲ唱ヘ共和制ヲ行フニ「カトリック」敎的基督敎主義ヲ以テセントスル運動ヲ生シ此一派ヲ「シイヨン」（Sillon）ト稱シタリ同派ハ單ニ一ニ國民的敎化團體ニ過キサリシカ其進步的敎旨ハ保守的「カトリック」派ノ反對ヲ買ヒ一九〇九年遂ニ羅馬法皇ノ命ニヨリ解散スルニ至レリ茲ニ於テ同派ノ領袖等ハ啻ニ敎化上ノミナラス政治上ニ於テモ舊來「シイヨン」ノ主義ニ基キ共和制ヲ支持スルニ基督敎主義ヲ以テスル爲新ニ一

ノ政黨ヲ組織セリ是ヲ青年共和盟社ト爲ス

四、穩和共和黨（又ハ進歩共和黨）（Parti Républicain Modéré ou Progressiste）

同黨ハ其源ヲ「コンドルセ」（Condorcet）及「ジロンド」（Gironde）一派ノ說ニ發シ一八一七年頃ニハ政治上ニ於テ秩序ト自由ノ調和ニ努力セントスル所謂 doctrinaires ノ一團ヲ生シ「ルイ、フイリツプ」王治下（一八三〇年乃至一八四八年）ニ於テハ共和主義者中ノ溫和進歩的分子カ其機關新聞「ル、ナショナル」（Le National）ニヨリテ政府ノ穩和且進歩的改良ヲ唱ヘ一八四八年二月以後ニハ共和黨ノ他ノ二派ト相結ンテ臨時政府ヲ組織シ所謂民主的共和制ヲ建設スルニ至リ一八五七年ニハ同派ニ屬スル五名ハ立法府ニ入リ漸次議會的活動ニ參與スルニ至リ一八七三年ヨリ一八七七年ニ至ル間ハ他ノ二共和派卽チ中央左派ト極左派ト相結ンテ右黨三派ノ聯合卽チ「オルレアン」派、正系派、帝制派ニ對立シテ共和制ノ樹立ニ奮鬪セリ第三共和制確立スルヤ同黨ハ一八七八年ヨリ一八九八年ニ至ル二十年間「ガンベツタ」「フエルリー」「リボー」「メリヌ」等ノ首領ノ下ニ佛國ヲ支配セシカ其黨首「ワルデツク、ルツソー」カ左黨ニ傾キ極力非敎會政策ヲ執ルヤ同黨ノ一半ハ之ニ反對シ殊ニ同氏ノ後繼者「コンブ」（一九〇二年—一九〇五年）カ一層極端ニ同政策ヲ持スルニ反抗シ一九〇三年十一月同黨大會ニ於テ Audiffret ノ率ユル Association Républicaine National, Barboux ノ率ユル Union Républicaine Libérale 及 Jules Méline ノ率ユル Alliance des Républicains Progressive ヲ合同シテ茲ニ Fédération Républicaine ヲ組織シ更ニ一九〇六年之ヲ改造シテ新會員ヲ得ルニ至レリ

五、民主社會共和黨 (Parti Républicain Démocratique et Social)

同黨ハ元來共和政府ニ對スル Anti-Sémitisme ノ跋扈及 Nationalistes ノ脅威ニ對シ民主的共和制ヲ擁護スル爲孤立散在セル共和主義者等ヲ糾合スルノ目的ヲ以テ一九〇一年五月一日 Carnot 等カ其機關紙 Le Paysan de France 社ニ於テ創立セルモノニシテ當初ハ其組織ヲ Alliance Républicaine ト稱シタリシカ一九一一年七月以來之ヲ Alliance Républicaine Démocratique ト稱スルニ至レリ是レ卽チ同黨ノ機關ナリ

六、急進及社會急進共和黨 (Parti Républicain Radical et Radical Socialiste)

同黨ノ起源ハ佛國革命當初ノ Jacobins 結社並ニ一八四八年革命ノ Ledru-Rollin 及 Arago ノ徒ニ淵源ス一七九二年共和制宣言後 Convention ニ於テ「ジヤコバン」結社 (Société des Jacobins) ヲ率キタル所謂山岳黨 (Montagnards) ハ革命派ナル Hébertistes,「ダントン」派ナル Modérés 並ニ「ロベスピール」派ナル Jacobins ノ三派ニ分レタリシカ一八一五年以後神聖同盟ノ僧侶ノ勢

力回復ニ反對セル各派ヲ糾合シ一八三〇年ヨリ一八四八年ニ至ル「ルイ、フイリップ」王政時代ニハ三色旗ヲ標榜スル National 新聞一派ノ「ブルジョア」共和派並ニ赤旗ヲ掲クル Réforme 紙一派ノ共產派ニ對立シテ別ニ急進派ヲ構成シ一八四一年 Ledru Rollin ノ提唱セル社會改良ノ綱領及 Arago ノ首唱セル鐵道ヲ國家ノ監督ノ下ニ大會社ニ經營セシムル綱領（國有ニアラス）並ニ一八四七年 Ledru Rollin 及 Arago 兩氏ノ普通選擧主張ニヨリ急進派ノ旗幟ヲ明ニシ第二次帝制時代ノ末年ニハ Radicaux ト稱セラレ又一八六九年ノ選擧ニハ Irréconciliables ト稱セラレシカ一八七一年以後第三共和制建設ト共ニ同黨ハ數派ニ分ルルニ至レリ卽チ一八八〇年當時最モ進步的ナリシ Union Républicaine 黨中ノ急進分子ニシテ Les Intransigeants ト稱セラレタル一派ハ當時政權ヲ握レル同黨ノ首領株ナル Thiers ノ保守主義並ニ Gambetta 及 Ferry ノ Opportunisme ニ反對シテ同黨ヨリ脫シ極力一八六九年ノ綱領ニヨリ共和主義ノ理想ヲ實現セシコトヲ目的トシテ團結シ漸次優勢トナリ一八九二年ニハ社會主義者ト提携シテ社會急進黨（Radicaux-Socialistes）トナリ一八九八年頃迄ハ常ニ穩和共和黨ニ反對シ殊ニ黨將「クレマンソー」ノ如キハ內閣ヲ破壞スルコト十八ニ及ヒ「內閣破壞者」ノ名ヲ以テ有名トナレリ一八九五年 Radicaux ハ排敎會（政敎分離）、所得稅、社會改良等ノ政綱ニヨリ Radicaux-Socialistes 並純粹ナル Socialistes ヲ糾合シテ急進黨聯立內閣（Bourgeois-Doumer 聯立內閣）ヲ組織スルニ至レリ一九〇一年急進黨、社會急進黨、及社會主義派ハ公然合同シテ玆ニ急進及社會急進黨ヲ組織シ「コンブ」內閣ヲ成立スルニ至レリ爾來同黨ハ議會ノ一勢力ヲ爲スニ至レリ

七、社會共和黨（Parti Républicain Socialiste）

社會主義者ナルモ同時ニ共和主義者ニシテ社會改良主義ニ傾キ又「ブルジョア」階級ノ政府ニ參與スルコトヲ辭セサル「ブリアン」（Briand）、「ミルラン」（Millerand）等一派ハ一九〇五年社會主義者ノ諸派カ合同シテ統一社會黨ヲ組織シ國際勞働黨ノ佛國支派トナルヤ之ニ參加スルヲ肯ンセスシテ獨立シ別ニ一九一〇年ノ選擧ニ於テ或ハ Socialistes Républicains 或ハ Socialistes Indépendants 又ハ Radicaux ナル名稱ノ下ニ選擧セラレタル約三十名ノ代議士ヲ合同シテ議會內ニ於テ社會共和黨ト稱スル一政黨ヲ組織スルニ至レリ但シ同黨ハ名士ニ富ミ議會內ノ一勢力タルモ國內ニ黨員ヲ有スルニアラスシテ恰カモ軍隊ヲ有セサル參謀本部ノ如シト云フ

八、社會黨（Parti Socialiste）

佛國ニ於ケル社會主義者ハ十八世紀ノ末葉ニ於テ既ニ其萠芽ヲ現ハシ Blanqui 及 Barbès ノ徒ニヨリ主トシテ勞働者間ニ祕密團結ヲ爲シ一八三〇年ノ革命ニハ共和派ト劃然分離スルニ至ラ

サリシモ勞働者階級間ニ現ハレ一八三二年ニハ一切平等ノ社會 règne de l'égalité ヲ建設セントスル宣言書ヲ發スルニ至リ一八四〇年ニハ革命的共産主義ニ傾ク勞働黨ヲ構成シテ社會ヲ勞働階級ノ社會（Communauté des travailleurs）ニ改革センコトヲ欲シ一八四八年第三次革命頃ヨリ漸次其主義傳播シ同年六月及一八七一年ノ巴里叛亂ノ如キハ主トシテ社會主義者ニ負フ所多カリキ然ニ一八七一年巴里「コンミユーン」ノ亂後政府ノ採リタル嚴正ナル處置ハ社會主義運動ヲ殆ント絶息セシメタルカ一八七九年同亂犯罪者ノ特赦ハ更ニ同主義者ノ勢力ヲ復活增加スルニ至レリ

社會主義者カ組織的團體トシテ現ハレタルハ一八七四年ノ佛國勞働黨大會（Congrès du Parti Ouvrier Français）ナルカ此團體ハ一八八二年ニ J. Guesde ノ率ユル「マルクス」派（Groupe Marxiste）ト Paul Brousse ノ率ユル革命的社會主義勞働者佛國聯合（Fédération française des travailleurs socialistes révolutionnaire）ノ二派ニ分レ後者ハ更ニ一八九〇年同黨機關ノ中央集權問題ヨリ Brousse ノ率ユル改良派ト Allemane ノ率ユル革命派トノ二派ニ分レ又同時ニ無政府主義ニ類スル Blanqui 一派ノ社會主義者ヲ存シ議會ニ於テハ又旗幟不鮮明ノ數議員カ勞働黨（Parti Ouvrier）ナルモノヲ組織シ是等諸派ハ互ニ相反目セシカ一八九三年ノ選擧ニハ公然社會

主義者トシテ名乘レル議員二十五名ヲ出シ一方改良派ノ社會主義者ハ急進黨（Radicaux）ノ不平分子ト糾合シテ社會共和制革命行動盟社（Ligue d'action révolutionnaire pour l'événement de la République Sociale）ヲ組織シ合計五十五名ノ議員ヲ網羅シ初メテ議會內ニ社會黨ナル政派ヲ生スルニ至レリ

一八九九年所謂「ミルラン」事件ニヨリ社會黨諸派ノ合同成就セラレタリ「ミルラン」事件トハ社會黨員ナル Millerand カ當時ノ Waldeck Rousseau 內閣ニ商務大臣トシテ入閣スルヤ同黨員中 Guesde 及 Sembat ノ徒ハ社會黨員ニシテ「ブルジョア」階級ノ政府ニ參與スルハ「カール、マルクス」ノ敎義ニ背クモノトシテ反對シ一方改良派ニ傾ケル Briand, Viviani, Brousse, Jaurès 等ハ「ミルラン」ノ入閣ヲ支持シ同年、一九〇〇年及一九〇三年ノ同黨大會ニ於テ兎ニ角「ミルラン」ノ入閣ヲ是認シタルヨリ Guesde 一派ハ同黨ヲ脫シ別ニ佛國社會黨（Parti Socialiste de France）ヲ組織シ又改良派ノ Jaurès 一派ハ佛蘭西社會黨（Parti socialiste Français）ヲ組織セリ然ニ一九〇四年「アムステルダム」ニ於ケル社會國際黨大會ニ於テ「カール、マルクス」ノ敎條奉戴說勝ヲ制スルヤ佛國側代表 Jaurès ハ極力之ニ反對セシモ結局同決議ニ贊同シ從來佛國ニ於ケル社會主義者ノ諸團體卽チ革命的社會勞働黨(Parti Ouvrier Socialiste Révolutionnaire)、佛國社會黨(Parti Socialiste de France)、佛蘭西社會黨(Parti Socialiste Français)並ニ五個ノ自治地方的聯合(Fédérations régionales autonomes)ヲ糾合シテ一九〇五年三月「ルーアン」ノ大會ニ於テ統一社會黨(Parti Socialiste Unifié)一名勞働國際黨佛國支派社會黨(Parti Socialiste, section Française de l'Internationale Ouvrière)ナルモノ成立スルニ至レリ玆ニ於テ改良派ニ傾ケル「ミルラン」「ブリアン」「ヴイヴイアニ」「オーガンニユール」ノ諸名士ハ同黨ヨリ分離シテ別ニ獨立社會黨又ハ社會共和黨ナルモノヲ組織セリ然ルニ統一社會黨ハ一九二〇年「ツール」大會ニ於テ更ニ二黨ニ分裂シ其一派ハ別ニ共産黨(Parti communiste)ヲ組織スルニ至レリ

九、共産黨(Parti Communiste)

佛國社會黨ハ大戰中諸國ニ於ケル社會黨分裂ノ影響ヲ受ケ所謂多數派(Majoritaire)ト少數派(Minoritaire)トノ二傾向ヲ生シ前者ハ獨逸多數社會黨トノ關係ヲ囘復スルコトニ反對シ團體所有權主義ヲ固持シテ最後ノ勝利迄國防ニ努力センコトヲ聲明シタルニ反シ後者ハ純粹ナル「カール、マルクス」主義ヲ奉シテ獨逸社會黨トノ關係復舊及階級鬪爭ヲ以テ其綱領ノ根本義トナセリ此二傾向ハ漸次增長シテZimmerwald系ノ徒ハ獨系ト聯絡ヲ保チ戰爭ヲ排シ極端ナル平和主

義ヲ稱ヘ Longuet 及 Pressemane ノ徒ハ比較的穩和ニシテ國防公債ニ應シタルモ猶且戰爭ノ原因ヲ以テ資本主義ノ責任ニ歸シ聯合國ノ帝國主義ヲ非難セリ又露國「ボルシエヴイズム」ニ對シテモ多數派ハ常ニ之ヲ排斥スルニ反シ少數派ハ之ヲ躊躇セリ斯クテ兩派ノ分裂ハ既ニ「ストツクホルム」大會ニ際シ其萌芽ヲ示シタリシカ一九二〇年十二月「ツール」ニ於ケル大會ニ於テ約三分ノ一ノ少數派（從來多數派ト稱セル Pierre Renaudel 及 Jean Longuet 等ノ一派ニシテ社會黨中ノ重ナル領袖株ノ大部分ハ同派ニ屬シ現ニ代議士五十三名ヲ有ス）ハ共產國際黨卽チ第三國際主義黨參加ニ反對シ他ノ約三分ノ二ノ多數派（從來少數派ト稱セル Ernest Lafont 及 Boris Souvarine ノ一派ニシテ Marcel Cachin; L. Frossard; Rapport; Vaillant-Couturier 等ノ領袖ヲ有スルモ代議士ハ僅ニ十五名ニ過キス）ハ之ニ參加スルコトヲ決議セリ茲ニ於テ社會黨ハ全ク二黨ニ分裂シ前者ハ依然勞働國際黨佛國支派社會黨トシテ存シ後者ハ共產黨卽チ共產國際黨佛國支派（Section Française de l'Internationale Communiste）ヲ組織シ露國共產黨ニ參加セリ

一〇、國民共和黨大同團結（Bloc Républicain National）

（最近 Action Républicaine Nationale ト改稱）

從來雜然タル小黨分立ノ佛國政界ハ最近ノ歐洲大戰爭以來二大潮流ニ劃セラレントスルノ傾向

ヲ生セリ即チ一方社會黨及共產黨カ漸次革命的色彩顯著ナルト同時ニ（急進社會共和黨モ亦反動的政治ニ反對シテ頻リニ「左黨聯合」(Union des Gauches) ヲ企ツ）他方共和諸黨カ極端ナル革命的運動ニ反抗シテ健全ナル共和制ヲ保持スル爲一致團結セントスルニ至レリ而シテ後者ノ傾向ヲ具體化セルモノ即チ Bloc Républicain National ナリトス但シ同團結ハ獨立ヲ保持セル數個ノ政黨ノ集合ニ過キスシテ未タ單一ナル政黨タルニ至ラス

一九一四年歐洲大戰勃發スルヤ當時ノ大統領「ポアンカレー」ハ「國民カ神聖ナル共同一致(Union Sacrée) ヲ以テ敵ニ當リ國ヲ護ランコト」ヲ激勵セル敎書ヲ發スルヤ諸政黨ハ所謂 Union Sacrée ノ下ニ一時政爭ヲ中止シ一意國防ニ從事シ內閣モ亦諸黨聯合ノ內閣ヲ維持シタルモ戰爭終熄スルヤ各黨再ヒ獨立ノ行動ニ復歸スルニ至リシモ戰後直ニ行フヘキ新選擧法實施第一回ノ選擧（一九一九年十一月）ニ當リ同選擧法ニヨルトキハ社會黨ニトリ有利ニシテサナキダニ同黨ノ社會革命的運動ハ戰後經濟界ノ不安ト共ニ漸次勢力ヲ占ムルノ傾向アルニ鑑ミ之カ反抗運動トシテ民主共和黨首領 Adolphe Carnot ノ主唱ニヨリ同氏ヲ總裁トスル共和諸黨ノ大同團結成立セリ之ヲ Bloc Républicain National ト稱ス

同團結ニ加盟セル諸團體ヲ擧クレハ左ノ如シ

（一）民主共和同盟（Alliance Républicaine Démocratique）

（民主共和黨ニ屬ス）

（二）民主共和聯合（Fédération Républicaine Démocratique）

（穩和又ハ進步共和黨ニ屬ス）

（三）急進社會共和黨（Parti Radical et Radical-Socialiste）

（四）社會共和黨（Parti Républicain Socialiste）

（五）商業者共和委員會（Comité Républicain du Commerce）

（六）共和國民聯合（Union Nationale Républicaine）

（七）民衆自由行動社（A.L.P.）

同團結ノ目的ハ各黨固有ノ主義ヲ保持シナカラ次ノ四年間ハ總テノ共和諸黨ニ共通ナル綱領ニヨリ國家的改造ヲ成就セントスルニ在リト稱スルモ要ハ一九一九年ノ選擧ニ於テ社會黨候補者ニ對シ諸共和黨合同ノ候補者ヲ出シテ之ニ當ラントスルニアリキ今其ノ綱領ノ要點（一九一九年十月二十四日宣言）ヲ擧クレハ次ノ如シ

（一）「ボルシエビズム」ノ暴戾又ハ專制ニ反對

（二）政府及議會ノ改良（權限分割、內閣安定、專門家使用）
（三）官公廳ノ改善
（四）兵役年限短縮及國防ノ民主的組織
（五）國家ト敎育トノ獨立（良心ノ自由）
（六）個人ノ創意奬勵及學資ノ協同
（七）組合組織權及其權限擴張
（八）社會保險及安價住宅
（九）從軍者及荒廢地民ニ對スル義務ノ履行
然レトモ同團結ハ結束鞏固ナルヲ得ス一九一九年ノ選擧ニ於テモ其實擧ラス各黨各自ノ政見ヲ發表シ團員中調和ヲ缺キ商業共和委員會先ツ之ニ反對シ次テ「カトリック」黨ノ一部及急進社會共和黨ハ遂ニ之ヨリ脫退スルニ至レリ
同團結ハ最近更ニ之ヲ改造シテ「共和國民行動社」(Action Nationale Républicaine) ト改稱シ前記加盟中右ノ脫退者ヲ除キタル外更ニ Ligue Démocratique d'Action Morale et Sociale, Quatrième République, Ligue Civique 並ニ Action Républicaine et Sociale 等ノ諸團體ヲ加ヘ François Arago

ヲ總裁トセリ一九二二年五月縣、郡各參事會員總選擧ニ當リ其幹部タル理事會（Comité Directeur）ノ名ニ於テ全國共和黨ノ團結ヲ要望セリ

同新團結タル Action Nationale Républicaine モ其前身タル Bloc Nat. Rép. ト均シク革命的社會主義又ハ共產主義運動ニ對抗シテ共和制ヲ擁護センコトヲ目的トスル獨立諸團體ノ聯合ニ過キスシテ未タ統一的政黨ヲ構成セルモノニアラサルハ一九二二年六月同總裁「アラゴー」ノ聲明スル所ナリ今其政綱要領及重ナル役員ヲ擧クレハ左ノ如シ

（政綱）國民ノ團結、國境ノ安全、「ヴェルサイユ」條約ノ嚴正ナル實施、國家經濟及財政ノ改造、行政整理、施政方法ノ改善

（役員）總　裁 François Arago（衆議院議長）

副總裁 Issac（代議士、前大臣）

同 Touron（上院議員）

同 Xavier de la Rochefoucauld（A.L.P.）

同 Edward Soulier（代議士）

同 Joseph Barthélemy（代議士）

幹事長 Albert Orry

第四章　各黨派勢力ノ消長

佛國政界ニ於ケル諸黨派ノ趨勢ヲ見ルニ未タ近世的政黨ノ組織成ラサリシ以前「ナポレオン」沒落後卽チ一八一四年ヨリ一八七〇年ニ至ル間ハ「ブルボン」家及「オルレアン」家一派ニ屬スル所謂王黨（Royalistes）ノ天下ニシテ一八五一年「ルイ、ナポレオン、ボナパルト」カ人民直接選擧ニヨリ大統領トナリ次テ皇帝トナルヤ其一派卽チ帝政派又ハ「ボナパルト」派（Bonapartistes）又王黨ト相倂立シ之ヲ合稱シテ所謂立君派（Monarchistes）優勢ニシテ一八七一年二月八日普通選擧ニヨリ成立セル國民議會（Assemblée Nationale）（普佛戰爭ノ休戰條約ニ基キ更ニ和戰ヲ決定スル爲召集セルモノ）ニ於テモ立君派多數ヲ占メタリ今同議會ニ於ケル黨派別概數ヲ示セハ總議員七百三十八名中帝制派（Bonapartistes）三〇、正系派（Légitimistes）二〇〇、「オルレアン」派（Orléanistes）二〇〇、共和派（Républicains）二〇〇其他所屬不明ナリキ而モ同年七月ノ補缺選擧ニ於テハ缺員百十一名中百名ハ共和派當選シ國內共和派ノ勢力漸次增加ノ趨向ヲ示シタルモ一八七五年共和制憲法成立ノ際マテハ猶立君派優勢ヲ占メ同憲法ハ僅ニ立君派ノ妥協ニヨリ成立スルヲ得タリシナリ然ニ一八七六年春新憲法ニ基キ組織セル第一回國會ニ於テハ上院ハ立君派優勢ナリシモ下院ハ共和派ノ支配ニ歸シ正系派ト「オルレアン」派ノ紛爭及「ボナパルト」派ノ沒落ハ立君制復興ノ望ヲ少カラシメ共和派ノ勢力漸次增加シ來リ一八七九年ノ選擧ニハ上院モ亦共和派ノ支配スル處トナレリ當時共和派ノ重ナルモノハ極左黨、左黨及中央左黨ニシテ就中「ガンベツタ」ノ率ユル極左黨ハ一八六九年「ベルヴイル」ニ於ケル宣言ニヨリ政敎分離、判事選擧、所得稅ヲ主唱シテ名聲嘖々タルモノ之ニ次クハ本來ノ共和派ナル共和左黨ニシテ共和派中ノ保守黨ナル中央左黨ハ最劣勢ナリキ

一八七七年「マクマホン」大統領ノ治下ニ於テ敎政ノ紛爭ハ當時敎會ノ後援ノ下ニ立君派ニ傾ケル政府ト議會ヲ率ユル共和派トノ確執ヲ生シ遂ニ議會解散ヲ見ルニ至リシモ共和派ノ優勢ハ依然トシテ保持セラレ首相 Rochebouët 將軍ノ辭職ニヨリ立君ノ企圖ハ遂ニ斷絕スルニ至リ共和派ハ玆ニ議會兩院並ニ大統領ヲ支配スルニ至レリ

一八七七年ノ政爭以來右黨(立君派)諸黨ハ合同シテ互ニ其政見ヲ讓步シ君主制回復ノ主張ヲ弱メ自ラ保守黨 (Conservateurs) ト稱シ中央左黨亦其態度曖昧ニシテ敎會派ニモアラス非敎會派ニモアラサル爲勢力ヲ失墜シ又「ガンベツタ」ノ極左黨モ其政敎分離ノ政策實現困難ナルヨリ之ヲ見合ハセ共和左黨ト合同シテ機會主義派 (Opportunistes) ト稱シ更ニ一八八九年後ハ穩和黨 (Modérés)

ト稱シ更ニ一八九八年後ハ進步黨（Progressistes）ト稱シ一八九九年「ワルデック、ルッソー」內閣組織迄約二十年間ハ下院ニ於テ最多數ヲ占メ其間二十七個ノ內閣中五六ヲ除ク外ハ槪ネ同黨ニヨリ組織セラレタリ

然ニ極左黨ノ一部ニシテ一八六九年「ガンベッタ」ノ「ベルヴィル」宣言ノ綱領ヲ固執スル一派ヨリ成レル急進黨（Radicaux）ハ極左黨ノ首領等ノ軟化ヲ攻擊シ就中「內閣破壞者」ヲ以テ有名ナル「クレマンソー」ノ奮鬪ニヨリ漸次勢ヲ增シ二十世紀ノ初頭十數年間ハ急進黨最優勢ナリキ

一八八一年ノ選擧ニハ急進黨ト機會主義黨トハ全ク分裂シ議員總數五百四十七名中保守黨九〇、急進黨四六、共和左黨一八六、「ガンベッタ」一派二〇四ヲ算シタリシカ「ガンベッタ」ノ死沒並其後繼者「フェリー」ノ極端ナル非敎會的施政及殖民地膨脹政策ハ機會主義黨ノ人望ヲ弱メ一八八五年選擧ニハ保守黨一八〇、急進黨一五〇、機會主義黨二五〇（前回選擧共和左黨及「ガンベッタ」派合計三九〇ニ比シ約百四十名減少）ヲ示シ內閣ハ急進黨及機會主義黨ノ聯合ニヨリ成レリ

一八八九年ノ選擧ニハ恰カモ Boulanger ノ跋扈ニヨリ政界攪亂セラレタルモ大勢大差ナク曩ニ機會主義黨ト稱セルモノ穩和黨（Modérés）ト改稱シテ稍々優勢トナリ保守黨ハ二十名ヲ減シテ「ブ

ーランジェ」一派ノ所謂國民黨（Nationalistes）（約四〇名）ト聯合シ急進黨ハ「ブーランジェ」ト接近セル爲人望ヲ失シテ約三分ノ一ヲ減シ社會黨ハ初メテ十七名ヲ出スニ至レリ

一八九二年ニハ所謂巴奈馬監獄事件アリテ保守黨及國民黨ハ切リニ共和黨ヲ攻擊セシニ拘ラス一八九三年選擧ニハ却テ保守黨ノ勢力減少シ其一部ハ新ニ成立セル Ralliés ト稱スル一團（後ニ Action Libéral populaire 黨ヲ組織セルモノ）ニ吸收セラルルニ至レリ同選擧ニ於テハ社會黨ノ擡頭ヲ示シ巴奈馬事件ニヨリ「ブルジョア」階級政府ノ秕政ヲ鳴ラシ議員二十五名ニ增加シ一八九六年ニハ「サンマンデ」ニ於ケル有名ナル「ミルラン」ノ社會黨綱領ヲ聲明スルニ至リ當時「ブルジョア」ヲ總裁トセル急進黨中社會黨ニ參加スル者ヲ生シ是等分子ハ自ラ急進社會黨（Radicaux-Socialistes）ト稱スルニ至レリ

一八九四年「ドレーフユー」（Dreyfus）事件ハ政界ニ大波瀾ヲ湧起シ反動派ノ共和制反對、敎會派ト非敎會派ノ確執、軍人派ト議會主義派トノ反抗、共和諸黨間ノ反目、軍人派ト敎會派ト提携ヲ見タルカ一八九八年選擧ニハ右黨約二十名ヲ失ヒ Ralliés 八名ヲ增シ國民黨二十名ヲ得先ニ穩和黨ト稱シタル進步黨（Progressiste）ハ勢ヲ減シ急進社會黨ハ一七八、社會黨ハ五七ヲ得大勢左黨ニ傾ケルヲ示シ一九〇二年選擧ノ頃ニハ進步黨猶ホ依然トシテ優勢ヲ保チタルモ「ワルデック、ルッソー」內閣時代ヨリハ民主左黨、急進左黨、急進社會黨及共和社會黨ノ左黨四派ハ所謂共和黨團結(Bloc Républicain)ヲ構成シ「左黨代表」(Délégation des gauches)ナル合同委員會ヲ組織シ政界ニ有力トナリ「コンブ」內閣(一九〇二年—一九〇五年)時代ニハ同委員會ハ全ク政界ヲ左右スルニ至レリ一九〇六年ヨリ一九〇九年ニ至ル頃ハ「クレマンソー」ノ勢力政界ヲ壓シ同氏ノ率ユル急進黨ハ最優勢ニシテ一九一〇年選擧ニハ獨立派二一、右黨二〇、民衆自由行動派三二、共和合同(進步黨)七六、民主左黨七七、急進左黨一一三、急進黨一四九、共和社會黨三四、統一社會黨七五ノ結果ヲ示セリ急進黨ハ一九一二年穩和共和黨ノ「ポアンカレー」內閣次テ民主左黨ノ「バルッー」內閣成立ニヨリ一時政權ニ離レタルモ其勢依然トシテ一九一四年同黨ノ「ヅーメルグ」內閣ニヨリ再ヒ政權ヲ握ルニ至リ「ポー」大會ニ於テ急進派ト社會急進派トノ合同ニヨリ「カイヨー」ヲ其總裁ト爲セシカ「カイヨー」疑獄事件ノ爲稍勢力ヲ失墜セリ一九一四年選擧ノ結果ヲ示セハ右黨一六、民衆自由行動黨二三、共和聯合(曩ノ進步黨)三六、民主左黨三四、共和左黨五四、急進左黨六七、急進及社會黨一七二、共和社會黨二三、統一社會黨一〇二、無所屬四六、獨立八ナリトス

一九一四年歐洲大戰ニ逢遇スルヤ所謂 Union Sacré ノ下ニ諸黨派間ノ政爭ヲ一時中止シ各黨聯合

ノ內閣ヲ組織シタルモ實際ニ於テハ急進黨優勢ニシテ一九一七年「クレマンソー」內閣ニ至リ聯合內閣ヲ捨テ統一社會黨、共和社會黨、保守的共和派及立君派ヲ斥ケ主トシテ急進及社會急進黨ヲ以テ內閣ヲ組織セシカ統一社會黨ハ從來ノ政爭休止ヲ捨テ政府攻擊ノ態度ニ復歸セリ然ニ一九一九年ノ選擧ニ於テハ主トシテ共和諸黨ノ大同團結タル Bloc Républicain National 對統一社會黨合戰ノ姿ヲ呈シ從來優勢ナリシ急進黨ハ漸次勢ヲ減シ同選擧ニ於テハ其半數ヲ失ヒテ八十六名トナリ統一社會黨又三十四名ヲ失ヒテ六十八名ニ減シ却テ有利ナリシハ民主共和黨、進步共和黨及民衆自由行動黨ナリキ（同選擧ノ結果ニ成レル現在議會ノ各黨派ノ勢力ニ付テハ後章「現在議會內ノ黨派別」參照）卽チ同選擧ニヨリ佛國議會ハ最近二十年來初メテ保守的分子多數ヲ占ムルニ至レリ

第五章　各黨派ノ組織及勢力ノ根據

（總說）　佛國政黨ハ全國ニ亙リ國民ヲ網羅シテ截然政界ノ分野ヲ劃スルカ如キ統一的組織ト規律ヲ有スルモノ少ク（社會黨ノ如キヲ除ク外ハ）單ニ選擧區民ノ間ニ政治的委員等ノ設ケアルモ是等ノ地方的委員會ハ同地方ノ黨員ニヨリ選擧セラレタルモノニアラスシテ多クハ其地方ノ役人又ハ前官吏、店主、辯護士、敎師又ハ新聞記者等ノ政黨有志ノ團結ニ過キス又是等委員會ハ其同情ヲ有スル黨派ノ在巴里中央委員會ト聯絡ヲ保テルモ該中央委員會ノ命ヲ奉スルニアラス蓋シ一般民衆ハ特定ノ一黨派ニ決定的ニ所屬スルモノ少ク從テ議會內ニ於ケル政派別ハ必スシモ國內全般ニ於ケル黨派ヲ代表スルモノニアラス獨リ社會黨及共產黨ニ至リテハ議會ノ內外ニ亙リ其組織及規律最モ整頓シ諸黨中政黨トシテノ活動最モ顯著ナリ

各黨派勢力ノ根據ハ概ネ之ヲ地方別ニ觀察スルコトヲ得ヘシ例ヘハ佛國西部ハ概シテ舊守的ニシテ共和制及近代社會ヲ喜ハス東部ハ共和派ノ卒先者タリ北部ニ於テハ社會主義ハ鑛山地方ニ限ラレ「フランダー」沿海地方ハ保守的ニシテ西北部ノ「ブルタンニユ」地方ハ民主思想ニ富ミ敎會派反動派ニ反對ス又商工業者ノ中產階級多數ヲ占ムル地方ニハ穩和派勢力ヲ有スルコト例ヘハ「ルー

アン」(Rouen)、「マルセイユ」(Marseille) 等ニ於ケルカ如シ

一、立君派(Monarchistes)

同派ハ概シテ好ク結合スルモ統一的組織ヲ有スルニアラスシテ其分子タル王黨ト帝制派（ボナパルト派）ハ各別個ノ組織ト宣傳方法トヲ有ス議會ニ於テハ兩派トモ獨立黨 (Indépendants) ト稱スル政派ニ屬ス

（イ） 王　黨 (Royalistes)

（佛蘭西行動盟社 Ligue de l'Action Française）

同黨ハ其本部ヲ巴里ニ置キ全國ヲ十一區ニ分チ各區ニ委員ヲ置ク又王黨中ノ青年等ハ同黨ノ補助團體トシテ Camelots du Roi 及 Etudiants de l'Action Française ヲ組織ス

佛蘭西行動盟社ノ會員ハ王制復興ノ宣誓ニ調印シ一年最少限三法ノ會費ヲ納附ス會員數ハ發表セラレサルモ其數少ク主トシテ Tours 地方又中央地方ニ住ム舊貴族ヨリ成ル

同黨ハ日刊機關紙 L'Action Française ヲ發行シ又 Nouvelle Librairie Nationale ト稱スル出版所ヲ有シ同黨ノ奉スル主義ニ關スル書籍ヲ出版ス

（ロ） 帝　制　派(Bonapartistes)

同派ハ王黨ト同シク其性質上自ラ一ノ政黨タルコトヲ否定スルモ同派ノ氣脈ヲ通スル爲巴里ニ一ノ委員會(Comité)ヲ組織シ流竄ノ「ヴイクトル、ナポレオン」公(Prince Victor Napoléon)ト通信ヲ保ツ

同派ノ勢力ヲ有スルハ西部及北部地方ノ保守的人士並陸軍將校部内ニ多シ

二、民衆自由行動社(A. L. P.)

同黨ハ「カトリック」敎ノ政黨ナルモ其黨員ハ必スシモ「カトリック」敎徒タルヲ要セス會員ニハ個人又ハ團體ノ加入ヲ許シ會員ヲ分チテ本會員(Membres Sociétaires)及贊助會員(Membres adhérents)トナス

同黨ノ組織ハ一九〇一年ノ結社法ニ基キ一九〇二年五月十七日警視廳ニ登錄セルモノニシテ(一)地方委員會(市、郡、縣ニ置ク)(二)中央委員會(巴里ニ置ク)及(三)總會(毎年二回)ヲ有シ黨ノ全權ハ殆ント總裁ノ掌中ニ在リ

三、青年共和盟社(Ligue de la Jeune République)

同黨モ亦一九〇一年ノ結社法ニ基キ組織シタルモノニシテ其本部ヲ巴里ニ置キ黨ノ中央機關トシテ二十一名以上ヨリ成ル任期三年ノ評議員會(Conseil National)及毎年一回ノ總會(Assemblée

(Générale)ヲ有ス同黨會員タルニハ選擧權ヲ有スル佛國市民ニシテ同黨綱領ヲ奉シ他黨ニ屬セス又每年會費二法以上ヲ納ムルコトヲ要ス

四、穩和(又ハ進步)共和黨(Parti Républicain Modéré ou Progressiste)

同黨ノ組織ヲ共和聯合(Fédération Républicaine)ト稱シ會員ヲ分チテ發起會員(Membres fondateurs)本會員(Membres Sociétaires)參加會員(Membres participants)贊助會員(Membres adhérents)ト爲シ會員ニハ個人又ハ團體ノ加入ヲ許ス

黨ノ機關ハ(一)總會(黨員及地方團體ノ代表者ヨリ成ル)(二)評議員會(五十名ヲ限度トシ總會之ヲ選任シ每年五分一宛交代ス)(三)幹部會(評議員會之ヲ選任シ任期二年トス)(四)常務委員(幹部會員及十二名ノ委員(評議員會ノ選任ニ係ル)ヨリ成ル)トス

同黨會員ハ概シテ有福ナル上流社會ヨリ成ル

五、民主共和黨(Parti Républicain Démocratique)

同黨ノ組織ヲ民主共和同盟(L'Alliance Républicaine Démocratique)ト稱シ一九一一年七月同黨成立ト同時ニ組織セラレタルモノニシテ苟モ權利ヲ享有スル佛國人ハ總テ會員タルコトヲ得會員ハ個人及團體ヨリ成リ之ヲ分ツテ贊助會員(Membres adhérents)活動會員(Membres actifs)本會員

(Membres sociétaires) 發起會員 (Membres fondateurs) ト爲シ一九二一年十二月同黨大會ニ於テ發表セル處ニヨレハ同黨ハ代議士百七十名上院議員九十名ヲ有スト稱ス
黨ノ機關トシテ(一)總會(每年一回)(二)最高評議員會(Conseil supérieur)(代議士、執行委員會員、執行委員會ノ選定セル文藝學術商工業ノ名士ニシテ一年百法ヲ納ムル者百名ヨリ成ル)(三)中央執行委員會 (Commission Centrale exécutive)(最高評議員會之ヲ選任シ任期三年トス)(四)幹事及役員(中央執行委員會之ヲ選任ス)ヲ有ス
同黨ハ議會ニ於テハ特定ノ政派ヲ有セサルモ同黨員ハ上院ニ於テハ共和合同派 (Union Républicaine) ニ屬シ下院ニ於テハ所謂共和左黨 (Républicains de gauche) ニ屬スルモノ多シ

六、急進及社會急進共和黨 (Parti Républicain Radical et Redical-Socialiste)

同黨ハ社會黨ニ次キ組織比較的整頓セルモ黨員ノ分子雜多ニシテ由來黨員ノ步調一致ヲ缺キ黨ノ結束必スシモ鞏固ナラス
同黨會員ハ(一)地方的團體(二)新聞社(三)代議士、上院議員、縣、郡參事會員ヨリ成ル
同黨ノ規律ハ黨ノ憲章ヲ構成スル最少限綱領 (programe-minimum) ヲ遵奉シ選擧ニハ同黨員ニ投票スルヲ要シ規則違反者ニ對スル制裁トシテ戒告、譴責、除名ヲ行フ

同黨ノ機關ハ（一）縣、郡、市ニ諸團體ノ聯合（Fédération）ヲ構成シ之ニ委員會（Comité）ヲ置キ（二）總會（Congrès）（右聯合委員會代表者、新聞社代表、上下兩院議員、縣郡參事會員ヨリ成リ毎年一回開會）（三）執行委員會（Comité Exécutif）（總會ノ選定セル六百名ノ委員ヨリ成リ毎月一回開會）（四）幹部會（Bureau）（黨ノ總裁及十六名ノ副總裁並十六名ノ幹事ヨリ成リ黨ノ要務ヲ處辨ス幹部會ハ更ニ之ヲ（イ）黨ノ行政及組織（ロ）宣傳及講演（ハ）會報（ニ）選擧事項（ホ）要求及苦情ノ五委員部ニ分ル）ニシテ總裁ハ任期一年幹部會員ハ任期二年トス

同黨議員ノ立候補ハ各縣 Fédération 委員會之ヲ司リ中央執行委員會ノ公認ハ各縣委員會ノ要求アルニアラサレハ之ヲ與ヘス

同黨ハ主トシテ中流階級ノ下層ニ勢力ヲ占メ商店主、小農所有者、吏員等ニ多ク所謂小「ブルジヨア」階級（Petite Bourgeoisie）ニ屬シ商工業界ト接近ス

七、社會共和黨（Parti Républicain Socialiste）

同黨會員ハ其主義ヲ遵奉スル常設政治的團體ヨリ成リ是等團體ハ各縣毎ニ聯合（Fédératiod）ヲ構成シ其代表者ヨリ成ル聯合總會（Congrès de Fédération）ヲ毎年一回開催シ同聯合總會ニ於テ選擧セル委員ヲ以テ聯合委員會（Comité Fédéral）ヲ組織ス

同黨ハ毎年一回全國大會(Congrès National)(聯合總會ノ選出セル議員ヨリ成ル)ヲ開ク黨務執行機關トシテ行政委員會(Commission administrative)(國會議員並全國大會選出ノ委員九名及各縣聯合(Fédération)ノ代表一名ヨリ成リ三ケ月一回開會ス)及執行委員會(Comité exécutif)(行政委員會ノ選定セル委員十五名ヨリ成ル)ヲ有ス

黨ノ規律トシテハ議員候補者ハ黨ノ綱領ニ從ヒ又公選委員會ノ公認ヲ要シ當選後ハ各縣「フエデラシヨン」ノ支配ヲ受ク

同黨ハ主トシテ統一社會黨ヨリ離脱セル議會內有力ナル名士ノ一團ニ外ナラスシテ恰カモ軍隊ヲ有セサル參謀本部ノ如ク國內ニ於ケル勢力ノ根據ニ乏シト云フ

八、社會黨(Parti socialiste, section française de l'Internationale Ouvrière)

同黨ハ從來統一社會黨(Parti Socialiste Unifié)ト稱セラルルモノニシテ佛國政黨中最整頓シ議會ニ於テモ同黨名ノ政派ニヨリ代表セラル

同黨會員ハ其同業者ノ勞働組合並其住居地方ノ共同組合ニ屬スルノ義務ヲ有シ又同黨ノ會員證ヲ有スルヲ要シ毎月中央機關ノ費用ヲ納ムルヲ要ス

同黨ノ組織ハ各市町(Commune)ニ支部(Section)ヲ組織シ各縣ニ於テ是等支部ヨリ成ル聯合(Fédération）ヲ構成ス此聯合ハ同黨ノ主義綱領並ニ內國大會及國際大會ノ決議ヲ遵奉セサル可ラス

同黨ハ每年一回全國大會（Congrès National）ヲ開ク同大會ハ聯合總會（Congrès des Fédérations）ニヨリ選擧セラレタル各縣聯合（フェデラション）ノ代表者ヲ以テ組織シ全般ノ黨務ヲ決定ス

同黨ノ常務機關ハ（一）全國評議員會（Conseil National）（同評議員會ハ黨ノ全權ヲ掌握スル中央機關ニシテ各縣聯合ノ代表委員、議會內同黨所屬政派代表委員、常設執行委員會員ヨリ成ル）（二）常設執行委員會（Commission administrative Permanente）（每年總會ノ選任スル委員二十三名ヨリ成リ常務ヲ執行ス）（三）幹事（常設執行委員會員中ヨリ全國評議員會之ヲ選任ス）トス

黨ノ規律トシテハ同黨員ハ各個ニ其屬スル聯合（Fédération）ノ支配ヲ受ケ又聯合員トシテ團體的ニ全國評議員會ノ支配ヲ受ケ又同黨所屬議員ハ每月二百五十法ヲ納ム之カ支拂ヲ爲サヽルコト三ケ月ニ及フ者ハ除名セラル

同黨ハ其章程第四十五條ニ於テ議會ニ於ケル同黨政派ニ關スル規定ヲ設ケ議會內ノ社會黨政派ハ全然自黨員ノミニ限リ他ノ「ブルジョア」階級ノ政派ト區別ヲ明確ニセリ

同黨ハ主トシテ勞働階級ニ屬スルモ其領袖株ハ概ネ勞働者ニアラスシテ中產階級ニ屬シテ高等敎育アル者多シ一九一九年八月ニハ黨員十萬四千ト號セリ

九、共產黨(Parti Communiste)(Section française de l'Internationale Communiste)

同黨ハ最近統一社會黨ヨリ分離シテ露國ノ第三國際主義黨ニ參加セルモノニ外ナラス從テ根據等社會黨ト大同少異ナリ

第六章　現在議會ノ黨派別

佛國議會內ノ黨派別ハ急進及社會急進共和黨乃至共産黨ヲ除ク外ハ國內ノ政黨別（Partis）ト何等對應スルモノニアラスシテ議會內ニハ上下兩院共各別個ノ政派別（groupes）ヲ存シ各議員ノ所屬政黨ト所屬政派トハ互ニ合致セサルヲ以テ國內政黨ノ議會內政派ニ於ケル代表關係明確ナルヲ得サルノミナラス各派所屬議員ノ投票亦一致セサル事情ハ前章既ニ詳說セルカ如シ從テ各政黨ノ議會ニ於ケル勢力ヲ精密ニ測定スルコト到底不可能ノ場合アルハ現ニ諸黨ノ報告及諸新聞ノ算定カ往々二致セサルモノアルニ徴スルモ明ナリ

今最近ノ總選擧（一九一九年十一月）ノ結果ニ成レル現在議會上下兩院ノ政派別（groupes）並其ノ國內政黨トノ對應關係ヲ示セハ左ノ如シ

一、上院政派別

一、右　黨	(Droite)	一七
一、共和左黨	(Gauche Républicaine)	三七
一、共和協同	(Union Républicaine)	一〇二

一、民主左黨 (Gauche Démocratique) 一五八

(右黨ハ下院ノ獨立黨 (Indépendants) 卽チ國內ノ立君黨 (Monarchistes) ニ當リ共和左黨ハ下院ノ民主共和協商 (Entente Rèpublicaine Démocratique) 及國內ノ穩和共和黨ニ略ホ相當シ共和協同ハ下院ノ共和左黨諸派 (Républicains de gauche) 又ハ國內ノ民主共和黨ト略ホ相當スヘク民主左黨ハ下院及國內ノ急進社會共和黨ニ相當ス而シテ上院ニハ未タ社會黨及共產黨議員ナシ)

二、下院政派別

一、獨立派	(Indépendants)	二九
一、民主共和協商派	(Entente Républicaine Dèmocratique)	一八三
一、左黨共和派	(Républicains de Gauche)	六一
一、民主共和左黨	(Gauche Républicaine Démocratique)	九三
一、共和社會行動派	(Action Républicaine et Sociale)	四六
一、急進社會派	(Radical Socialiste)	八六
一、社會共和派	(Républicain Socialiste)	二六

一、社　會　黨　(Socialistes)　五三
一、共　產　黨　(Communistes)　一五
一、無　所　屬　(Non Inscrits)　二一
(獨立派ハ所謂右黨(Droite)ニシテ立君黨(Monarchistes)卽チ王黨及「ボナパルト」黨ヲ含ム)
(民主共和協商派ハ穩和又ハ進步共和黨ニ當ル)
(左黨共和派、民主共和左黨及共和社會行動派ハ民主共和黨又ハ共和左黨(Républicains de gauche)ニ當ル)

第七章　內閣ト政黨トノ關係

佛國政黨政派多岐ニ分レ何レノ黨派ト雖議會ニ於テ僅ニ全數ノ四分ノ一乃至三分ノ一以上ノ多數ヲ占ムルモノナク又佛國政黨ハ名目上政治的團體ノ觀アルモ其實個人的利益ニヨリ結合スルモノ多ク自己ノ經歷上閣員タランコトヲ欲スルモノ多キヲ以テ內閣組織ヲ引受クル首相ハ特ニ自己ノ政見ト大差ナキ限リ成ルヘク議會內多方面ノ政派 (groupes) ヨリ閣員ヲ抽キ聚メ內閣ハ概シテ常ニ諸黨派領袖ノ聯合ニ據ル所謂集合內閣 (Cabinet de Concentration) タルヲ通例トス從テ內閣ノ運命ハ是等諸黨派聯合ノ上ニ懸ルヲ以テ隨時突發ノ內政又ハ外交上ノ事件ニヨリ各黨派ノ感情及方策一致シ難ク各黨ノ要求繁ク又政權爭奪熱烈シキ故其都度內閣ノ動搖ヲ免レス其結果(一)內閣ノ運命常ニ不安固ニシテ短命ナルコト (內閣ノ短命ナルハ一八七五年以來一九一四年ニ至ル內閣ノ平均壽命九ヶ月二十二日ニシテ二年以上繼續セルハ僅ニ一八九六年「ワルデック、ルッソー」內閣一九〇二年「コンブ」內閣及一九〇六年「クレマンソー」第一次內閣アリタルノミナルニ見ルモ明ナリ) (二)從テ政府ノ政策永續シ難ク又政黨ノ政策貫徹シ難キコト (三)議會ノ勢力カ政府ヲ壓シ內閣ノ存立常ニ議會ノ一顰一笑ニ左右セラルルニ至ルコト是ナリ內閣ノ瓦解カ直接其ノ政策上ノ主要立法案又ハ外交問題ニ由ル場合ヨリモ寧ロ黨派間ノ感情的陰謀ニヨリ議會頻繁ナル質問討議(Interpellation)ト所謂order du jourノ政府信任投票ニヨリ瑣々タル事項ニヨリ内閣ノ倒壞ヲ見ル場合多ク又時トシテ之カ爲ニ教會派ト社會黨ノ如キ兩極端ノ黨派カ提携ノ姿ヲ呈スルカ如キ奇現象ヲ見ルコト少カラス

佛國政黨ノ内閣ニ對スル勢力ハ佛國議會ノ政派別制ニヨリ二重ノ支配力ヲ有ス卽チ議院内政派(groupes)ノ主要ナル職分ハ議會ニ於ケル十數ノ常設委員會カ各政派ノ員數ニ應シテ其代表者ヲ以テ構成セラルルコトニ存シ而シテ是等委員會ニ代表者ヲ出シ又其報告委員(Rapporteur)タルコトハ各政黨ノ最モ重ヲ措ク處ナリ從テ是等委員會ハ何レノ問題ニ付テモ政府ニ質問答辯ヲ求メ得ルヲ以テ一面ニ於テハ事實上政府糾彈ノ機關ニ供セラル斯ノ如ク政黨ハ是等委員會並本會議ニヨリ二重ニ内閣ヲ制肘スルコトヲ得

第八章　地方政府及地方自治體ト政黨トノ關係

佛國ニ於テハ行政及立法共ニ甚シク中央集權ニ傾キ地方行政ハ殆ント全ク巴里ノ中央政府殊ニ內務大臣ノ手中ニ掌握セラレ各地方官卽チ八十九縣(「アルサス、ローレヌ」新三縣ヲ含ム)ノ知事(Préfet)及郡長(Sous-Préfet)ハ地方人民ノ代表ニアラスシテ中央政府ノ政治的手先(Agent Politique)ニ外ナラス從テ下院議員ノ選擧及上院議員ノ選擧團體(Collège)ニ對シ政府黨ニ有利ナル勢力ヲ及ホスヲ通例トス及地方的利益ニ關係スル立法モ大部分ハ中央國會ニ集中セラルルノ傾アルヲ以テ政黨ノ主タル活動ハ中央政局ニ存シ地方政治ト政黨トノ關係ハ差シテ重要ナラス

縣(Départements)ノ自治機關タル縣參事會(Conseil Général)ハ各「カントン」(Canton)ヨリ選出セル議員ヲ以テ構成セラレ市參事會(Conseil Municipal)ト共ニ地方自治體ノ主要ナルモノニシテ其選擧ハ諸黨派ノ力ヲ用ユル處ナルモ何レモ權限狹小ニシテ且地方官ノ制肘ヲ受クルコト多ク又其選擧ハ各地ノ事情ニ從ヒ必スシモ各政黨ノ政綱ヲ以テ律スルヲ得スシテ政黨ノ統一的運動ヲ期シ難シ而シテ郡(Arrondissements)參事會ハ上院議員ノ選擧ニ參與スルノ外何等勢力見ルニ足ルモノナク殊ニ國會議員選擧法改正以來郡ノ地位重要ヲ減シタルヲ以テ一層政黨トノ關係重要ナラス

斯ノ如ク佛國地方行政及立法ハ實際上中央集權ニ屬シ自治體ノ機關又ハ權限狹小ナルノミナラス其選擧ハ各地方的事情ニ應シテ個々別々ニ行ハレ必スシモ政黨ノ分野ニ依テ行ハルルモノニアラサルヲ以テ政黨活動ノ餘地ニ乏シク地方人又政黨運動ニ熱心ナラス（殊ニ佛國民ノ大部分ヲ占ムル農民ハ政治運動ニ熱心ナラスト云フ）是レ近來中央集權的地方行政ノ弊ニ鑑ミ地方分權又ハ地方自治ノ運動ヲ見ルニ至リ所謂 Régionalistes ノ團體組織セラルルニ至レル所以ナリ

今一九二二年五月十四日及二十一日ニ行ハレタル全國縣會議員總選擧ノ結果ヲ示セハ左ノ如シ

（内務省發表ニヨル）

保守黨	(Conservateurs)	一〇七
民主共和黨	(Républicains) (Entente Républicaine Démocratique)	二三二
共和左黨	(Républicains de gauche)	五〇七
急進及社會急進黨	(Radical et Radical-Socialiste)	四六三
社會共和黨	(Républicains Socialistes)	六九
社會黨	(Socialistes S. F. I. O.)	八二
共產黨	(Communistes)	二九

八五〇

不明 (non proclamé)　二

合計　一、四九一

第九章　外交ニ關スル各黨派ノ態度

佛國政黨ノ分界點ハ主トシテ内政問題ニ存シ其主義綱領モ多クハ内政事項ニ關シ外交ニ付テハ社會黨及共産黨以外ノ諸黨ハ概ネ佛國ノ傳統的政策ヲ襲踏シ國家主義（Nationalisme）ニ立脚スルニ一致シ特ニ各黨殊別ノ政策ヲ有スルニアラス只各個ノ問題ニ付キ其都度硬軟ノ程度ヲ異ニスルニ過キス即チ佛國安全ノ保障（Sécurité）及平和條約ノ實施ハ各黨對外政策ノ眼目ニシテ之カ爲ニ戰時中ノ聯合國トノ協調殊ニ英及小協商國トノ親善、國際聯盟ノ支持等ヲ主張ス又露國「ソビエット」政府ニ對シテハ共産黨ヲ除ク外ハ各黨共之ト接近交渉ヲ嫌忌ス而シテ海外發展政策ノ如キハ單ニ舊來ノ理想ニ止マリ現實ノ要務トシテ主張スルモノナシ羅馬法王廳トノ外交關係ニ至リテハ外政問題ヨリモ寧ロ内政問題トシテ各黨ノ教會ニ對スル態度ノ差異ニ外ナラス（前章「各黨ノ主義綱領」及「成立ノ由來」參照）

極右黨（Extrême Droite）　卽チ王黨及「ボナパルト」派ハ「ウイルソン」式ノ民族主義ノ適用ニ反對シ國際聯盟ノ效力ニ付キ信用ヲ置カス又獨逸ニ對シ强硬ナル政策ヲ要求シ獨逸帝國ノ結合ヲ保持セシメタルヲ失策ナリト爲スト同時ニ墺匈ノ分裂ヲ惜ミマタ小協商國（Petite Entente）ノ結束鞏

固ナルヲ信セス要スルニ對外硬派ニシテ所謂 Politique Nationale ヲ主張シ政府カ容易ニ聯合國ニ讓步妥協スルヲ非難ス

右黨若クハ中央黨ナル共和派ノ諸黨例ヘハ議會ニ於ケル民主共和協商派(Entente Républicaine Démocratique) 共和左黨 (Républicains de gauche) 左黨共和派 (Gauche Républicaine) 及共和社會行動派 (Action Républicaine Sociale) ハ「ヴエルサイユ」條約ノ嚴正ナル適用及同條約ノ獨逸債務ノ履行、聯合國トノ協調維持、國際聯盟ノ發達ヲ高調スル外格別ノ政策ヲ表示セス結局右諸派ハ「平和條約ニ何等削除ヲ許サヽル明截且强硬ノ政策」ヲ主張スルニ過キス

急進及社會急進共和黨 (Radicaux socialistes) ハマタ對獨條項ノ嚴正ナル履行ヲ主張シ國際聯盟ノ活用ヲ希望シ陸軍兵役ハ國防上必要ノ最小限度ニ制限センコトヲ主張シ英佛協調維持ヲ切望スルモ相互對等ノ關係ヲ持スルヲ要ストナシ賠償問題ヲ以テ歐洲復興問題ノ從タラシメントスルノ政策ニ反對シ露國ニ對スル内政干渉ヲ排斥シ露國カ安定繁榮セル共和國トシテ囘復センコトヲ希望ス但シ共產主義ヲ承認又ハ支持セス而シテ同黨領袖ノ一人 Margaine ハ最近同黨大會ニ於テ佛支ノ接近並米國ト共ニ支那ニ對スル同情政策ヲ執ランコトヲ主唱セリ

社會共和黨 (Républicains Socialistes) ハ特ニ國際聯盟ノ發達ヲ支持シ軍費節約ヲ主張ス又獨逸賠償

義務履行ヲ主張スルモ同賠償ノ或部分ハ實行不可能ナリトシ之ヲ解決スルノ方法トシテ露國ノ經濟的復興ヲ援助シ獨逸ヲシテ右經濟的復興ノ用ニ資セシムヘシト唱フ

社會黨（Socialistes）ハ賠償問題ノ解決ハ實物支拂及獨逸勞働ノ利用ニ在リトシ獨逸賠償額ハ荒廢地復舊ヲ限度トシテ削減スヘシト主張シ兵役年限ヲ八ケ月トシ陸軍兵員ヲ十五萬ニ減縮セントス又國際聯盟ヲ支持シテ總テノ國家（獨露兩國ヲ含ム）ノ加盟ヲ主張シ佛國ノ露國「ソビエット」政府承認ヲ要求ス

共產黨（Communistes）ハ「ブルジョア」階級ノ政府ヨリ成レル國際聯盟ヲ信セス又日本ニ反對ノ態度ヲ持シ日本ノ朝鮮及西比利亞政策ハ常ニ同黨ノ攻擊スル所ナリ

尙大戰後僅ニ呱々ノ聲ヲ擧ケタル新民主黨（Démocratique Nouvelle）ナル小黨ハ英米殊ニ「ウイルソン」及「ロイド、ジョージ」ノ政策ニ反對シ英米ニ倚ル代リニ波蘭及小協商國トノ親善ヲ唱導シ又墺匈分離ヲ歡迎セリ

第十章　各黨派現領袖株

佛國政黨ニハ英米ノ政黨ニ於ケルカ如ク黨略操縦ノ任ニ當ル所謂「ホイップ」(Whip) 又ハ「ボス」(Boss) ト稱スルカ如キ首領ナク又黨ノ組織上總裁並幹部ノ如キモ多クハ順番廻リ持チノ姿ニテ特ニ一定セル領袖アルニアラス是レ個性ヲ尙ヒ組織ニ長セサル佛國々民性ニ基ク佛國政黨ノ特質ニ依ルモノトス今各黨派中現ニ領袖株ト認メラルル主要人物ヲ列擧スレハ左ノ如シ

（一）右黨（王黨、帝制派、「カトリック」派等ノ保守黨ヲ總稱ス）

「ラマルゼル」(de Lamarzelle)

（「モルビアン」縣選出上院議員、上院内右黨總理、辯護士、法學博士、前代議士）

「モーラス」(Charles Maurras)

（佛蘭西行動黨首領、著述家）

「レオン、ドーデ」(Léon Daudet)

（「セーヌ」縣選出代議士、下院獨立派所屬、佛蘭西行動黨員、「アクション、フランセーズ」新聞主筆）

「ド、ヂヨン」侯（Marquis de Dion）
（「ロートル、アンフエリオル」縣選出代議士、下院獨立派所屬、帝制派領袖）
「サンニイエ」（Marc Sangnier）
（「セーヌ」縣選出代議士、下院無所屬、青年共和黨總裁）
「ド、カステルノー」將軍（Général de Castelnau）
（「アヴエーロン」縣選出代議士、下院民主共和協同派所屬、民衆自由行動黨員）

（三）　穩和共和黨

「アラゴー」（François Arago）
（「アルプ、マリチム」縣選出代議士、下院民主共和協同派首領、共和國民大同團結總裁）
「ムリヌ」（Jules Meline）
（「ヴオージユ」縣選出上院議員、上院共和左黨所屬、穩和共和黨前首領、前下院議長、前總理、外務大臣）
「バルレー」（Maurice Barrès）
（「セーヌ」縣選出代議士、下院民主共和協同派所屬、愛國者盟社（Ligue des Patriotes）會長、

翰林院會員)

「ド、ラステーリー」(Charles de Lasteyrie)

(「コレーズ」縣選出代議士、下院民主共和協同派所屬、現大藏大臣)

「マラン」(Louis Marin)

(「ムールト、エ、モーゼル」縣選出代議士、下院民主共和協同派所屬、財政通)

「ツーロン」(Eugène Touron)

(「エーヌ」縣選出上院議員、上院共和左黨所屬、財政通)

(三) 民主社會共和黨

「ポアンカレー」(Raymond Poincaré)

(「ムーズ」縣選出上院議員、上院共和協同派所屬、現總理兼外務大臣、翰林院會員、前大統領、辯護士)

「バルツー」(Louis Barthou)

(「バス、ピレネ」縣選出代議士、下院民主共和左黨首領、現副總理兼司法大臣、前總理、陸軍大臣、辯護士)

「ペレー」(Raoul Péret)
（「ヴイエヌ」縣選出代議士、下院民主共和派所屬、現下院議長、前司法大臣）
「ジョンナール」(Jonnart)
（「パ、ド、カレー」縣選出上院議員、上院共和協同派所屬、民主社會共和黨總裁、共和國民大同團結名譽總裁、現羅馬法王廳駐劄佛國大使、前「アルゼリー」總督、前工部、外務、荒廢地各大臣）
「レーグ」(Georges Leygues)
（「ロ、エ、ガロンヌ」縣選出代議士、下院共和左黨所屬、前總理、文部、海軍、外務各大臣）
「ルショール」(Louis Loucheur)
（「ノール」縣選出代議士、下院共和左黨所屬、前荒廢地大臣）
（四）急進及社會急進共和黨（下院ニ於テモ同黨名ノ政派ニ所屬ス）
「エリオ」(Edouard Herriot)
（「ローン」縣選出代議士、同黨總裁、「リオン」市長、大戰中運輸及軍需大臣）
「ヅーメルグ」(Gaston Doumergue)

（「ガール」縣選出上院議員、前總理、殖民、商務、文部、外務各大臣）

「ルナール」（André Renard）

（「ニエーヴル」縣選出代議士、下院急進及社會急進黨首領）

「ビユイソン」（Ferdinand Buisson）

（「セーヌ」縣選出代議士、敎育盟社會長、人權盟社會長）

「ブルジョア」（Léon Bourgeois）

（「コルンヌ」縣選出上院議員、現上院議長、現國際聯盟佛國代表、前總理大臣）

「クロッツ」（Louis Klotz）

（「ソンム」縣選出代議士、前大藏、內務各大臣）

「サルロー」（Albert Sarraut）

（「オード」縣選出代議士、殖民大臣、前印度支那總督、「エペーシユ、ド、ツールーズ」新聞持主、前華府會議全權）

「マスキユロー」（Mascuraud）

（「セーヌ」縣選出上院議員、商工共和評議員會總裁）

（註）「クレマンソー」(Georges Clémenceau)（前總理、內務各大臣、前代議士及上院議員）ハ元來同黨首領ナリシモ目下何黨ニモ屬セス獨立不羈ニシテ最近新タニ「エコー、ナショナル」新聞社主トシテ「タルヂユウ」氏ト共ニ言論界ノ一勢力タリ

（五）社會共和黨（主トシテ下院內ノ政派）

「パンルヴエ」(Paul Painlevé)

（「セーヌ」縣選出代議士、佛國理科大學敎授、前總理、陸軍各大臣、同黨首領）

「ブリアン」(Aristide Briand)

（「ロール、アンフエリウル」縣選出代議士、前數回總理兼外務大臣）

「ヴイヴイアニ」(René Viviani)

（「クルーズ」縣選出代議士、前總理、勞働、工部、外務各大臣）

（註）現大統領「ミルラン」(Alexandre Millerand)（前ニ代議士、辯護士、著述家、新聞記者、商工務、陸軍、總理各大臣）ハ從來同黨所屬ナリシモ大統領就任後ハ其職務上目下何黨ニモ屬セス）

（六）社會黨（下院ニ於テモ同黨名ノ政派ニ所屬、上院ニハ未タ同黨所屬議員ナシ）

「ブルユン」（Léon Blum）
（「セーヌ」縣選出代議士、下院内同黨首領、著述家）
「ボンクール」（Paul Boncour）
（「セーヌ」縣選出代議士、前勞働大臣）
「トーマ」（Albert Thomas）
（前「セーヌ」縣選出代議士、國際勞働事務局總長）
「サンバ」（Marcel Sembat）
（「セーヌ」縣選出代議士、前工部大臣）
「ゲード」（Jules Guesde）
（「ノール」縣選出代議士、前同黨總裁）
「ムーテ」（Marius Moutet）
（「ローヌ」縣選出代議士、前「カイユー」事件辯護士）
「ロンゲ」（Jean Longuet）
（同黨機關紙「ポピュレール」新聞社長）

（七） 共產黨 （同上）

「カシヤン」（Marcel Cachin）

（「セーヌ」縣選出代議士、同黨機關紙「ユーマニテー」新聞主幹）

（フロスサール）（L. O. Frossard）

（同黨幹事長）

第十一章　各黨派ノ主要機關新聞

佛國新聞ノ約四分ノ三ハ獨立ヲ標榜スル情報新聞(多クハ共和派ニ屬ス)ナルカ比較的政黨的色彩鮮明ナル機關紙及准機關紙トモ云フヘキモノヲ擧クレハ左ノ如シ(詳細ハ既報新聞調査報告參照)

(一) 右　黨

一、「アクション、フランセーズ」(l'Action Française) 王黨佛蘭西行動盟社機關紙

一、「エコー、ド、パリ」(l'Echo de Paris)「カトリック」派國家主義

一、「クロア」(La Croix)「カトリック」敎會機關紙

一、「ジユーン、レパブリック」(La Jenne République) 靑年共和盟社機關紙

(二) 穩和共和黨

一、「ジュルナル、デ、デバ」(Le Journal des Débats)(夕刊)

一、「リベルテ」(La Liberté)(夕刊)

一、「アントランジジヤン」(L'Intransigeant)

一、「レパブリック、フランセーズ」(La République Française)

一、「フイガロ」(Le Figaro)

一、「ゴーロア」(Le Gaulois)

(三) 民主共和黨

一、「タン」(Le Temps)(夕刊)

(四) 急進及社會急進共和黨

一、「ラヂカル」(Le Radical)

一、「オム、リーブル」(L'Homme Libre)

一、「ラペル」(Le Rappel)

一、「エール、ヌーヴエル」(Ere Nouvelle)

一、「ランテルン」(La Lanterne)

一、「ルーヴル」(L'Oeuvre)

(五) 社會黨

一、「プーブル」(Le Peuple)

一、「ポピユレール」(Le Populaire)

一、「ルール」(L'Heure)
一、「バターイ」(La Bataille)
勞働組合派《サンヂカリスト》機關紙

（六） 共產黨

一、「ユーマニテー」(L'Humanité)
一、「アンテルナショナル」(L'Internationale)

（附） 右ノ外「マタン」(Matin)「ジユールナル」(Journal)「エキセルシオル」(Excelsior)「プチ、パリジヤン」(Petit Parisien)等ハ單ニ獨立情報新聞トス

第二十二編　伯剌西爾國

（大正十年九月調）

第二十二編　伯剌西爾國ノ政黨

第一章　伯國ニハ政黨ナシ及ヒ其理由

伯國ニハ歐米諸國ニ於テ呼ンテ政黨ト爲スモノ卽チ政治上一定ノ主義綱領ニ基キテ結合シタル團體ナシ

今ソノ然ル所以ヲ尋ヌルニ帝政時代ニ在リテハ伯國政界ニハ保守黨ト自由黨ト對立シテ相存シソノ勝敗ニ依リテ內閣ヲ交迭セリ然ルニ如此ク兩黨對峙ノ時ニ在リテハ議會ニ於テ兩黨互ニ黨議ヲ主張シ徒ラニ辯論ヲ鬪ハスヲ以テ事トシ却テ政務ノ進行ヲ阻害シタルニ懲リ共和國憲法制定ノ際議會內閣(「レジーム、パルルマンテール」)ノ制ヲ改メテ大統領內閣(「レジーム、プレヂダンシエール」)ト爲シタル以來今日ニ至ル迄伯國ニハ政黨ノ樹立ヲ見ス而シテ伯國政界ニ於テ政黨ノ存立ヲ見サルコトハ寧ロ國情ニ適シタルモノトシテ伯國有識階級ノ齊シク認ムル處ナリ蓋シ伯國ハ葡萄牙殖民地タルノ羈絆ヲ脫シソノ獨立ヲ宣シテ以來今日ニ至ル迄尙ホ百年ニ滿タス特ニ立憲共和制ヲ設定シテヨリ僅カニ三十年ニ過キス國民ノ政治的訓練ハ尙ホ概シテ幼稚ナルノミナラス指導階級ニ屬スル政治家竝ニ所謂伯國ノ舊家又ハ豪族等ハ東西南北幾百里ヲ隔ツル廣キ國土ノ各地ニ相離レテ散在スルカ故ニコレカ團體的結合ハ實際甚タ難シトスル處ナルニ加ヘテコレ等政治家等ハ政權ニ憧憬シ之ヲ渇仰スルノ情熱甚タ强烈ニシテコレヲ得ンカタメニハ何物ヲモ犧牲ニ供スルヲ敢テスル處ナルヲ以テ隨テ一定ノ主義政綱ニ忠實ナル能ハスコレ即チ伯國ニ於テ政黨ノ存在セサル所以ナリ

第二章　政黨ナキモ政爭アリ

政黨ノ存在セサルハ上述ノ如キモ而カモ政爭ハ頻繁ニシテ又タ極メテ激烈ナリ四年毎ニ改選セラルル伯國大統領選擧ノ際竝ニ各州統領、知事ノ選擧竝ニ上下兩院議員ノ選擧ニ當リテハ極メテ激烈ナル政爭アリ而シテソノ競爭ナルモノモ政見ノ異同ニ依ルニ非スシテ全ク個人的友交關係利害關係ニヨリテ集合シタル一團ト他ノ一團トノ政權奪取ノ競爭ナリ卽チ朋黨ノ爭ナリ今大統領選擧ノ一例ヲ以テ之ヲ言ヘハ勢力優勝ナル一政治家ヲ中心トシ之ト個人的關係アル有志者相團結シテ之ヲ推戴シ以テ選擧場裡ニ輸贏ヲ爭フモノナリ而シテ其ノ競爭ノ方法タルヤソノ候補者ノ政見ヲ發表スルニモアラズ亦ソノ政綱ヲ示スニモアラスシテ只甲某ハ其ノ競爭者乙某ヨリ優レリトストニフニアルノミ約言セハ伯國ノ政爭ハ主義主張ノ爭鬪ニアラスシテ個人的勢力ノ競爭ナリ而シテソノ競爭ノ熱スルニ至ルヤ言論ニ文筆ニ互ニ反對派ヲ攻擊シ誹謗シ讒誣シ冷笑シ熱罵シ盛ニ人身攻擊ヲナシ把羅摘抉餘ス處ナキノミナラス間々暴力ニ訴フルコト亦少ナカラス（伯國ニハ新聞取締法ナキヲ以テ新聞紙ノ言論ノ亂暴放縱ナル眞ニ意想ノ外ナリ下章新聞ノ部ニ細說ス）地方ニ於ケル各州ノ統領又ハ知事ノ競爭ニ於テ特ニソノ甚タシキヲ見ル上下兩院議員選擧競爭モ亦同シ昨年「バイヤ」州ニ於ケル知事選擧ノ際ノ如キハ雙方互ニ兵火ヲ交ヘ遂ニ中央政府ハコレカ鎭壓ノ爲メ五千ノ兵士ヲ派遣スルノ餘儀ナキニ至レリ如此キハ啻ニ「バイヤ」州ニ於テノミナラス「エスピリト」、「サント」州並ニ「アマゾン」州ニ於テモ雙方互ニ兵火ヲ弄シテ知事ノ選擧ヲ爭ヒタリ

第三章　政爭ノ弊害

而シテ如此キ猛烈ナル競爭ノ相續クコト二三ケ月若クハ五六ケ月ニ亙リテモソノ勝敗ノ決ヲ見ルニ至ラサルコトアリ而シテ此間幾十萬ノ運動費ト貴重ナル時間トハ空シク費サレ且ツソノ競爭ノ中心地タル市都ニ於テハ官民上下ノ人心動搖シ諸般ノ政務ハ停滯シ凡テノ産業ハ一時全ク中止沈衰スサレハ心アル伯國人等ハ政爭ヲ嫌フコト眞ニ蛇蝎ヨリモ甚シ然レトモ多數ノ群衆ハ所謂政治家就中政治營業者ナルモノノ指導ニ盲從シ其ノ煽動ニヨリ右往左往喚叫呼號以テ政爭ノ渦中ニ投スルヲ樂シムモノノ如シ外國人ノ著書ニ伯人カ一般ニ政談ヲ喜フ有樣ヲ敍シテ酒屋ノ小僧モ煙草屋ノ番頭モソノ店頭ニ政治ヲ議論スト云ヘルモノ蓋シ實況ナリ

實例ヲ言ヘハ現ニ來年三月行ハル丶次期大統領ノ選擧運動ノ如キモ既ニ去ル五月以來開始セラレ斯クシテ兩派ノ競爭ハソノ選擧期日ノ近ツクニ隨テ漸ク激甚ヲ加ヘントス

右競爭ノ開始セラレタル當時當地發刊佛字新聞「レトワールド、シユド」カ五月二十九日ノ紙上ニ於テ伯國ニ於ケル政爭ノ弊害ヲ痛論シタル "La Politique" ト題スル社說ハ蓋シ一部ノ國民ノ齊シク言ハント欲スル所ヲ遺憾ナク吐露シタルモノナルヲ以テ煩ヲ厭ハス特ニ之ヲ左ニ抄譯ス蓋シ

伯國政爭ノ大害ヲ知了スルノ好材料タレハナリ

「國民生活ヲ攪亂スル總テノ原因タル「政治」ト呼ハルヽ「奸婦」ニ對シテ吾人ハ深キ興味ト和ラカキ同情ヲ寄スルヲ得ス

政治ハ科學ナリト云フモノアリ學理上ヨリ論スレハ或ハ然ラン字典ニハ政治ヲ定義シテ下ノ如ク言ヘリ政治トハ治者ト被治者並ニ國民相互ノ關係ヲ取扱フ學問ナリ」ト

哲學者ハ古來政治ノ基礎ニ就テ論シタルモノ多シ例ヘハ「プラトン」、「アリストートル」、「シセロン」等ハ政治ノ基礎ハ「正義」ト「正直」ニアリト爲セリ一見コレ哲學者ト呼ハルヽ世間知ラスノ閑人ノ言葉ナルヲ知ルヲ得換言スレハ月世界ニ住ム人種ノ囈言ノミ若シ政治カ如此キモノナラハコノ世ハ眞ニ極樂ナルヘシ

他ノ一派ハ「ホッブス」等ト共ニ政治トハ「利用厚生及ヒ利益ニ關スル科學ナリ」ト云ヘリコレハ前説ニ比スレハ稍々正シキカ如シ終リニ「マキヤヴエル」ハ政治ナルモノヽ眞正ノ定義ヲ發見セリコノ定義コソ政治學ト呼ハルヽ滑稽ナル科學ニ最モ善ク適應ス曰ク「ソノ目的ヲ達センカ爲メニハ手段ヲ擇ハス如何ナル方法ニテモ用ユルモノヲ云フ」ト伯國ニ於ケル政治トハ卽チコレ實際ヲ言ヘハ科學ナトハ毫末モ政治ノ中ニハ入ラサルナリ政治トハ世ニ存在スル處ノモノヽ中最

モ嫌惡スヘキ最モ醜惡ナルモノナリ社會ヲ腐敗セシメ荒廢セシメ動搖セシムルモノコレ政治ナリ政治トハ國家ヲ統治スル……否全ク統治セサルコトノ謂ナリ
伯剌西爾ノ現今ハ政治ナルモノノ危險物タルノ現實ノ好例ヲ吾人ニ示スニ非スヤ
伯國ノ大統領ハ四年間ノ任期ヲ以テ選擧セラレタルモノナリ然ラハ大統領ハ四年間平靜ニ伯國ヲ統治シ得ヘシト世人ハ想像スルナラン然ルニ事實ハ之ト全ク反對ナリ漸ク二年間ノ任期ヲ經ルカ經サルカニ早クモ「政治」ト云フ怪物ハ其頭ヲ擡ケ來リテ次期ノ大統領ノ選擧競爭ヲ開始セリソノ競爭タルヤ不幸ニモ必ス常ニ激烈ナル討論ト嫌惡ス可キ爭鬪トヲ伴ハサルナシ
緊急ニ處理ス可キ事件ノ山積シ必要ナル議案ノ其ノ前ニ堆ク横ハレルニモ拘ラス上下兩院議員等ハ專ラ次期ノ大統領選擧競爭ニノミ熱中シテソノ他ヲ顧ミス直言セハ公共ノ利益國家的事業ハ全クコレカ爲メニ委棄セラレツヽアリ
政治家ト新聞紙トハ其ノ怪物ノ前ニ踴躍ス
最モ重要ナル國家的大問題ノ討議ハ明日カラ明日ヘト順送リニ延ハサレテ何時兩院ノ議題ニ上ルヤヲ知ルヘクモアラス而シテコレ僅カニ一二人ノ野心家ノ爲メニ大早計ニモ今日ヨリ大統領及ヒ副大統領ノ椅子ヲ豫メ定メ置カンカ爲メニ外ナラス

科學ノ一ナリナトト厚カマシクモ自ラ誇ル「政治」ナレト少シハ國家ニ功益アルヘキ筈ナルニ實際ハ國家ヲ蠱毒シ之ヲ荒廢ト衰頽トニ導クニ過キス

外國人ノ言フ處ニヨレハ伯國人ハ政治的黴菌ヲ帶ヒテ此ノ世ニ生レ來レル人種ナリト實際マサカソレ程ニハ甚タシカラストスルモ少クトモ伯國人ノ皮下ニハ多少ノ政治的毒素ヲ含ムヲ否ムヘカラサルカ如シ然ル以上ハ其ノ毒素ヲシテ成ル可ク其ノ害ヲ逞フセシメサル方法ヲ講スルヲ要セスヤ

總テノ傳染病ニハソレソレ豫防法アリテ存ス曾テ伯國ヲ苦シメタル彼ノ恐ルヘキ黃熱病ヲ退治シタル經驗ヲ有スル吾々伯國人ハ特ニ善ク之ヲ知ルヘキ筈ナリ然ラハ黃熱病ヨリモ甚大ナル害毒ヲ伯國ニ流ス政治ト呼ハルヽ疫病ニ對シテモ亦之レカ豫防ヲ施スヘキニアラスヤ

民ソノ堵ニ安ンシテ各々ソノ業ニ就キ得ルカ爲メニハ安寧靜穩ハ絕對ニ必要ナリ安寧ナキ所ニハ進步ナシ然ルニ今伯國人ハ大統領候補者ナルモノヲ取リ卷キテ徒ラニ競奔シ暴躁シ民ソノ業ニ安ンスルヲ得ス眞ニ馬鹿氣タル事ノ骨頂ナリ

吾人ハ伯國ノ康寧ト伯國ノ進步トノ爲メニ此ノ苦言ヲ爲スモノナリ吾人ハ個人トシテ「アルトゥール、ベルナルデス」(Arthur Bernardes)氏ニ何等恩怨アルモノニアラサルヲ以テ氏ノ候補ニ立テルニ反對スルニアラス只タ吾人ノ言ハント欲スル所ノモノハ大統領ノ交迭期限ニ先ツコト十八ケ月前ノ今日ヨリ次期大統領ノ選擧ニ競爭スルカ如キハ其餘リ早キニ失スト言ハンカ爲ナリ政爭ニ沒頭スルヲ排セント欲スルナリ

政爭ノ競奔ハ實ニ伯國政治界ノ一大弊竇ナリ伯國ノ利益ノ爲メニハ是非トモコレヲ變更スルヲ要ス來年十一月十五日迄大統領ノ任ニアル「エピタシオ、ペッソア」氏ハ此際伯國政界ノコノ惡習慣ヲ矯正スルノ手段ヲ講セラレンコト吾人ノ切望ニ堪ヱサル處ナリ

孰レノ大統領モソノ任期ノ殆ンド後半部ヲ選擧政爭ノ爲メニ擾亂サルヽカ如キハ伯國ノ爲メニ眞ニ深憂ニ堪エス」云々

右ノ社說ハ善ク伯國政爭ノ病根ニ的中シタル良藥的苦言ナルモ如何ニセン政界ノ因襲ハ容易ニ改ムヘキニ非ス

第四章　大統領選擧ニ關スル組織

伯國ニハ政黨ノ存在セサルコト上述ノ如キモ而カモ大統領選擧ニ關シテハ多少ノ組織ナキニアラス如何トナレハ選ハレタル大統領カ自州出身ノ人ナルト他州出身ノ人ナルトニヨリテソノ出身地方ノ受クル利害ニ大關係アルヲ以テ各州互ニ相競フヲ自州出身ノ政治家ヲ選出スルコトヲ企圖スルハ自然ノ情勢ナリ然ルニ伯國ニ於ケル大統領選擧ハ人民ノ直接投票ニヨルノ制度ナルヲ以テ多數ノ人口ヲ有スル州ハ常ニ競爭場裡ニ優勢ヲ占ム今試ミニ共和建國以來三十年間ニ於ケル歷代ノ大統領十一名ニ就キテソノ出身地ヲ査スルニ「サンパウロ」州「ミナス」州及「リオグランデ、ド、スール」ノ三州ノ出身者ヲ最モ多シトス如何トナレハ右三州ハ伯國各州中最モ多數ノ人口ヲ有スレハナリ特ニ近來ニ至リテハ大統領ハ殆ント必ス右三州ヨリ交互ニ選出セラルヽモノト見做サルヽカ如キニ至レリ換言スレハ右三州ハ大統領選出ノ獨占權ヲ有スルモノト云フヲ得現大統領「エピタシオ、ペッソア」氏カ北部「ピアウイ」州ノ出身ナルニ拘ラス大統領ニ選ハレタルハ眞ニ異數ナリ蓋シ「サンパウロ」出身ニ係ル「ロドリゲス、アルベス」大統領死去ノ際伯國ノ元老「ルヰ、バルボーザ」(Ruy Barbosa)氏カソノ後繼者タラントシ之カ候補ニ立テルニ當リ常ニ「ルヰ、バルボーザ」氏ノ性行ノ甚タシク高孤ニシテ且ツ獨斷的ナルヲ喜ハサル政治家等ハ單ニ「バルボーザ」氏ヲシテ落選セシメンカ爲メノ目的ヲ以テ一致團結シ當時巴里平和會議ニ伯國講和委員長トシテ佛國ニアリシ「エピタシオ、ペッソア」氏ヲ立タシメ遂ニ之ヲ選出スルニ到レルナリ氏ノ大統領トナリシハ眞ニ政界偶然ノ出來事ノミ

第五章　次期大統領候補者

サレハ今次ハ「ミナス」州出身ノ人ニシテ現ニ同州統領ノ職ニアル「アルトウル、ベルナルデス」(Arthur Bernardes) 氏ヲ大統領候補ニ推シ副大統領候補トシテハ「マラニヨン」州知事「ウルバノ、サントス」(Urbano Santos) 氏ヲ立テテ多數黨ノ候補トナスコトニ決定セリ而シテ茲ニ所謂多數黨ナルモノハ實際コノ名目ヲ有スル政黨ノ存スルニアラス只俗稱ニ從フノミ今左ニコノ多數黨ノ呼稱ニ關シ伯國政界ノ習慣ヲ茲ニ一言スルノ要アルヲ覺ユ

伯國ニ於テハ現ニ大統領ノ職ニアル人ノ任期ノ終ラントスルニ先ツコト十八ケ月前ニ於テ次期大統領ノ選擧ニ關シ各州ノ政治家ハ（各州統領及知事特ニ上下兩院議員等ヲ最モ多シトス）兼テ薄ミ互ニ意見ヲ交換シタル後「リオ」ニ相會合シテ次期ノ大統領候補者ヲ豫定スルヲ例トス之ヲ名付ケテ Convention ト云フ今年ハ去ル六月八日ヲ以テ之ヲ擧行セリ而シテコノ Convention ノ推薦ニ係ルモノヲ稱シテ多數黨候補者トハ云フナリ從來ノ例ニ照ラセハコノ Convention ノ後援アルモノハ概シテ大統領ニ當選スル例トナリ居レリ然ルカ故ニ反對派ノ選出ニ係ル候補者ニシテ實際多クノ投票數ヲ人民ヨリ得タルコトノ明白ナル場合ニ於テスラ Convention 派即チ所謂多數黨ニ

諸種ノ手段ヲ講シテ反對派ノ候補者ヲ落選セシムルヲ常トスソノ實例ハ先年「エルメス、ダ、フオンセカ」將軍（Marchal Hermes da Fonseca）ト「ルヰ、バルボーザ」氏トカ大統領ノ候補ヲ競爭シタル際ニ於テ最モ顯著ナリシナリ「バルボーザ」氏カ多數ノ投票ヲ得タリシハ自他兩黨共ニ齊シク之ヲ認知セル處ナリシモ Convention 派ハ遂ニ「エルメス」將軍ヲ大統領ニ選出セリコノ一例ヲ以テ見テモ伯國ニ於ケル選擧ナルモノノ一斑ヲ想見スルヲ得可シ各州統領、上下兩院議員ノ選擧ニ於テモ亦コレト同シク詐謀百端干涉壓迫贈賄結托等ハ選擧場裡ニ於ケル公然ノ祕密ナリト知ルヘシ特ニ大統領選擧確定ノ爲メニ行ハルル投票調査會（Dépuration）ニ於ケル弊風ハ世間周知ノ事ナリ然ルニ政治家中一人ノ之レカ矯正ヲ唱フルモノ無キハコノ弊根因襲ノ久シクシテ善ク一朝一夕ノ改ムヘキニアラサルヲ了知シ且ツ情實纏綿セル伯國政界ニ於テハ如此キ矯正ヲ唱フル時ハ却テ排斥セラルル恐アレハナリ之ヲ以テ一旦 Convention ニ推サレテ立チタル候補者ハ先ツ大概ハ當選スルモノト見テ差支ナシサレハ次期大統領及副大統領ノ競爭ニ於テ例ヘ反對派ノ猛烈ナル運動アルニ拘ラス現今ノ處ニテハ前掲兩候補者ノ當選ハ疑ナシト信セラル

偖テ前記ノ多數黨ニ反對シテ之レト候補ヲ爭フモノヲ左ニ略記ス

ソノ大統領候補者ヲ「ニロ、ペサニア」（Nilo Peçanha）氏トナシ副大統領候補者ヲ「セアブラ」

(Seabra) 氏ト爲ス

前者ハ「リオ、デ、ジヤネロ」州出身ノ政治家ニシテ現ニ上院議員ナリ氏ハ曾テ（一九〇六年ヨリ同九年迄）「アフォンソ、ペーナ」氏大統領ノ下ニ副大統領タリシコトアリ而シテ「ペーナ」氏ノ沒後凡一年間大統領タリ其後一九一八年ノ交外務大臣タリシコトアリ「リオ」州ニ於テハ隨分人望アル人ニシテ敏腕慧機ヲ以テ聞ユ

後者ハ「バイア」州出身ノ政治家ニシテ曾テ「バイア」州ノ知事タリシコトアリ又工部大臣タリシコトアリ昨年更ニ選ハレテ「バイア」州ノ知事トナリ現ニソノ職ニアリ

兩氏ハ目下盛ニ其ノ競爭ノ爲メニ南船北馬ト奔走シ曩ニハ敵黨卽チ多數黨ノ多キヲ占ムル「サンパウロ」市ニ出テテ演說ヲ試ミ今ヤ Convention ニ反對セル北部諸州ニ於テ遊說中ニシテ盛ニ自己推薦ノ宣傳ヲ試ミツツアルモ Convention 派トソノ雄ヲ爭フニハ尙ホ勢力ノ足ラサルモノノ如シ（双方トモ盛ニ各地新聞ヲ買收シ計謀攻略餘ス所ナシ）

上述ノ如ク兩派相競爭スルモ其演說ニ於テモ其文章ニ於テモ何等主義政綱ヲ公示スルニアラスシテ單ニ反對黨候補者ヲ攻擊非難スルニ過キスサレハ多クノ伯國人ハ兩派ヲ呼フニ皆ソノ人名ヲ以テシ Bernardes 黨又ハ Nilo 派ト云フコレ稱呼ニヨリテ見テモ伯國ノ政爭ハ決シテ黨爭ニアラサ

ルヲ知ルヲ得ヘシ右兩黨ノ機關新聞等カ時々共和保守黨（Partido Républicano Conservador）ト云ヒ又ハ自由民主黨（Partido Liberal Democrato）等ノ名ヲ冠スルコトアルモコレ一時ノ出來心ニ過キスシテ決シテ嚴格ナル意味ニ於ケル政黨ヲ意味スルモノニアラスト知ル可シ又兩派競爭ノ際時ニハ主義綱領ノ如キモノヲ發表スルコトナキニシモアラサルモコレ亦ソノ黨ノ主義政綱ナトト速了ス可キニアラス如何トナレハコレ等ハ單ニ競爭ノ際人氣ヲ得ンカ爲メノ一時ノ策略ニシテ何等ソノ派ニ屬スル人々ノ主義ニモアラス政見ニモアラサレハナリ故ニ一朝當選シテ責任アル地位ニ立ツニ至レハコレ等政見主義ナルモノヲ抛棄シテ顧ミサルコト弊履ノ如シ而シテ國民モ亦必スシモ之ヲ咎メス如何トナレハ彼等モ亦其所謂主義政綱ナルモノニ初メヨリ重キヲ置カス當選ノ終リシ二三ケ月ニハ全ク之ヲ忘却スル位ノモノナリ

而シテソノ所謂政綱ナルモノモ多クハ場當リノ題目ノミ例ヘハ伯國目下ノ財界經濟界ノ不況ニ當リテハ兩黨互ニ財政整理ヲソノ首項ニ置キ辯明解釋敷衍餘ス處ナシ次ニ交通機關ノ發達、教育ノ普及、陸海軍ノ擴張整頓、港灣ノ修築、司法手續ノ改良、衞生設備ノ擴張、産業ノ保護、移民ノ誘入、內地ノ開發、漁業發達ノ奬勵等孰レモ御坐ナリノ政綱ニシテ何等特色アルモノニアラス且ツ何等實行ノ具體的成案ヲ示スニモアラス特ニ奇ナルハ Convention 派ノ主義ナルモノモ反對派ノ政綱ナルモノモ畢竟ソノ實質ニ於テハ何等異ナル處ナキコトコレナリコレ亦伯國ノ政爭ナルモノノ主義ノ戰ニアラスシテ個人的好惡卽チ朋黨ノ爭ナルコトヲ明示スルモノト云フヘシ
而シテ右ノ政爭ニ從事スルモノハ政治的營業者新聞記者ハ言ハスモカナソノ他ノ高等遊民階級ヲ初メトシ自餘ノ伯國人中等階級ノ者ヲ最モ多シトス而シテソノ後者ニアリテハ選擧競爭ノ運動ニ依リテ金錢上ノ利益又ハ選擧後其運動ノ報酬トシテ官廳並ニ諸會社ニ於ケル地位ヲ翹望スル輩ナリトス黑人及ヒ土着印度人ハ文盲ニシテ政治ノ何タルヲ解セサル幼稚ノ域ニアルヲ以テ全ク之ニ關與セス歸化外國人及ヒ移民等ハ尙ホ未タソノ衷心ヨリ眞ニ伯國人タルヲ意識セサルカ爲メニコレ亦政治運動ニ關係セス然レトモ政爭ノ餘沫ノ害ヲ受クルヤコレ等外國人モ亦自餘ノ伯國人等ト異ナルナシ卽チ共ニ競奔シ共ニ喧噪シ共ニ休業スルヲ免カレス
伯國ノ政治問題ニハ宗敎問題ハ決シテ混入シタルコトナク社會問題モ亦然リ農工商業ノ最モ盛ナル「サン、パウロ」ニ於テスラ組織サレタル社會主義者ノ團體ナシ況ンヤソノ他ノ州ニ於テオヤ蓋シ伯國ハ土地廣ク人口少ク隨テ勞働者ハソノ職業ヲ得ルコト容易ナルカ爲メニ生活難ヲ知ラスコレ未タ社會問題ノ發生セサル原因ナリ伯國議會ニハ一人ノ社會主義者ナク新聞紙亦コレニ同シ

第六章　政黨ナシ隨テ黨議ナルモノ存在セス

伯國ニハ政黨ナシ隨テ黨議ナルモノ存スル筈ナシコレヲ以テ上下兩院ニ於テモ政府ハ決シテ反對黨ナルモノニ逢着スルコトナシ故ニ議院ニ於テ政府案ニ反對スルモノアリトシテモコレ議員各個ノ意見ニ過キスシテ或ル黨ノ意見ヲ代表スルモノニアラス隨テソノ反對ナルモノモソノ勢力常ニ薄弱ナリ換言セハ伯國ノ議院ニ於テハ反對人アルモ反對黨アルコトナシコレ政府案ノ概シテ容易ニ通過スル所以ナリ

伯國ニハ政黨ナキコト上述ノ如シ隨テ自然ソノ内閣モ亦政黨内閣ニ非サルハ言ヲ待タス伯國内閣員ハ大統領之ヲ選ヒ且ツ之ヲ任命ス（憲法第五十二條）若シ歐米諸外國ニ於ケルカ如ク政黨勢力ノ消長ニ依リテ内閣ノ交迭ヲ來スカ如キ制度ヲ伯國ニ布クカ如クンハ議院ノ出來心ニ依リテ伯國内閣ハ議會ノ開會毎ニ毎年必ス交迭ヲ免カルヘカラサルヘシトシテ伯國有識者ハ伯國ノ現制ヲ以テ最モ伯國ノ國情ニ適シタルモノト認メ居レリ

第七章　伯國內閣ハ政黨內閣ニアラス

上述ノ如ク伯國內閣ハ大統領內閣ナルカ故ニ大統領ノ交迭スル每ニソノ閣員ノ更新セラルルハ勿論ナルカ而カモ後ノ內閣ハ必ス前內閣ノ政策ヲ繼承スルヲ常トス故ニ前內閣ノ着手シタル事業ハ其後ニ至リテモ必ス繼續セラレ完成セラルヽコレ歐洲諸國ニ於テ內閣ノ交迭アル每ニソノ政策ヲ變更スルモノアルニ比シテ伯國人ノ大ニ幸福トスル所ナリ伯國政客ハ曰クコレ一定ノ政綱ヲ有スル政黨ナルモノヽ伯國ニ存在セサル惠澤ナリト

第八章　大統領交迭ニ際シ官吏ノ更新ニ關スル弊害

然レトモソノ半面ニ於ケル弊害ハ亦一ニシテ足ラス新大統領ノ下ニ新內閣ノ成立スルヤ次官、局長、課長等ノ交迭スルハ勿論甚タシキハ下級ノ屬僚ニ至ル迄殆ントソノ更新ヲ見ルコトアリコレカ爲メニ政務ノ澁滯一方ナラス然レトモコレ强チ現制度ノ罪ノミニハアラスシテ伯國政界ニ於ケル因襲的弊害タルヲ知ルヘシ今左ニ Paul Walle 氏ノ「伯剌西爾ニ於テ」ヨリ之レニ關スル數節ヲ抄譯ス可シ（特ニ注意ス可キハ此書ハ伯國事情ヲ外國ニ宣傳スル爲メ伯國農商務省カ近年廣ク外國ニ配布セル印刷物中ノ一ナルヲ知ルヲ要ス）

「帝政時代ノ秕政ヲ誹議スル者ハ必ス官吏ノ登庸ニ關シ親戚援引主義、恩惠主義、情實主義、比附黨緣主義ヲ擧ケテ之ヲ攻擊セサルハナシ然レハコレ等ノ弊害ハ共和國トナリタル今日ニ於テ少シク改善セラレタルカト云フニ決シテ然ラス假令一二ノ政治家カ之ヲ矯正センコトヲ試ミタルコトナキニ非サルモ實際ニ於テハ何等改善ノ跡ナクコノ弊害ハ依然トシテ官界ニ儼存ス而シテコノ弊害ヲ芟除シ能ハサラシムルモノハ上下兩院議員ノ罪ナリ彼等ハ政界ニ勢力アル選擧人又ハ其他ノ人ノ依賴ニ應シテコレカ親戚及ヒ朋友ヲ就職セシメンカ爲メニ盛ニ各大臣等ノ左右ニ奔走斡旋ス——茲ニ一言スルヲ要スルモノハ有用ナル市民ノ數ノ少キ割合ニ比シテ伯國各地ノ法科大學ハ學士(ドクトール)ヲ製造スルコト甚タ多キニ過ク故ニ學士ニシテソノ職業ヲ得サルカ爲メニ遊食スルノ徒頗ル多數ナリコノ遊食ノ學士達ハ機會モアラハ就職センコトヲ翹望セルモノナリ——故ニ人一度大臣官房ニ入ラハ常ニ二三乃至五六名ノ上院議員及下院議員ニ出會セサルコトナシ彼等ノ或者ハ御機嫌伺ノ爲メト稱シテ來リ或ル者ハ知人ヲ紹介スル爲メニ來リ或者ハ懇願スル爲メニ來レルナリ而シテ彼等ハ互ニ相話シ相談笑ス彼等カ大臣官房ニ入ルヤ宛トシテ自宅ニ於ケルカ如ク入ルニモ案內ヲ乞ハス出ルニモ亦無斷ナリ如此ナルカ故ニ重要ナル用務ノ爲メニ大臣ヲ見ントト欲スル者ハ彼等ノ爲メニ妨ケラレテ其用ヲ辨スルヲ得スサレハ一二ノ大臣ハコノ弊ニ堪ヱスシテ之ヲ改メント試ミタルモ少シモ實效ナシ茲ニ於テ各大臣ハ不得止其ノ卓子ノ一方ニ於テ用務アル人ト相話シ卓子ノ他方ニ用事ナキ來訪者ヲ並ヘテ之レト應接スルコトトハ爲セルモ其事務ヲ妨害スルヤ尙ホ少シトセスサレハ大臣等ハ書類ヲ自宅ニ持チ歸リテ夜間之ヲ閱讀スルコトト爲シ又緊急ノ用務アル人ニ對シテハ早朝自宅ニ於テ之ト會見ス」

「伯國議會ハ歐洲風ヲ學ヒ特ニ羅甸風ニ倣ヒ冗長ナル辯舌ヲ弄シテ徒ラニ時間ヲ費スヲ喜ブ下院議員等ハ其ノ友人ナル大臣ノ演說ニ雷同シテ之ヲ助クルカ然ラサレハ議院內ノ陰謀ニ耽リ內閣ノ

交迭毎ニ多數ノ官吏ノ更新ノ際大臣カ採用スル處ノモノハ皆孰レモコレ等議員ノ推薦紹介依頼ニ基カサルモノナシ其結果或ル官廳ノ採用シタル官吏中ニハ全ク事務ニ堪ヱサルモノアルノミナラスソノ他ノ多クモ亦コレ尸位素餐ノ徒ノミ特ニソノ惡弊ノ最モ顯著ナルヲ鐵道廳トス同廳ニ於テハ實際必要ナル役員ノ四倍ノ冗員ノ存スルヲ見ル」云々

Paul Walle 氏ノ筆ニナレル以上ノ記述ハ實ニ能ク伯國ノ政界ト官界トノ關係ヲ赤裸々ニ表明シタルモノニシテコレニ依リテ一ニハ選擧政爭ノ激烈ナル所以ノ裏面ノ消息ヲモ窺知ス可ク且ツハ伯國政治家ナルモノノ勢力ノ延長及ヒソノ濫用ノ程度ヲモ知ルヲ得ヘシ

第九章　伯國ニ於テハ法律規則ノ明文通リニ行ハレサルモノ多シ

尚又外國人ニ特ニ奇異ニ感セラルルモノハ伯國ニ於テハ法律規則ノ解釋及適用ヲ行政官ノ手心ニ委スル範圍頗ル廣キコトコレナリ換言セハ法律ハ明文通リニ適用セラレサル事稀ナリトセス伯國人ノ說ニ從ヘハ伯國ハ領土ノ廣大ニシテソノ地ノ東西南北ニヨリテ氣候、風俗、土宜、民情ヲ異ニスルモノアルカ爲メニ聯邦政府ノ法律規則ハ決シテ一律ニ之ヲ適用ス可カラサル事實上ノ理由ニ基クモノナリトハ或ハ然ラン尚ホ之レニ加フルニ立國ノ制度モ亦與テ大ニ力アル處ナルヲ見ル如何トナレハ伯國ハ二十州(及聯邦區「リオ、デ、ジヤネロ」市及ヒソノ附近並ニ「アクレ」聯邦領)ヨリ組成セラレタル聯邦共和國ナリ而シテ其各州ハ全ク絕對ナル自治權ヲ有シ各州共ニ各々大統領ヲ有シ議院ヲ有シ獨立シタル財政ヲ有スルヲ以テ各州ハ自由ニ外國ニ借款ヲ募リ又ハ其州ノ大土木ヲ起スニ當リ外國會社ト契約ス加之各州ハ各自獨立シタル裁判所ヲ有シ文部廳ヲ有シ憲兵ノ名目ノ下ニ實力アル軍隊ヲ有スルモノ二三ノ州アリ換言セハ各州ハ半獨立ノ一ノ小共和國ヲ形成ストモ云ヒ得ヘキ姿ニシテ只タ聯邦ノ權力ニ遵フモノハ外交、國防及ヒ一般ノ秩序維持コレノミ蓋シ舊時各州郡(プロヴィンス)ハ殆ント獨立割據ノ勢ナリシヲ共和政制定ノ際之ヲ改名シテ州トナシタルニ過キスシテ舊時ノ因襲ハ依然尙ホ存在スルニ依ルト云フ隨テ各州ニ於ケル大統領及ソノ閣員並ニソノ地方政治家ノ勢力ハ其州內ニ於テハ極メテ偉大ナルヲ以テ法規解釋適用ノ各州互ニ異ナルモノアル蓋シコレニ基クト知ルヘシ

第十章　伯國ハ今尚ホ寡頭政治ナリ

伯國ノ政情ヲ約言セハ伯國ハ今尚ホ寡頭政治ナリト云フヲ適當ナリトス（地方各州ニ於ケル亦同シ）卽チ大統領及閣員ソノ他政界ニ勢力アル四五ノ政治及ヒ土豪ノ統治スル所ナリコレ大統領ハソノ在職ノ間議會ニ於テモ民間ニ於テモ其ノ政策ニ關シ大ナル反對ニ逢着スルコトナキ所以ナリ（例ヘハ我國ニ於ケル內閣總攻擊ノ如キハ曾テ見サル處ナリ）假令ニ三議員ノ或ル問題ニ對シ反對ヲ試ミ政府ヲ攻擊スルコトナキニアラサルモ大抵ハ妥協ヲ以テ終ルヲ常トス

思フニソノ然ル所以ハ伯國ハ發見以來四百年ニ過キスシテ所謂新開ノ植民地タル半開國ナリ特ニ共和建國以來僅カニ三十年ニ過キスシテ文化ノ及ホス處極メテ淺近國民ノ智識ハ尚ホ一般ニ幼稚ニシテ大部分ハ政治ノ何物タルヲ解セスシテ單ニ指導階級ニ盲從スルニ過キス而シテソノ所謂指導階級ナルモノハ土豪又ハ大地主等ノ漸進主義者卽チ所謂共和保守派ニ屬スル者多ク隨テ帝政時代ノ因襲舊慣ヲ俄カニ變更スルヲ欲セス自然現政狀ヲ生成釀化シ來ルモノト見ルヘシ

第十一章　外交問題

外交問題ハ未タ曾テ議會ノ討議ニ上リシコトナク又タ新聞紙上ノ問題トナリタル事ナシ随テ外交方針及ヒソノ政策ノ運用施設ハ全ク大統領ノ方寸ニアリテ外界ヨリ些ノ掣肘ヲ受ケス新聞紙上時ニ或ハ外務省ノ官制ノ末節ニ關シテ短評シタルモノナトヲ散見シタルコトアルモ外交政策ニ對シテハ何レノ新聞モ口ヲ嵌シテ一言ノ批評ヲ試ムルモノナシ

只タ三年前「ルヰ、バルボーザ」氏カ伯國從來ノ外交政策ノ專ラ親米的傾向アルヲ非難シ伯國ノ人種、宗敎、風俗、言語、文化ノ傳統ヨリスレハ伯國ノ外交ハ寧ロ羅甸人系即チ伊、佛、西、葡ニ近ツクヘキヲ當然トナスト云ヒテ伯國ノ爲メニハ偏米政策ハソノ採ラサル處ナリト説キタルヲ唯一ノ外交論ト見倣シ得可シ伯國ノ政界カ外交ヲ論スルニ冷淡ナルハ蓋シ列强諸國ト餘リニ遠ク隔在シテ歐米外交關係ノ影響ヲ受クルコト尙ホ少ナキニ依レルナカランカ

随テ當國ノ諸新聞モ外國電報ハ割合ニ多ク轉載スルモコレ只タ事件ノ報道ニ過キス間々巴里會議「ジエネバ」會議、華盛頓會議ソノ他國際上ニ於ケル顯著ナル事件ニ關シ論説等ヲ掲載スルモコレ亦外國ニ於テ發表セラレタル議論ヲ轉載スルニ過キス國際事件ニ關スル伯國人ノ意見ナルモノハ

全クナキモノノ如シ（時々前公使ニシテ現ニ北米某大學ノ講師タル「オリヴヱイーラ、リマ」(Oliveira Lima)氏ノ論說ノ散見スルコトアルモコレ亦學理上ノ意見ノミ）且ツ伯國記者等ハ概シテ國際關係ノ智識學問共ニ低級ナリ

有力ナル政治家ニ就テソノ外交ニ關スル說ヲ叩クニ概念ヲ答フルニ過キス若シソレ親日ト云ヒ排日ト云フカ如キ問題ニ至リテハ尙ホ伯國政治家ノ研究ヲ經サル題目ト見ルヲ正當ナル見解トス

第十二章　國際上ニ於ケル伯國ノ地位ノ上進

大戰後ニ於ケル伯國ノ國際上ニ於ケル地位ノ昂上ハ今ヤ伯國官民ノ大ニ得意トスル處ニシテ特ニ南米ニ於テ嶄然ソノ一頭地ヲ拔クノ觀アルハ伯國人ノ心中私カニ矜誇ヲ感スルヲ禁シ得サルモノアルヲ見ル蓋シ大戰前ニ在リテハ國際上ニ於ケル伯、亞兩國ノ地位ハ全ク伯仲ノ間ニアリテ時トシテハ亞國ノ勢力寧ロ伯國ヲ凌クカ如キ觀アリシカ大戰中伯國カ卒先シテ獨乙ノ白耳義中立侵害ニ對シテ大々的反抗ノ聲ヲ揚ケ次テソノ軍艦ヲ米國ニ提供シテ以テ聯合國側ヲ助クルノ用ニ供シ自餘ノ行動皆聯合國側ト其ノ步調ヲ一ニセルニヨル

茲ニ於テ休戰條約調印ノ後英、佛、伊ノ三國ハ伯國參戰聲援ノ好意ニ酬ユルカ爲メニ在伯公使館ヲ昇格シテ大使館トナシ法王廳亦之レニ倣ヒ今年白耳義モ亦伯國ニ大使ヲ送ルニ至リ今ヤ伯國ハ米、葡、英、佛、伊、白及法王廳ノ七大使ノ駐劄ヲ見加フルニ新タニ希臘、波蘭、「チエツク、スロバキア」ノ三新公使ヲ見ルニ至リテ伯國人ハ南米唯一ノ一等國ヲ以テ自ラ居ルニ到レリ

コレヨリ先キ有名ナル外務大臣「リオ、ブランコ」(Rio Branco) 氏ハ伯國數年ノ懸案タル國境問題ヲ祕露、「ボリビア」、「パラグワイ」、「ウルグワイ」其他佛國「グイアナ」等ト巧ミニ解決シテ近隣

諸國ノ尊敬ト同情トヲ博シ海牙平和會議ニハ伯國有數ノ政治家ニシテ法律家タル「ルヰ、バルボーザ」氏ヲ派遣シテ大ニ伯國ノ面目ヲ發揮シタルアルニ先年又巴里會議並ニ「ジユネバ」國際會議ニ於テモ伯國委員等ノ機智活動ハ國際間ニ於ケル伯國ノ名聲發揚ヲ資スルモノ亦少ナカラサリシヲ見ル

然ルニ他方ニ於テハ曾テ現伯國大統領カ歐米各國々首ヲ訪問シタルノ答禮トシテ昨年九月白耳義國兩陛下ノ御來伯アリ次テ米國外務大臣「コルビー」氏及ヒ伊國前首相「オルランド」氏亦伯國ヲ答訪シ近クハ智利外務大臣モ亦ソノ大統領ノ名代トシテ來伯シタル等孰レモ皆國交ノ親善ヲ明示顯揚セサルモノニアラサルハナク「今ヤ伯國ノ外交關係ハ孰レノ方面ニ於テモ日々益々良好ナリ」ト大統領「エピタシオ、ペッソア」氏カ今年伯國議會ニ揚言シタルモノハ議會ニ對スル一片ノ套辭ナラサルヲ見ル

第十三章　伯國ニ於ケル新聞事情

政界情報ヲ結フニ當リ當地新聞事情ヲ一筆スルノ要アルヲ見ル伯國ニハ政黨無シ隨テ政黨ノ機關紙ナルモノ亦存セス然ルニ選擧ノ競爭アルニ當リテハ其ノ競爭ノ繼續スル間ハソレソレ其ノ競爭者ノ機關紙トナルコレ中央ノ大都「リオ」市ニ於ケルカ如ク地方新聞モ亦タ同シ

目下次期大統領並副大統領ノ選擧競爭ニ際シ Convention 派即チ多數派タル Arthur Bernardes 及ヒ Urbano Santos 派トソノ反對派 Nilo Peçanha 及ヒ Seabra 派トノ新聞ノ色分ケヲ見ルニ左ノ如シ

Bernardes et Urbano Santos派
- Commercio
- O dia
- O Paiz
- A Noticia
- Gazetta da Noticia
- Fotha

Nilo et Seabra派
- Imperial
- Correio da Manha
- Noite

中　立　派
- Rio Jornal
- Jornal do Brazil
- O Jornal

而シテコレ等新聞紙カ其推戴スル所ノ人物等ヲ賞揚シ其ノ反對派ニ屬スル人々ヲ讒謗惡罵スルコトハ兩々ソノ極端ニ達ス特ニ反對派ニ對シテ人身攻擊ヲ逞フシテ少シモ忌諱スル處ナク特ニソノ用語ノ亂暴放縱ナル外人ヲシテ絕倒セシムルモノアリ例ヘハ反對派ノ首領ヲ呼フニ惡黨、泥棒、詐欺師、山賊、野師、畜生、ケダモノ、破廉恥漢、横着者、馬鹿野郎、愚物等ノ辭ヲ以テスルコト實ニ言語同斷ナリコレ伯國ニハ共和國憲法制定ノ際言論ノ自由ヲ極端ニ擴張シタルカ爲メニ之レカ取締ニ關スル新聞條例ノ一モ存スルモノナキカ故ニソノ餘弊遂ニ流レテコノ放縱ニ陷ルニ到レルナリト云フ（新聞取締法ハ屢々政府ヨリ議會ニ提出セラレタルモ議員等ハ新聞紙ノ攻擊ヲ恐レテ之ニ贊成ヲ表スルモノナク遂ニ今日ニ至レリト云フ）

而シテ此如キ亂暴放縱ナル言辭ノ用キラルルコトハ啻ニ選擧競爭ノ際ニ於テノミ然ルニアラスシテ平素ニ於テモ亦屢々コレヲ見ル例ヘハ現大統領カ就職ノ初メニ當リ財政整理ノ爲メニソノ以前迄政府ヨリ各新聞社ニ竊カニ下附シツツアリタル補助金ヲ斷然廢止シタル際ノ如キ各新聞社ハ一齊ニ立テ政府反抗ノ意ヲ表シ彼レ是レ口實ヲ設ケテ大統領及ヒ閣員等ヲ連日連週攻擊誹謗シ大統領ニ對シテサヘ山賊、詐欺師、畜生等ノ熱罵ヲ浴セカケタルコト屢々ナリキ然レトモ伯國人ハ筆者モ讀者モ既ニ久シクコレニ慣レ之ヲ以テ日常茶飯事ト見倣シ敢テ意ニ介セサルモノノ如シ而シテソノ然ル所以ヲ尋ヌルニ四時炎熱ナル伯國ノ氣候ハ國民ノ血ヲ沸騰セシメ何事ニモ一時俄カニ熱狂セシムルノ性癖ヲ馴致シタルモノアルト他方ニハ文化ノ未タ遍ネカラサルカ爲メニ國風自カラ粗暴ナルヲ免カレス隨テ婉曲ナル用語若クハ「デリケート」ナル言辭ニテハ自他共ニ滿足セサルカ爲メニ斯クハ直情徑行粗暴放縱ニハ到レルナリト云フ一例ヲ言ヘハ昨年白耳義國王御來伯ノ當時當地白耳義公使館ニ於テ陛下ノ臨幸ヲ仰キ午餐會ヲ催フシタル際都下各新聞社ヨリ派出セル寫眞團ハ陛下並ニ白耳義公使ノ許可ヲ乞フコトモナク驀然陛下ノ居ラセラルル「サロン」ニ入ラントシタルニ公使カ之ヲ遮リタルヲ怒リ寫眞團ハ一時ニ引揚ケタルカ偖テ翌日孰レノ新聞モ同公使ヲ攻擊シ或ハ「野人禮ニ嫻ハス」ト稱シ甚タシキハ「畜生」「ケダモノ」ノ字ヲ以テ同公使ヲ呼フニ

至レリソノ際同公使ハ外務大臣ニ掛合ヒタルモ外務大臣ハ請フ意ニ介スル勿レト懇請シタル丈ニテ何等ノ效果ナカリシナリ

伯國ノ新聞ニハ一定シタル主義ナシ故ニソノ主張ノ變更スルコト猫眼畱ナラス要スルニ其對照物ト新聞社主トノ個人關係特ニ利益關係ノ如何ニヨリテ如何樣ニモ變說スルモノト知ルヘシサレハ今日ノ社說ノ言フ處ハ全然昨日ノト異ナル處アルハ稀ナラス而シテ讀者モ亦之ヲ怪マス

コレ一ニハ新聞經營維持ノ一般ニ困難ヨリ來レルモノナリト云フ今「リオ」市ニアル十餘ノ新聞紙ニ就テ之ヲ見ルニ半官報ノ觀ヲ有スル Commercio 紙（コレハソノ說ク所著實穩健且ツソノ信用確實ナルコトハ嶄然一頭地ヲ拔キ決シテ他ノ新聞ノ追隨ヲ許ササル所ナリ特ニ同紙ハ「リオ」州政府、「リオ」市廳等ノ公文掲示ヲ擔任シソノ補助ヲ受ケ居ルヲ以テ財政豐富ナリト云フ）ヲ除クノ外 A Noite 及 Correio da Manha ノ二新聞ハ其ノ賣レ高ノ多キト廣告ノ多キカ爲メニ社ノ經營ニ困難ヲ感セサルモソノ他ハ孰レモ概シテ收支相償ハサル底ノ情況ニアリト云フ然ル所以ハ當國ハ敎育未タ普及セス文盲者ノ數非常ニ多數ヲ占メ隨テ孰レノ新聞モ其賣レ行キノ案外ニ少キニ依ルト云フサレハ多數新聞中ニハ惡棘手段ヲ以テ恐喝取財ヲ事トスル惡德新聞モ亦少カラス

第十四章　伯國政界有力者略歴

（一）「アルツール、ベルナルデス」(Arthur da Silva Bernardes) 氏略歴

氏ハ一八七五年八月八日「ミナス、ゼラエス」州「ヴイソーザ」郡ニ生ル一九〇〇年「サンパウロ」市法科大學ヲ終ヘテ法學士ノ稱號ヲ得「ミナス」州「マニユアス」郡檢事ニ任命セラレタルカ幾クモナク辭職シソノ鄕里ニ於テ辯護士ヲ營メリ一九〇六年「ヴイソーザ」郡長トナレリ氏ノ政治的生活ノ發端ナリ一九〇七年同州下院議員ニ當選シ一九〇九年聯邦下院議員ニ當選シタルカ其ノ翌一九一〇年「ミナス」州大藏長官ニ選ハルルニ及ヒ下院議員ノ職ヲ辭セリ一九一五年再ヒ聯邦下院議員ニ當選シ間モナク「ミナス」州統領ニ選ハレ現ニソノ職ニ在リ本年三月伯國次期大統領候補者豫選會ニ於テ多數派ノ推ス處トナリ目下ソノ競爭中ナリ

（二）「ウルバノ、サントス」(Urbano Santos da Costa Araujo) 氏略歴

「ドクトル、ウルバノ、サントス」氏ハ一八五九年二月三日ヲ以テ北方ナル「マラニヨン」州ニ生レ「レシフエ」法學校卒業後一八八三年ヨリ一八九二年マテハ「マラニヨン」、「サンタカタリナ」、「パラー」ノ諸州ニ於テ司法官タリシカ一八九二年「マラニヨン」州革命ノ際休職トナリ州內「ロザリ

オ」ニ退隱シ一時農場經營ニ從事シタルカ一八九七年ニ至リ氏ノ友人等カ政治上ノ權勢ヲ得ルニ及ヒテ聯邦下院議員トナリ爾來專ラ一身ヲ政治ニ委ネ翌九八年ニハ「マラニヨン」州知事ニ選擧セラレタルモ固辭シテ就職セス尋イテ一九〇〇年ヨリ一九〇五年マテハ聯邦下院議員トシテ二回再選セラレ其翌一九〇六年ニハ向フ九ケ年ヲ任期トスル聯邦上院議員ニ選擧セラレ其ノ任期未タ了ラサルニ一九一三年一月再ヒ「マラニヨン」州知事ニ選擧セラレタリ然レトモ氏ハ同年八月九日ノ豫選大會ニ於テ一九一四年十一月十五日ヨリ向フ四ケ年ヲ一期トセル共和國副大統領候補者ニ推サレシカ爲メ中途ニシテ州知事ノ職ヲ辭シ副大統領ノ職ニ就キ一九一七年九月八日ヨリ一ケ年間大統領休養ノ爲メ離任中一時大統領ノ職務ヲ代理シ尙ホ副大統領トシテ在任中三度「マラニヨン」州知事ニ選擧セラレタルヲ以テ滿期ノ約一ケ月前ニ副大統領ヲ辭職シ歸州ノ上知事トシテ就職後幾モナク一九一八年「デルフイン、モレイラ」氏執政副大統領ノ下ニ其ノ司法內務長官ニ任セラレタリ

然ルニ一九一九年七月「デルフイン、モレイラ」氏逝去ノ後現大統領「エピタシオ、ペツソア」氏ノ就職ト共ニ司法內務長官ノ職ヲ辭シ鄕州「マラニヨン」ニ歸リ選ハレテ同州知事トナリ現ニ其職ニ在リ而シテ氏ハ今ヤ次期ノ副大統領トシテ多數派ノ推ス處トナレリ

（三）「ニロ、ペサニア」（Nilo Peçanha）氏ノ略歴

上院議員「ドクトル、ニロ、ペサニア」氏ハ一九〇六年ヨリ一九一〇年ニ至ル第五期ノ共和國副大統領トシテ選擧セラレ偶〻一九〇九年六月十四日大統領「アッフヲンソ、ペンナ」氏ノ逝去スルニ逢ヒ其ノ後ヲ襲ヒテ翌年十一月十五日迄大統領ノ職ニアリタル「リオ、デ、ジャネロ」州「カムポス」市出身ノ政治家ニシテ一八六七年ノ出生ナレハ年正ニ五十四歳トシ任期滿了後自州ヨリ選出セラレテ復又聯邦上院議員トナリ且ツ歐洲諸國ヲ漫遊シテ旅行記ノ著述アリ現ニ「リオ」州ニ於ケル一部政派ノ首領トシテ政界ニ重キヲ成セリ而シテ現ニ次期大統領ノ候補ニ立チテ諸方遊說中ナリ

（四）「セアブラ」（José Joaquim Seabra）氏略歴

氏ハ一八五五年「バイア」市ニ生ル一八七七年「レシフエ」法律學校ヲ卒業セリ卒業ニ當リ其在學中各年ヲ通シテ常ニ拔群ノ成績ヲ示シタルヲ以テ特ニ學士團ヨリ褒賞ヲ贈ラレタリ同校卒業後直チニ「バイア」市ニ歸鄕シ同州知事ヨリ選ハレテ「バイア」市檢事ニ任セラル後再ヒ「レシフエ」ニ於テ法學博士ノ稱號ヲ受ケ一八八〇年同法科大學敎授ニ任命セラレタリ氏ハ又熱心ナル奴隷解放論者ニシテ奴隷解放ノ爲ニ盡力シ一八八九年共和政府ノ樹立ト共ニ聯邦

下院議員ニ選ハレ傍ラ「レシフエ」法科大學長兼同校經濟科主任敎授タリ

氏ハ政治家トシテ當時大統領「フロリアノ」將軍ノ施政ニ對シ强硬ニ反對シタルカ爲メ遂ニ前記「レシフエ」法科大學長ノ職ヲ免セラレ囚ヘラレテ「アマゾン」ノ山奥地方ニ幽閉セラレタリ

其後再ヒ聯邦下院議員ニ復歸後下院ニ於テ「フロリアノ」將軍ニ對スル不信任案ヲ提出スル等益〻政府反對ノ氣勢ヲ發揮シタルカ偶〻一八九三年九月六日政府ニ對スル海軍一撥突發ノ際捕ヘラレシモ氏カ「アマゾン」流竄中ノ傳染性熱病再發ヲ理由トシテ「サンタカタリナ」州ニ移サレ次テ「モンテビデオ」ニ放逐サレタリ

氏カ「モンテビデオ」滯在中ニ於テモ同地「シグロ」及「ラ、ラソン」紙並ニ「ブエノス、アイレス」市「エル、デイアリオ」紙上ニ於テ盛ニ伯國內政ニ關シ論議セリ

其後前記海軍一撥ノ反亂鎭定後歸伯シ一八九七年ニハ「バイア」州選出聯邦下院議員トナリ聯邦共和黨分離案ヲ提出シタルコトアリ次テ「モラエス」大統領政府ノ下ニ其ノ閣員ニ入レリ

一九〇〇年ヨリ一九〇二年ニ至ル間再ヒ下院議員ニ選ハレ「カンポス、サレス」氏大統領時代下院多數黨首領タリ其後「ロドリグス、アルベエス」氏大統領ノ下ニ內務長官ニ任命セラレ下院議員ヲ辭セリ

一九〇六年內務長官ヲ辭任シ「アマゾン」州選出聯邦上院議員ニ當選シタルモ遂ニ議會ノ承認ヲ得ルニ至ラス其後一九〇九年再ヒ下院議員トシテ現ハレ「エルメス」將軍大統領ノ下ニ遞信長官ニ任命セラレタリ

一九一二年「バイア」州知事ノ選擧ニ際シ之カ競爭ノ爲メニ遞信長官ヲ辭シ遂ニ同州知事ニ當選セリ其任期中同港碇泊軍艦ヨリ砲擊セラレタルノ椿事アリタルコトアリ氏ハ其任期中ニ於テ「バイア」市市區改正事業ノ完成ヲ計畫シタルモ偶々歐洲大戰勃發シ同港ニ於テ英船「テニソン」號ニ積込マレタル積荷中ニ隱閉セラレタル兇器ノ爆發事件起リ其事件調査ノ爲メ在伯英國公使館ト六ケ敷談判事件生シタル等ノ爲メ右ノ市區改正事業モ遂ニ其實行ヲ見サリキ

然ルニ氏カ對英國公使館トノ交渉ニ於ケル書面ハ愛國的熱情ニ滿チ堂々伯國ノ對外的威信ヲ揚ケタルモノトシテ大ニ朝野ノ賞讃ヲ博シタリ

其後聯邦議會ニ於テハ司法財政委員會委員タリ殊ニ民法起草委員長トシテ盡力セリ

「バイア」州知事ノ任期滿了後一九一六年再ヒ聯邦下院議員ニ當選一九一七年上院議員補缺選擧ニ際シ當選シ昨年「バイア」州知事ニ當選シ今日ニ及ヘリ而シテ今ヤ氏ハ多數派卽チ「アルツール、ベルナルデス」派ニ反對シテ次期副大統領ノ候補ニ立チソノ競爭運動最中ナリ

（五）「ルヰ、バルボーザ」（Ruy Barbosa）氏略歴

上院議員「ルヰ、バルボーザ」氏ハ一八四九年ヲ以テ「バイア」州ニ生レ夙ニ民主主義ヲ鼓吹シ共和政府成ルニ及ヒテ第一次ノ大藏卿トナリタル經歴ヲ有ス博聞强記見識超邁特ニ法律學ニ精通シ伯國學界ニ於テハ殊ニ尊重セラレ一部人士ノ間ニ頗ル名望アリ

一九〇七年海牙ニ於ケル第二回萬國平和會議ニ伯國委員トシテ參列シテ得意ノ雄辯ヲ振ヒ歐米各國ノ委員ヲ驚嘆セシメシハ尙ホ人ノ記憶ニ新ナル所ナリ前年「エルメス」將軍ト大統領候補ヲ爭ヒシカ時ノ政府カ「エルメス」將軍ヲ援ケタルカ爲メニ遂ニ落選セリコノ選擧ノ際氏カ「エルメス」將軍ヨリハ實際多數ノ投票ヲ得タルノ明カナルニ拘ラス氏ノ意氣ノ餘リニ孤高ニシテ隨テ獨斷的ニ流レ且ツ少シモ他人ノ掣肘ヲ受クルヲ欲セサル氏ノ性格ハ遂ニ他ノ政治家等ノ畏懼ト嫌惡トヲ惹キ遂ニ落選セシナリト云フ其後歐洲大戰ノ初ニ當リ白耳義中立侵害ニ對スル獨逸ノ行動ヲ非難シ且ツ伯國ヲシテ聯合側ニ與スル態度ヲ決定セシメシハ一ニ氏ノ力ナリトシテ內外人ノ齊シク認ル所ナリ氏ハ先般「ジユネーバ」ニ於ケル國際聯盟總會ニ於テ大多數ヲ以テ國際裁判所判事ニ當選セリ氏ハ現ニ上院議員トシテ時ニ得意ノ雄辯ヲ揮ヒ伯國政界ニ活氣ヲ添ヘツヽアリ年七十三

「ボルジエス、デ、メデイロ」（Borges de Medeiro）氏略歴

氏ハ一八六四年「リオ、グランデ、ド、スール」州ニ生ル
一八八一年ヨリ一八八四年ニ至ル間「サン、パウロ」市法律學校ニ學ヒ其後「リオ、グランデ、ド、スール」學生團ヨリ成ル學生共和倶樂部並ニ「九月二十日倶樂部員」トシテ活動シ前者ノ機關雜誌「共和」ニ主幹タリ
一八八五年「レシフエ」法科大學ヲ卒業後一八八六年ヨリ伯國共和制ノ樹立セラレタル一八八九年ニ至ル間辯護士ヲ職トシ同時ニ或ハ演説會ニ於テ或ハ新聞ニ於テ或ハ又諸種ノ政治的倶樂部ヲ設立シテ大ニ共和制樹立ノ宣傳ニ盡シタリ
一八八九年共和政府ノ設立ト共ニ聯邦下院議員ニ當選セリ一八九四年「リオ、グランデ」州高等法院ノ設置ニ際シ高等法院判事トナリ後同州警視總監トシテ同州諸法規ノ起草編纂ニ功アリ
一八九八年同州々統領ニ當選シ一九〇三年再ヒ州統領ニ選ハレ當時ノ「リオ、グランデ、ド、スール」共和黨首領ノ後ヲ受ケテソノ地位ヲ占ムルニ至レリ
其後同州統領トシテ再選ニ再選ヲ重ネ引續キ今日ニ至レリ氏ハ二十三年間繼續シテ同州ノ統領タルカ故ニ其ノ聲望威力他ノ統領ノ比ニアラスサレハ中央政府モ同統領ニ對シテハ一種特別ノ畏敬ヲ以テ之ヲ待遇ス氏ハ Augaste Comte 拜崇者中ノ大家ヲ以テ目セラレ州民等ノ尊敬モコノ方面ニ

基クモノ多シト云フ

「エルメス、ダ、フォンセカ」(Hermes da Fonseca) 氏略歴

氏ハ伯國史上ニ著名ナル武門名家ノ出ニシテ一八五五年五月十二日「リオ、グランデ、ド、スール」州ニ生ル夙ニ軍人ヲ志シ一八七一年「リオ、デ、ジャネロ」士官學校ニ入リ一八七三年砲術科ヲ修了シ砲兵士官候補生ニ任セラレ間モナク少尉ニ昇進シ一八七九年砲兵中尉ニ昇進シ舊「パラー」州司令官附副官ヲ命セラレ敏才精勤ヲ以テ名聲ヲ博シ一八八三年砲兵參謀部附ニ補セラレ翌一八八四年ニハ大尉ノ資格ヲ以テ其ノ叔父「デオドロ、ダ、フォンセカ」大將ノ副官トシテ「マト、グロソ」遠征ニ從軍シ續イテ「エウ」伯ノ副官トシテ同伯ノ南方諸州軍事視察ニ從ヒ一八八九年ニハ共和政府ノ建設ニ參與協力シ其翌年一八九〇年勳功ニヨリ少佐ニ昇進シ更ニ同年十月殊功ヲ以テ特ニ中佐ニ昇進シ一八九一年六月砲兵參謀部附ヲ免セラレ在「リオ、デ、ジャネロ」市砲兵第二聯隊ノ司令官トナレリ

一八九五年中陸軍省ヨリ陸軍參謀本部條例中砲兵部ニ關スル部分ノ起草委員ヲ命セラレ其同僚ト共ニ調査起草シタル所ハ翌一八九六年十月二十四日法律第四百三號トナリテ現ハレタリ其後一八九四年大佐ニ一九〇〇年少將ニ一九〇五年中將ニ一九〇六年大將ニ昇進シ殊ニ軍事ニ勉勵スルコ

ト引續キ三十年以上ニ及ヒ功勞顯著ナルノ故ヲ以テ一九〇一年制定ノ金牌ヲ授與セラレタリ尙ホ氏ハ一九〇二年「ロドリゲス、アルベス」氏大統領トナルニ及ヒ拔擢セラレテ第四陸軍管區司令官トナリ其在職中大ニ技倆ヲ發揮シ一九〇三年九月聯邦府警視總監ニ任セラレ在職中警察兵團ニ多大ノ改良ヲ加ヘテ在來ノ面目ヲ一新シ尋イテ「レアレンゴ」陸軍幼年學校長ニ轉シ一九〇六年十一月十五日「アフォンソ、ペナ」氏大統領ノ下ニ陸軍長官ノ要職ヲ忝シ其ノ在職中獨逸皇帝ノ招待ニ應シテ一九〇八年秋季大演習ヲ參觀シタルコトアリ陸軍長官トシテハ國民全體ヲ軍事的ニ敎育スル目的ヲ以テ國內ニ射的會ノ設立ヲ奬勵スル等頗ル治績アリ次テ大統領候補ニ立チ一九〇九年五月ニ至リテ其職ヲ辭シ一九一〇年遂ニ大統領ニ當選シ當選後歐洲漫遊ノ途ニ上リシカ間モナク歸國大統領ノ職ニ就ケリ一九一四年任期滿チテ大統領ノ職ヲ辭シ又現役ニ復シ其後使命ヲ帶ヒテ歐洲ニ滯在中ナリシカ本年歸國セリ氏ハ伯國軍人ノ輿望ヲ一身ニ集メ隨テ政界ニモ亦勢力アリ

「アントニオ、アゼレド」(Antonio Azeredo) 氏略歷

氏ハ一八五八年「マト、グロッソ」州ニ生ル初メ幼年學校ニ入リ軍事敎育ヲ受ケタル後其方針ヲ轉シテ新聞事業ニ關係シ「ルキ、バルボーザ」氏ノ經營セル Diario de Noticia 社ニ入レリ一八八九年共和制ノ樹立ト共ニ聯邦下院議員トナリ一八九七年聯邦上院議員補缺選擧ニ際シ之ニ

當選シ一九〇五年ニ至リ爾後九ヶ年間引續キ上院議員トナリ一九一二年ノ改選ニ際シ再ヒ上院議員ニ當選シ上院副議長「ビニエイロ、マシャード」氏ノ死ト共ニ其後ヲ承ケテ聯邦上院議長ニ當選シ從來同地位ヲ以テ今日ニ及フ氏ハ格別ナル學識アルニ非サルモ其人物ノ穩健ナルト且ツハ政界ノ各方面ニ多クノ聯絡ヲ有スルカ爲メニ伯國現政界中ニ於テハ底力ノアル人物トシテ頗ル尊重セラル

「パウロ、デ、フロンテイン」(Andre Gustavo Paulo de Frontin) 氏略歴

氏ハ一八六〇年「リオ、デ、ジヤネロ」市ニ生ル幼ニシテ穎悟十四歳ニシテ中央學校(工業學校)ニ入學セリ在學中「レヴイスタ」誌ヲ發刊シ學藝協會ヲ組織シ同僚ヨリ推サレテ其ノ會長トナレリ一八七九年三月拔群ノ成績ヲ以テ工業專門學校(前記中央學校ノ其後改稱セラレタルモノ)ヲ卒業シ同年十二月科學及數學科ヲ終リ一八八〇年鑛山技師ノ免狀ヲ受ク同年工業專門學校敎授ノ補缺試驗ニ際シ當時有名ナル技師「アンドレ、レボウサス」氏及ヒ「ヴイエラ、ペルフオル」博士ノ兩氏ト競爭ノ末優秀ノ成績ヲ以テ之ニ登第シ擧ケラレテ同校敎授ニ任命セラレタリ其後高等學校哲學科敎授トナリタル事アリ

一八八一年專門學校物理數學科敎授ノ競爭試驗ノ結果一八八二年同敎授ニ任命セラレタリ

其後技師トシテ「リオ、デ、ジヤネロ」市諸種ノ改築工事ニ關係シ「リオ」市給水工事ノ際ニハ其ノ技師長トシテ之カ主宰ノ任ニ當レリ「リオ、デ、ジヤネロ」市給水水道工事ノ完成ハ氏ノ計畫ニ依ル所最モ大ニシテ特ニ一八八九年「リオ」市給水ニ不足ヲ告ケ人心大ニ激昂シタル際氏ハ其ノ獨特ノ才能技倆ヲ發揮シ「六日間ニ水道工事ヲ完成セシムヘシ」トテ奮テ自ラ之ニ當レルカ如キ氏ノ技術家タルト同時ニ行政的ノ手腕ノ卓越セルヲ示スモノナリ

一八九〇年以後伯國諸地方ノ改築工事鐵道敷設工事ヲ擔當シ其ノ貢獻スル所莫大ナリ

一八九六年「リオ」市ニ於ケル各種ノ衞生的施設工事ヲ擔當シ後擧ケラレテ伯國中央鐵道會社々長トシテ鐵道事業ニ盡力スル所アリタリ

其後聯邦上院議員ニ當選シ後「リオ」市長トシテ市政ノ爲メニ盡ス所アリ現ニ上院議員タリ

第二十三編　白耳義國

（大正十一年五月調）

第二十三編　白耳義國ノ政黨

第一章　戰時中ノ白國政黨及內閣

第一節　開戰當時ノ白國內閣

白國ノ政權ハ一八八四年以來全然加特力黨ノ掌中ニ存シ同黨ハ議會ニ於テ常ニ絕對多數ヲ占メ引續キ九回內閣ヲ組織シ獨リ國權ヲ握リ反對黨タル自由黨及社會黨ハ政權ヲ得サルコト三十餘年ノ久シキニ及ヒタルカ一九一四年大戰勃發當時ニ於ケル白國加特力黨內閣顏觸左ノ如シ

首相兼國防相	ド、ブロックヴイル	一九一二年十一月任命
外相	ダヴイニオン	一九〇七年二月
內相	ベリエール	一九一〇年九月
藏相	ルヴイ	一九一一年六月
文相	ブーレー	一九一一年六月
農工相	エレプユート	一九一二年十一月

法相	カルトン、ド、ヴイアール	一九一一年六月
殖民相	ランカン	一九〇八年十月
勞働相	ウーベール	一九〇七年五月
鐵道相	ヴアン、ド、ヴイヴエル	一九一二年十一月
遞相	ゼーゲル	一九一二年十一月

第二節　開戰當時ノ白國政黨

大戰開始ノ當時ニ於ケル白國政黨ノ現況左ノ如シ

上院（定員百二十名）

加特力黨	七〇
自由黨	三五
社會黨	一五

下院（定員百八十六名）

加特力黨	一〇一

自由黨	四四
社會黨	三九
基督敎社會黨	二

上院議員ノ任期ハ八年ニシテ其ノ選擧ハ直接竝間接ノ方法ニ依ルモノナルカ定員百二十名中二十七名ハ州參事會ニヨリ選出セラレ他ハ直接選擧ニ依リ一般有權者ヨリ選擧セラルルモノニシテ其ノ數ハ下院議員定員ノ半數即チ九十三名タルコトヲ要シ各州ノ人口ニ應シ比例代表ノ制ニ則ルモノナリ

州參事會ヨリ選出セラルル上院議員ハ人口五十萬未滿ノ各州ハ二人、人口五十萬以上百萬未滿ノ各州ハ三人、人口百萬以上ノ各州ハ四人ヲ以テ定數トス

被選擧資格ハ(一八九九年十二月ノ法律)

(イ) 選擧前二年間同州參事會ノ會員タラサリシコト

(ロ) 四十歲以上ナルコト

(ハ) 直接税若ハ不動産税年額千二百法以上ヲ納入スルモノタルコト

（ニ） 皇子ハ滿十八歳ニ達シタルトキハ上院議員ニ列ス然レトモ二十五歳ニ達セサレハ討議ニ關シ發言ノ權ヲ有セス

下院議員選擧ニ關スル一九一二年五月ノ改正法律ニ依レハ定員百八十六名ニシテ比例代表ノ制ヲ採リ四萬人每ニ一人ノ議員ヲ選出シ得ルコトトシ任期四箇年ニシテ各二年每ニ半數ノ改選ヲ爲スモノナリ而シテ左記各項ノ一ニ該當スルモノハ選擧資格ヲ有ス（後段選擧法改正ノ項參照）

（イ） 二十五歳以上ノ市民ニシテ一年以上選擧區內ニ居住セルモノナルコト

（ロ） 三十五歳以上ノ市民ニシテ年額五法以上ノ家屋稅ヲ納入スルモノ

（ハ） 二十五歳以上ノ市民ニシテ不動產價格二千法以上ノモノヲ有スルカ若ハ之レト同額ノ不動產收入ヲ有スルモノ

（ニ） 二十五歳以上ノ市民ニシテ二年以上引續キ少クトモ每年百法以上ノ利息收入ヲ有シ居レルモノ

（ホ） 尙二十五歳以上ノ市民ニシテ高等敎育修了ノ證書ヲ有スルカ或ハ普通敎育修了ノ證明書ヲ有スルカ若ハ高等敎育ヲ課スル敎育事務ニ從事シ若ハ從事セシモノハ二個ノ投票權ヲ有ス

（ヘ）以上（イ）乃至（ニ）ノ諸項中其ノ二項ニ該當スルモノハ二個ノ投票權ヲ有シ三項以上ニ該當スルモノハ三個ノ投票權ヲ有ス

而シテ一九一三年ノ選擧ニ於テハ百七十四萬五千六百六十六人ノ選擧有權者中

一個ノ投票權ヲ有セシモノ　百萬五千九十四人

二個ノ投票權ヲ有セシモノ　四十一萬二千七百廿一人

三個ノ投票權ヲ有セシモノ　三十二萬七千八百五十一人

ナリキ

而シテ被選擧資格ハ

（イ）年齡二十五歲以上ノモノナルコト

（ロ）白國法ニ依リ白耳義國民タルコト

之ナリ而シテ上下兩院議員ハ每年歲費四千法ヲ受ケ其ノ居住地ト議會開催地トノ間ニ於テ鐵道無賃乘車ノ特權ヲ有ス上下兩院ハ每年十一月ニ開會シ會期ハ少クトモ四十日以上タラサルヘカラス

國王ハ議會臨時召集及解散ノ權ヲ有ス

議會臨時解散ヲ命セラレタルトキハ四十日以內ニ總選擧ヲ執行シ二箇月以內ニ議會ヲ開會セサル

ヘカラス休會ハ兩院ノ協贊ナクムハ一箇月以上ニ亙ルヲ得ス

第三節　戰時中白國內閣ノ變遷

一九一四年夏歐洲ノ大戰勃發シ白國擧ケテ獨軍ノ侵略ヲ蒙ムルニ至リ白國政府ハ益々擧國一致ノ必要ヲ感シ一九一五年一月二十一日上院ニ於ケル自由黨首領「ゴブレ、ダルヴィエラ」伯下院ニ於ケル自由黨首領「イーマンス」及社會黨首領「ヴアンデルヴエルド」ヲ擧ケテ無所管大臣ニ任命シ內閣ニ列セシメタリ

蓋シ大戰勃發以來英佛大國何レモ共ニ擧國一致ノ大內閣ヲ組織シ各政黨首領悉ク閣議ニ列シ黨弊ヲ排シ協力一致專ラ國難ニ當ルヲ見テ白國ニ於テモ宜シク之ニ倣ハサルヘカラサルヲ痛切ニ感知シタルト他方白國輿論ハ專ラ國防內閣ノ組織ヲ歡迎シ居リ大戰勃發以來議會ヲ召集スル能ハサルヲ以テ反對黨代表者ヲ閣議ニ列セシメ議會開會不可能ノ欠陷ヲ補ヒ政府專行ノ大責任ヲ反對黨ト共ニ分タムト欲シ遂ニ前記ノ措置ニ出テタルモノナリ

一九一四年夏獨軍ノ侵略ニ遇ヒ白國政府ハ首都「ブラツセル」ヲ捨テ「アンヴエルス」ノ要塞地ニ移轉スルニ至リテハ(八月十七日)前記三氏及自由黨ノ長老ニシテ同シク無所管大臣タル「ルイ、

ユイスマンス」ニ對シ特ニ政府ト同行ヲ求メ邦家ノ重大事件ヲ決スルニハ常ニ之ト協議スルコトトナレリ

顧テ白國ノ無所管大臣 (Ministre d'Etat) ナルモノハ元ト有力ナル前大臣又ハ名望アル政治家ニ與フル一個名譽ノ稱號タルニ過キスシテ常ニ閣議ニ列スルモノニアラス唯重大事件ノ起リタル際内閣ノ諮問ヲ受クル一機關ニシテ何等權限ナク又責任ヲ有スルモノニアラサリシモ開戰以來重大案件簇發セルヲ以テ前記四氏竝ニ政府ト同行セル他ノ二三無所管大臣モ屢〻内閣會議ニ列スルニ至リ茲ニ所謂聯合神聖内閣ノ端緒ヲ開クニ至リシモノナリ

白國政府ハ一九一四年八月十七日首都「ブラッセル」ヨリ「アンヴエルス」ニ遷リ越テ十月七日一時「オスタンド」ニ移リシカ間モナク同月十三日「ハーヴル」ニ遷リ爾後大戰終了ニ至ル迄同地ハ白國政府ノ所在地ナリキ

一九一五年七月外相「ダヴィニオン」ハ病身ノ故ヲ以テ辭表ヲ提出シタルモ許容セラレス保養ノ爲長期ノ休暇ヲ賜リ前駐獨公使「ベーエンス」男ヲ臨時外相代理ニ擧ケ越テ一九一六年一月「ダヴィニオン」薨去スルヤ「ベーエンス」男外相ニ任セラレタリ

然ルニ「ベーエンス」外相他ノ閣僚ト不和ヲ生シ同年八月外相ノ職ヲ辭スルニ當リ首相「ブロッ

クヴイル」ハ陸相ヨリ轉シテ外相ト爲リ現役軍人ニシテ何レノ黨派ニモ屬セサル「ド、キユーニング」中將ヲ陸相ニ任シ新ニ給養務省ヲ新設シ社會黨首領ニシテ内閣員タル「エミール、ヴアンデルヴエルト」ヲ其ノ大臣ニ任シタリ

一九一六年一月一日首相兼外相「ブロツクヴイル」ハ其ノ兼任ヲ解キ自由黨首領「ポール、イーマンス」ヲ擧ケテ專任外相ニ任シ同時ニ社會黨副總裁「ブルネー」氏ヲ無所管大臣ニ任シ尚三個ノ最高委員會卽チ(一)外交及軍事委員會(二)戰後經濟囘復委員會(三)在外白國人救助竝戰後ノ立法及行政委員會ヲ設置シ各大臣ヲシテ適宜之ヲ分管セシメタリ

第四節　軍事竝戰後復興專任委員

一九一六年八月四日勅令ヲ以テ內閣軍事竝戰後復興事務ニ關スル專任委員ヲ設ケ「ブロツクヴイル」「ヴアン、ド、ヴイヴエル」「ランカン」「イーマンス」「ヴアンデルヴエルド」「ベリエー」ノ六大臣ヲ以テ之ニ任ス本委員會ハ英佛兩國ニ於ケル軍事內閣(Comité de la Guerre)ニ倣ヒタルモノニシテ專ラ軍事竝戰後復興ノ事務ニ關シ之カ協議專行ヲ掌ル最高機關タリ

第五節　一九一六年ノ選擧ノ延期

一九一六年ハ方ニ白國上下院ノ半數改選期ニ當リ「ブラバン」、「アンヴエルス」、兩「フランドル」、「リユクサンブルグ」及「ナミユール」ノ各州選出下院議員竝右各州直接選出上院議員（州參事會ノ互選ニ依ル上院議員ノ任期ハ七月第三日曜日迄ナリ）ハ當年五月第四日曜日ヲ以テ何レモ任期滿了シ同日改選行ハルヘキ筈ナリシモ當時白國ハ獨軍占領ノ下ニ在リテ之カ選擧ヲ行フコト能ハサルヲ以テ三月十五日附勅令ヲ以テ別ニ法令ヲ以テ定ムヘキ期日迄右等議員ノ任期ヲ延長シテ半數改選ヲ延期スヘキ旨公布セリ

第六節　戰時中ノ臨時議會

白國議會ハ一九一四年八月四日「ブラツセル」議事堂ニ會合シ獨逸ノ最後通牒ニ對スル白國政府ノ回答案ヲ議決セル以來一九一八年ニ至ル迄開會ノ機ヲ得サリシカ一九一八年七月二十一日ノ獨立紀念日ヲ期シ英、佛、蘭等ノ諸國ニ散在セル上下兩院議員ヲ「ハーヴル」ニ召集シ臨時議會ヲ開催セリ

議員中召集ニ應シタルモノ

下　院　　　　五十一名

上　院　　　　二十六名

ニシテ之ヲ平時ニ於ケル議員數下院百八十六名上院百二十名ニ比スレハ下院議員ハ定數ノ約三分ノ一上院議員ハ約五分ノ一ニ當リ各黨派員參加シ居レルモ憲法上素ヨリ何等立法的行爲ヲ爲ス能ハサルモノニシテ要スルニ此ノ臨時會合ノ目的ハ議員相互竝政府當路者間ニ時局ニ關スル所見ヲ交換シ議員ハ政府當路者ノ說明ニ依リ施政ノ方針ノ在ル所ヲ知悉シ當路者ハ議員ノ所見ヲ聽キテ將來ノ政策ニ資セムトスルニ在リキ元來本會議ハ一九一八年四月巴里ニ於テ召集セラルヘキ豫定ナリシモ當時恰モ獨軍北部戰線ニ大攻擊ヲ加ヘ局面ノ變轉甚タ憂慮スヘキモノアリ爲ニ此ノ豫定一時消滅ノ姿トナリ居リシモノナルカ爾來形勢漸次展開シ北部戰線漸ク小康ヲ得ルニ至リタルヲ以テ右獨立紀念日ヲトシ茲ニ臨時議會ノ召集ヲ見タル次第ナリ

該臨時議會ハ七月二十一日ニ始マリ同二十七日ヲ以テ終レリ其ノ議事々項中重要ナルモノヲ擧クレハ

一、糧食供給問題

一、戰後經濟問題

一、戰後損害問題

一、海陸運輸問題

一、事業資金竝信用組合組織問題

一、貿易市場竝經濟條約問題

一、外交官領事官ノ職務ニ關スル問題

一、勞働問題

一、工業機關及原料品供給問題

一、農業問題

等ニシテ孰レモ議員側ノ提議ニ係リタル問題ナルモ當時白國前途ノ未タ混沌タルモノアリ是等ノ諸問題ヲ今ヨリ成案ト爲スハ不可能ノコトニ屬シ到底數日間ノ會議ニテ之ヲ研鑽シ得ヘキコトニモアラサリシカ要スルニ之ニヨリ將來政策上ノ理想的希望トシテ政府竝議員ノ意嚮ノ一致ヲ廣ク國民ニ知ラシメタリ

且之ト同時ニ白國ノ國際的地位卽チ永久局外中立及列强擔保ノ問題及戰後獨逸側トノ經濟關係ヲ

如何ニ定ムヘキヤ等ニ關シ議員及政府當局者互ニ意見ヲ交換シ又他方議員ノ決議ニ依リ皇帝皇后ノ盛德ヲ頌シ皇室ニ對スル忠誠ヲ誓ヒ軍隊ノ勇敢ヲ賞シ其ノ勞ヲ謝スル等總テ擧國一致ノ精神ヲ具體的ニ表彰セリ

第二章　大戰後ノ白國政黨及内閣

第一節　戰後第一次内閣（ドラクロア内閣）

一九一八年十一月十一日休戰ノ成立スルヤ「ブロックヴィル」内閣ハ十一月十三日皇帝行在所「ロペム」城ニ於テ開催シタル閣議ニ於テ總辭職ヲ決議シ同十七日總辭表ヲ呈出セリ

大戰終了後同内閣ノ存續ヲ妨クヘキ何等紛議ノ存セルモノアルニアラサルモ既ニ敍述シ來レル如ク戰時中議會開會不可能ニシテ内閣ハ之カ必要上立法權ノ例外的委任ヲ受ケ行動シ居リ且議會ノ干與ナクシテ行政權執行ノ任ニ當リ來レルモノニシテ議會開會ノ曉ニハ當然其ノ任務ヲ解了スヘキモノナリトシ殊ニ大戰中大多數ノ國民ト共ニ本國ニ殘留シテ其ノ苦ヲ共ニシ最モ善ク一般民心ノ歸嚮ヲ熟知シ居レルモノヲシテ新ニ内閣ヲ組織セシムルコト最モ當時ノ事情ニ適合スルモノナリトシ依テ自ラ其ノ任ヲ解キタルモノニシテ斯カル擧ニ出ツヘキコトハ内外ノ豫テ想期シ居タル所ナリ

新内閣ハ一九一八年十一月二十一日愈々左ノ如ク成立ヲ見タリ

首相兼藏相　レオン、ドラクロア（辯護士會長）（加）

外相　イーマンス　（留　任）　（自）
內相　ド、ブロックヴィル　（前首相）　（加）
文相　ハルミギー　（下、議）　（加）
農工相　リユゼット　（上、議）　（加）
法相　ヴァンデルヴエルト　（無所管大臣）　（社）
殖民相　フランク　（下、議）　（自）
勞働相　アンゼール　（下、議）　（社）
遞信鐵道相　ランカン　（前殖民相）　（加）
經濟相　ジヤスパール　（辯護士）　（加）
國防相　マツソン　（下、議）　（自）
勞工務及給養相　ウオーテルス　（下、議）　（社）
無所管大臣
コールマン　（加）
カルトン、ド、ヴイアール　（加）

ゼーゲル　（加）
ヴアン、ド、ヴイヴエール　（加）
ルヴイ　（加）
マツクス　（自）
フランキ　（自）
ウーガールデン　（自）
ソルヴエー　（社）

斯クノ如クシテ從來白國內閣ハ神聖聯合內閣ノ名稱ヲ有シ居レリト雖前內閣ハ僅ニ自由黨ヨリ外相「イーマンス」社會黨ヨリ給養相「ヴアンデルヴエルト」ヲ加ヘ居リタルニ過キサルニ反シ新內閣ハ無所管大臣ノ數ヲ增加スルト共ニ自由社會兩黨ヨリ更ニ二名ヲ加ヘ一層擧國一致ノ實ヲ擧ケムコトヲ期シタリ尤モ社會黨ハ內閣參加ノ條件トシテ

（一）　選擧法ヲ改正シ二十一歲ニ達セルモノノ一般投票權
（二）　刑法第三百十條（同盟罷工類似ノ行爲ニ對スル罰則）ノ廢止
（三）　政府ノ雇員竝勞働者ノ結社權

ト要スルニ新內閣ハ大戰後國家再興ノ實ヲ擧ケムコトヲ期シ擧國一致以テ戰後ノ難局ニ所セムコトヲ努ムルノ結果從來ノ如キ無益ノ黨爭ヲ避ケ茲ニ三黨聯立ノ內閣ヲ見ルニ至リタルモノナリ尚本內閣組織ニ關シ白國官報ハ特ニ首相（Premier Ministre）ナル文字ヲ用ヒタルモ專任首相ナルモノナキコトハ從來ト異ナル所ナシ

（四）叛逆者並買占人ノ訴追ノ四條件ヲ提出セリ

第二節　選擧法ノ改正

從來ノ選擧法ヲ改正シ二十一歲以上ニ達セルモノニ一般選擧投票權ヲ與ヘムトスル主張ハ主トシテ社會黨ノ唱道シ來レル所ニシテ大戰終了後第一次「ドラクロア」內閣ニ對スル社會黨參加ノ要件ノ一モ實ニ此ニ在リタルカ「ドラクロア」內閣ハ其ノ成立後之カ改正ニ關シ研鑽ヲ重ネタルカ右法案ノ一部ハ一九一九年春兩院ヲ通過シ遂ニ一九一九年五月九日ノ法律ヲ以テ公布セラレタリ其ノ改正法案ノ要旨ハ一八九三年以來實施シ來レル普通複票選擧制（前題(二)開戰當時ノ白國政黨ノ項參照）ヲ廢シ

（イ）六箇月以上同一選擧區ニ居住セル二十一歳以上ノ男子
（ロ）戰死シタル白國軍人及敵手ニ斃レタル一般白國人ノ寡婦又ハ母
（ハ）其ノ他愛國的事由ノ爲敵ニ所罰又ハ監禁セラレタル白國女子
等ニ對シ總テ單一ノ投票權ヲ與フルコトヲ定メ一九一九年十一月十六日ヲ期シテ上下兩院議員ノ總選擧ヲ行ヒタルカ英佛蘭等隣國ニ滯在セル約三十萬ノ白國人モ概ネ歸國シテ投票シ極メテ靜穩ニ選擧ヲ了セリ
選擧ノ結果左ノ如シ

上院　定員百廿名

加特力黨	五十九
自由黨	三十六
社會黨	二十五

下院　定員百八十六名

加特力黨	七十一
自由黨	三十四

七十 社會黨

十一 其ノ他

今回ノ總選擧ニ於テハ社會黨大勝ヲ博シ其ノ所屬議員下院ニ於テハ加特力黨ノ七十一名ニ對シ社會黨七十名ヲ算スルニ至レリ是レ從來ノ複票選擧制廢止ノ結果ト從來久シク政權ヲ掌握セル加特力黨ニ對シ厭キ足ラサルモノアリ民心漸ク社會黨ニ傾キタルニ基クモノニシテ此ノ變動ハ白國政界ニ於ケル近時ノ一大事變ナリト觀測セラレタリキ

第三節　「ドラクロア」內閣ノ崩潰

「ドラクロア」聯立內閣ハ其ノ成立以來大戰後ノ難局ニ處シテ克ク協戮實績ヲ擧ケ來リタルモ前項述フルカ如ク一九一九年秋ノ總選擧ノ結果ハ社會黨ノ大勝ニ歸シ其ノ議員數加特力黨ト相匹敵スルニ至リ終ニ「ドラクロア」內閣ハ總辭表ヲ提出スルニ至レリ

白國皇帝ハ新內閣組織ニ關シ重ナル政治家ヲ召サレ御諮問中ナリシカ十一月二十三日更ニ「ドラクロア」ニ留任ノ大命ヲ與ヘラレ同氏ハ加特力、社會及自由三政黨ノ首領ト會見ヲ重ネ各首領ハ何レモ自黨ノ公議ヲ經タル上更ニ擧國一致ノ內閣ヲ繼續スルコトニ決シタルニ付皇帝ハ十二月三

日前內閣諸大臣ノ辭表ヲ受ケサル旨ノ勅令ニ署名アラセラレタリ

右ト同時ニ閣員一部ノ更迭ヲ行ヒ前遞相「ランカン」（加特力黨）ヲ內相ニ加特力黨ニシテ下院議長タル「ボウレー」ヲ遞相ニ又社會黨タル「ジユール、デストレー」ヲ文相ニ任シ其ノ他ハ從前ノ通留任ニ決セリ

右ノ如ク政變ノ無事ニ解決シ得タルハ白國々民カ戰後時局ノ重大ナルニ顧ミ徒ニ政爭ニ走ルノ無益ナルヲ感知シタルト且白國皇帝ノ偉大ナル威德トハ勝チ誇リタル社會黨ト雖敢テ極端ノ行動ニ出ツル能ハサリシモノト認メラレタリ

然ルニ一九二〇年初頭以來內外各種ノ問題紛糾錯綜シ來リ漸ク同內閣ノ地位ノ危殆ヲ噂傳スルモノアルニ至レリ殊ニ講和會議ニ於テ白國カ國民豫期ノ成績ヲ收メス更ニ白蘭條約改正ニ關シテモ白國輿論ニ迎合スヘキ效果ヲ齎ラスコトナク自由黨ヲ代表セル外相「イーマンス」ニ對スル非難漸ク旺ナルニ至リ一九二〇年五月「ルクサンブール」州ニ於ケル加特力大會席上內相「ランカン」カ政府ノ議會ニ提出スルニ至リタル白蘭條約ハ何等白國ノ將來ニ於ケル國防上ノ安寧ヲ保障スルニ足ラサルヲ指摘シテ暗ニ自由黨ヲ非難スルト共ニ社會黨ノ主張タル勞働者ノ同盟罷工權及現役期間短縮論ヲ攻擊シタル演說ニ對シ外相及社會黨首領法相等ハ交々閣議ニ於テ閣員トシテ內相

「ランカン」ノ演說ノ不謹愼ナルヲ非難シ遂ニ「ランカン」ハ白蘭條約ニ關シ責任ヲ分ツ能ハストシテ辭表ヲ提出シタルカ更ニ一九二〇年夏波蘭問題喧囂セラレタル際外相「イーマンス」ノ不在中白國政府ハ佛國ノ對波蘭軍需品輸出ヲ拒絕シタルニ對シ親佛派トシテ目セラレタル外相ノ不滿甚タシク又當時外相ノ不在中親英派タル經濟相「ジャスパー」カ對露通商々議ニ關シ在英白國大使館參事官ニ內命スル所アリタルニ對シ同參事官カ其ノ命ニ服セサリシ故ヲ以テ歸朝ヲ命セラレタルモ後外相ノ抗議ニ依リ復職シタリト傳ヘラレ外相ハ歸國後直ニ內閣ヲ退キ之レト共ニ自由黨出陸相「マッソン」亦佛白防禦同盟ノ成立ト共ニ挂冠シ殖民相「フランク」亦自由黨タルノ故ヲ以テ行動ヲ共ニシ「ドラクロア」內閣ハ到底其ノ存立ヲ期シ難キニ至リ十一月四日遂ニ總辭表ヲ提出セリ

第四節　「カルトン、ド、ヴィアール」內閣

「ドラクロア」內閣ノ總辭職後其ノ後繼內閣ノ組織ニ就テハ頗ル困難ナルモノアリキ蓋シ從來白國ノ政情ハ加特力、自由及社會黨等三派ノ一ヲ排除セル內閣ノ存立ヲ許ササルノミナラス戰時中馴致セル擧國一致ト各派ノ協力聯合ノ必要トハ到底其ノ一派ノ脫退ヲ許ササルモノアリ從テ大戰

後第一次ノ「ドラクロア」内閣モ亦神聖聯合ノ名ノ下ニ三派ノ聯立内閣トシテ成立シ來リタルモノニシテ殊ニ一般普通選擧法ニ依ル總選擧ノ結果ハ社會黨ヲシテ其ノ勢力ヲ加特力黨ニ匹敵セシメ自由黨ハ其ノ黨勢減退セルニ不拘第三黨トシテ右兩派ノ均衡ヲ牽制スルノ地位ニ在リ神聖聯合ノ名ハ遂ニ白國內閣ノ標榜トシテ缺クヘカラサル所トナレリ然ルニ戰後內治外交ニ關スル各派ノ主張漸ク多岐ニ亙リ各般ノ事實問題ハ神聖聯合ノ內實ヲシテ頗ル危殆ニ瀕セシムルニ至リ加特力黨內ノ意見ノ不一致、自由黨ノ不滿及社會黨ノ固執ハ遂ニ「ドラクロア」內閣ヲ收拾スヘカラサル破綻ニ陷ラシメタルモノナルヲ以テ後繼內閣ノ組織ニ就テハ先以テ三派協同ノ主義ヲ定ムルト共ニ各種ノ問題ニ關スル其ノ條件ヲ協定スルコトヲ必要トセリ

從テ後繼內閣ノ組織ニ就テハ先以テ三派協同ノ主義ヲ定ムルト共ニ各種ノ問題ニ關スル其ノ條件ヲ協定スルコトヲ必要トセリ依テ白國皇帝ハ各黨名士ノ意見ヲ徵シ「ドラクロア」氏ノ再起ヲ慫慂セルモ終ニ立ツヲ肯セス其ノ間社會黨首領「ヴアンデルヴエルト」ハ社會黨ヲ主トスル新內閣ニアラサレハ少ナクトモ「ドラクロア」ヲ頭首トシテ新內閣ヲ組織セシムルヲ可トスルヲ揚言セルアリ荏苒半個月ニ及ヒタルカ遂ニ內閣組織ノ大命ハ加特力黨首領ニシテ戰時中ノ法相タル下院副議長「カルトン、ド、ヴイアール」ニ降下シ氏ハ黨員大多數ノ贊成ヲ得テ新內閣ヲ組織セリ

「カルトン、ド、ヴイアール」ハ先ツ各派ニ對シ内閣參加ノ贊同ヲ求ムルニ努力シ漸ク各派トノ妥協成立ヲ見ルニ至リタルカ各派ノ内閣參加ノ條件トスル所ハ内治外交社會上白國當面ノ最重要問題ニ係リ之ニ關スル妥協ノ諸點ハ新内閣ノ綱領ヲ爲スモノナルヲ以テ左ニ之ヲ摘記セムニ

（イ） 現役期間短縮問題

現役期間ヲ六個月ニ短縮セムトスル主張ハ主トシテ社會黨ノ唱道セル所ニシテ加特力黨中ノ所謂「フラマン」派ニ依リテ支持セラレ國防上ノ大問題トシテ多數加特力黨殊ニ自由黨ノ最モ强硬ナル反對アリ新内閣成立上ノ最難關タリシ所ナルカ社會黨ハ飽ク迄六箇月說ヲ固持セルモ社會黨議員ヲ議長トスル軍事委員會ノ意見ヲモ徵シ社會黨大會ハ終ニ「カルトン、ド、ヴイアール」ノ十箇月案ヲ容レ以テ内閣參加ヲ決議セリ

（ロ） 「フラマン」語問題

白國人口七百四十二萬人中佛語ヲ解スルモノ二百八十三萬「フラマン」語ヲ解スルモノ三百二十二萬アリ「フラマン」語ヲ國語トシテ採用セムトスル主張ハ主トシテ「フラマン」派ニ依リテ唱道セラレ既ニ「フラマン」語ヲ使用セル地方ニ對シ行政司法敎育等全然「フラマン」語ヲ以テスヘキ法律案下院ヲ通過シ居ルモ未タ上院ノ議ニ附セラルルニ至ラサリシカ新内閣ハ其ノ成立ヲ期

スルヲ約シ且「ガン」大學ニ於テ別ニ「フラマン」語大學ヲ新設スルコトヲ認メタリ

（ト）　學制問題

社會黨及自由黨ノ主張タル加特力敎義ヲ交ヘサル自由道德敎育制度ノ勵行ヲ期ス

（チ）　中流階級救濟竝勞働問題

本問題ハ自由黨及社會黨ノ主張タリシカ前者ニ就テハ小商工業者ニ對スル信用組合制度及安價住宅組合制度ノ普及ヲ圖ルヘク後者ニ就テハ勞働時間制度及勞働傷害賠償法改正等ノ問題ニ就キ之カ實施ヲ圖ルコトニ協定ス

（ホ）　刑法第三百十條ノ廢止問題

同盟罷工及類似ノ行爲ニ對スル罰則タル刑法第三百十條ノ無條件廢止ハ社會黨年來ノ主張ニシテ保守黨ノ常ニ反對スル所ナリシモ新內閣ハ官廳雇員同盟結社ノ自由ヲ認ムヘク尙各團體ト同シク個人結社ノ自由ヲ認ムヘキ立法制定ヲ約ス

（ヘ）　外交問題

從來自由黨ハ最モ熱心ナル親佛主張者ニシテ三派ヲ通シテノ所謂「フラマン」派ハ排佛主義ノ傾向ヲ有セリ前者ハ聯合國殊ニ英佛ト最モ密接ナル關係ヲ保持シ益々之ヲ緊切ナラシメムトスルモ

ノニシテ加特力黨中「フラマン」派ヲ除クノ外ハ之ニ屬シ後者ハ舊敵國側ニ對シ比較的寛大ノ態度ヲ取リ佛國ノ對獨政策ニ對シ之ヲ首肯セサルノ傾向ヲ有セリ「カルトン、ド、ヴイアール」內閣ハ前者ノ主張ヲ方針トシテ採用スルコトニ決セリ

前記主要問題ニ關スル各派トノ妥協漸ク成リ十一月二十一日新內閣ノ成立ヲ見タリ閣員顏觸左ノ如シ

首相兼內相	カルトン、ド、ヴイアール	（前法相下院副議長）	（加）
外相	ジヤスパール	（前經濟相）	（加）
藏相	トウニス	（賠償委員）	（黨外）
文相	デストレー	（留任）	（社）
農工相	リユゼツト	（留任）	（加）
法相	ヴアンデンヴエルト	（留任）	（社）
殖民相	フランク	（留任）	（自）
經濟相	ヴアシ、ド、ヴイヴエル	（無所管大臣）	（加）
遞信鐵道相	ニユージヤン	（下議）	（自）

國防相　ドヴエーズ　（下議豫備大尉）　（自）
勞働相　アンゼール　（留任）　（社）
勞工務及給養相　ウオーテルス　（留任）　（社）

等ニシテ新內閣ハ加特力黨ヨリ五名、社會黨ヨリ四名、自由黨ヨリ三名ノ入閣ヲ見茲ニ其ノ成立ヲ見タルモノナリ

尙新首相「カルトン、ド、ヴイアール」ハ一般ニ親佛派トシテ傳ヘラレ殊ニ佛白防禦同盟ヲ以テ佛國包合政策實施ノ兆ナリト極論スル「フラマン」派ノ如キハ「ジヤスパー」ノ外相就任ヲ喜ハサル色アリシモ新首相ハ外防ノ安寧ヲ以テ外政方針ノ基礎トナシ佛國トノ協調維持ハ白國存立上必須事ナルヲ以テ此ノ點ニ重キヲ置キ更ニ佛國ニシテ白國輸出品ニ對スル加重稅撤廢ヲ肯スルニ於テハ此ノ關係ヲ經濟上ノ聯合ニ及ホスヲ得ヘシトナスモ是レ白國々益上當然ノ根本觀念ニ基クニ過キスシテ新首相ヲ以テ政見上自由黨一部論者ノ如キ感情的親佛意見ヲ有スルモノト見ルコト能ハサルノミナラス殊ニ「フラマン」派ノ錚々「ヴアン、ド、ヴイヴエル」ヲ入閣セシメ以テ國論ノ統一ヲ期セシムルコトニ努メタリ內外輿論亦等シク新首相ノ人格識見ニ期待スル所多カリキ

第五節　一九二一年十月ノ政變

一九二一年十月十六日白國「ラ、ルヴイエール」市ニ於ケル社會黨在郷軍人團々旗授與式ニ際シ其ノ團旗トシテ一兵卒カ軍銃ヲ破毀シ居ル圖ヲ表セルモノヲ用ヰタリ勞働相「アンゼール」ハ該式ニ參列シ演說ヲ爲シ此ノ不穩ノ旗章ヲ容認シタルアルニ對シ陸相「ドヴエーズ」ハ之ヲ以テ軍紀上由々敷大事ナリトシ同氏ト共ニ同一閣班ニ列スルヲ潔シトセス辭表ヲ提出シタルアリ之ニ對シ社會黨側ハ右旗章ハ單ニ武裝ナキ平和ヲ理想トスルノ意ヲ寓シタルモノニ過キスシテ社會黨カ白國々防ノ爲干戈ヲ執ルニ躊躇セサルコトハ大戰ノ證明スル處ニシテ昨モ今モ變ル處ナシト辯明ニ努メタルカ十月十九日ノ閣議ニ於テ種々討論ノ末社會黨四大臣、勞働相「アンゼール」、法相「ヴアンデンヴエルト」、文相「デストレー」及勞工務給養相「ウオテルス」ハ連袂辭職ヲ見ルニ至リタルモノナリ

其ノ後首相ハ後繼者ヲ物色シ十月二十五日ニ至リ左ノ諸氏ノ就任ヲ見タリ

經濟兼法相	ヴアン、ド、ヴイヴエル	(加)
鐵道兼文相	ニユージヤン	(自)

農相兼勞働相　（加）　リユゼツト

勞工務相　（自）　マハン

社會黨四大臣ニ代フルニ加特力、自由兩黨ヨリ各二名ヲ以テシ社會黨ハ全然之カ脫退ヲ見タリ右入閣ニ對シ白國ノ輿論ハ現時白國ノ危機ハ三黨ノ聯立ヲ以テシテ尙之ヲ逸脫スルヲ難シトセル事態ナルニ有力ナル社會黨ヲ除去シタル新內閣ノ構成ハ到底永續ノ望ナカルヘシト觀察セルモノ多ク殊ニ閣員中ニ於テモ右內閣ノ改造ハ全ク一時的ノモノニシテ十一月下旬執行セラルヘキ總選擧ノ結果ニ依リ閣員一同總辭職シ根本的ノ解決ヲ爲ス豫定ナリト揚言セルモノアリキ

然ルニ越エテ十一月五日ニ至リ自由黨殖民相「フランク」突如辭表ヲ提出シ亞テ同黨出ノ陸相「ドヴエーズ」及鐵道相「ニユージヤン」モ亦連袂辭職スルニ至リタルカ事ノ起リハ殖民相「フランク」カ自己ノ選擧地盤タル「アンヴエルス」市ノ市長トシテ加特力黨「フラマン」派ノ首領「コーウエラール」ノ任命ヲ見タル爲選擧ニ對スル義理合上茲ニ辭職ヲ決心シタルモノナルカ既ニ十一月二十日ノ總選擧モ目睫ノ間ニ迫リ居ルコトトテ右選擧ノ終了ヲ見ル迄以上三大臣ハ引續キ省務ヲ管掌スルコトトナレリ

第六節　一九二一年十一月ノ總選擧

十一月二十日豫定ノ通白國議會總選擧施行セラレタルカ下院新議員黨派別左ノ如シ

下院　定員百八十六人

加特力黨	八一
自由黨	三三
社會黨	六六
其ノ他	六

卽チ一九一九年ノ選擧ニ比シ加特力黨ハ十名ヲ增シ自由黨ハ一名、社會黨ハ四名其ノ他ハ五名ヲ減セリ

第七節　「トウニス」新內閣

「カルトン、ド、ヴイアール」內閣ハ前顯總選擧ノ終了ト共ニ慣例ニ依リ總辭表ヲ提出セリ

白國皇帝ハ後繼內閣組織ニ關シ「カルトン、ド、ヴイアール」ノ再起ヲ慫慂スル所アリシモ氏ハ固

持シテ起タス終ニ前藏相「トウニス」ニ後繼內閣組織ノ大命降下シ「トウニス」ハ閣員ノ物色、各派トノ交涉ニ二週間ヲ費ヤシ十二月十五日ニ至リ漸ク新內閣ノ成立ヲ見タリ閣員顏觸左ノ如シ

首相兼藏相	トウニス		(黨外)
外相	ジャスパー	(留任)	(加)
內相	ベニエール		(加)
文相	ウーベール	(大學教授)	(黨外)
農工相	ルージエット		(加)
法相	マッソン		(自)
殖民相	フランク	(留任)	(自)
經濟相	ヴアン、ド、ヴイヴエル	(留任)	(加)
遞信鐵道相	ニユジャン	(留任)	(自)
國防相	ドウヴエーズ	(留任)	(自)
勞働相	モエルゼーン		(加)

卽チ加特力黨五、自由黨四、黨外二ニシテ特ニ注意スヘキ點ハ從來ノ神聖聯立內閣ノ制打破セラ

ヲ有スル社會黨議員ヲ有スル社會黨

レ閣員中一名ノ社會黨員ヲモ交ヘサルコト之ナリ上下兩院ニ於テ相當多數ノ議員ヲ有スル社會黨ヲ除外シタル內閣カ戰後ノ難局ニ處シテ果シテ幾何ノ成果ヲ收メ得ヘキカハ衆人ノ囑目シ居レル所ナリ

第三章　白國政黨首領閲歴

(一)　加特力黨

ドラクロア

Delacroix. Léon-Frédéric-Gustave.

一八六七年十二月二十七日武府「サン、ジョス」ニ於テ生ル一九〇八年ヨリ同十一年ニ至ル迄ノ間「イクセル」ノ參事會員タリ又一九一七年以來白國辯護士會々長タリシカ一九一八年十一月「ブロックヴィル」内閣ノ後ヲ承ケテ戰後第一次ノ内閣ヲ組織シ戰後ノ難局ニ處シテ施設スル所尠カラサリキ一九二〇年十一月其ノ内閣ヲ辭スルニ際シ無所管大臣ニ任セラル加特力黨中有數ノ重鎭ナリ

ブロックヴィル

Baron Charles de Broqueville.

一八六〇年十二月四日「ポステル」ニ生ル一八九二年六月下院議員ニ當選以來引續キ下院ニ議席ヲ有セリ一九一二年十一月首相兼國防相トシテ白國内閣ヲ組織シ大戰中白國全土獨軍ノ蹂躪スル

所トナルヤ政府ヲ或ハ「アンヴエルス」ニ或ハ「オスタンド」ニ或ハ「アーブル」ニ遷シ國家ノ大任ヲ其ノ双肩ニ負ヒテ盡瘁スル所多カリキ大戰終了ト共ニ内閣ヲ辭シ「ドラクロア」内閣成立スルヤ入テ内相ト爲リ一九二〇年十一月ニ及ヘリ加特力黨中ノ巨頭ヲ以テ目セラル

カルトン、ド、ヴイアール

Henri Carton de Wiart.

一八六九年一月三十日武府ニ生ル故「コンスタン、カルトン、ド、ヴイアール」ノ長男ニシテ法學博士ノ學位ヲ有ス一八九六年以來引續キ下院議員ニシテ「ドラクロア」内閣ニ次テ戰後第二次ノ白國内閣ヲ組織シ（一九二〇年十一月）治績少カラサリシハ本論中掲記セルカ如シ現ニ無所管大臣タリ國際法及經濟學ニ關スル著述少カラス就中近著 The way of honour（一九一八年）ハ名著ヲ以テ知ラル

リユゼツト

Baron Albert Ruzette.

一八六六年七月二十二日「サン、ジョス、テン、ノード」ニ生ル一九〇〇年五月ノ補缺選擧ニ於テ下院議員ニ當選シタル以來引續キ代議士タリシカ一九〇七年四月東「フランドル」州ノ知事ニ擧ケ

ラレ一九一二年再度下院議員トナリ翌十三年上院議員ニ選出セラレ大戰中ハ上院議員タリシカ戰後第一次「ドラクロア」內閣ノ農工相トナリ一九二〇年十一月「カルトン、ド、ヴイアール」內閣トナルモ氏ハ農工相トシテ留任シ越テ一九二一年十二月「トウニス」內閣トナルモ依然農工相トシテ留任セリ由來穩健ナル政治家ニシテ白國內ニ於ケル聲望高シ

ジヤスパール

Henri Jaspar.

一八七〇年七月武府「スカールベツク」ニ生ル經濟學竝外交ニ通ス一九一九年十一月「ドラクロア」內閣成立ノ當時入テ經濟相トナリシカ「カルトン、ド、ヴイアール」內閣ニ至リ「イーマンス」氏ニ代リテ外相トナリ「トウニス」內閣ニ至リテモ依然留任シ現ニ外相タリ

プウレー

Joseph-Marie-Marie Poulett.

一八六八年三月五日「ルーヴアン」ニ生ル一九〇〇年ヨリ一九〇八年ニ至ル迄ノ間州參事會員タリ一九〇二年五月下院議員ニ當選シ引續キ代議士タリ一九一一年一月ヨリ同十八年十一月ニ至ル迄ノ間文相タリ又一九一八年一月ヨリ同五月ニ至ル迄ノ間經濟相ヲ兼任セリ又一九一九年十二月

ヨリ同二十年十一月ニ至ル迄ノ間鐵道交通相タリシコトアリ尚一九一八年十一月ヨリ翌年十一月ニ至ル迄ノ間下院議長タリキ氏ハ國際聯盟第一囘總會ニ於ケル白國全權ノ一員ニシテ現ニ「ルーヴアン」大學ニ於ケル教授タリ政治家トシテ將又學者トシテ廣ク世人ノ知ル所ナリ

ヴアン、ド、ヴイヴエル

Aloys Van de Vyvere.

一八七一年六月八日西「フランドル」州「チエールル」町ニ生ル一八〇九年一月州參事會員トナリ一九一〇年五月以來下院議員タリ一九一一年六月ヨリ翌年十一月ニ至ル迄ノ間農工相トナリ同十一月鐵道相ニ轉シ更ニ一九一四年二月ヨリ同十八年十一月ニ至ル迄ノ間經濟相タリキ次テ一九二〇年十一月經濟相トナリ現「トウニス」內閣ニ於テモ同相ノ職ヲ保テリ加特力黨「フラマン」派ノ重鎭タリ

(二) 自由黨

イーマンス

Paul Hymans.

一八六五年武府ニ生ル父ハ故「ルイ、イーマンス」ニシテ下院議員白國學士院會員タリ武府大學卒業後一八八五年以來控訴院辯護士トナリ一九〇〇年以來引續キ下院議員ニ選出セラレ又一九一一年以來學士院會員トナリ武府大學ノ敎授タリキ大戰中一九一五年ヨリ同十七年ニ至ル間駐英全權大使ヲ勤メ大戰終了後第一次「カルトン、ド、ヴィアール」內閣ニ外相トナリ一九二〇年十一月ニ及ヘリ講和會議其ノ他ニ於テ功績尠カラス國際聯盟第一回總會ノ議長トシテ其ノ英才ヲ發揮シタルハ世人ノ克ク知ル處ナリ現在白國自由黨ニ於ケル重鎭タリ

フランク

Louis Franck.

一八六八年十一月二十八日「アンヴエルス」ニ於テ生ル一九〇六年五月下院議員タリシ以來引續キ代議士タリシカ一九一八年十一月「ドラクロア」內閣組織セラルルヤ入テ殖民相トナリ「カルトン、ド、ヴィアール」內閣及「トウニス」內閣ニ至ルモ留任シ現ニ殖民相タリ自由黨ノ首領ニシテ勢望高ク能辯ヲ以テ知ラル

マッソン

Paul Beuoit Masson.

一八五四年二月十六日「ヘエノー」州「ドウル」ニ生ル一八一八五年五月カリ同九十四年ニ至ル

迄「ドウル」ノ參事會員タリ次テ一八九六年八月ヨリ一九〇〇年六月ニ至ル迄「モンス」ノ參事會員タリシカ一九〇四年五月下院議員ト爲リ一九一八年十一月「ドラクロア」内閣成立當時ヨリ同一九二〇年二月ニ至ル迄國防相タリシカ一九二一年十二月「トウニス」内閣ニ入テ法相ニ轉セリ辯護士ニシテ自由黨ノ名士タリ

(三) 社會黨

ヴォーテルス

Joseph Wauters.

一八七五年十一月八日「リエージュ」ニ生ル一九〇四年五月下院議員ニ當選以來引續キ代議士タリ一九一八年十一月「ドラクロア」内閣ノ勞工務及給養相タリキ理學博士ニシテ一九〇二年ヨリ同十年ニ至ル間「リエージュ」大學ノ物理化學ノ教授タリ現今「ル、プユプル」紙ノ主筆ニシテ白國社會黨ノ名士ナリ

ヴアンデルヴエルド

Emile Vandervelde.

一八六六年一月二十五日「イラセル」ニ於テ生ル社會黨ノ首領ニシテ社會學ニ關スル造詣深ク「レ

ニン」、「トロツキー」等ト親交アリ一八九四年以來下院議員タリ一九一八年十一月「ドラクロア」ノ聯合内閣ニ入テ法相トナリ「カルトン、ド、ヴィアール」内閣ニ至ルモ留任シ一九二一年ニ及ヘリ無所管大臣ニシテ現ニ「ブラッセル」大學ノ法科ノ敎授タリ辯護士ニシテ兼テ社會黨機關紙ノ主筆タリ

ラ、フォンテーン

Henri La Fontaine.

一八五四年四月二十二日「ブラッセル」ニ生ル社會黨ノ錚々ニシテ辯護士タリ一九〇〇年六月「リエージュ」ヨリ選出セラレ上院議員トナリ同院ノ副議長タリキ在海牙萬國平和協會ノ會長ニシテ平和論者ヲ以テ知ラレ國際聯盟第一回總會ノ白國全權タリキ

アンゼール

Edouard Anseele.

一八五六年七月二十六日「ガン」ニ生ル幼時印刷職工タリ後「ガン」ニ社會黨ノ Vooruit 組合ヲ創立シ名聲大ニ揚カル一八九六年以來引續キ下院議員タリ一九一八年十一月ヨリ一九二一年ニ至ル迄勞働相タリキ

デストレー

Jules Destree

辯護士ニシテ文藝ニ關スル評論卓見等ヲ以テ知ラル一八九四年廿月以來「シャルロア」選出ノ下院議員タリ一九一八年十一月ヨリ一九一九年十一月ニ至ル迄文相タリキ

第二十四編　波　蘭　國

（大正十一年一月末調）

第二十四編　波蘭ノ政黨　（一九二二年一月末日調）

第一章　緒　言

波蘭ハ曾テ數次ノ分割ニ依リ露獨墺三國ノ羈絆ニ屬シ呻吟茲ニ百數十年過般ノ大戰ニ際シ波蘭志士年來ノ夢想タリシ獨立ハ實現セラレ一九一九年一月二十六日憲法議會議員ノ總選擧ヲ行ヒ議會ハ翌二月九日「ワルシャワ」ニ召集セラレタルカ同議會ハ其後着々諸般ノ法制ヲ議定シ波蘭共和國憲法モ亦一九二一年三月十七日之カ協贊ヲ經タリ而シテ同憲法ノ規定ニ基ク新議會ノ召集及大統領ノ選擧等ハ何レモ遠カラス實行セラル可キ豫定ナルモ右新議會ニ對スル總選擧期日ハ未タ確定ノ運ヒニ至ラス

抑モ波蘭政黨ハ同國カ歴史上隣邦三國ニ分割歸屬シ居タルニ拘ラス政黨ニ地方的色彩大ナラス個々ノ政黨トシテハ比較的全國ノ統一ヲ保テルコト寧ロ豫想外ナリト雖モ一方當國人ノ性格上英國流ノ大政黨主義ニ適セサルモノノ如ク佛國流ノ小黨分立ニ傾キ現今十有八ノ政黨政派ヲ數ヘ其ノ間各黨ノ主義政綱必シモ明瞭ナラス來ルヘキ總選擧以後ニ非サレハ政界ノ分野復確然タルモノヲ

得サルモノアリト雖モ暫ク現在ノ情勢ニ依リ波蘭政黨ヲ表記スレハ左ノ如シ

政黨政派名	議員數
一、波蘭共產黨	二
二、波蘭社會黨	三三
三、急進農民黨	一
四、波蘭人民黨左派	二二
五、民主同盟	〇
六、波蘭人民黨「ヴイズヴオレーニエ」	二三
七、國家勞働黨	二五
八、波蘭人民黨「ピアスト」派	八五
九、立憲俱樂部	一六
十、市自治團	一〇
十一、國家人民統一黨	四二
十二、國家人民基督敎黨	二二

十三、波蘭加特力人民黨　七
十四、國家基督教勞働俱樂部　二七
十五、國家人民黨又ハ國民民主黨　七九
十六、猶太人議員團　一〇
十七、獨逸人民黨　八
十八、無　所　屬　一〇

第二章　各政黨總論

今左ニ各政黨ニ就キ其概要ヲ略記スヘシ

一、波蘭共產黨（Polskie Stronnictwo Kommunistyczne）

議會ニ於ケル勢力　議席二ヲ有ス總議席ノ四厘ニ當ル過激派宣傳ニ感染セル少數勞働者ニ根據ヲ有ス

領袖株　「ランツツキー」、「ドムバル」

成立ノ由來

一九二一年春「ランツツキー」ハ其ノ所屬黨タル波蘭社會黨ヲ脫シ一時無所屬トナリシカ同年五月中議會ニ於テ共產主義者ナルコトヲ聲明シ降ツテ七月六日「ドムバル」ト共ニ波蘭共產黨組織ニ關スル屆出ヲ議會書記局ニ爲セリ

二、波蘭社會黨（Polska Partja Socjalistyczna）

議會ニ於ケル勢力及其ノ根據

議席三十三、總議席ノ八分强ニ當ル內十五名ハ舊露領波蘭ヨリ十八名ハ「ガリシヤ」ヨリ選出セラ

レ根據ヲ勞働者階級ニ有ス

領袖株　「ダシンスキー」、「モラチエフスキー」、「デヤマンド」、「ペール」

機關紙　Robotnik（「ワルシャワ」市發行）Naprzód（「クラコフ」市發行）Dziennik Ludowy

（「レムベルグ」市發行）

三、急進農民黨（Stronnictwo Radykalno-chłopskie）

議會ニ於ケル勢力　議席一

領袖株　「オーコニ」

機關紙　Iednosc chlopska（「ワルシャワ」市發行）

過激的傾向ヲ有シ土地共產主義ヲ主張ス

備考一九二一年中頃迄議員「ドムバル」モ本黨ニ屬セシカ同人「ランツツキイ」ト共ニ共產黨ヲ組織スルニ至リ議員トシテハ「オーコニ」一名ノミトナル

四、波蘭人民黨左派（Polskie Stronnictwo Ludowe Lewica）

議會ニ於ケル勢力　議席十二總議席ノ二分九厘ニ當ル全員「ガリシヤ」選出ナリ主トシテ土地ヲ有セサル農業勞働者ニ根據ヲ有ス

領袖株　「スタピンスキー」

機關紙　Przyjaciel Ludu（「ワルシャワ」市發行、週刊）

土地問題ニ關シ過激ナル要求ヲナス例ヘハ無償ニテ土地ヲ農民ニ分配セヨト云フカ如シ

「スタピンスキー」一八六七年「ガリシャ」ニ生ル同市法科大學卒業後新聞記者トナル一八九八年乃至一九〇〇年竝ニ一九〇七年乃至一九一八年二回墺國議會ニ議員タリ同議會ニ於ケル波蘭黨（「ポーリスコエ、コーロ」）ノ副總裁ナリキ波蘭農民黨ノ創立者ナリ

五、民主同盟（Zwiazek Demokracji）

議會ニ於ケル勢力　議席無シ

領袖株　「クハジエフスキー」（獨逸軍占領當時組織セラレタル「レーゲント」政府ノ總理大臣ナリキ）「ポニコフスキー」（現總理大臣）、「ドブナロヴイチ」（現内務大臣）、「シエロシエフスキー」、「ヅルスキー」

機關紙　Kurjer Polski（「ワルシャワ」市發行）

智識階級ヨリナル自由進歩黨ナリ

六、波蘭人民黨「ヴイズヴオレーニエ」派又ハ「ツグト」派（Wyzwolenie）

議會ニ於ケル勢力及其根據　議席二十三（總議席ノ五分五厘）内十五名ハ舊露領波蘭、八名ハ「ガリシヤ」選出ナリ農民間ニ勢力アリ

領袖株　「ストラルスキー」

機關紙　Wyzwolenie（「ワルシヤワ」市發行）

舊露領波蘭ニ成立シ排露主義、土地問題ニ關シテハ急進黨ニ近シ

「ストラルスキー」　一八八〇年露領波蘭ニ生ル家庭教育ヲ受ケタルノミ一九一七年獨軍占領當時ニ組織セラレタル參議院ニ議員タリキ農務大臣トナリタルコトアリ

七、國家勞働黨（Narodowa Partja Robotnicza）

議會ニ於ケル勢力及其根據　議席二十五（總議席ノ六分六厘）内十四名ハ舊露領波蘭、十一名ハ「ポーゼン」州ノ選出ナリ勞働者ニ根據ヲ有ス

領袖株　「ホンヂンスキー」

機關紙　Praca（「ロズ」市發行）、Prawda（「ポーゼン」市發行）

社會改革ヲ主張ス

八、波蘭人民黨「ピヤスト」派（Polskie Stronnictwo Ludowe Piastowcy）

議會ニ於ケル勢力及其ノ根據　議席八十五（總議席ノ二割六厘）内五十六名ハ舊露領波蘭、二十九名ハ「ガリシヤ」選出ナリ豐ナル自作農民ニ根據ヲ有ス

關　紙　Piast（「クラコフ」市發行）、Ludowcy（「ワルシャワ」市發行）、Gazeta Ludowa（同上但シ週刊）

準機關紙　Kurjer Poranny（「ワルシャワ」市發行）Przeglad Wieczorny（同上）

本黨ハ立憲倶樂部、市自治團倶樂部、國家人民統一黨ト共ニ中央「ブロック」ヲ形成ス

九、立憲倶樂部　(Klub Pracy Konstytucyjnej)

議會ニ於ケル勢力及其根據　議席十六（總議席ノ三分九厘）内二名ハ舊露領波蘭、他ノ十四名ハ「ガリシヤ」ノ選出ナリ主トシテ「クラコフ」市ノ保守黨及民主黨ヨリ成ル有產智識階級ニ根據ヲ有ス

領　袖　株　「フエドロヴイチ」

準機關紙　Czas（「クラコフ」市發行）Nowa Reforma（同上）

漸進主義

十、市自治團倶樂部　（Klub Mieszczanski）

議會ニ於ケル勢力及其ノ根據　議席十（總議席ノ二分四厘）内七名ハ舊露領波蘭、一名ハ「ガリシヤ」、二名ハ「ポーゼン」選出ナリ主トシテ舊露領波蘭有產階級ニ根據ヲ有ス

領袖株　「ロセ」

機關紙　ナシ

十一、國家人民統一黨（Narodowe Zjednoczenie Ludowe）

議會ニ於ケル勢力及根據　議席四十二（總議席ノ一割二厘）内三十四名ハ舊露領波蘭、八名ハ「ガリシヤ」選出ナリ主トシテ中產階級ニ勢力アリ

領袖株　「スクルスキー」

機關紙　Zjednoczenie（「ワルシヤワ」市發行）　Glos Ludu（「チエンストホフ」市發行　Gazeta Kaliska（「カリシ」市發行）　Kurjer Lódzki（「ロズ」市發行）

準機關紙　Rzeczpospolita（「ワルシヤワ」市發行）　Kurjer Warszawski（同上）

「スクルスキー」　一八七七年舊露領波蘭ニ生ル技師ナリ獨逸「カールスルーエ」高等工業學校ヲ卒業ス「ロズ」市參事會員及同市々長タリシコトアリ一九一九年十二月十三日乃至一九二〇年六月九日内閣總理大臣兼内務大臣タリ又「ヴイトシ」内閣ニ内務大臣タリキ

十二、國家人民基督敎黨　(Narodowo-Chrzescijanskie Stronnictwo Ludowe)

議會ニ於ケル勢力及其ノ根據　議席二十二(總議席ノ五分三厘)ヲ有ス内十八名ハ舊露領波蘭、四名ハ「ポーゼン」ノ選出ナリ舊露領波蘭及「ポーゼン」州ノ中產階級ニ根據ヲ有ス

本黨員ハ一九二一年七月迄ハ「スクルスキー」ノ國家人民統一黨ニ屬シテ獨立黨派ヲ形成シ居ラサリシモノナリ依テ國家人民統一黨ノ項ニ列記セル機關紙中ニハ其ノ後本黨機關紙トナリタルモノアル筈ナルモ其ノ分界未タ判明セス

領袖株

「デウバノヴイチ」　一八八一年「ガリシヤ」ニ生ル「レムベルグ」大學ニ法律及哲學ヲ修ム「レムベルグ」大學敎授ナリ

十三、波蘭加特力人民黨　(Polskie Stronnictwo Katolicko Ludowe)

議會ニ於ケル勢力及其ノ根據　議席七(總議席ノ一分七厘)

領袖株　「マタケーヴイチ」

機關紙　Lud Katolicki　(「ワルシヤワ」市發行)

僧侶派ニシテ國民々主黨ニ同情ス

十四、國家基督敎勞働倶樂部　(Narodowo-Chrzescijanski Klub Robotniczy)

議會ニ於ケル勢力及其ノ根據　議席二十七(總議席ノ六分五厘)ヲ有ス內九名ハ舊露領波蘭、十八名ハ「ポーゼン」州ノ選出ナリ「ポーゼン」州ノ中產勞働階級ニ勢力アリ

領袖株　「チエルニエフスキー」

準機關紙　Glos Narodu (「クラコフ」市發行)

國民々主黨ト國民「ブロック」ヲ形成ス

十五、國家人民黨又ハ國民々主黨　(Zwiazek Ludowo Narodowy)

議會ニ於ケル勢力及其ノ根據　議席七十九(總議席ノ一割九分二厘)ヲ有ス內四十二名ハ舊露領波蘭、十三名ハ「ガリシヤ」、二十四名ハ「ポーゼン」州ノ選出ナリ地主、資本家階級ニ勢力アリ

領袖株　「ドモフスキー」、「グロムビンスキー」、「グラブスキー」(エス)、「グラブスキー」(ヴエ)、(リユトスラススキー」

機關紙　Gazeta Warszawska (「ワルシヤワ」市發行) Gazeta Poranna (同上) Kurjer Poznanski (「ポーゼン」市發行) Slowo Polskie (「レムベルグ」市發行)

本黨ハ國家基督敎勞働倶樂部、國家人民基督敎黨ト共ニ國民「ブロック」ヲ形成ス

十六、猶太人議員團　（Wolny Związek Postow Narodowsci Żydowskiej）

議會ニ於ケル勢力　議席十（總議席ノ二分四厘）ヲ有ス内八名ハ舊露領波蘭、二名ハ「ガリシヤ」ノ選出ナリ「ポーゼン」州ニハ猶太人ノ勢力ナシ

領袖株　「グリンバウム」、「トン」、「ヒルシホルン」、「ファールブステン」、「ペールラムーテル」

機關紙　Haint（猶太語、「ワルシヤワ」市發行）Moment（同上）Der Jud（同上）Lodzer Tageblatt（獨逸語、「ロズ」市發行）Chwila（波蘭語、「レムベルグ」市發行）Hecejra（古代猶太語）Nasz Kurjer（波蘭語、「ワルシヤワ」市發行）Nowy Dziennik（同上、「クラコウ」市發行）

猶太人（波蘭ニ於ケル猶太人ノ數ハ約三百萬アリ）ノ民族的利益ヲ代表ス少數民族保護條約ニ基キ猶太人ノ民族的自治ヲ要求ス

十七、獨逸人民黨　（Niemieckie Stronnictwo Ludowe）

議會ニ於ケル勢力及其ノ根據　議席八（總議席ノ二分弱）ヲ有ス内二名ハ舊露領波蘭、六名ハ「ポーゼン」州ノ選出ナリ

領袖株「ルデッケ」、「ハスバッフ」、「フリーゼ」、「スピッケルマン」

機關紙　Die Presse（「トルン」市發行）Geselliger（「グルデンツ」市發行）（Deutsche Lodzer Zeitung（「ロズ」市發行）

獨逸人ノ利益ヲ擁護スルヲ目的トス

十八、無所屬議員　十名ニシテ總議席ノ二分四厘ヲ占ム其ノ主ナル議員左ノ如シ

「トロムチンスキー」、「バデレフスキー」

「トロムチンスキイ」　一八六〇年「ポーゼン」州ニ生ル伯林「ブレスロ」大學ニ法律ヲ修ム辯護士、公證人ヲ業トセリ一九一〇年乃至一九一八年普魯西議會ニ議員タリ又一九一二年乃至一九一八年ニハ獨逸帝國議會ニ議員タリ獨逸軍ノ「ポーゼン」州撤退後國民參議院最初ノ議長トナル元來國民々主黨ニ屬スルモ波蘭憲法議會議長ニ選ハレテヨリ同黨ヲ脫シ無所屬トナレリ

「パデレフスキイ」　一八六〇年舊露領波蘭ニ生ル音樂家ナリ世界戰爭中巴里ニ組織セラレタル國民參事會委員タリ巴里平和會議ニハ「ドモフスキー」ト共ニ全權委員タリ一九一九年一月十三日乃至一九一九年十二月十三日總理大臣兼外務大臣タリ

前記黨派中現在最モ有力ニシテ議會ニ重キヲ爲スモノ左ニ波蘭社會黨、中央ニ農民黨「ピヤスト」

派、右ニ國民々主黨アリ其ノ他ノ黨派ニ至リテハ概ネ右三黨ノ何レカト略其主義政綱ヲ同フシ相率ヰテ一團ヲ爲スヲ常トス依テ以下重複ヲ顧ミス更ニ右三黨ノ現狀ニ付稍詳說スル所アルヘシ

第三章　波蘭社會黨

一、主義綱領

イ、外　政

波蘭共和國ノ建設ヲ目的トシ波蘭領土ノ統一及之カ獨立ノ確立ニ努ム、侵略政策祕密條約ヲ排ス、民族自定權ヲ認ム殊ニ舊露帝國ノ羈絆ヲ脫シタル民族ノ獨立ヲ支持ス

ロ、內　政

議會ハ一院制トシテ選擧ハ普通男女同權、平等、無記名、直接、比例主義ニ依ルコトトスヘシ、勞働會議所ヲ設立スヘシ、廣汎ナル地方自治ヲ許シ少數民族ノ言語ヲ保護シ集團ヲナス少數民族ノ自治（註、猶太人ノ如キヲ指ス）ヲ尊重ス、軍備ハ常備兵ニ代フルニ民兵ヲ以テスヘシ、政敎分離ノ主義ヲ確立シ言論、印刷、信仰、敎育、集會及結社ノ自由ヲ認ム、波蘭公民ハ男女、宗敎、人種ノ別ナク同一權利ヲ有ス

ハ、經　濟

勞働ノ保護（一日八時間一週四十六時間勞働、日曜休日、夏期休暇ノ嚴守、兒童勞働ノ禁止、夜

間勞働ノ制限、工場ノ衞生的設備、保險、最少賃金ノ制定、男女勞働賃銀ノ平等、勞働者ノ寡婦及孤兒ノ保護、勞資協調委員會ノ設立、同盟罷業及勞働組合ノ自由、海外移民ノ保護、無料勞働仲介所ノ設置、工場ニ勞働委員會設立）鑛山、交通機關、森林、銀行、水面等ノ國有、日用品ノ國家專賣、消費組合ノ國家的支持、小農ノ保護、大地主ノ地面ヲ買收シ之ヲ農民ニ貸與ス

ニ、財　政

戰時利得及投機利益ノ沒收、財產稅所得稅相續稅ノ累進賦課、日用品及其ノ他ニ對スル消費稅ノ廢止

ホ、司　法

無料裁判、無料法律相談所ノ設立、死刑廢止、賠審制度ノ確立

ヘ、國民敎育

無料義務敎育、就學兒童ノ國家的保護、敎育ト政治ノ獨立

ト、公衆衞生

國家及町村ノ無料施療、淫賣ノ禁止

二、成立ノ由來

波蘭社會黨ノ發達ハ現大統領「ピルスツキー」ニ負フ所多シ同氏ハ一八九〇年頃「ヴイルノ」ヨリ「ワルシヤワ」ニ來リ同黨ノ組織ニ着手セリ波蘭社會黨ハ波蘭ノ獨立ヲ其ノ政綱ノ一トシアルヲ以テ他國ノ社會黨ニ氏シ國家的ナリ右波蘭社會黨ノ外舊露領波蘭及「リスアニア」ニハ社會民主黨アリテ各國ノ社黨民主黨ト主義綱領ヲ同セリ

一九〇四年波蘭社會黨ハ二分シ一ハ革命黨ト稱シ波蘭ノ獨立ヲ主張シ他ハ左黨ト稱シ社會民主黨ニ接近セリ一九〇五、六年露國ニ革命起ルヤ波蘭社會黨ハ「ボユフキ」ト稱スル一種ノ武裝團ヲ組織セリ「ピルツスキー」ハ將來必ス軍隊ノ必要起ル可キヲ豫見シ此ノ頃ヨリ軍事上ノ智識ヲ有スル黨員ノ養成ニ留意セルモノナリト云フ露國革命鎭定後同黨ハ本據ヲ「ガリシヤ」ニ移シ一九〇九年「レムベルグ」市ニ「ストシエレツ」(射手)ト稱スル武裝團ヲ組織セリ「ピルスツキー」ハ「ガリシヤ」ニ於テ「ダシンスキー」ノ率ユル社會民主黨ト提携シ後(一九一九年)之ヲ合併セリ「ピルスツキー」ハ一九一九年二月二十日大統領當選ト共ニ同黨ヲ脱シ「ダシンスキー」之ニ代リテ總裁タリ

舊露領波蘭及「リスアニヤ」社會民主黨ハ波蘭社會黨左黨ト合併シ共產勞働黨ヲ組織セリ

三、領袖株ノ人物略歷

「ピルスツキー」

一八六七年「ヴイルノ」縣ニ生ル十八歳ニシテ「ヴイルノ」市中學ヲ卒業シ同年「ハリコフ」大學ニ入學セルモ政治暴動ニ參加セル廉ヲ以テ退校ヲ命セラレ「ヴイル」ニ歸還セリ「ヴイルノ」ニ於テ露國革命黨員ト親シミ露國皇帝暗殺未遂事件ニ坐シ五ケ年西伯利ニ流サレ刑ノ滿期ト共ニ再ヒ「ヴイルノ」ニ歸リ來レルカ間モナク「ワルシヤワ」ニ遊ヒ波蘭社會黨ヲ創立ス「ロボートニツク」ハ當時同人カ祕密ニ出版セル新聞ナリ其ノ頃「マリヤ、コシケーヴイチ」ナル寡婦ト結婚シ共ニ革命運動ニ奔走セリ時ニ齡二十六歳同氏ノ大膽ナル活動振リハ遂ニ警官ノ注目スル所トナリ捕縛ノ難ニ遭ヒシカ同志ノ盡力ニ依リ外國ニ逃レ暫時倫敦ニ滯在セル後墺國領波蘭「クラコフ」ニ赴キ同地ニ於テ「ガリシヤ」及露領波蘭ニ於ケル波蘭社會黨ヲ指揮セリ同人ハ日露戰爭ニ際シ露領波蘭ニ於ケル動員ヲ妨害セント試ミ且ツ日本ニ來遊シ波蘭獨立運動ニ對スル援助ヲ求メントセリ這般世界大戰起ルヤ豫テ「ガリシヤ」ニ組織セル「レギオン」(武裝團體)ヲ率ヰテ一九一四年八月六日墺軍ニ先チ露國波蘭ニ入レリ

一九一七年七月二十二日獨逸占領軍憲ノ怒ニ觸レ「マグデブルグ」要塞ニ投セラル獨逸革命勃發ト共ニ要塞ヲ脫シテ「ワルシヤワ」ニ歸リ一九一八年十一月十一日獨逸軍占領當時ニ組織セラレタル

「レーゲント」政府ヨリ最高權ヲ讓リ受ケ一九一九年二月憲法議會ヲ召集シ一旦之ニ最高權ヲ返還シタルモ同議會ヨリ改メテ大統領ニ選擧セラレ以テ今日ニ至レリ

「ダシンスキー」

一八六六年東「ガリシヤ」ニ生ル「クラコフ」「ツユーリヒ」及「レムベルグ」大學ニ於テ哲學及法律ヲ修ム一八九七年乃至一九一八年墺國議會ニ議員タリ同議會ニ於ケル波蘭黨（「ポーリスコエ・コーロ」）ノ副總理タリ「ガリシヤ」ニ於ケル波蘭社會黨創立者ナリ文章ニ巧ニシテ社會黨新聞ニ執筆ス一九二〇年露國過激派軍ノ侵入ニ際シ組織セラレタル「ヴイトシ」ノ擧國一致內閣ニ副總理タリキ

「モラチエフスキー」

一八七〇年「ポーゼン」州ニ生ル維納高等工業學校ヲ卒業シ技師タリ一九〇七年乃至一九一八年墺國議會ニ議員タリ波蘭最初ノ獨立政府（一九一八年十一月十八日乃至一九一九年一月十三日）ニ總理タリ現ニ波蘭憲法議會ノ副議長タリ

「ヂヤマンド」

一八六〇年「レムベルグ」市ニ生ル猶太人ナリ同市法科大學卒業後辯護士ヲ業トス一九〇七年乃至

一九一八年墺國議會ニ議員タリ波蘭社會黨創立以來ノ黨員ニシテ社會主義新聞紙ニ執筆ス又經濟學者トシテ名アリ

「ペール」

「ワルシヤワ」ニ生ル猶太人ナリ同市大學ニ法律ヲ修メ維納大學ニ哲學ヲ修ム新聞記者、社會黨機關紙「ロボートニック」ノ主筆ナリ

第四章　波蘭農民黨「ピヤスト」派

一、主義綱領

イ、政　治

波蘭全土ヲ統一シテ獨立ヲ確保シ民主々義ニ基キテ國威ト慶福ヲ增進シ政治ヲシテ人民ノモノタラシム、歐洲ニ於ケル一般平和ノ要素トナリ隣國ニ對シテハ其ノ獨立權ヲ尊重シ之ト同盟又ハ聯邦ヲ結ヒ自國ノ獨立ヲ確保スルニ努ムヘシ

國際紛爭ヲ解決スル爲國際裁判所ヲ設立スヘシ

多數ノ常備兵ヲ有スルコトハ國家ノ大ナル負擔ナルノミナラス新ニ戰爭ヲ生ム動機トナルコトアルヲ以テ他國ト同時ニ武裝全部ノ解除ヲナスニ努ムヘシ但シ隣邦ニ侵略的政策カ存在スル限リ强大ナル軍隊ノ必要ヲ認ム

民主々義ハ人民多數ノ意志ニヨリテ代表セラルルヲ以テ少數者ノ專權ヲ許サス

波蘭ノ政體ハ共和制トス、共和國ノ最高權力ハ人民ニ屬ス

共和國ノ大統領ハ二十一歲以上ノ公民ヨリ選擧セラレタルモノナルコトヲ要ス、立法府ハ普通、平

等、直接、無記名、比例選擧ノ主義ニ依ル一院制ノ議會トス
內閣ハ議會ニ對シ責任ヲ負フ
波蘭公民ハ信仰、言論、印刷、集會、結社ノ自由ヲ有ス
國政ハ中央集權ヲ排シ地方ニ於テハ民主的自治ヲ基礎トスヘシ

ロ、經　濟

主義トシテハ私有權ヲ認ムルモ國家ノ利益ト緊切ナル關係アル生產ヲ國有トスルコトアルヘシ
移民ヲ防止シ國力ノ增進ヲ計ルタメ土地ノ分配ヲ公平ニス
仍一九一九年七月十日憲法議會ヲ通過セル土地法ヲ速カニ實施スヘシ
大地主ノ土地ヲ人民ニ分配スルト共ニ各種ノ農事改良ヲ行フヘシ
土地ノ外國人ノ所有ニ歸スルコトヲ防止スヘシ
大都會及工場地附近ニ勞働者職工、下級官吏、勞働智識階級ノタメ田園都市ヲ設クヘシ
荒廢セル農林ノ復興ニ努ムヘシ
國稅及自治團ノ稅ハ公平ニ割當テ間接稅ハ所得稅財產稅ノ實施ト共ニ漸次廢止スヘシ
產業ヲ奬勵シ國家自給ノ途ヲ計ルト共ニ進ンテハ輸出ヲ盛ニスヘシ

商船ノ建造ヲ奬勵スヘシ

都會ヲシテ純波蘭風タラシメ（註、猶太人ノ勢力ニ反抗スルノ意ナリ）其ノ經濟的及文化的要求ヲ容ルヘシ

ハ、勞働ト救濟

波蘭公民ハ勞働ヲ尙フヘク國家ハ之カ保護ニ任スヘシ

勞働ニ從事スル智識階級ハ國家ノ文明的發達及組織力ノ要素ナルヲ以テ國家ハ之カ生活ヲ改善スルニ努ムヘシ

勞働保險、婦人及幼年勞働者救濟並ニ勞資協調機關ノ設立等ニ關スル勞働者ノ要求ヲ支持ス、勞働者ハ須ク國家ノ生産ヲ增進スルニ努ムヘシ、農業勞働者ニハ土地買入レノ便宜ヲ與フヘシ

企業者ハ雇勞働者ニ對シ利益ヲ配當シ且ツ勞働組合ノ組織ニ援助ヲ與フヘキモノトス

ニ、敎育

波蘭公民ニ對シ文明社會ノ要求ニ應スル敎育ヲ授クヘシ

初等敎育ハ普通、義務、無料トシ初等及中等敎育ノ聯絡ヲ計ルヘシ

中等高等學校ヲシテ一般民衆ノ入學ヲ容易ナラシムヘシ

貧窮ナル農民ノ子弟ニシテ才能アルモノハ國家ノ負擔ニ於テ中等及高等教育ヲ授クヘシ
文明ノ發達ヲ目的トスルアラユル團體ヲ支持スヘシ

二、成立ノ由來

波蘭ノ農民黨ニハ舊墺領波蘭ニ於テ組織セラレタルモノト舊露領波蘭ニ於テ組織セラレタルモノトノ二派アリ前者ハ一八八五年乃至一八九〇年「ストヤロフスキー」及「スタピンスキー」等ノ創立セルモノニシテ同黨ハ一九〇八年墺國ニ於テ普通選擧法ヲ實施セル以來頓ニ其ノ勢力ヲ增シ同國議會ニ於テ相當人數ノ議員ヲ有スルニ至レリ「レムベルグ」ノ「ガリシヤ」自治廳ハ同黨ノ勢力伸長ニ伴ヒ其ノ領袖株ニ對シ種々利權ヲ與ヘタルヨリ種々ノ弊害起リ遂ニ同黨ノ分裂ヲ見ルニ至レリ「スタピンスキー」ハ其ノ左派ヲ率キテ獨立シ「ヅルゴシ」及「リヤソツキー」ハ右派ヲ形成セリ之レ現在「ヴイトシ」ノ率ユル「ピヤスト」派ナリ同派ハ「ヴイトシ」、「ボイコ」、「バルデル」ヲ得タル爲メ憲法議會ノ選擧ニハ大ナル勝利ヲ博セリ
「スタピンスキー」派ハ之ニ反シ左程ノ效果ヲ收メザリキ
舊露領波蘭ニ組織セラレタル農民黨「ウイズヴオレーニエ」(解放ノ意)ハ一九一八年獨墺占領軍ニ反抗シ同年十一月七日「リユブリン」ニ波蘭獨立政府ヲ樹テントセルモ「ヴイトシ」等之ニ入閣ヲ肯

セサリシタメ失敗ニ終レリ
憲法議會召集後「ピアスト」派ハ「ヴイズヴオレーニエ」ト共ニ「ブロック」ヲ形成シタルモ後上院問題、大統領選擧問題、土地問題等ニ關シ議合ハス之ト離レ國家人民統一黨ト提携スルニ至レリ

三、領袖株ノ人物略歴

「ヴイトシ」
一八七四年「ガリシヤ」ニ生ル農業ニ從事ス敎育トシテハ初等敎育ヲ受ケタルノミ一九一一年乃至一九一八年墺國議會ニ議員タリ一九一九年波蘭憲法議會ニハ「ピヤスト」派總裁トシテ入選シ一九二〇年夏過激派ノ侵入ニ際シ擧國一致內閣ヲ組織シ一九二〇年七月二十四日乃至一九二一年九月十一日之カ總理大臣タリ頭腦明晰、生活簡易ナリ

「ラタイ」
一八八四年「ガリシヤ」ニ生ル「レムベルグ」大學卒業後中學敎員タリ又種々ノ新聞ニ執筆セリ「ヴイトシ」內閣ノ文部大臣タリシコトアリ

「ドムブスキー」
一八八〇年「レムベルク」近郊ニ生ル同市理科大學ヲ卒業ス

新聞記者ナリ「クルエル・リヴォフスキー」ノ主筆ナリキ

「ヴイトシ」內閣ニ外務次官タリ一九二〇年露國戰爭ノ後露國勞農政府トノ講和會議ニ波蘭側ヲ代表シ「リガ」平和條約ヲ締結ス

第五章　國民々主黨

一、主義綱領

波蘭國家ノ隆盛ヲ計ルヘシ

國境ノ確定ト其ノ防備

强固ナル政權ノ樹立

行政組織ノ簡易

內政上可成國家ノ束縛ヲ避ケ社會ニ對シ活動ノ自由ヲ與ヘ一般社會ノ慶福ヲ增進スヘシ

社會經濟發展ノタメ商工都會ノ發達ヲ計ルヘシ

商工都會ハ純然タル波蘭ノ國民的色彩ヲ帶フルヲ要ス

（註　猶太人排斥ノ意ナリ）

國家ヲ國民的ニ統一スヘシ

鞏固ナル國民的統一ハ社會ノ平均ニ存ス依テ此ノ平均ヲ得ルタメ社會改革ヲナスヘシ但シ私權ハ之ヲ侵スコトナシ

土地ノ分配法ヲ改善シ裕福ナル農家ヲ養成スヘシ
國家ノ慶福ヲ阻害スル同盟罷業ヲ防止スルト共ニ勞働保險及生產組合ノ發達ヲ助長スヘシ
敎會學校、家庭及國家ヲ中心トシテ獨立ノ氣風ヲ養成スヘシ
國民ノ德育ハ信仰ニ在ルヲ以テ信仰ノ中心タル敎會ノ獨立ヲ尊重スヘシ殊ニ加特力敎會ヲ尊重スヘシ
智育ハ國民發達ノ中心ナルヲ以テ無料ニテ國民全體ニ敎育ヲ授ケ自治能力ヲ養成スヘシ
外交ハ波蘭カ東歐ニ於ケル特殊ノ地位殊ニ「スラヴ」民族中ニ於ケル特殊ノ地位（註　波蘭ハ東歐ニ於テ亞細亞ニ對シ歐洲文明ヲ擁護シ「スラヴ」民族中ニ於テハ西歐文明ノ代表者ヲ以テ任スルモノナリ）ニヨリテ支配セラル波蘭ハ平和的發達及自由ニ對シ獨逸ノ脅威ヲ受クル他ノ國家ヲ支持スヘシ

二、成立ノ由來

一八六三年波蘭獨立運動ノ失敗スルヤ波蘭保守派ハ其ノ主義綱領ヲ變シテ露國ト妥協セントスルニ至レリ之レ所謂 Real Policy ナリ彼等ハ露國ニ對シテ忠誠ヲ守リ內工業ノ發達ヲ計リテ人民ノ慶福ヲ增進シ露國政府ノ寬大ヲ購ハントセリ

他方「ポプラフスキー」及「ドモフスキー」ハ波蘭獨立運動ノ爲「ガリシヤ」ニ國民々主黨ヲ組織シ「プシエグロンド、ヴウツポリスキー」及「ポーリヤク」ヲ發行シ大ニ人民ノ政治的啓發ニ盡力セシカ一九〇六年露國政府カ民論ヲ容レ議會ヲ召集スルニ至ルヤ Real Policy 派ト同シク其ノ從來ノ主張タル革命的獨立運動ヲ捨テ露國政府ヨリ波蘭ノ自治ヲ贏チ得レハ足レリト成スニ至レリサレハ今回ノ大戰ニ際シテモ社會黨カ波蘭ノ獨立ヲ回復スルニハ先ツ露國ヲ倒サザル可ラストノ見地ヨリ獨墺側ニ加擔セルニ拘ラス國民々主黨ハ飽クマテ露國ニ忠誠ヲ守リ絶エス聯合側ニ加擔セリ

三、領袖株ノ人物略歴

「ドモフスキー」

一八六四年「ワルシヤワ」ニ生ル同市大學卒業後著述ニ從事ス英國「ブラジル」及「カナダ」ニ旅行シ移民問題ヲ研究ス日露戰爭中日本ニ來遊セルコトアリ露國第二、第三議會ノ議員ニシテ同議會ニ於ケル波蘭黨(「ポーリスキエ、コーロ」)ノ總裁タリ歐洲大戰中巴里ニ組織セラレタル波蘭國民參事會議長タリ巴里平和會議ニハ波蘭委員トシテ平和條約ニ調印セリ

「グロンビンスキー」

一八六二年「ガリシヤ」ニ生ル「レムベルグ」、維納、伯林各大學ニ法律ヲ學ブ墺國議會ニ議員トシテ選ハレ同議會ニ於ケル波蘭黨(「ポーリスコエ、コーロ」)ノ總裁タリキ「レムベルグ」大學總長、墺國鐵道大臣タリシ經歷ヲ有スル外獨逸軍占領當時ニ組織セラレタル「スヴエジンスキー」內閣ノ外務大臣タリキ現ニ黨ノ院內總理ナリ

「グラブスキー」(ヴエ)

一八七四年舊露領波蘭ニ生ル巴里「エコール、デ、シアンス、ポリチク」及巴里「ソルボン」文科大學卒業、地主、露國第一、第二及第三議會ニ議員タリ獨逸軍占領ノ最後ニ組織セラレタル「スヴエジンスキー」內閣ノ農務大臣ナリキ巴里平和會議ニ參加ス一九二〇年六月九日乃至七月二十四日內閣總理大臣兼大藏大臣タリキ

「グラブスキー」(エス)

一八七一年舊露領波蘭ニ生ル伯林、巴里、「ベルン」大學等ニ學フ、「レムベルグ」大學法科教授、「スローヴオ、ポーリスキエ」主筆、「ガリシヤ」ニ於ケル國民々主黨創立者ナリ

「リユトスラクスキー」

一八八〇年舊露領波蘭ニ生ル「ツユーリヒ」醫科大學卒業同時ニ宗教學ヲ修ム僧侶ナリ、「スブラー

ヴア」及「ガゼリタ、ワルシヤフスカ」ニ記者タリ

外交ニ關スル政見

一般外交ニ關スル政見ハ前述三黨ノ主義綱領中ニ掲載ノ通ナルヲ以テ玆ニ左記特殊事項ニ對スル三黨ノ主張態度ニ就キ略記スヘシ

イ、國際聯盟

三黨何レモ之ニ贊成ナルモ殊ニ社會黨最モ熱心ナリ

ロ、佛國及羅馬尼トノ同盟條約

之ニハ三黨大體ニ於テ異存ナキモ社會黨ノ一部ニハ露國ト平和關係ニアラサル羅馬尼ト同盟關係ニ入ルコトハ波蘭ヲシテ不利ナル關係ニ陷ラシムルモノナリトテ反對セルモノアリキ

ハ、「チエツコ、スロヴアツキイ」

「チエツコ、スロヴアツキイ」トノ政治協定ニ關シテハ國民々主黨ニ反對アリ其ノ理由ハ「テツシエン」問題ニ關シ有利ナル條件ヲ附シ得サリシノミナラス「テエツコ、スロヴアツキイ」國ヲシテ波蘭ノ東國境(「リガ」平和條約ニ依ル)ヲ認メシムルコトヲ得サリシト云フニアリ

ニ、露國及獨逸

「リガ」平和條約締結前後ニ於テ波蘭ハ陰ニ「サーヴィンコフ」及「ペトリユーラ」ノ反過激派ヲ支持シ勞農政府ニ對シ二重政策ヲ採リシモ現在ニ於テハ議會各黨派共露國ト可成善隣關係ヲ保チ經濟通商上ノ利益ヲ收ムルニ如カストノ意見ニ一致シ居ルモノヽ如シ又獨逸ニ對シテハ波蘭人ノ感情未タ好カラサルモ上「シレジヤ」問題解決以來之ト善隣關係ヲ結ハントスルノ傾向頓ニ顯著トナリタルモノヽ如シ

ホ、「ヴイルノ」問題

本問題ニ關シテハ國民々主黨ハ最初ヨリ併合說ニシテ社會黨及「ピヤスト」派ハ聯邦說ナリシカ「ヴイルノ」議會選擧ノ結果稍ヤ併合自治說ニ傾ケリ

ヘ、東「ガリシヤ」問題

社會黨ハ東「ガリシヤ」ニ廣汎ナル自治ヲ與フヘシトノ主張ヲ有シ「ピアスト」派ハ本問題ニ關シ未タ其ノ態度ヲ明ニセサルモ同地ノ「ウクライナ」人ニ文明及人種的自治ヲ與フルノ覺悟アルモノヽ如シ國民々主黨ハ如何ナル自治ニモ反對ナリ

ト、國防問題

最近陸軍大臣ヨリ議會ニ義務兵役法案ヲ提出シタルニ社會黨ハ主義トシテ常備兵制ニ反對ナルモ

波蘭ノ現勢ニ鑑ミ止ムヲ得サル處置ナリトシテ單ニ二ヶ年ノ現役期間ヲ更ニ短縮スヘシト主張シ國民々主黨及「ピヤスト」派ハ政府案ニ全然贊成セリ

チ、社會主義

波蘭社會黨ハ勿論此ノ主義ヲ奉スルモ露國ニ於ケル過激派ニハ反對ナリ農民黨「ピヤスト」派ハ社會主義ヲ主張セルモ之ニ近キ社會改革ヲ行ハントスルモノナリ國民々主黨ハ之ニ反對ナリ

リ、日本ニ關スル問題

波蘭ノ獨立カ間接ニ日本ノ對露勝利ニ因スルコト多キヲ以テ日本ニ對シ波蘭人ハ一般ニ好感ヲ有ス日本ノ對露對支政策ニ關シ日本ニ不利ナル論説ヲ掲クル政黨機關紙無シ

第二十五編　葡萄牙ノ政黨（大正十二年五月現在）

第二十五編　葡萄牙ノ政黨

第一章　政狀ノ不安定

政黨政治ヲ謳歌スル者モ其實現ノ曉之ニ失望セサルモノ稀ナリ是レ政黨必スシモ國民ノ輿論ヲ代表セス朋黨比周シ私慾ノ爲メニ國家ノ利益ヲ犧牲トシ其黨弊ニ堪ヘサルニ至レハナリ然リト雖モ二大政黨對立シ嚴然タル主義政綱ノ下ニ國事ヲ議シ輿論ニ訴ヘテ其批判ヲ仰クヲ得ンカ以テ黨弊ヲ除キ政黨政治ノ理想ヲ實現シ得ルニ庶幾カラン之ニ反シ無數ノ小黨分立シ去就離合常無ク妥協ト八百長ヲ是レ事トスルカ如キ場合ニ於テハ黨弊其極ニ達スヘク國民ノ災禍圖リ知ル可カラサルモノアラン現内閣就任以前ノ葡國政界ノ如キハ卽チ後者ノ場合ニ屬ス

葡國共和政實施ノ當初國内政黨共和王政ノ二派ニ分レテ互ニ角逐シタリシカ共和黨中ニモ極端ナル社會政策ヲ行ハントスルモノ又ハ單ニ王政ヲ顚覆シテ舊慣ヲ破リ統治者ノ變更ニ依リテ新生面ヲ開カントスルモノアリ王黨ノ中ニモ舊王 D. Manuel ヲ戴カントスル モノト何人カ王タリトモ其關スル處ニ非スタタ王政ナルヲ希望スルモノアリテ必スシモ其主義政見ヲ一ニスルニ非ス又溫

和ナルモノ過激ナルモノノ別ヲ生スルモ亦免レサル所ナリトス而シテ是等各々有力ナル者ヲ戴キテ議會ニ割據スルニ至リ玆ニ小黨分立ノ狀ヲ現出セリ而シテ政權ノ授受ハ概ネ分立セル小黨ノ一時的利害ニ基ク離散結合ニ依リテ行ハル其去就ノ動機タルヤ私慾ニ非スンハ卽チ黨利ナルカ故ニ個人的利害ノ衝突ヲ生スレハ直チニ政黨ノ結合ニ動搖ヲ生シ從テ又內閣ノ動搖ヲ招ク斯クシテ內閣ハ更迭ニ次クニ更迭ヲ以テシ朝ニ成立シタル內閣モ夕ニ倒壞シタル極端ナル實例ハ葡國ニ於テ必スシモ絕無トセス內閣ノ改造更迭ハ日常茶飯事ニ屬シ革命ニ依ル政權ノ授受亦決シテ珍ラシキ事ニ非ス之ヲ比較的安定ニ赴ケル最近ノ例ニ徵スルモ一九二〇年一月十四日「サ、カルドー」氏ニ代リテ組織セラレタル「フエルナンデス、コスタ」內閣ハ其閣員ノ一人カ曩ニ暗殺セラレタル前大統領「シドニオ、パエス」氏ノ黨員ナリトノ事由ノ下ニ反對派ノ示威運動ト壓迫ヲ蒙リ是カ爲遂ニ卽日瓦解シタルカ如キ又一九二一年五月「ベルナルデイ、マチヤド」內閣ハ當時共和國護衞隊ノ士官中密カニ同內閣ノ顚覆ヲ企ツル者アル趣ヲ探知シタルヲ以テ其首謀一味ヲ他ニ轉任セシメタルニ右士官等ハ同月廿一日突如機關銃其他大砲數門ヲ兵營ヨリ引出シ之ヲ里斯本市外「エドワード」七世丘ニ据付ケタル後士官一名ヲ大統領ノ下ニ派シ右轉任命令ノ取消、「ベルナルデイ、マチド」內閣ノ辭職並ニ議會ノ解散ヲ强要シタルヲ以テ文部大臣「シリオ、マルテインス」氏ハ時ヲ移サス折柄里斯本港ニ碇泊中ナリシ軍艦「バスコ、ダ、ガマ」ニ赴キ同艦並ニ他軍艦數隻ノ應援ヲ求メタルカ爲茲ニ端ナクモ陸海軍ノ一大衝突ヲ見ルニ至ラントシタルコトアリ只時恰モ萬國議院商事會議ノ開催ヲ控ヘ居タル事トテ大統領ハ一方文部大臣ヲ制シテ前記軍人等ノ要請ヲ容レ彼等軍人間ニ好評ヲ有スル「トメー、ジョーゼー、デ、バロスケイロス」ヲシテ新內閣ヲ組織セシメタルカ如キ又一九二一年十月十九日共和國護衞軍司令官「コエイヨ」大佐同軍參謀長「オリウエラ、シモエス」大佐其他數人ノ政治業者共謀シテ共和國護衞軍警察隊並ニ海軍ノ應援ヲ得テ「アントニオ、グランジョ」內閣ヲ脅迫シ一擧ニシテ內閣ヲ乘取リ同革命ノ巨魁「コエイヨ」大佐新內閣ヲ組織シタルカ如キ孰レモ其例證ナリトス

尙一九二二年二月里斯本市發行ノ Saculo 紙上揭載ノ一統計ニ依リテ之ヲ見ルニ一九一〇年王政顚覆以來約十年間ニ首相三十九人外相五十三人內相四十八人殖民相四十五人ノ大臣ヲ製造シ大臣總數ニ至リテハ實ニ五百十六人ニ及フト云フ國民六百萬人ノ半數以上ハ一丁字ヲ解セサル無智文盲ノ徒ナリト稱セラルル葡國ニ於テ一九一三年以來十年間ニ四十八人ノ文相ヲ更迭セリト云フニ至リテハ又驚クヘキニ非スヤ而シテ財政窮迫シ貨幣ノ下落ハ戰禍ヲ蒙ルコトノ少キニ比シテハ舊聯合國中最モ甚タシク俸給生活者ノ生活慘ヲ極メ既往三ケ年間ニ俸給値上ノ爲メ全國官吏、郵便局員

ノ「ストライキ」ヲ見ルコト三回ニ及ヒタル此ノ國ニ於テ十三年間ニ四十九人ノ藏相アリタリトハ何タル皮肉ソヤ

國民ハ共和政以來職業的政治家ノ虛僞ト瞞着ニ失望シ漸次共和政ニ對スル疑念ヲ高メ思想堅實ナル者ハ主義節操ナキ政治家ノ朝三暮四ニ不堪鞏固ナル權力ヲ確立シ此弊ヲ除カントシテ舊王政ヲ懷フニ至リ無敎育者流ト雖モ所謂政治家ノ抱負ナルモノカタタ議會ニ於ケル美辭麗句ノ羅列ニ過キサルヲ看破シ貧困者ハ又共和政以來特ニ著シクナリ來レル貨幣下落生活費昂騰カ何等共和政府ノ施設ニ依リテ改善サルル處ナキヲ嘆シ國民各方面ノ議會ニ對スル信用地ヲ拂ヒテ空シク果テハ議會政治ヲ否認スル者モ尠カラサル狀態ナリ

然レハ議會ノ選擧モ眞面目ニ行ハルル能ハス干涉ト壓迫ト買收ト而シテ國民ノ現在政治ニ對スル失望ヨリ來ル無關心トヨリ生レタル葡國議會カ民意ヲ代表セス國民ヲ代表セサルハ固ヨリ論ヲ須ヒサルナリ

葡國政治ノ不健全ナル夫レ斯クノ如ク政狀ノ不安定亦斯クノ如シ國內新聞紙ハ固ヨリ之ヲ默過スヘクモ非ス內閣ノ更迭大臣ノ任免ニ伴フ政策ノ動搖、責任ノ歸趨等諸種ノ內政問題カ喧然論議セラルルヤ諸外國ノ注意ヲ惹クニ至リ一旦分裂シタルモ大ニ自覺シ結合ノ必要ヲ認ムルニ至リ一九

二二年二月ノ總選擧ニ於テ愈々共和黨ノ結合成リ茲ニ議會ニ於テ絶對多數ヲ制スル現民衆黨ヲ形成セリ

久シク小黨分立ノ混亂狀態ニ彷徨シタル葡國ノ政界ニ絶對多數黨ノ出現ヲ見此ノ議會ニ絶對多數ヲ占ムル民衆黨カ今日其ノ大會ニ於テ政府ヲ擁護シ共和國ノ安寧ヲ保チ以テ國運ノ進展ヲ圖ラント決議セルヲ以テ葡國政界ニ一道ノ光明ヲ投シタルモノト云フヘク現　アントニオ、マリア、ダシルバ」內閣ハ葡國共和政實施以來初メテ見タル長命內閣ニシテ今年八月施行ノ大統領選擧モ此ノ內閣ノ手ヲ以テ行ハハントノ噂サヘアリ其政策ノ善惡如何ハ別問題トシ葡國政界ニ一中心勢力ヲナシテ議會ニ號令スルヲ得ルカ故ニ今暫クハ從前ノ如キ小黨ノ合縱連衡ニ依ル政權ノ授受ハ其ノ跡ヲ滅シ政界一先ツ安定ニ赴ケルモノト見ルヲ得ヘシ

第二章　葡國政黨ノ分野

葡國現在議會ニ於ケル政黨ノ分野ハ左ノ如シ

民衆黨(Republicano Portugues)
　上院　四七人　下院　八〇人

國民共和黨(Republicano Nacionalista)
　上院　一六人　下院　四九人

無所屬
　上院　三人　下院　一七人

憲政王黨(Monarquico Constitucional)
　上院　二人　下院　六人

加特力黨
　上院　二人　下院　三人

葡國議會ニ於ケル現在ノ多數黨ナル民衆黨ハ其議員數ヨリ見テ有力ナルノミナラス又其首領株ニ

多數ノ名士ヲ網羅シ黨ノ態度ノ愼重ナルヨリ國民ノ信任比較的厚ク一九二二年四月二十一日里斯本ニ開催ノ同黨大會ニ列席セル全國黨員代表千五百餘名ニ達シ同共和國內ニ於ケル最大ニシテ且最モ組織整備セル政黨ナルヲ示セリ黨ノ首領ハ「アロンソ、コスタ」氏ニシテ一九一七年「シドニオパエス」革命ノ際巴里ニ逃走以來歸國セス一九二二年二月ノ總選擧ニ際シ政府黨敗戰シ民衆黨ノ勝利ニ歸シタルノ故ヲ以テ同黨首タル「アロンソコスタ」氏內閣組織ヲ命セラレタルニ固辭シテ受ケス同黨副首領「アントニオ、マリア、ダ、シルバ」代リテ內閣ヲ組織シ今尙內閣ノ首班トシテ民衆黨首領代理タリ

同黨綱領トシテ「デモクラシー」ヲ標榜スレトモ近時思想界ノ變遷ニツレ過激ナル議論ヲ唱フル者モ不尠レハ或ハ現在微溫的政策ニ多少ノ變更ハ免レサルヘシ

民衆黨ニ次ク重要ナル政黨ハ國民共和黨ニシテ「アルバロ、デ、カストロ」及「ベニー、カマチヨ」ノ率ユル兩政黨ノ合同ナリ

國民間ニ王政謳歌思想ノ潛在セルハ否ム可カラサルノ事實ナレ共議會ニ於ケル王黨ノ勢力ハ微々トシテ振ハス議員數僅カニ六名「アイレス、デ、オルネラ」其ノ黨首ナリ

十七名ノ無所屬議員ハ常ニ政府黨ト行動ヲ共ニスル者多キカ故ニ葡國政界ハ目下ノ處民衆黨獨リ

天下ノ觀アリ以上擧ケタル諸政黨ノ外「ドン、ドアルテ、ヌーノ」ヲ擁立セントスル「モナルキコ、インテグラリスタ」アリ「アルベルト、モンサラス」其黨首タリ未タ議席ヲ有セス「オルランド、マルサル」ヲ首領ニ戴ク「レプブリカノ、ラデイカル」及ヒ共產黨等ハ其ノ勢力未タ云フニ足ラス以上記スル處ハ職業的政治家勢力ノ分野ナリ然レ共國民中ニハ意識的ニ王黨謳歌者タルモノ鮮カラス又無意識的ニ貧困無敎育者若クハ宣傳雷同ニ起因スル無政府主義者タルモノノ存スルコトハ葡國政黨ノ將來ヲ按スルモノノ度外視スヘカラサル處ナリトス

第二十六編　南阿弗利加聯邦

（大正十年九月調）

第二十六編　南阿弗利加聯邦ノ政黨

第一章　各政黨ノ名稱及其ノ主義綱領

南阿聯邦ニハ三政黨アリ南阿黨、國民黨及勞働黨ナリ左ニ之ヲ詳述スヘシ

第一節　南阿黨（South African Party）

南阿黨ハ卽チ現政府黨ニシテ其政策ハ南阿ノ禍根タル英國系人ト蘭國系人トノ軋轢ヲ除去シ兩民族ノ統一ヲ計リ國憲ノ基礎ヲ確立シ以テ南阿ノ福祉ヲ期セントスルモノニシテ對土人政策ヲ除ク外常ニ穩健的態度ヲ持シツツアルカ對土人政策ニ關シテハ他黨ト共ニ其居住地域ヲ局限シ人口ノ増殖ヲ防止スル等頗ル極端ナル手段ヲ採ルコトナキニアラス而シテ其政綱ノ大要ヲ擧クレハ左ノ如シ

（イ）　南阿ニ於ケル英蘭兩系人種ノ統一ヲ計リ以テ南阿ノ福利ヲ增進スルコト

（ロ）　南阿聯邦ヲ英帝國ノ一部トシテ保持シ且飽ク迄國憲ノ擁護ニ努ムルコト

（ハ） 内政上ニ半國家社會主義ヲ適用スルコト
（ニ） 歐洲移民ノ入國ハ國內ノ開發ニ必要ナル程度ニ制限スルコト
（ホ） 內國產業ニ對シテハ出來得ル丈ケ保護ヲ與フルコト
（ヘ） 非白哲人種ヲ永遠ニ退ケ其既得權ヲ褫奪スルコト

第二節　國民黨 (Nationalist Party)

國民黨ハ南阿本位乃至排英主義ヲ標榜シ如何ナル場合ト雖モ南阿ノ利害ヲ以テ第一トシ英帝國トノ關係ニ於テハ南阿ノ利害カ英帝國ノ利害ト一致スル場合ノ外協力スルノ必要ナシト主張シ英帝國ノ覇權ニ服從スルヲ快シトセス機會タニアラハ共和主義ノ鼓吹ニ努メ憲法ノ改正ニヨリ英帝國ノ覊絆ヲ脫セントシツツアルカ南阿黨カ常ニ憲法ノ下ニ南阿カ英帝國ノ從屬的關係ヨリ脫離シテ獨立スルコトハ不可能ナル旨ヲ主唱シ國民黨ヲ攻擊シツツアリタルヲ以テ國民黨ハ自黨ノ立場ヲ明カニスル必要アリトシ客年十月二十日其根據地タル「オレンジ、フリー、ステート」州首府「ブルームフォンテン」市ニ於テ大會ヲ開キ席上左記ノ如キ決議ヲナシタリ

本會議ハ自決ノ權利及南阿國民ニ附着スル諸種ノ權利ヲ有スル一共和國トシテ聯邦ノ資格ヲ定

メ且國民黨ノ根本主義卽チ南阿本位ノ見地ヨリ南阿ノ永久安寧及福利ヲ增進スルヲ最モ策ノ得タルモノト認メ左記各項ヲ決議ス

(イ) 南阿國民ノ主權ヲ確認シ凡テノ機會ニ於テ之レカ保護ノ責ニ任ス

(ロ) 南阿國民ハ憲法ノ條規ニヨリ常ニ自決ノ權利ヲ有スルモノナルコトヲ確認ス

(ハ) 南阿國民ハ英帝國ヨリ分離シ南阿及英帝國間ノ現存羈絆ヲ破壞シ變更スル權利ヲ有スルモノナルコトヲ確認ス

(ニ) 國民ノ主權的意思ノ神聖ナルコトヲ確認シ政府又ハ其他ノモノカ縱ママニ南阿ト英帝國若クハ他列强ノ國際關係ヲ變更セントスル有ユル方法又ハ手段ニ反對ノ意ヲ表明ス

(ホ) 共和主義ノ宣傳ニ關シテハ何人ト雖モ我南阿ニ如何ナル政府カ最モ適當スルモノナルヤニ關シ自己ノ所信ヲ發表スルヲ妨ケス又法律ノ許ス範圍內ニ於テ此所信ヲ廣ク國民ニ傳播スルモ敢テ憚ル處ナキモノト信ス

(ヘ) 實ニ我黨ハ憲法ノ條規ニ依ラスシテ猥リニ共和主義ヲ鼓吹シ少數ノ意思ヲ以テ多數ヲ壓迫セントスルモノニアラス故ニ英本國ト離脫問題ニ至リテハ一般投票若クハ其他ノ方法ニヨリ國民ノ多數カ之レヲ是認スルニ至ル迄ハ何等決定的ノ處置ニ出ツルモノニアラス

以テ國民黨對英政策ノ一般ヲ窺知スルニ足ルヘシ尚去春ノ總選擧ニ際シ國民黨ハ政府黨タル南阿黨ノ施設方針ハ左記ノ如キ危險アリトシ國民ノ注意ヲ喚起スル處アリタリ卽チ

（イ）英帝國ト一層密接ナル關係ヲ作ルコト

（ロ）蘭系人種ヲ抑壓スル爲メ政府ノ手ニヨリ移民ヲ誘致スルコト

（ハ）土地稅ヲ課スルコト

（ニ）農夫ニ對シ一層重稅ヲ課スルコト

（ホ）英海軍ニ對シ一層大ナル補助金ヲ供與スルコト

（ヘ）現聯邦政府ノ疎漏ナル經濟政策ノ續行

（ト）現聯邦政府ノ下ニ有害ナル資本家並ニ金剛石坑所有者カ其勢力ヲ濫用シ我外國貿易ヲ支配セントスルコト

然レトモ國民黨ノ政綱ハ絕對ニ南阿黨ト反對ナルモノニアラスシテ前顯南阿黨ノ主義綱領中（ハ）（ホ）及（ヘ）ノ三項ニ對シテハ國民黨モ亦一致シ居ルモノノ如シ

第三節　勞　働　黨（Labour Party）

勞動黨ノ主義綱領トスル處ハ所謂社會主義ニ酷似シ其大要左ノ如シ

（イ） 土地、資本、機械及交通機關等富ノ生產ニ必要ナル主要物件ハ漸次之レヲ國有又ハ公有ニ改メ若クハ國家又ハ公有管理トスルコト

（ロ） 劣等民族ヲ除キ一般總選擧法ヲ採用スルコト

（ハ） 社會上白哲人種ト劣等人種トヲ區別シ其兩人種間ノ雜婚ヲ禁スルコト

（ニ） 强壯者ニ對シ生活上必要ナル勞働口ヲ保障スルコト

（ホ） 產業開發ノ爲メ其成績ニ應シ奬勵金ヲ支給スルコト

（ヘ） 租稅ハ政府ヨリ受クル恩惠ニ比例シテ賦課シ又不動產ノ自然騰貴ニ對シ課稅スルコト

（ト） 契約勞働者ノ輸入ヲ防止シ又移民ハ其入國カ勞銀ノ標準ヲ低下セシムルコトナキ限リ制限ヲ設ケサルコト

而シテ最近多數ノ無職業者アリテ勞働黨ノ不振ヲ攻擊シツツアルカ同黨ハ其罪ヲ現政府ニ轉嫁セントシ其結果動モスレハ不穩ノ言動ヲ敢テシ時々國民黨ト同シク共和主義ヲ號叫スルコトアリ

第二章　各黨派成立ノ由來、其勢力ノ優劣及其勢力ノ根據

現南阿聯邦中喜望峰殖民地卽チ喜望峰州以外ノ各殖民地ハ英杜戰爭後ニ至ル迄眞正ノ意義ニ於ケル政黨ナルモノナク「ナタール」ニ於テハ在住歐洲人ノ殆ント全部ハ英人ニシテ議會ニハ政府黨及反對黨ノ二派アリタルモ政黨ト認ムヘキ要素ヲ缺ケリ又蘭系人（所謂「ボアー」人）ノ共和國タリシ「トランスヴール」及「オレンジ、フリー、ステート」ニ於テハ和蘭寺院ノ勢力强ク同寺院ハ權力ハ神ヨリ授ケラレタルモノナリト說キ政府ニ反對スルモノハ神ニ反抗スルモノトナシタレハ一般人民ハ政府ヲ尊敬シ其政策ニ對シ敢テ反對スルモノナク爲メニ政黨ノ發生ヲ妨ケタリ唯喜望峰殖民地ニ於テハ他ノ殖民地ト異リ蘭人ト英人ト雜居シ兩民族ノ間ニハ劃然タル區別アリテ各相異スル理想ヲ抱キ容易ニ融和スルコトナク英人系ノモノハ「セシル、ローズ」(Cecil Rhodes) ヲ首領トシテ進歩黨 (Progressive Party) ヲ組織シ蘭人系ノモノハ「ボンド」黨 (The Bond) ヲ樹立セリ而シテ進歩黨ハ帝國主義ヲ以テ理想トシ一八九九年ヨリ一九〇一年ニ亙ル英杜戰年ハ進歩黨派カ英本國ノ帝國主義ト共ニ其ノ理想ヲ實現セシメンカ爲メニ起リタルモノナリ又「ボンド」黨ハ主トシテ蘭系人ノ利益ヲ增進スルヲ以テ主義トナシ「ジョン、ホフマー」(John Hofmeyr) ヲ首領

トシテ著シク其勢力ヲ擴張セリ而シテ南阿ニ於ケル英領自治殖民地ハ最初喜望峰及「ナタール」ノ兩殖民地ナリシモ英國ハ一九〇七年ニ至リ「トランスヴール」及「オレンジ、フリー、ステート」ニモ亦自治ヲ許可シタルヨリ英領南阿ニ四個ノ自治殖民地ヲ出現シ同時ニ四個ノ議會ヲ見ルニ至リタルカ此等殖民地ニ於ケル歐洲人種ノ數ハ僅カニ百二十五萬人ニ過キサリシカハ此四個ノ議會ハ極メテ無意義ナル處ヨリ一九〇八年各殖民地ヲ合併シ聯邦ヲ組織センコトヲ主唱スルモノアリテ之レニ贊成スルモノ少ナカラス遂ニ一九一〇年五月三十一日ヲ以テ南阿聯邦ノ成立ヲ告クルニ至レリ

聯邦組織前ニ於ケル南阿ノ政黨ハ喜望峰殖民地ニハ「ボンド」黨及進歩黨アリ「オレヂ、フリー、ステート」ニハ協和黨(De Unie)アリ「トランスヴール」ニハ人民黨(Het Volk)國民黨(Nationalist)進歩黨(Progressive Party)及勞働黨(Labour Party)アリシカ聯邦成立ト共ニ人民黨、國民黨、協和黨及「ボンド」黨ノ四派ハ合同シテ南阿黨(最初ハ South African National Party ト稱セシカ約一ケ年後 South African Party ト改名セリ)ヲ組織シ進歩黨ハ統一黨(Unionist Party)ト改稱シ之レニ勞働黨ヲ加ヘ三政黨トナレリ

而シテ聯邦議會下院議員ノ第一回總選擧ハ一九一三年九月ニ於テ施行セラレタルカ其議員黨派別

ハ南阿黨六十六名、統一黨三十八名、勞働黨四名及無所屬十三名ニシテ南阿黨ハ絕對多數ヲ占メ其首領「ボータ」將軍（General Louis Botha）ハ內閣ヲ組織セリ

由來南阿ハ蘭人ノ殖民地ニシテ蘭人ハ二百數十年ニ亙リ英人ト權力ヲ爭ヒ遂ニ英人ノ爲メ征服セラレタルモノナルヲ以テ英杜戰爭後已ニ二十年ヲ經過セル今日蘭系人ハ猶ホ英系人ニ對抗セントスルノ氣風アリ之レカ爲メ南阿ノ進運ヲ妨クルコト少ナカラス隨ツテ南阿黨ハ英蘭兩系人種ノ融和ヲ計ルヲ以テ施政ノ大綱トシ來リタルカ前顯第一次「ボータ」內閣中ニハ「ボータ」派ト「ハートゾッグ」派（「ハートゾッグ」ハ當時司法大臣タリキ）ヲ生シ前者ハ南阿ヲ英帝國ノ一部トシテ保持スルコトヲ主張シ後者ハ南阿本位ヲ理想トシ英帝國ノ羈絆ヲ脫シ南阿ノ獨立ヲ計ラントシ「ハートゾッグ」入閣後モ忌憚ナク南阿ニ於ケル英人資本家ヲ攻擊シ痛ク英人ノ反感ヲ買ヒ終ニ累ヲ內閣ニ及ホシ一九一三年「ハートゾッグ」ニ於テ自ラ引退スルニアラサレハ內閣ハ總辭職ヲナス外ナキニ至リ而モ「ハートゾッグ」ハ容易ニ辭職ヲ肯ンセサリシカハ「ボータ」將軍ハ閣員ト共ニ一旦總辭職ヲ決行シ後チ一兩日ヲ出テスシテ「ハートゾッグ」ヲ除キ更ニ第二次南阿黨內閣ヲ組織セリ

玆ニ於テ「ハートゾッグ」一派ノ排英主義者ハ此「ボータ」將軍ノ態度ニ憤慨シ直チニ南阿黨ヨ

リ分離シテ新ニ國民黨（Nationalist Party）ヲ組織シ「ボータ」內閣ニ反對シ卽チ茲ニ四政黨ヲ生スルニ至レリ而シテ南阿黨ハ「ハートゾッグ」一派ノ脫退ニヨリ多數ノ黨員ヲ失ヒタルモ幸ニ統一黨ノ援助ヲ受ケ依然議會ニ於テ政府黨大多數ヲ占ムルコトヲ得タリ又統一黨ニ於テモ排英派ニ對抗スル爲メニハ「ボータ」內閣ノ存續ヲ以テ大局ニ利アリトシ殊ニ其後幾何モナク歐洲戰爭勃發シ英國ノ利益ヲ計ル爲メ一層其必要ヲ感シ南阿黨ヲ助ケテ「ボータ」內閣擁護ニ任シ來リキ抑モ南阿聯邦議會下院議員總選擧ハ五個年ヲ以テ一期トシ第二回總選擧ハ一九一五年九月ニ於テ擧行セラレタルカ其結果ハ南阿黨五十四名、國民黨二十七名、統一黨四十名、勞働黨四名及無所屬九名ニシテ南阿黨ハ當時大多數ヲ占ムル能ハサリシモ依然統一黨ノ援助ニヨリ引續キ內閣ヲ維持シ來リタルカ其後歐洲戰爭終局ヲ告ケ政界ニ於テモ一變化ヲ來ササルヲ得サルト同時ニ一九一九年八月「ボータ」將軍病沒シ當時國防大臣タリシ「スマッツ」將軍カ推サレテ其後ヲ襲ヒ翌一九二〇年三月第三回ノ下院議員總選擧アリテ南阿黨四十一名、統一黨二十五名、國民黨四十四名、勞働黨二十一名及無所屬三名トナレリ

此總選擧ノ結果ハ何レノ政黨モ議會ニ於ケル絕對多數ヲ占ムル能ハス殊ニ國民黨一派ノモノハ政府不信任案ヲ提出セントスルノ意氣込ミニシテ政界頗ル不安ニ陷リタルヲ以テ首相「スマッツ」將

軍ハ無政黨聯合内閣組織ノ下ニ諸政黨ノ合同問題ヲ提起シ先ツ國民黨ニ向ツテ折衝ヲ試ミタルニ國民黨ハ戰後英國ノ帝國主義發展ニ憤慨シ加之當時英國移民及資本移入ノ企圖アリ又來ルヘキ帝國會議ニ於テハ一層母國トノ關係ヲ密接ナラシメントシツヽアルモノトシ飽ク迄蘭系人種ノ擁護ニ當リ此等各種ノ計畫ヲ打破セントシツヽアル折柄ナリシヲ以テ南阿黨ヨリ交渉ニ接スルヤ「スマッツ」將軍カ吾人ヲ合同シ一大立憲政黨ヲ組織セントセハ南阿カ速カニ英國ノ羈絆ヲ脱シ完全ニ獨立スヘキコトヲ其政綱中ニ挿入スヘシ然ラスンハ吾人ハ之レニ與スルコト能ハストシ頗ル不穩ノ聲明ヲナシタル爲メ「スマッツ」將軍ノ國民黨ト提携セントシタル計畫ハ全然水泡ニ歸シタリ又勞働黨ハ生活難問題ヲ提ケテ政府黨ニ對抗シ其ノ施政方針ヲ攻擊シ或ハ共和主義ヲ鼓吹シ寧ロ國民黨ニ雷同セントスル傾向アリシ爲メ國民黨ハ益々其威ヲ逞フシ次期議會ニ於テ一人タリトモ黨ノ優勢ヲ見タル時ハ之レヲ獨立運動ノ目的ニ利用センコトヲ敢テ公言スルニ至リ政界ノ風雲愈々渾沌タル狀態ヲ呈シ來リタルカ一方「スマッツ」將軍ハ此國民黨及勞働黨吸收策ノ失敗ニ終ルヤ直チニ親英派タル統一黨ニ向ツテ同樣ノ交渉ヲ開始シタルカ統一黨ハ最初合同ニハ異議ナキモ南阿黨ノ爲メ吸收セラルヽハ絕對ニ快トセサル處ナリトシ稍〻逡巡ノ態度ヲ示シタルモ國民黨ノ言動前述ノ通リニシテ事態頗ル危險ナルヨリ黨派的私念ヲ放擲シテ其危險分子ニ對抗スルコト

ニ決シ一九二〇年十月ヲ以テ同黨ヲ解散シ南阿黨ニ合併スルコトヽシ斯クテ統一黨ハ其存在ヲ失ヒ再ヒ三政黨トナレリ

此等事情ノ下ニ「スマッツ」將軍ハ其去就ヲ國民ノ輿論ニ訴ヘ同時ニ議會ニ於ケル政黨ノ優劣ヲ決定的タラシメサルヲ得サル場合ニ立至リタルヲ以テ一先ツ下院議會ヲ解散スルコトヽシ同年十二月末ヲ以テ之レヲ決行シ本年二月總選擧ヲ施行シタルカ其結果ハ「スマッツ」將軍豫期ノ通南阿黨ノ勝利ニ歸シ絕對過半數ノ實ヲ收ムルヲ得タリ

飜ツテ南阿政黨勢力ノ優劣及其勢力ノ根據ヲ査スルニ元來當國ノ政黨ハ前述スル處ニヨリ明カナルカ如ク對英政策ニ對スル意見ノ相異シ居ル處ヨリ其源ヲ發シタルモノナレハ自然親英、排英及中庸ノ三派ヲ生シタルカ蘭系人ハ重ニ內地ニアリテ農牧ニ從事シ英系人ハ礦山ノ採掘、資本ノ投下若ハ都市ニ於テ商工業ヲ營ムモノ多ク隨ツテ國民黨ハ保守主義ヲ有スル農民ノ間ニ勢力ヲ有シ元ノ統一黨ハ南阿ニ於ケル英國ノ礦山業者、資本家又ハ商工業ヲ代表シ統一黨ヲ合同セサル前ノ南阿黨ハ專ラ英蘭兩民族ノ利害調和ヲ主義トセルヨリ蘭系人ト共ニ英人系中ニモ黨員ヲ有シタルモ素ハ蘭派ニ屬スル諸政黨ヲ合併シテ組織セラレタルモノナリシカハ蘭系人ノ間ニ黨員多ク寧ロ進步思想ヲ抱持スル蘭系農民ヲ代表シ隨ツテ蘭派ノ色彩濃厚ナリシカ一九一三年ニ於ケル內訌後統一黨ノ援助ニヨリ內閣ヲ維持シ來リタルヲ以テ同黨ノ主張ヲモ加味シ殊ニ客年秋愈々統一黨ヲ合併シ新南阿黨ノ組織ヲ見タルヨリ一層英蘭兩派ノ色彩ヲ發揮スルニ至リタリ更ニ勞働黨ハ勿論勞働者間ニ其勢力ヲ有スルモ前期總選擧ノ結果著シク黨員ヲ減シ同時ニ痛ク其同情ヲ失墜セルモノノ如シ

政黨勢力ノ根據斯ノ如キ有樣ナルカ其勢力ノ優劣ニ至リテハ黨員ノ多數ニシテ有力者乃至有產階級ニ豐富ナル新南阿黨ノ上ニ出ツルモノナキハ勿論ナルモ而カモ國民黨ノ勢力モ强チ侮リ難キモノアリテ現ニ前期總選擧ノ結果ニ徵スルモ新南阿黨ハ元ノ統一黨ヲ合シ其上ニ勞働黨ヨリ多數ヲ吸收シ以テ斯カル好結果ヲ贏チ得タルモ國民黨ノ立脚地ヨリスレハ其以前ト更ニ異ナル處ナク其根底ノ容易ニ動カサルヲ見ルヲ得ヘシ蓋シ南阿ニ於ケル政黨ノ葛藤ハ英蘭兩系人種ノ感情ノ融和スル迄ハ到底幾多ノ波瀾ヲ見ルニアラサレハ止マサルヘシ

第三章　各政黨現領袖株ノ人物略歴

（一）南阿黨

（イ）「ジエネラル、ジヤン、クリスチアン、スマッツ」

(General Jan Christiaan Smuts)

「スマッツ」將軍ハ南阿黨ノ首領ニシテ又現内閣ノ首相タリ氏ハ一八七〇年喜望峰州ニ生レタル蘭系人ニシテ「ケープ」及「ケンブリッヂ」ノ二大學ヲ卒業シ「ケープ、タウン」ニ於テ辯護士ノ職ニ從事シ後今ノ「トランスヴール」州卽チ元ノ南阿共和國「クルーガー」大統領ニ知ラレテ檢事總長トナリ又英杜戰爭ニ加ハリテ將軍ノ稱號ヲ受ク歐洲戰爭ノ起ルヤ元獨領西南阿弗利加ニ於ケル防禦隊ニ從軍シテ指揮官トナリ更ニ獨領東阿弗利加遠征軍ノ總指揮官ニ任セラレ同時ニ「ボータ」將軍内閣ノ國防大臣ヲ兼任シタルカ一九一九年「ボータ」將軍ノ沒スルヤ推サレテ其後ヲ襲ヒ今日ニ至レルモノナリ資性溫厚ナル理想家ニシテ而カモ權謀ニ富ミ且ツ人望アリ實ニ當國第一ノ政治家タルヲ失ハス常ニ世界ノ平和ヲ理想トシ其言動何時モ此理想ヨリ割出サルヽモノヽ如ク又之レカ爲メニハ何物モ犧牲トスルニ躊躇セサルノ慨アリテ米國前大統領「ウヰルソン」氏ニ酷

似スル處アリトハ一般ノ評スル處ナリ

（ロ）「サー、トーマス、ウヰリアム、スマート」

(Sir Thomas William Smartt)

氏ハ英國ニ生レ後當國ニ渡リ各種ノ公職ヲ奉シ又下院議員トナリ同時ニ農業ヲ經營シ過去數年間親英派タル元ノ統一黨（Unionist Party）ノ首領トシテ聲名アリタルカ客年秋ノ政爭ニ際シ國民黨カ共和主義ヲ鼓吹シ事態頗ル不穩ナリシ折柄「スマッツ」將軍ノ勸誘アリタルヲ以テ飜然已カ位置ヲ擲テ統一黨ヲ解散シ南阿黨ニ合併シ現ニ南阿黨内閣ノ農務大臣タリ

（ハ）「フランシス、ステフアンス、マラン」

(Francois Stephanus Malan)

氏ハ「スマッツ」將軍股肱ノ士ト稱セラレ現内閣礦務及産業大臣タリ一八七一年南阿ニ生レタル蘭系人ニシテ「ケンブリッヂ」大學ニ遊ヒ後チ喜望峰ニ於テ辯護士、新聞記者及下院議員トナレリ

（二）國民黨

（イ）「ジエネラル、ジエームス、バルリー、ナンニツク、ハートゾツグ」

(General James Barry Namnik Hertzog)

國民黨ノ首領ニシテ一八六六年南阿ニ生レ蘭系ニシテ「アムステルダム」大學ヲ卒業シ辯護士及判事ノ職ニ就キ英杜戰爭ニ加ハリテ將軍ノ稱ヲ得後チ「ボータ」第一次內閣ノ司法大臣トナリシカ常ニ過激ナル排英主義ヲ鼓吹シタル爲メ同內閣ヨリ除籍セラレ爾來下院議員トシテ今日ニ至リタルカ氏ハ頗ル感情ニ制セラル丶傾アリテ先年米國ニ渡リテ共和主義ヲ研究シ歸途英國ニ於テ冷遇セラレタル爲メ一層排英ノ熱度ヲ高ムルニ至リタリト云フ然レトモ資性卒直ニシテ同黨間ニハ勢力アルモノノ如シ

（ロ）「ドクトル、ダニエル、フランシス、マラン」

(Dr. Daniel Francois Malan)

國民黨ノ副首領タリ而シテ氏ハ一八七四年南阿ニ生レ蘭系ニ屬シ和蘭國「ユトレヒト」大學ヲ卒業シ牧師トナリ新聞記者トナリ著述モ亦少カラス下院議員トシテ常ニ辯論家ノ中ニ居レリ

(三) 勞働黨

「コロネル、フレデリツク、ヒユー、ページ、クレスウエル」

(Colonel Frederic Hugh Page Creswell)

勞働黨ハ未タ微々タルモノニシテ其黨員モ首領タル「コロネル、クレスウエル」ヲ除ク外見ルヘキモノナシ而シテ氏ハ一八六六年「ジブラルター」ニ於テ生レタル英人ニシテ工業ヲ研究シ地中海ノ測量ニ從事シタルコトアリ後チ當國ニ於テ礦山ノ顧問技師トナリ傍ラ政界ニ入リ下院議員トナリ諸礦山ヨリ白人種以外ノ勞働者ヲ驅逐セントスルノ主義ヲ遂行スルノ故ヲ以テ有名ナリト云フ人物ノ點ニ至テハ餘リ坊間ノ評ニ上ラサルモ往々過激ノ言論ヲ弄フコトアリ去春ノ總選擧ニ於テ著シク同情ヲ失ヒ多數ノ脫黨者ヲ見ルニ至リタルハ以テ其人物ノ如何ヲ知ルニ足ルヘシ

第四章　現在議會ノ黨派別

第一節　上院議會

上院議會ハ財政及租税ニ關シ容喙スルヲ得サルノミナラス其他立法上ノ權限ハ下院議會ニ比シ甚タ微弱ノモノナルカ議員選擧ノ方法モ亦下院ノ直接選擧ナルニ反シ間接選擧ニ依ルモノニシテ各州ヨリ選出セラルルモノ三十二名及總督指名ノモノ八名總數四十名ヲ以テ組織セラル而シテ各州ヨリ選出セラルルモノハ土地ノ廣狹若クハ人口ノ多寡ニ拘ラス等シク八名宛ト規定セラレ各州々會議員及其州ヨリ選出セラレタル下院議員トニヨリ選出セラルヽモノニシテ其任期ハ十個年ナルカ本年二月ヲ以テ擧行セラレタル第二回總選擧ノ結果其黨派別ハ南阿黨十七名國民黨十三名及勞働黨二名ナリキ此外前述ノ通リ總督ノ指名ニ係ル八名ノ議員ハ何レモ政府黨タル南阿黨ニ屬スルモノナルヲ以テ結局現在ノ黨派別ハ

南阿黨	二十五名
國民黨	十三名
勞働黨	二名

トス

第二節　下院議會

下院議會ハ上院權限ノ萎縮セラレ居ルニ反シ頗ル廣汎ナル權能ヲ有シ當國ノ盛衰ハ一ニ懸テ下院議會ノ立法權運用如何ニアル有樣ナルカ其議員ハ人民ノ直接選擧ニ係リ喜望峰州ヨリ五十一名「ナタール」州ヨリ十七名「トランスヴール」州ヨリ四十九名「オレンヂ、フリー、ステート」ヨリ十七名合計百三十四名ヨリ成リ本年二月第四囘ノ總選擧アリタリ而シテ其結果ハ卽チ現在ノ黨派別ニシテ左ノ如シ

南阿黨	七十八名
國民黨	四十六名
勞働黨	九名
無所屬	一名

第五章　地方政府及地方自治體ト政黨トノ關係

當國ニ於ケル地方政府ト政黨トノ關係ハ比較的冷淡ナルモノノ如シ今其理由ヲ說クニ先チ地方政府ノ組織ヲ査スルニ聯邦內各州ハ三機關ヲ以テ成リ其一ハ行政長官（Administrator）ニシテ聯邦政府ノ任命ニ係リ其俸給ヲ受ケ居ルモノニシテ何レモ地方有士ノ一人ナルモ政黨上ヨリスレハ何レモ亦當時ノ政府黨ニ屬スルモノナリ其二ハ聯邦議會下院議員選擧ト同一ノ方法ヲ以テ選擧セラレタル州會（Provincial Council）議員ナルカ其議員數ハ各州二十五人以上ナリ更ニ其三ハ州會議員ニヨリ選擧セラレタル四議員及行政委員長タル行政長官ノ五人ヨリ成ル行政委員會（Excutive Committee）ニシテ此州政府組織ハ瑞西憲法ニ模倣シテ作出セラレタルモノノ由ナルカ其行政委員ノ如キ自然一政黨以上ヨリ成ルコトモアリ隨テ所謂普通ノ意味ニ於ケル政黨政府ヲ組織スルコトハ不可能ト云ヒ得ヘク又行政長官ノ任期ハ五個年トシ其期間內ニ於テハ總督會議（Governor General in Council）ノ決議ニヨルニアラスンハ之レヲ變更スルコトヲ得スト規定セラレ爲メニ該行政長官ハ其屬セサル他政黨政府ノ下ニ奉職スルコトモアリ得ヘシ故ニ政黨政略ヲ利用スヘキ場合殆ント稀ナル有樣ニシテ自ラ政黨ニ關シ冷淡ナラシムル組織トナリ居レリ尤モ聯邦議會上院議員ノ五分ノ四ハ別項ニ於テ論述セシカ如ク州會議員及其州ヨリ選出セラレタル下院議員トニヨリ選出セラレタルモノナルヲ以テ州會議員ニ關スル限リハ政黨的色彩ナシト云フヲ得サルナリ

次ニ地方自治體ト政黨トノ關係ヲ見ルニ各郡市々長及市會議員等ノ選擧ハ一般投票ニヨルモノナルヲ以テ地方政府ニ比スレハ多少政黨的色彩ナキニアラサルモ而カモ當國人ハ政黨ヲ以テ聯邦議會及聯邦政府ノモノト看做シ隨ツテ格別ニ地方自治體ト政黨トノ關係ハ濃厚ナラサルモノノ如ク尚郡部ニ於テハ聯邦政府ノ任命ニ係ル地方官（Magistrate）ナルモノアリテ其地方ニ於ケル行政ヲ司ゾツツアリ

第六章　外交ニ關スル各黨派ノ政見及其主張態度

南阿三政黨ノ中勞働黨ハ國內勞働者ノ保護及最近無職業救濟政策ニ汲々タル有樣ニシテ廣ク外交ニ關スル政見ヲ聲明スルノ餘裕ナキモノノ如シ故ニ以下專ラ政府黨タル南阿黨及其反對黨タル國民黨ノ態度ニ關シ述フヘシ

南阿黨ノ一般的外交ニ關スル政見ヲ瞥見スルニ其ノ世界的平和ヲ主義トシ就中歐洲ノ平和克復ニ最モ留意スルモノアルカ如ク殊ニ英帝國ノ盛衰如何ハ當國ニ影響スル處大ナリトノ見地上先ッ重キヲ英帝國ノ外交ニ措クノ感アリ之レニ反シ國民黨ハ英帝國ノ外交政策延ヒテハ南阿黨ノ態度ニ嫌厭シツツアルヲ以テ南阿黨ノ主張スル處一トシテ之レニ反對セサルハナキ實況ナルモ强ヒテ其ノ政見ヲ求ムル時ハ不干涉主義ニアルノ傾ナキ能ハス而シテ先ッ日本ノ利害關係ニ對スル是等兩政黨ノ態度ヲ觀ルニ近來當國ノ輿論ハ著シク親米思想ニ驅ラレツツアルノ趣アリテ自然日本ヲ疎隔セントスルノ狀アリテ去ル五月中聯邦首相「スマッツ」將軍カ英帝國首相會議ニ出席ノ為メ當地ヲ去ルニ臨ミ聯邦下院議會ニ於テハ日英同盟更新問題ニ關シ發表シタル意見及國民黨首領「ハートゾッグ」將軍カ之レニ對シナシタル批評的演說ハ共ニ兩政黨ノ態度ヲ代表スルモノト見テ可

ナリ今「スマッツ」將軍ノ言ヒタル處ヲ譯載スレハ

「日英同盟ノ改締ハ直接吾人ニ影響ナク斯ハ太平洋問題ト云フヲ得ヘク重ニ太平洋ニ瀕スル英帝國ノ領土卽チ加奈陀、濠洲及新西蘭ノ關スル處ニシテ吾人ニ取リテハ一見遠隔ナル問題ノ如キモ而カモ夫レ以上ニシテ或程度ニ於テ吾人ニ影響ナシト云フヲ得ス曩ニ濠洲首相「ヒユース」氏ハ同領土ノ國是タル白人國主義及米國ノ滿足スル限リ其更新ニ贊意ヲ表セリ勿論去ル一九〇二年最初同同盟ノ締結セラレタル以來世界ノ位置ハ實質的ニ變化シ其同盟條約ノ內容モ亦全然轉變セリ故ニ吾人ハ今日英帝國カ該同盟ヲ更新セントスルニ際シテハ其結末ニ對シ多少躊躇セサルヲ得ス前述セシカ如ク最初該同盟締結以來世界的位置ハ變化セリ卽チ露國ハ貿易界ヨリ其姿ヲ失シ獨逸亦暫時ト雖モ其勢力ヲ驅逐セラレ之レニ反シ東洋ニ於ケル日本ノ位置ハ突如トシテ頭角ヲ顯ハシ一方ニ於テハ支那西伯利亞及其他ノ方面ヘ伸張スルト同時ニ他方ニ於テハ米國トノ確執日ヲ追フテ增大シ來リタルハ疑ヲ容レサル事實ニシテ如何ニ此同盟問題カ複雜シ來リタルヤヲ見ルヲ得ヘシ余ノ意見トシテハ此世界混亂ノ秋ニ當リ將來ヲ考慮シ英米ノ理解乃至協力ヲ以テ第一トセサルヘカラス加之余ハ歐洲ノ平和克復ヲ熱望スルノ一人ナルカ之ヲシテ成功セシメントセハ英帝國ハ米國ト提携スルノ策ヲ講スルノ必要アリ此等事情ノ下ニ日英同盟ハ其ノ更新カ米國ノ利益ヲ傷害セ

サル旨ヲ條約中ニ表明シ以テ米國ヲ滿足セシムルニアラスンハ之レヲ締結セサルヲ可トストト論結セントス」云々

之レニ對シ國民黨首領「ハートゾッグ」將軍ハ左ノ如ク云ヘリ

「首相ハ米國ニ滿足ナラサル日英同盟ハ之レヲ締結スヘカラストト力說シタルカ南阿ハ果シテ斯ノ如キ問題ニ干涉スルノ權利アリヤ否ヤ同問題ハ吾人ニ關係ナシ首相ノ言フ處ハ結局吾人ニ害アリテ利ナシ余ハ首相カ同問題ニ對シ何等干涉セサランコトヲ希望ス如何トナレハ該同盟ノ存在ハ今後十年ヲ出スシテ米國ニ取リ有害ノ結果ヲ生スヘク其際ニ當リ米國ハ自然南阿カ之ニ干與シタルコトヲ記憶スヘシ若シ米國ヲシテ同盟ノ存否如何ヲ言ハシムル時ハ勿論其存在ヲ可トセサルヤ明カナリ故ニ余ハ首相ニ對シ徹頭徹尾本問題ニ關シ意見ヲ吐露セサルコトヲ切望シテ止マス若シ南阿カ之ニ干與スルトセンカ終ニハ一大混亂ノ中ニ席卷セラルルコトトナルヘシ」云々

次ニ國際聯盟ニ關スル兩政黨政見ノ相異スル處ヲ査スルニ國民黨ハ常ニ同聯盟ノ失敗ニ終リタルヲ指摘シ南阿カ之レニ與スルニ至リタルヲ憤慨シツツアルカ南阿黨殊ニ「スマッツ」將軍ハ同聯盟ノ鼓吹者ニシテ之レアルカ爲メ南阿カ世界ニ於ケル一國家タルヲ認識セラレ獨立國ト毫モ異ナル處ナク往々其失敗ヲ云々スルモノアルモ斯ハ其將來ヲ見スシテ徒ラニ奇言ヲ弄セントスルモノ

ノナス處ナリ同聯盟タルヤ成立後未タ年所ヲ經ス藉スニ時日ヲ以テシ且ツ之レカ成長ノ機會ヲ與ヘヨ云々トテ其擁護ニ努メツツアリ

更ニ國防問題ニ關シ「スマッツ」將軍ノ言フ處ヲ綜合スルニ南阿ニ關スル限リ本問題ハ比較的小ニシテ其世界的道程及地理上ノ見地ヨリ他領土ノ如ク之レヲ重要視スルノ必要ナキモノノ如シ然レトモ自分ヲシテ言ハシムルトキハ南阿財政ノ許ス限リ其國內陸軍々備ニ責任ヲ有スルト同シク海防ニ關シテモ亦獨立シテ之レヲ充實スルノ得策ナルヲ覺ユ隨ツテ我政府ノ採リツツアル海洋防備ハ此方針ニ向テ行動セントス勿論其目的トスル處ハ世界ノ平和ヲ維持スルニアルヲ以テ其實行方法モ亦平和的ナラサルヘカラス云々ト主張シツツアルカ國民黨首領「ハートゾッグ」將軍ハ曰ク英帝國ハ常ニ吾人ヲシテ其仲間タラシメンコトヲ欲シツツアリ換言スレハ英帝國ノナス處亦南阿ニモ責任ヲ負擔セシメントス隨テ若シ吾人ヲシテ吾人ノ海軍ヲ所有スルコトトセンカ終ニハ英帝國ヲ援助スルノ結果トナリ英帝國ノ爲メ拘束セラレテ危地ニ陷ルニ至ルヤ必セリ云々トテ政府黨ノ海軍獨立策ヲ攻撃シツツアリ

其他社會主義ニ關スル政見ハ當國カ比較的遠隔ニシテ未タ充分開發ノ程度ニ達セサル丈ケ頗ル冷淡ナル有樣ニシテ何等黨派的主張ノ如キモノアルヲ認メス而シテ最後ニ一言ヲ費スノ要アルハ亞

細亞人問題ナルカ同問題ニ關シテハ其昔印度人ヲ移入セシメテ國論今猶ホ沸騰シ又支那人ヲ輸入シテ失敗シタル過去ノ歷史ニヨリ其排斥ノ熱度ハ日ト共ニ昇高シツヽアルカ黨派的政見上ヨリ之レヲ觀ルニ其排斥方法ノ如何ハ別トシテ之レヲ排斥スルノ一事ニ於テハ各政黨何レモ一致シ居ルモノヽ如ク蓋シ各政黨間ニ於ケル外交ニ關スル政見ノ不一致ヲ見サルハ唯一ニ之レニ止マルモノノ如シ

第七章　各黨主要機關紙

南阿ニハ約三百ノ新聞紙アリテ其多クハ英字新聞ニシテ蘭語新聞ハ甚タ振ハサル狀態ナルカ此等新聞紙中特ニ政黨ノ機關紙トシテ經營セラレ居ルモノナキカ如キモ其政黨的色彩ヨリ區別スル時ハ概シテ英字新聞ハ政府黨タル南阿黨ニ屬シ蘭語新聞ハ國民黨ニ屬スルモノト云フヲ得ヘク而シテ其主要ナルモノヲ擧クレハ左表ノ如シ

名稱	用語	發行回數	一回ノ發行部數	所屬政黨
「ケープタウン」市				
Cape Times	英字	日刊	一〇、〇〇〇	南阿黨
De Burger	蘭語	〃	五、〇〇〇	國民黨
「ダーバン」市				
Natal Mercury	英字	〃	七、五〇〇	南阿黨
「ピーターマリッツバーグ」市				
Natal Witness	英字	〃	一〇、〇〇〇	南阿黨

「ジョハネスバーク」市

Star	英字〃	三〇、〇〇〇	南阿黨

「プレトリア」市

De Volkstem	蘭字〃	七、五〇〇	南阿黨

第二十七編　墨西哥國

（大正十年十二月調）

第二十七編　墨西哥國ノ政黨

第一章　概説

墨國ニ於ケル政黨ハ未タ明確ナル意義ヲ有スルニ至ラス卽チ同一主義ノ下ニ集ル團體ト云ハンヨリ寧ロ首領株ノ人物ニ附加スル個人本位ノ集ナリト云フヲ至當トスト雖一般的ニ言ヘハ政治的傾向ハ二ツニ岐レテ保守黨及自由黨ニヨリ代表セラレタルカ一八五七年「ベニト、フアレス」ヲ頭首トセル自由黨ノ勝利以來保守黨ハ殆ント其影ヲ沒シ自由黨常ニ天下ニ號令スルニ至リ近年ノ革命ハ特ニ自由黨カ保守黨ノ少數專橫ニ對抗シ資本ノ獨占、舊敎派ノ橫暴ニ酬ヒタルモノト稱セラル然レハ現今ニ於テハ保守黨ハ表面何等ノ政治運動ヲ爲サス其重立タル政治家ハ海外ニ遁レ國內ニ於テハ舊敎派、地主派及一般ニ守舊派ト目サルルモノカ機會ヲ狙ヒ居ルニ過キスト雖一方ニ於テ彼等ノ夢ミル舊憲法ノ復活ハ最早國民ノ歡迎スル所タラサルヘク又他方ニ於テ彼等ノ主張ヲ實現スルニハ米國ノ後援ヲ得サル可ラス從テ彼等ハ國ヲ賣ルモノトノ譏ヲ甘受セサル可ラサルヲ以テ守舊派ノ擡頭ハ當分見込ナシト謂ハサルヘカラス自由黨ハ時代ニヨリ數派ニ分レ種々ノ黨名ヲ有シタリト雖其主義傾向ニ於テハ異ル所ナク寧ロ個人的勢力ノ消長ニヨリ離合集散ヲナシタルニ過キス

第二章　各政黨ノ名稱

今議席二百五十ヲ有スル下院ニ於ケル黨派別ヲ示サンニ

一、自由憲政黨　Partido Liberal Constitucionalista

二、國民農政黨　Partido Nacional Agrarista

三、社會民主黨　Partido Social Demócrata

四、過激社會黨　Socialistas Radicales

五、無　所　屬　Independientes

ニシテ各其支部ヲ地方ニ有シ各地ノ選擧ヲ爭フト雖機關新聞ノ如キハ時々ノ必要ニ應シテ發刊シ常時之ヲ有スルモノ尠シ而シテ各政黨ハ多クノ場合其政綱ノ實現ヲ當選候補者ニ一任シ内治外交上ノ問題ニ干渉スルコト稀ナリ

第三章　各政黨首領株ノ人物略歷

一、自由憲政黨　ハ下院議員ノ殆ント半數ヲ占メ首領株トシテ表面ニ表ハレ居ルハ Lic. José Inés Novelo（辯護士「ユカタン」選出上院議員、年齡五十位）Lic. Rafael Martinez de Escobar（辯護士「タバスコ」州選出下院議員、年齡三十位）及 Dr. José Siurob（常ニ議場ニ於テ自黨辯護ノ任ニ當ル年齡三十位ノ辯士ナリ）ナルモ現工商務大臣 Lic. Rafael Zubaran Campany（年齡五十近ク最近下院ニ於テ其地位ヲ利用シ私利ヲ計リタリトテ彈劾セラレ辭職セリ）ハ隱然タル勢力ヲ有シ曾テ「カランサ」憲政軍長官時代內務大臣タリシコトアリ最經驗ニ富ミ如才ナク立廻ル曩ニ辭職セル農相「ヴイヤレアル」ト親交アリ抑モ本黨ハ主トシテ所謂革命派ヨリ成リ「オブレゴン」大統領ノ候補ヲ援助シタルモノナルニ拘ラス「オ」將軍一度當選就任スルヤ其閣員ヲ本黨ヨリ擢カス「ソノラ」州ノ分子ヲ多ク用ヒ施政上本黨ニ諮ルコトナキト且ツ眞ニ本黨ノ首領ニシテ能ク之ヲ操縱セシ「オブレゴン」ノ片腕 General Benjamin Hill カ死去セル爲（同將軍在世中「カランサ」政府ノ末期ニ於テ之ニ反對ノ牛耳ヲ執レリ）漸次現政府ト疎隔ヲ生シ議會ノ內外ニ於テ政府ノ施政ヲ阻礙スルコト屢ナリ又一說ニハ「デ、ラ、ウエルタ」及「カーエス」ノ內閣ニ列スルヲ好マサルカ爲政府ト遠カリ

居ルト云フ

二、國民農政黨　曩ニ辭職セル農相 General Antonio J. Villareal ハ其黨首ニシテ極端ナル土地小分割ノ實現ヲ夢ミ大地主ヲ壓迫シテ土地ヲ徵收シ以テ無智ノ農民ヲ味方トシ自家ノ政治的野望ヲ滿タサントセシ爲內外人ノ別ナク大地主及一般實業家ノ反感ヲ招キ內閣員トモ折合惡シク遂ニ沒落スルニ至レルカ同氏ハ一部人士ノ信スル程手腕力量ノアル人ニ非ラス到底大統領ノ器ニアラスト雖國內ニハ相應ノ味方ヲ有スルヲ以テ之ヲ野ニ放チ置クコトハ現政府ノ大ニ警戒ヲ要スル所ナリ而シテ一般世評ニヨレハ前工商務大臣「スバラン、カムパニー」氏ト「ヴイアレアル」ハ其政治的失脚後益接近スヘク從テ自由憲政黨ト國民農政黨トカ倂合シ現政府ニ肉薄スルノ時ナシトモ限ラストト云フ

三、社會民主黨　ハ下院ニ約八十ノ議員ヲ有シ內相「カーエス」及藏相「デ、ラ、ウエルタ」ノ政友ヨリ成リ大體ニ政テ政府ノ施政ヲ謳歌ス又社會主義派及無所屬派ト密接ナル聯絡ヲ保ツ其首領株ハ Dr. Pedro de Alba Lucas Bravo 及 Roberto Casas Alatriste ナリ然レハ前記ノ如ク自由憲政黨ト國民農政黨ト相結フノ時本黨ハ愈政府黨タルニ至ルヘシ否ナ自ラ「ソシアリスト」ナリト稱スル「デ、ラ、ウエルタ」ノ方寸ニヨレハ遲クトモ次期ノ議會迄ニハ內閣ノ異分子ヲ淘汰シ自由憲政黨ヲ切

崩シ自黨ヲ以テ議會ノ多數黨タラシメ内相「カーエス」ト相結ヒテ益其地盤ヲ固メ次期大統領ノ選擧ニ臨マントスルモノヽ如シ

(註)今日迄ニ數ヘラルヽ大統領候補者ハ「ヴイヤレアル」「カーエス」及「デ、ラ、ウエルタ」ノ三人ニシテ前者ハ後二者ノ政敵ナリ

四、過激社會黨　ハ下院ニ約二十ノ議席ヲ有シ其首領株ニ Lic. Antonio Diaz Soto y Gama (辯護士「サン、ルイス、ポトシー」州選出代議士、年齡四十位曾テ「エミリアノ、サパタ」ノ幕僚トシテ土地均分策ヲ實行セシ人ナリ) アリ内相「カーエス」、藏相「デ、ラ、ウエルタ」及前農相「ヴイヤレアル」ト好カリシモ土地ノ分割法及「ボルシエヴイズム」ニ關シ意見ノ扞格スル所アリ最近ニ於テ「ソート、イ、ガマ」ハ「ヴイヤレアル」ト反目シテ「カーエス」及「デ、ラ、ウエルタ」卽政府側ニ益接近シ曾テ標榜セル「ボルシエヴイズム」ヲ大ニ緩和スルニ至レリ (之レハ多少大統領ノ注意セルカ爲ナラント云フ) 又曩ニ自由憲政黨員トシテ「オブレゴン」ノ選擧運動ニ參加シ下院ニ於テモ侃々ノ辯ヲ振ヒシ少壯代議士 Dr. Aurelio Manrique ハ本黨ニ加盟スルニ至レリ以テ本黨カ益政府ニ接近シツヽアルヲ知ルヘシ

五、無所屬　下院議員中何レノ黨派ニモ屬セサル者約二十五アリ此中ニテ最著ハレタルモノハ故

「デイアス」政府ノ遞信大臣タリシ Ing. Norberto Dominguez（「エル、デモクラタ」紙ノ寄書家ニシテ東洋ニ旅行セルコトアリ）及技師 Gustavs P. Serrano アリ大體ニ於テ穩和ナル政綱ヲ有ス

次ニ四十八ノ議席ヲ有スル上院ノ黨派別ヲ示セハ

一、自由憲政黨　ハ上院議員數ノ三分ノ二ヲ占メ其首領株ニ Lic. José Inés Novelo 及歷史家ニシテ曩ニ特派密使トシテ米國ニ使セル Fernands Iglesias Calderón アリ一般ニ反政府黨ト目サルヽコト既記ノ如シ

二、獨立自由黨　(Partido Liberal Independiente) 中ニハ知名ノ政客アリト雖特ニ著名ナル頭首ヲ戴カス每月其理事者ヲ改ム

既ニ一言セル如ク現今當國ニハ數種ノ政黨分立シ居ルト雖其主義綱領トスル所ハ殆ント大同小異ニシテ孰レモ革命ノ精神ニ則リ國民主義ノ政策ヲ實行セントスル自由黨ノ大傘下ニ收容シ得ルモノナリ依テ左ニ自由憲政黨ノ綱領ヲ摘記セン

第四章　自由憲政黨ノ綱領

一、外政　國際法上各國ハ平等ニシテ相互ニ且嚴肅ニ他國ノ制度、法律及主權ヲ尊重セサル可ラス、一國ハ如何ナル動機、如何ナル形式ニヨルモ他國ノ內政ニ干涉スルヲ得ス卽非干涉テフ世界的主義ヲ嚴正ニ遵守セサル可ラス、何人ト雖其居住スル國ノ人民ヨリ優越セル地位ヲ占ムルコトヲ主張シ又ハ外國人タルノ故ヲ以テ特別ノ保護ヲ受クルノ權及特權ヲ主張スルヲ得ス、一國主權ノ前ニハ內外人共平等ナラサル可ラス又法制ハ可成之ヲ統一シ主權行使ノ場合ヲ除キ國籍ノ如何ニヨリ區別ヲ設ク可ラス

（註）以上ハ故「カランサ」大統領ノ極力高調セシ所ニシテ外政問題ニ就テハ例ノ守舊派ヲ除キ國論殆ント一致シ且現政府モ亦「カランサ」ノ政策ヲ襲踏シ居ルコト既報ノ如シ

二、商工業ノ自由　各種ノ私的企業及勞働ハ墨國ニ於テ廣大ナル活動地ヲ發見スヘク政府ハ正義ニ反スル干涉ヲ爲スヘカラス商業ノ發達ヲ期スル爲鐵道運賃ヲ改正シ競爭ヲ自由ナラシムヘシ

（註）曩ニ「ヴェラクルス」州及「プエブラ」州ニ於テ勞働者ノ利益參加ニ關スル極端ナル法律ヲ發布シ商工業家ヲ苦シメ新ラシガルコトハ內外人一般ノ之ヲ認メテ過激主義トナス所ニシテ

特ニ「オブレゴン」大統領カ州ノ主權ニ干渉シ能ハスト稱シ之カ矯正ヲ試ミサルハ世人ノ大ニ不滿トシ且同大統領ニ慊ラサル所ナリ

三、司法權　有ユル合法的手段ヲ以テ司法權運用ノ完全ナル效果ヲ收ムルニ努ムヘシ又生命、自由及各人ノ所有權ヲ保護スヘキ裁判所ノ權能ハ侵ス可カラス

四、軍隊　ノ組織及矯風ニ對シ不撓不屈ノ努力ヲ爲シ軍隊ノ名譽ヲ汚損スヘキ各般ノ情弊ト戰フヘシ

五、經濟政策　十分ナル保障ヲ有スル安全ナル貨幣制度ヲ確立シ信用ヲ措クニ足ル銀行制度ノ設定ニ助力シ有ユル手段ニヨリ流通貨幣ノ高ヲ增加シ各種商取引並ニ一般住民ノ要求ニ不足ナカラシムヘシ

六、石油問題　墨國ノ最大富源ヨリ正ニ吾人カ收得スヘキ利益ヲ得ルコトハ理ノ當然ナリ故ニ本問題ハ大ニ愼重ナル研究ヲ要シ其解決方法ハ一ニ我國ノ利益ヲ考量ニ置カサル可ラス

七、敎育　學校ヲ增設シ敎員ニハ相當ノ報酬ヲ與ヘテ適材ヲ擇ヒ全國ニ智識ヲ普及シ最進步セル敎育制度ヲ樹立スヘシ

八、農業　人民共有地ヲ返還シ右ニ關スル農地法ノ履行ヲ監視スルコト、農植民地設定ヲ獎勵ス

ルニ適當ナル法律ノ發布、小所有地ヲ設クルコトハ我黨ノ最注意ヲ傾倒スル所ナリ

(註)農業政策ノ實行ニ關シテハ各黨間ニ意見ノ異ル所アリ或モノハ穩健ナル實施ヲ主張シ或モノハ極端ナル政策ヲ實行セントス前農相「ヴイヤレアル」ノ辭職ハ大統領ノ穩健主義ト衝突セシモノト見做サル

九、關稅　國民主義ノ下ニ工業ノ奬勵ヲ行フヘシ輸入關稅ハ尙ホ之ヲ引上ケ國庫收入ノ一淵源トナシ同時ニ內國工業ヲ補助シ墨國勞働者ヲ保護スヘシ

十、勞働者ノ保護　勞働者カ自已ヲ保護スル爲團體ヲ組織スルノ權利ヲ認ム雇主ト被雇主トノ紛議ハ之ヲ仲裁勸解ニ附スヘク此目的ヲ遂クル爲憲法第百二十三條ノ細則ヲ設クヘシ

(註)現內相「カーエス」將軍ハ勞働者ヲ味方トシテ自家ノ政治的地盤ヲ固メントシツヽアリ勞働者ノ同盟罷業多ク勞働者團體ニモ大ニ赤化セルモノアリ外人カ「カーエス」內相ヲ目シテ「ボルシエヴイキー」トナスハ之カ故ナリ

第二十八編　露西亞國

（大正十二年四月末調）

第二十八編　露西亞國ノ政黨

第一章　緒論

第一節　三月革命前ニ於ケル政黨

露國ニ於テ公然政黨ノ組織ヲ見タルハ一九〇五年同國政府カ日露戰爭ニ連敗ノ結果國民ニ對シ威信ヲ失墜シ國民ノ自由運動ヲ抑制スルコト能ハス遂ニ其ノ要求ヲ容レ議院政治ヲ行フノ止ムナキニ至リ同年十月三十日ノ詔勅ヲ以テ信仰、言論、集會、結社ノ自由ヲ保障セラレタルニ始マルモノニシテ右ニハ專制君主制ヲ主張スル露國人民同盟、眞正露人同盟、神聖「ミハイル」團、獨立右黨、國民黨、中央ニハ立憲君主制ヲ主張スル中央黨、十月黨、進歩黨、立憲民主黨、左ニハ社會主義ヲ唱道スル勞働黨、社會革命黨、社會民主黨ノ諸黨アリ今右諸政黨ノ第一「デューマ」（一九〇六年五月十日乃至七月九日）ニ於ケル勢力ヲ見ルニ議員總數四百九十九名ノ内

穩和派（十月黨及君主派）	三一
民主改革黨	一四
立憲民主黨	一六一

勞働黨	九七
社會民主黨	一七
無所屬	六七
波蘭黨	三二
エストニヤ派	五
ラトヴイヤ派	六
西部地方派	二〇
リスアニヤ派	七
所屬不明	四二

ニシテ立憲民主黨ヲ始メ左傾分子優勢ニシテ彼等ハ會議ノ劈頭土地問題ニ關シ革命的過激ノ議論ヲ敢テシ且憲法改正ヲ要求セル外政府不信任ヲ決議セル爲遂ニ解散ヲ命セラレタリ

改選後ノ第二「デューマ」(一九〇七年三月五日乃至六月十九日)ハ政府ノ干渉アリシニ拘ハラス議員總數五百五名ノ内

右黨	二二

十月黨及穩和黨	三二
立憲民主黨	九二
勞働黨及農民同盟	一〇一
人民社會黨	一四
社會革命黨	三四
社會民主黨	六五
無所屬	五〇
波蘭黨	四七
回々敎黨	三一
コザック黨	一七

ヲ占メ其ノ組成更ニ左傾シ「デユーマ」ノ勢力ハ皇帝暗殺ノ陰謀ニ與セル勞働黨社會黨等ノ左黨團ニ移リタリ玆ニ於テ政府ハ第二「デユーマ」ヲ解散スルト共ニ緊急勅令ヲ以テ選擧法ヲ資產階級ニ有利ニ變更シ第三「デユーマ」ノ選擧ヲ行ヘリ其ノ結果第三「デユーマ」（一九〇七年十一月十三日乃至一九一二年十二月二十八日）ハ政府黨多數ヲ占ムルコトトナリ議員總數四百四十二名ノ内

右党	五一
國民黨	九〇
右黨十月黨	一一
十月黨	一二五
波蘭、リスアニヤ、白露黨	七
波蘭黨	一一
進歩黨	三九
回々敎黨	九
立憲民主黨	五三
勞働黨及農民同盟	一四
社會民主黨	一五
無所屬	一七

ニシテ勢力ノ中心ハ右黨卽國民黨及十月黨ニ歸シタリ此ノ形勢ハ第三「デューマ」ノ任期ヲ通シテ變化ナク第四「デューマ」ニ至リテ右傾的色彩依然濃厚トナリ議員數四百四十六名ノ内

右黨	六四
國民及穩和右黨	八八
中央黨	三三
十月黨	九九
同々敎	六
波蘭、リスアニヤ、白露黨	六
波蘭黨	九
進步黨	四七
立憲民主黨	五八
勞働黨	一〇
社會民主黨	一四
無所屬	五

ニシテ同議會ハ克ク政府ノ反動政策ヲ支持シタリ

一九一四年八月世界戰爭勃發スルヤ第四「デューマ」ハ「チヘーゼ」等少數ノ社會民主黨ヲ除ク外

「ケレンスキー」ニ至ル迄戰爭ニ贊成シ聯合國ト步調ヲ一ニシテ全勝ヲ博スル迄戰ハンコトヲ誓ヘリ然レトモ戰爭ノ繼續スルニ伴ヒ露國官僚政治ノ失政暴露シ外露軍ハ連戰連敗シ內物資ノ缺乏物價ノ騰貴アリ茲ニ於テ議會ハ獨裁政府ノ力ヲ以テ勝利ヲ博スルコト能ハサルハ勿論國防ヲ完フスルコト能ハサルヲ覺リ一九一五年八月遂ニ中央黨、十月黨、進步黨、立憲民主黨ヲ以テ改進大同團結ヲ組織シ國民ノ信任ヲ有スル內閣ヲ要求スルト共ニ某々聯合國政府ノ支持ヲ得テ政權ヲ奪取シ以テ戰勝ヲ博セシコトヲ企テタリ然ルニ一九一七年三月飢饉ニ頻セル市民ハ「パン」ヲ與ヘヨト叫ヒテ市街ニ溢レ武力ヲ以テ之ヲ鎭壓セントスルヤ「パン」ノ叫ハ自由ノ叫トナリ之カ鎭壓ノ爲出動セル兵卒ハ却テ市民ニ加擔シテ亂ヲナスニ至レリ

依テ議會ハ大同團結ニ屬スル議員ヲ以テ臨時政府ヲ組織シ「ニコラス」二世ニ退位ヲ要求シ同帝ハ三月十五日自己及皇太子ノ爲ニ退位シ位ヲ皇弟「ミハイル」ニ讓リ皇弟又憲法議會ノ決定ヲ俟テ之カ受諾ヲ決定スヘキ旨ヲ宣言セラレタリ國民及戰線ノ軍隊皆臨時政府ヲ認メ三月革命茲ニ成ル

第二節　三月革命ヨリ十一月革命ニ至ル期間ニ於ケル政黨

第二章 本論

第一節 反動派

主義綱領

猶太人及之カ爲ニ買收セラレタル知識階級ノ惹起セル混亂ヲ根絶スルニハ絶對君主制ヲ復興スルヲ要ス露國ノ國威ヲ發揚スルモノハ絶對君主ナリ而シテ君主制ノ復興ハ皇帝ト人民ノ融合ニ俟ツ故ニ土地問題ハ農民ノ希望ニ副フ樣解決シ戰爭ハ萬人ノ希望ニ從ヒテ終熄セシムヘシ

國　體

民會ニテ皇帝ヲ選擧シ之ニ獨裁權ヲ與フ

民族問題

露國ハ露國人ノ露西亞ナルヲ以テ異人種殊ニ猶太人ハ露國人ノ敵トシテ之ヲ壓迫スヘシ

土地問題

土地ハ總テ之ヲ人民ニ與フヘシ

勞働問題

工場及鑛山ヲ勞働者ニ與フヘシ

宗教問題

希臘正教ヲ以テ國教トスヘシ

戰爭問題

速ニ獨逸ト單獨講和ノ交渉ヲナスヘシ

政府及「ソヴイエト」ニ對スル態度

聯合國ニ迎合シ獨逸ト戰フヘシト出張スル臨時政府ヲ倒スヘシ又猶太人ノ巢窟タル「ソヴイエト」ヲ撲滅スヘシ

成立ノ由來

本黨ハ元露國人民同盟ノ分派ニテ一九一六年以來神聖露西亞ナル名稱ヲ用ヒタリ領袖トシテ「マルコフ」アリ其ノ略歴左ノ如シ

「マルコフ」（「クールスク」縣選出前議員）

工業専門學校出身ノ技師ニシテ第三議會ニ議員タリ極端ナル保守派ナリ年齡五十七

「ドブローヴイン」

百人組ト稱スル露國反動派ノ領袖ニシテ「ルースロエ、ズナーミヤ」ノ主筆ナリ猶太人排斥論者ナリ

機關紙

一九一七年ノ革命迄ハ「ルースコエ、ズナーミヤ」、革命後ハ「グロザー」ナル機關紙ヲ有セリ

第二節 反革命派

主義綱領

面積大ニシテ文化ノ程度低キ幾多ノ異人種ヲ包容スル露國ノ如キ國家ニアリテハ歷史ト宗敎トヲ基礎トシ人民ニ對シ無限ノ權力ヲ有スル中央政府ヲ必要トス一九一七年ノ三月革命ハ露國ヲ滅亡ニ導クモノナルヲ以テ須ク軍人ノ獨裁官ヲ立テ革命的民主運動ヲ阻止シ王制ヲ復興スヘシ

政體

世襲君主政體トシ議會ノ權限ヲ限定ス

民族問題

露國ニ於テ最モ多數ナルハ大露人ナルヲ以テ其ノ利益ヲ主トシ之ニ反セサル範圍ニ於テ他民族ニ

自決權ヲ與フ

土地問題

所有權ハ神聖ナルヲ以テ土地ヲ收用スル場合ハ時價ニ依リ代價ヲ支拂フヘシ地主ノ土地ヲ沒收シテ之ヲ無償ニテ農民ニ分配スルカ如キハ國家ヲ破滅ニ導クモノナリ地主ノ土地ヲ農民ニ分配スルモ各農家ノ割當ハ充分ナルコト能ハス土地問題ノ根本解決ハ土地ヲ集約的ニ利用シ農村經濟ヲ發達セシムルニアリ

勞働問題

露國ヲ救濟スル唯一ノ方法ハ各人ノ勞働ヲ奬勵シ國家ノ支出ヲ節約スルニ在リ故ニ勞働時間ノ短縮及勞働賃銀ノ增率ヲ要求スルハ許容スヘカラス

財政經濟問題

革命政府ハ微力ニシテ徒ラニ民主思想ニ追從シ直接稅ヲ膨脹シタル爲商工業ハ大打擊ヲ受ケタリ依テ課稅ヲ普遍的トナスコト必要ナリ

教育及宗教問題

宗教ハ國民ノ道德心涵養上最モ重大ナルヲ以テ宗教ヲ復興シ混亂ヲ救ハサルヘカラス

軍事及司法

軍紀ヲ振興スルハ露國ノ戰線ヲ救濟スルノミナラス又國內ノ混亂ヲ阻止スルノ方法ナリ

一九一七年ノ三月革命ハ國家ノ秩序ヲ紊亂シ司法ヲ弛緩セシメタルヲ以テ之ヲ復活スルコト必要ナリ

戰線ニ對スル態度

二派アリ一ハ直ニ獨逸トノ戰爭ヲ止メ國內ノ秩序ヲ囘復スルコトヲ必要ナリトシ他ハ先ツ國內ノ擾亂ヲ鎭定シ外敵ニ當ルヘシトナセリ

政府及「ソヴイエト」ニ對スル態度

臨時政府ニ對シテハ表面中立ノ態度ヲ持スルモ內心反對ナリ

「ソヴイエト」ニハ主義上反對ナルモ其ノ行動ハ却テ反動ヲ惹起スルモノナリトテ之ヲ歡迎スル者アリ

成立ノ由來

反革命的氣分ハ一九一七年三月革命後間モナク現ハレ秩序紊亂スルニ伴ヒ益々濃厚トナレリ舊官僚、有產階級貴族本運動ニ參加ス

機　關　紙

一九一七年三月革命後臨時政府ハ反革命運動ノ防止ニ盡力セル爲本派ノ機關紙ハ其ノ存在ヲ失フニ至レリ

第三節　進歩國民黨

主義綱領

專制政治ノ再起ヲ許サス個人ノ不可侵及言論ノ自由ヲ尊重スル法律及權利ニ基礎ヲ置ク新制度ヲ樹立スヘシ

各民族ノ權利ヲ擁護シ露國ノ統一ヲ保持スヘシ

國　　體

立憲君主政體責任内閣

民族問題

露國ハ露西亞人ヲ本位トスヘキモサリトテ他ノ民族ヲ壓迫スヘカラス

土地問題

本件ニ關シテハ地主聯盟ト同一意見ナリ

教育及宗教問題

希臘正教ヲ以テ國教トス

國民教育ハ統一セル國語ヲ使用シ國家觀念ヲ鞏固ニスヘシ

軍事及司法

軍紀ヲ尊ヒ司法權ノ獨立ヲ確保ス

戰爭ニ對スル態度

聯合國ト共同シテ獨逸ヲ敗ルヘシ「コンスタンチノプル」及「カルパト」地方ヲ併合スヘシ

政府及「ソヴィエト」ニ對スル態度

臨時政府ハ國家的感念ニ缺ケ「ウクライナ」「ラーダ」ノ組織ヲ許セリ「ソヴィエト」ハ人民全體ノ代表機關ニアラサルヲ以テ國政ニ容喙スルノ權利ナシ

成立ノ由來

國民進歩黨ハ一九一五年露軍ノ戰敗ト共ニ成立シタルモノニシテ元ノ國民黨カ二分シテ左傾シタル第四「デユーマ」議員ヨリ成ル一九一七年四月「ヴエ、ヴエ、シユルギン」カ「キエフ」市ニ新政綱ヲ

發表シタルニ起ル

領袖トシテ「プリシケーヴイチ」「シユルギン」「ボーブリンスキー」等アリ今左ニ其ノ略歴ヲ述ヘン

「プリンケーヴイチ、ヴエ、ペ」(「クールスク」縣選出前議員)

「ノヴオロシスク」大學卒業後郡會及縣會議員トシテ地方自治行政ニ關係シ一九〇四年當時ノ內務大臣「プレーヴエ」ニ知ラレ同省官吏トナリ三年間內務行政ニ從事シ第二及第三議會ニ於テ議員トシテ選出セラレ全露王黨總理トシテ有名ナリ地主ナリ年齡五十三(死)

「シユルギン」(「ヴオルインスク」縣選出前議員)

「キエフ」法科大學卒業後一時軍職ニ在リタル後新聞記者トナリテ「キエフリヤーニン」ニ執筆シ縣會議員トナリテ地方自治ニ參與シ第二第三議會ニ選ハレテ議員トナリ評論家ヲ以テ名アリ地主ナリ年齡四十五

「ボーブリンスキー」伯(「ツーラ」縣選出前議員)

「モスコー」大學ニ入リ業ヲ卒ヘスシテ外國ニ留學シ「オツクスフオード」大學ヲ卒業セリ伯ハ陸軍士官トナリテ一時軍職ニ就キ其ノ後民間ニ下リテ郡會議員トナリ第二、第三議會ニ選出セラル知名ノ「スラヴ」統一派タリ大地主ナリ年齡五十五

機關紙

「ペトログラード」ニハ「グリンスキー」編輯ノ「ルースカヤ、ブードシチノスチ」及「スヴォーリン」經營ノ「ヴエチエルノエ、ヴレミヤ」アリ「キエフ」市ニ「シユルギン」經營ノ「キエフリヤーニン」アリ

第四節　地主同盟

主義綱領

露國ノ安寧ハ其ノ基礎ヲ農業ニ置カサルヘカラス而シテ農業ノ生産力ヲ增サント欲セハ個人ノ土地所有權ヲ認メ且現今ノ無政府狀態ノ爲ニ蒙ル土地掠奪荒廢ヲ防止スルニ努メテ土地改革案ヲ實行スルニアリ

土地問題

個人ノ土地所有權ヲ認メ農業ノ進歩開發ヲ促シ且國家ハ大地主ノ土地ヲ相當價格ヲ以テ買收ノ上所有地ノ僅少ナルモノニ分與シ又農民ノ移住ヲ獎勵シ土地ノ整理ヲ行ヒ產業組合ヲ起シ或ハ農業銀行ヲ設置シ農民ニ對スル資金融通ノ便ヲ計ル等一般農業ノ振興ニ努ムヘシ

戰爭ニ對スル態度

聯合國ト一致シテ勝利ヲ得ル迄戰フコト

政府及「ソヴイエト」ニ對スル態度

政府ノ土地政策ニ反對ス

「ソヴイエト」ヲ解散スヘシ

成立ノ由來

本同盟ハ三月革命後ノ無政府狀態ニ起因スル土地ノ掠奪ヲ防止スル目的ヲ以テ一九一七年四月組織セラレタルモノニシテ同年七月初テ全露大會ヲ「ペトログラード」ニ開催セリ其ノ設立者及領袖トシテ「クリヴオシエン」、「グルコ」、「メツレル、ザコメリスキー」等アリ今左ニ其ノ略歷ヲ述ヘン

「クリヴオシエン」(ア、ヴエ)　一八五九年生

法科大學卒業一九〇八年ー一九一六年農務大臣タリ上院議員ニ列セリ十一月革命後「ウクライナ」ニ逃レ更ニ「クリミヤ」ニ移ル一九一九年獨逸軍撤退後「デニキン」ノ下ニ食糧大臣タリ同將軍失

敗後「ウランゲル」ノ行政部長トナル同將軍ノ失敗スルヤ一九二〇年巴里ニ逃ル

「グールコ」（ヴエ、イ）　　一八六二年生

大學敎育ヲ受ケ内務局長、「ワルシャワ」縣知事等ヲ歷任シ農政ニ通ズ後上院議員ニ選ハレ一九一七年地主同盟ヲ組織シ十一月ノ政變後南露ニアリシカ目下佛國ニアリテ露國復興ヲ目的トスル愛國團ノ領袖ナリ

「メツレル、ザコメリスキー」男（ヴエ、ヴエ）

「リヴオフ」（エヌ、エヌ）

機關紙

莫斯科ニ全露地主同盟ナル新聞紙ヲ發行セリ

第五節　共和主義中央黨

主義綱領

國内ノ秩序ヲ維持シ軍隊內ニ嚴正ナル規律ヲ保チ鞏固ナル政權ヲ樹立シ以テ憲法會議迄國家ヲ導クハ本黨ノ責任ナリ社會主義、無政府主義及破壞主義ニ對シテハ極力防鬪ス

國　體

國家ハ民主々義ノ共和國トス

土　地　問　題

農民及哥薩克ニ土地ヲ分與シ以テ其ノ生活ノ安定ヲ計ラントス

勞　働　問　題

八時間制ヲ採用スヘシ

戰爭ニ對スル態度

獨逸ノ挑ミタル戰爭ナレハ聯合國ノ勝利ヲ以テ終結セサルヘカラス

臨時政府及「ソヴイエト」ニ對スル態度

鞏固ナル政府ヲ支持ス

「ソヴイエト」ハ之ヲ廢止スルカ又ハ戰敗的分子ヲ除去スヘシ

成　立　ノ　由　來

本黨ハ一九一七年六月「ペテログラード」ニ於テ組織セラレタルモノニシテ智識階級中臨時政府ノ權力足ラサルヲ慨シ鞏固ナル政府ヲ樹立セントスルモノナリ

領袖トシテ「ニコライフスキー」及「フイニーソフ」アリ

「ニコラエフスキー」(カ、ヴエ)

「フイニーソフ」(ペ、エヌ)

機關紙

「レスプブリカンスキー、ツエントル」及「オプシチエエ、デイロ」ノ二雜誌アリ

第六節　自由共和黨

主義綱領

人權不可侵、私有權ノ尊重、生產力ノ增進、國權ノ擁護ヲ基礎トスル統一セル强固ナル共和制ヲ樹立スルコト

國體

共和國トシ大統領ヲ執行機關ノ長トス又普通選擧ニ依ル議會ヲ設ケ國家ノ統一ヲ害セサル程度ニ於テ地方ニ廣汎ナル自治ヲ與フ

民族問題

異民族ニ對スル權利上ノ制限ヲ撤廢ス波蘭ハ其ノ自然國境ニ依リ獨立ヲ許シ又芬蘭ニハ露國主權ノ下ニ自治ヲ與フ

土地問題

小規模ノ農業及「コオペラチヴ」ニ對シ充分ノ援助ヲ與ヘ土地少キ又ハ土地ヲ有セサル農民ニ舊帝室及修道院所有地ヲ與ヘ或ハ個人所有地ヲ相當價格ヲ以テ買收シ之ヲ分與ス

勞働問題

勞働者ヲ擁護シ之ニ同盟罷業ノ自由ヲ與フルヲ主義トセル勞働法ヲ制定シ又老年者及不具者ヲ保護シ婦人、小兒ノ勞働ニ制限ヲ加フ

財政經濟問題

財政々策ヲ民主化シ租稅ハ其ノ大部分ヲ富豪ニ負擔セシム商工業ノ發達ニ助力スルト共ニ需要者ノ利益ヲ擁護ス

敎育及宗敎問題

小學敎育ハ一般義務的トシ中等及高等敎育ハ可成其ノ普及ニ努メ又職業敎育ノ發達ヲ計ル信敎ノ自由ヲ認ム

軍事及司法

軍隊ヲ民主化シ規律ヲ嚴ニスヘシ現役年限ヲ短縮シ且平時ニ於ケル兵員數ヲ減少シ其ノ兵員ノ優秀ヲ期シ又廢兵及其ノ家族ノ養育事業ヲ行フ、司法ノ獨立ヲ確保シ裁判ヲ公開ス

戰爭ニ對スル態度

聯合國ト共同シ名譽アル平和ヲ維持スヘシ

成立ノ由來

本黨ハ元ノ十月黨ノ分派シテ變形セルモノナリ同黨ハ戰時中三派ニ分レ内二派ハ第四「デウマ」議會内ニ組織セラレタル進歩黨大同團結ニ加盟シタルカ第三派ハ一九一七年ノ三月革命後更ニ左傾シテ本黨ヲ組織セリ自由主義ノ貴族及地主資本家ニ根據ヲ有ス

領袖トシテ「グチコフ」、「ロヂヤンコ」、「サーヴイチ」アリ左ニ其ノ略歷ヲ述ヘン

「グチコフ」(ア、イ)

「モスコー」大學卒業、南阿戰爭ノ際義勇兵トシテ「ブール」ノ爲メ英國軍ト戰ヒ負傷シテ俘虜トナレリ日露戰爭ニ際シ赤十字社員トシテ從軍シ西藏、小亞細亞、「バルカン」半島ニ再三旅行シタリ「モスコー」市會議員トシテ市政ニ盡力シ第三議會ニ於テ議員トナリテ議長ニ選ハレ十月黨ノ總理

トシテ院ノ内外ニ於テ同黨ヲ率ヰ第四議會議員ニ落選シテ彼得堡市會議員ニ選ハル在「ペテログラード」日露協會評議員トス年齡六十一

「ロジャンコ」(エム、ヴエ)(「エカテリノスラフ」縣選出議員

貴族士官學校ヲ卒業シ近衞聯隊附士官トナリ其ノ後軍職ヲ辭シテ野ニ下リ第三議會ニ議員トナリテ議長ニ選ハレ第四議會ニ於テモ亦議長トナレリ年齡六十四

「サーヴイチ」(ア、ヴエ)

第七節　共和民主黨

主義綱領

本黨ハ成立當時ノ時勢ニ鑑ミ現下ノ緊急問題ハ國民ノ宿望タリシ自由ヲ擁護シ且國家ヲ無政府狀態ニ陷レムトシ或ハ戰線ヲ破壞セムトスル極端派ヲ防壓スルニアリトナスモノナリ從テ政權ハ之ヲ國民全體ニ與ヘ個々ノ團體ニ與フルヲ許サス

國體

民主的共和國トシ一院制ノ議會ヲ設ケ其ノ議員選擧ハ普通選擧トス又中央集權ヲ避ケ各州ニ自治ヲ與ヘ地方行政ハ之ヲ民主化ス

民族問題

各民族ニ對シ自由ナル自決權ヲ與ヘ自國語ノ使用ニ關シテハ何等ノ制限ヲ設ケス又芬蘭ニ對シテハ民族主義ニ基キ廣汎ナル地方自治ヲ與ヘ從前ノ權利ヲ復舊ス

土地問題

帝室、寺院所屬ノ土地ハ總テ國有トシ之ヲ農民ニ分與ス但農民以外個人所有地ノ面積ニ一定ノ標準ヲ設ケ其ノ限度ヲ超過スル土地ハ其ノ面積ニ應シ無償又ハ有償ニテ之ヲ國有トス

勞働問題

八時間制トシ資本家對勞働者關係ハ勞働者團體ノ意見ヲ參照シ之ヲ決定セムトス幼年者ノ就業ヲ禁シ婦人勞働ヲ保護シ且勞働者ノ衞生狀態ヲ改善シ尙其ノ安定ヲ保タムカ爲保險及恩給制度ヲ設ク

財政經濟問題

間接稅ヲ撤廢シ累進制直接稅ヲ徵ス產業及工業ノ生產力ヲ增大セシムルタメ「コオペラチーヴ」ヲ

設ケ又金融ノ便ヲ容易ナラシム

教育及宗教問題

普通教育ハ無料義務的トシ中等及高等教育モ亦無料トス學校制度ノ統一ヲ計リ教職ニアル者ハ之ニ物質上ノ保證ヲ與ヘ宗教ヲ國家及學校ヨリ分離ス

軍事及司法

軍隊ヲ民主化シ現役年限ヲ二年ニ短縮シ且漸次兵役制度ヲ廢シ國民全部ヲ武裝ス廢兵及戰後軍人ノ遺族ヲ保護ス

司法權ヲ獨立セシメ死刑ヲ廢止ス

戰爭ニ對スル態度

聯合國ト一致シ獨逸軍國主義ニ對シ勝利ヲ得ル迄戰爭ヲ繼續スヘシ

政府及「ソヴイエト」ニ對スル態度

政府ニシテ一黨一派ニ偏セス國民全體ノ意志ヲ代表スレハ之ヲ支持ス「ソヴイエト」ハ政黨トシテ之ヲ認ムルモ政權トシテ認メス

成立ノ由來

元十月黨員及溫和進歩主義ノ有産階級ノ組織セルモノナリ
領袖トシテ「ドミトリユーコフ」、「プチロフ」、「ソコロフスキー」、「グレボフ」、「リユーツ」等アリ左ニ其ノ略歴ヲ述ヘン

「ドミトリユーコフ」（イ、イ、）（「ガールガ」縣選出議員）

「ペトログラード」大學卒業第三議會ニ選ハレテ議員トナリ第四議會ニ選ハレテ書記官長トナレリ地主年齢五十一

「プチロフ」（ア、イ、）　一八六二

大學卒業大藏省ニ入リ歴任シテ同次官タリ後官界ヲ棄テ民間ニ下リ銀行業ニ從事ス露亞銀行頭取東支鐵道會社評議員ニシテ「バク」石油會社等ニモ關係ヲ有ス目下巴里ニ居住ス

「ソコロスキー」（エス、エ、）

「グレボフ」（ウ、ペ、）

「リユーツ」（エル、ゲ、）

機　關　紙

「ルースカヤ、ヴォリヤ」紙ハ本黨ヲ支持ス

第八節　立憲民主黨

主義綱領

本黨ノ至高トナスハ祖國ノ安寧、進歩、獨立及名譽ナリ其ノ理想トナスハ自由ナリ、偉大ナル露國自由ナル露國ヲ作リ且列國トノ文化的競爭ニ於テ失敗者タラサラント欲セハ宜シク各部ノ行政ヲ改革シ無政府主義、「インテルナショナリズム」ノ幻想ヲ避ケ國家及社會制度ヲ民主化シ又露國ノ統一ヲ妨ケサル程度ニ於テ異民族ノ自決權ヲ認ム

國體

本黨ハ最初立憲君主政ヲ主張シタリシカ一九一七年三月革命後國體ハ民主々義ヲ基礎トスル議院政治ノ共和國トシ大統領ヲ置キ大統領ノ下ニ責任內閣ヲ置ク地方自治制ヲ擴大ス

民族問題

各民族ニ對シ政治上及私法上同等ノ權利ヲ認メ且文化ノ發達セル民族ニ對シ文化的自決權ヲ認ム芬蘭ニ對シテハ其ノ憲法ヲ復舊ス各民族ニ其ノ居住地ノ官衙學校等ニ於テ固有ノ言語ヲ使用スルコトヲ許可ス但シ露語ハ露國ノ標準語且民族間ノ共通語タルト同時ニ中央官衙及軍隊ニ於テ使用

ス

土地問題

舊帝室、寺院及銀行所有ノ土地ニシテ耕作ニ適スルモノハ之ヲ收用シ土地ヲ所有セサルカ又ハ僅少ナル農民ニ一定標準ヲ定メ之ヲ讓渡ス個人所有地ヲ收用スル場合ニハ其ノ土地ノ收入額ヲ標準トシテ收用價格ヲ定ム但個人所有地ノ面積カ其ノ所有者ノ耕作能力以內ナル時及工場、村役場其ノ他地方自治團體所有地、公園、葡萄園、菜園等ノ使用地ハ之ヲ收用セス

勞働問題

八時間制トシ夜間及規定外勞働ヲ禁止ス勞働者ニ罷工ノ自由ヲ認メ勞働監督ニハ勞働者ノ代表者ヲ加フ

婦人及幼年者ノ勞働特ニ不健康ナル勞働ニ從事スル者ヲ保護シ且一般勞働者ノ保險制度ヲ採用ス

財政經濟問題

間接稅ヲ低減シ直接稅ヲ增課シ所得稅及相續稅ニ累進法ヲ採用ス「コオペラチーヴ」及小信用銀行ニ對シ保護ヲ與フ又關稅率ヲ低減ス

敎育及宗敎問題

敎育ハ民主々義ヲ基礎トス小學敎育ハ他方自治團體ノ管理ニ移シ義務的且無料トス
中學敎育及職業ヲ奬勵普及シ高等敎育ノ學校ニハ自治ヲ與フ
寺院ノ自治獨立ヲ認メ信敎及宗敎上結社ノ自由ヲ認ム

軍事及司法問題

軍隊ヲ統一不可分トシテ之ヲ大統領ノ麾下ニ置ク現役年限ヲ短縮シ軍規軍律ヲ嚴ニス
司法權ノ獨立ヲ確立シ死刑ヲ廢止ス

戰爭ニ對スル態度

現戰爭ハ聯合側ノ民主同盟ニ對スル獨逸側ノ君主同盟ノ戰爭ナレハ勝利ヲ得テ公平ナル平和ヲ結フ迄戰ハサルヘカラス

政府及「ソヴイエト」ニ對スル態度

臨時政府ヲ支持シ黨員ヲ入閣セシムルモ第一、同政府カ一般國家的政策ヲ行フコト第二、憲法議會ノ權限ヲ侵スヘカラサルコトヲ條件トス
「ソヴイエト」ハ黨派ニ過キサルヲ以テ國政ニ干涉スヘカラス

成立ノ由來

本黨カ公然成立ヲ告ケタルトハ一九〇五年十一月ニシテ舊自由同盟關係者及全露自治團體會議關係者ヨリ成レリ

本黨ハ前後四回ノ「デユーマ」ニ勢力ヲ有シ帝政時代ニ於ケル自由運動ノ巨魁タリ帝政時代政府ノ公認ヲ得サリシ爲種々ノ壓迫ヲ受ケタリ一九一七年三月ノ革命後活動ノ自由ヲ得黨內ノ異論モ「ミリユコフ」ノ努力ニ依リテ一掃セラレ當時社會主義ニ對抗シ得ヘキ唯一ノ組織アル政黨ナリキ

黨員ハ學者、文豪、軍人、學生等ニシテ智識有產階級ニ勢力アリ

領袖トシテ「ミリユコフ」、「ヴイナヴエル」、「マクラコフ」、「ロヂチエフ」、「ペトルンケヴイチ」、「ナボーコフ」、「ネクラーソフ」、「カルターシエフ」、「ゲツセン」等アリ左ニ其ノ略歷ヲ述ヘン

「ミリユコフ」（ペ、エヌ、）　一八五九年生

露國有數ノ歷史家ニシテ政治家ナリ大學卒業後莫斯科大學講座ヲ担任シ後勃牙利國「ソフイヤ」大學教授タリ一九〇五年以來自由運動ニ關係シ立憲民主黨ヲ創立シ之カ總理トナル第三及第四「デユーマ」議員ニ選ハレ政府反對ノ演說ヲナセリ三月革命後第一臨時政府ノ外務大臣タリシモ五月ニ至リ「ソヴイエト」ノ要求ニ依リ辭職セリ過激派把權後南露ニ逃レ一九一八年一時獨逸ト提携シテ過激派ニ對抗センコトヲ畫策セシモ獨逸ノ休戰申込ミニヨリテ目的ヲ果ササリキ

一九二一年巴里ニ開催セラレタル憲法會議々員會議ニ於テ同氏ハ「ケレンスキー」「チエルノフ」ト提携セリ

主トシテ倫敦ニ居住シ露國ニ關スル評論、論說ヲ新聞雜誌ニ掲載ス

「ヴイナーヴエル」（マスリム、モイセイヴイチ）　一八六二年生

猶太人ナリ「ワルシャワ」大學卒業後辯護士ヲ業トス雄辯ヲ以テ名アリ又露國民法學者トシテ知ラル立憲民主黨創立者ノ一人ナリ第一「デユーマ」ニ議員タリ

一九一八年「クリミヤ」政府ノ外相タリ

「マクラコフ」（ヴエ、ア、）（「モスコー」市選出）　一八七二年生

「モスコー」文科及法科大學卒業辯護士ヲ以テ業トシ第二第三及第四議會ノ議員トナレリ氏ハ院內第一ノ雄辯家ニシテ三月革命後臨時政府ヨリ駐佛大使ニ任命セラレ引續キ同地ニアリ年齡五十三

一九一九－一九二〇年巴里ニ「リヴォフ」公ヲ長トシテ組織セラレタル政治會議員タリ

「ギールス」ヲ長トスル帝政時代ノ大使會議ノ議員タリ

一九二一年一月「アフクセンチエフ」ヲ議長トシテ巴里ニ開カレタル憲法會議々員會議ニモ參加ス

「ロヂチエフ」（エス、ペ、）（「ペトログラード」選出）　一八五六年生

「ペトログラード」大學卒業、辯護士ヲ業トシ民間ニ在リテ專心國事ニ奔走シ縣會議員トシテ地方自治ノ爲ニ盡シ「デユーマ」開設以來每囘議員トシテ選ハル雄辯ヲ以テ鳴ル年齡六十七

過激派把權後瑞西ニ亡命ス

「ペトルンケヴイチ」（イ、イ）　一八四三年生

大學卒業、地方自治ニ關係ス國會開設ノ建白書ニ立案者トシテ流刑ニ處セラレタルコトアリ第一「デユーマ」ニ議員タリ

目下米國ニ在リ

「ナボーコフ」（ヴエ、デ、）　一八六九年生

名門ノ出ニシテ貴族法律學校卒業、刑法學教授タリ第一「デユーマ」ニ議員タリ臨時政府ニハ內閣書記官長タリ一九一八年―一九一九年「クリミヤ」政府ノ司法大臣タリ

目下伯林ニアリテ立憲民主黨系ノ新聞ニ執筆ス

「ネクラーソフ」（「トムスク」縣選出）　一八七九年生

工業專門學校出身ニシテ外國ニ留學シ歸朝後「トムスク」工業專門學校教授タリ其ノ後民間ニアリ

テ政事ニ奔走シ西伯利亞地方民ノ利益ヲ計リ第三及第四「デューマ」ニ選出年齡四十四
「カルターシエフ」、(ア、ヴエ)　一八七八年生
大學敎授ニシテ雜誌ニ執筆セリ假政府ニ際シテハ宗敎大臣タリ「ユデニチ」ノ北西露政府ノ首班タリ今巴里ニアリテ立憲民主黨巴里委員會員タリ
「ゲッセン」
「ノヴォロシスク」大學ニ在學中ヨリ政事運動ニ加ハリタル爲再三刑罰ヲ受ケ其ノ後大學卒業司法省官吏タリシコトアリ第二「デューマ」議員トナレリ年齡五十七

機關紙

本黨ノ機關紙トシテ「ペトログラード」ニ「ミリユコフ」經營ノ「レーチ」並「ソヴレメンノエ、スローヴオ」及「スヴオボーダ、ナローダ」アリ
莫斯科ニ「ルースキヤ、ヴエドモスチ」アリ

第九節　有產勞働黨

主義綱領

反動主義及社會主義的幻想ヲ防止シ露國ニ於テ多數ヲ占ムル中產階級（自作農家、中產勞働階級）ヲ中心トシ國家ノ福祉增進ヲ計ルヘシ

國體

民主的共和國トシ大統領ヲ置カス一院制ノ議會ヲ設ケ總理大臣ヲ選擧セシム地方ニ自治制ヲ布ク

民族問題

各民族ニ自決權ヲ與フ但獨立ヲ認メス學校裁判所印刷物及自治團體ニ於テ固有語ノ使用ヲ許可ス

土地問題

國有地及收用セル個人ノ土地ヲ以テ所有地少キ農民ニ分與スルト共ニ移民ヲ奬勵シ且農民ノ土地改良ニ補助ヲ與フ

勞働問題

八時間制ヲ採用シ一週四十二時間及一ヶ年ニ一ヶ月ノ休息ヲ與フ

幼年勞働ヲ禁シ婦人勞働ヲ保護スル外ニ勞働保險制及恩給制ヲ實施ス、最低賃銀ハ地方團體ヲシテ定メシム勞働者ニ同盟罷業權利ヲ認ム

財政經濟問題

所得稅ハ累進法ニテ之ヲ徴收シ國家ノ基礎收入トス

教育及宗教教問題

教育ハ總テ國家ノ負擔トス、政教ヲ分離ス、宗教上結社ノ自由ヲ認ム

軍事及司法

軍隊ヲ民主化シ其ノ秩序及規律ヲ尊重ス、司法權ヲ獨立セシム

戰爭ニ對スル態度

聯合國ト協力シテ獨逸ニ對シ勝利ヲ得ル迄戰爭ヲ續行スヘシ

政府及「ソヴイエト」ニ對スル態度

「ソヴイエト」ヲ政黨ト認ムルモ之ニ政府監督權ヲ認メス

成立ノ由來

本黨ハ一九一七年八月莫斯科ニ於テ組織セラレタルモノニシテ未タ十分ノ基礎ヲ有スルニ至ラス

第十節　急進民主黨

主義綱領

露國ハ自主獨立ナル人民ニ屬ス
本黨究局ノ目的ハ社會主義ノ實現卽平等博愛ニアリ

國體

民主主義ノ聯邦共和國トシ大統領ヲ置ク議會ハ一院制ヲ採用ス

民族問題

民族ノ自決權ヲ認メ學校裁判所ニ於テ民族ノ固有語ヲ使用スルコトヲ許可ス

土地問題

國有地、舊帝室敎會修道院所屬地及收用セル個人所有地ヲ以テ基本地ヲ作リ地方自治團ヲシテ之ヲ農民ニ分與セシム

勞働問題

八時間制トシ規定以外ノ勞働及幼年者ノ勞働ヲ禁シ婦人勞働ヲ保護ス勞働者ノ同盟罷業權ヲ認ム

財政經濟問題

累進法ニヨル所得稅ノ徵收、間接稅ノ漸廢、專賣事業ノ合理的經營、幣制改革、保護政策ノ廢止、一般工業ノ國家的管理

教育及宗敎問題

初等敎育ハ無料義務的トシ中等敎育ノ普及ヲ計リ高等敎育ノ便ヲ開ク、學校ハ地方自治團管理ノ下ニ置ク
政敎ヲ分離シ信仰ノ自由ヲ許ス

軍事及司法

現役年限ヲ短縮シ豫後備兵ニ對シ軍事敎育ノ充實ヲ計ル
司法權ノ獨立ヲ認メ死刑ヲ廢止ス

戰爭ニ對スル態度

聯合國ト共同シテ勝利ヲ得ル迄戰爭ヲ遂行ス

政府ニ對スル態度

憲法會議召集マテ全權ヲ與フ

本黨ハ主トシテ元進歩黨員タリシ者ヨリ成リ其ノ組織セラレタルハ革命後ナリ領袖ニハ「エフレーモフ」「バルイシニコ」「チートフ」「ルーズスキー」等アリ今左ニ其ノ略歴ヲ述ヘン

「エフレーモフ」（イ、エヌ）（ドン州）　一八六九年生

「ドン」「コザック」ナリ「モスクワ」大學卒業、第一第三議會ニ選ハレテ議員トナリ專ラ政事ノ爲ニ奔走ス露國議會萬國議院團ノ長タリ臨時政府ノ時一時司法大臣タリシカ後救濟大臣トナリ更ニ在瑞西公使ニ任セラル

「バルイシニコフ」（ア、ア）

「チートフ」（イ、エヌ）

機關紙

「ペトログラート」ニ日刊新聞「オテーチエストヴオ」

「モスクワ」ニ「スヴオボドノエ、スロオヴオ」アリ

第十一節　改進社會主義同盟

主義綱領

露國ノ文化發達シ國富增進セハ人民ハ勞働數百年來ノ遺產ヲ其ノ手中ニ收ムルコトヲ得ヘク工場其ノ他人智ノ發達ニ依ル獲得物ハ總テ個人ノ所有物タラサルニ至ルヘク社會上ノ不平等ヨリ脫セル吾人ハ易々自然ノ征服ニ向テ進ムコトヲ得ヘシ斯ル時機ノ到來ヲ促進スルモノハ階級及議會戰ノミニアラスシテ偉大ナル社會主義ノ理想ナリ

國體

共和國トシ統治ヲ勞働階級ニ委ス

民族問題

露國ハ各民族ノ自由結合ナリ

土地問題

憲法會議ヲシテ土地問題ヲ解決セシム但其ノ實行ニ際シ私法上ノ權利ヲ害シ國民ノ經濟關係ヲ害スルコトナキヲ要ス

勞働問題

露國ハ未タ文化低キヲ以テ勞働對資本ノ爭鬪ヲ放任セハ一般ニ困窮ヲ來シ延テ工場ノ閉鎖ヲ見ルニ至ルヘシ故ニ勞働者ノ正當ナル要求ハ之ヲ滿スヘキナリ

財政經濟問題

外國資本ノ露國產業ヲ征服セントスルヲ防カサルヘカラス、產業ハ人民ノ管理ニ委シ其ノ進步發達ヲ計ルヘシ

軍事及司法

軍隊ハ國家ノ利益ヲ擁護セムカ爲ニ之ヲ設ク

司法制度ヲ改革シ歐洲ヲシテ露國カ野蠻國ニアラサルコトヲ知ラシムヘシ

戰爭ニ對スル態度

攻勢ヲ採リ貴族的奴隷制度ノ普國ニ對シ全勝ヲ博セサルヘカラス

政府及「ソヴィエト」ニ對スル態度

勝利ヲ以テ戰爭ヲ終熄セシメ自由ト秩序ヲ確立シ憲法會議ノ召集ヲ速ナラシムル爲臨時政府ヲ支持ス

「ソヴイエト」ノ事業ハ勞働者ノ保護ニ限ラシム

成立ノ由來

本同盟ハ一九一七年三月革命後水兵「アリスタールホフ」及黑海艦隊代表者「グレーヴイチ」等ノ創立ニ係ルモノニシテ其ノ後社會主義ニ同情スル立憲民主黨員「グロンスキー」敎授「ヴエリホフ」等モ之ニ贊同スルニ至レリ

第十二節　全露農民同盟

主義綱領

本黨ハ露國民ノ多數ヲ占ムル農民ヲ代表スルヲ以テ階級ヲ撤廢シ國家及社會制度ヲ民主化シ土地ヲ勞働民衆ニ與ヘンコトヲ主張ス

土地問題

土地ニ對スル所有權ヲ廢シ國家基本地ヲ作リテ土地ヲ有セサルカ又ハ所有スルモ少ナキ者ニ食料ヲ得ルニ充分ニシテ勞働能力ヲ超エサル面積ノ土地ヲ與フ土地ノ管理ハ地方自治團體ニ委任ス土地ノ耕作ニ雇傭勞働ヲ使用セントスル者ハ所屬農民團ノ許可ヲ受クルヲ要ス土地ヲ耕作セサルモ

ノハ菜園ヲ受クルニ過キス

戰爭ニ對スル態度

國家ヲ防衛シ獲得セル自由ヲ確保スル爲ニハ聯合國ト共同シテ戰爭ヲ續行スルヲ要ス

政府及「ゾヴイエト」ニ對スル態度

勝利ヲ以テ戰爭ヲ終熄セシメ革命ニ依リテ得タル自由ヲ確保シ憲法會議ヲ召集スルコトニ努力スル臨時政府ヲ支持ス

成立ノ由來

本同盟ノ設立ヲ見タルハ一九〇五年五月莫斯科ニ於テ全露農民大會開催ノ時ニシテ同年七月第一回創立委員會ヲ催シ次テ同年十一月第二回翌年三月第三回ヲ開催シ其ノ後中斷ノ姿ナリシカ一九一七年三月ノ革命後復活シ再ヒ全露大會ヲ莫斯科ニ開キ政綱ヲ議決セリ參會者三百三十名ニシテ三十二縣ヲ代表セリ

領袖トシテ

「ズドヴオイコ」アリ

機關紙

「ゴーロス、クレスチヤンスコヴオ、ソユーザ」

第十三節　勞働人民社會黨

主義綱領

本黨ノ目的ハ勞働民衆ノ利益ヲ擁護シ完全自由ナル生活及個人ノ圓滿ナル發達ヲ保障スル社會制度ヲ創設スルニ在リ本黨ハ總テノ生産機關ヲ勞働民衆ノ手中ニ收ムルニ盡力シ之カ爲露國人民ノ天性及國狀ニ合致スル手段方法ヲ用ユルニ努ム

國　體

民主的聯邦共和國トシ一院制ノ議會ヲ置キ内閣ヲシテ之ニ責任ヲ有セシム又地方ニ民主的自治ヲ許シ且地方的立法權ヲ與フ

民族問題

分離ニ至ル迄ノ民族自決權ヲ與フ

土地問題

私有地ハ國費ヲ以テ收用ノ上總テ之ヲ國家ノ所有トス一定限度ノ面積ヲ超エサル土地ハ之ヲ所有

者ノ使用ニ供ス勞働民衆ハ食料ニ不足セス且勞力ヲ超過セサル程度ニ於テ土地使用權ヲ有ス基本地森林等ノ直接管理ハ地方自治團體ニ之ヲ委任ス

勞働問題

八時間制ヲ採用シ勞働賃銀ハ地方自治團體ト勞働組合ト合議ノ上決定ス勞働者ノ保險制度ヲ採用シ工場管理ハ選擧セラレタル管理機關ニ委ス

財政經濟問題

税制ヲ刷新シ租税ノ大部分ハ有産階級ニ賦課シ所得及遺産ニ對シ累進税ヲ課ス

敎育及宗敎

初等敎育ハ一般義務的トシ中等及高等敎育ハ無料トス學校ニ自治ヲ許シ初等及中等敎育ハ地方自治團體ノ管理ニ移ス

政敎ヲ分離シ信敎ノ自由ヲ認ム

軍事及司法

軍隊ハ國家防衛ニ必要ナル兵員ノミヲ置キ現役ハ二年ニ短縮ス

司法ノ獨立ヲ確立ス

戰爭ニ對スル態度

露國ニ一兵タリトモ敵兵ノ存スル限リ講和セス

政府及「ソヴイエト」ニ對スル態度

臨時政府ハ「ソヴイエト」及政黨ノ干涉ヲ受クヘカラス

「ソヴイエト」ハ革命ニヨリテ獲得セル自由ヲ確保シ政府ノ行動ヲ監督スル革命民主々義ノ組織ナリ

成立ノ由來

本黨ハ一九〇六年ノ第一「デユーマ」議員ニシテ立憲民主黨員ヨリモ左ニ位スルモノヨリナル勞働黨ト一九〇六年成立セル人民社會黨トノ合體ニシテ領袖トシテハ「チヤイコフスキー」、「ペシエホーノフ」等知ラルル社會主義ノ政黨トシテ最モ穩健ナルモノニシテ社會問題ニ關シ屢〻立憲民主黨ト行動ヲ一ニセリ

「ペシエホーノフ」(ア、ヴエ)　一八六七年生

評論家ニシテ政治家ナリ　一八九九年以來雜誌「ルースコエ、ボガートスヴオ」ニ執筆ス　一九〇三年以來結社解放ノ黨員タリ一九〇六年人民社會黨ヲ創立ス農民及土地問題ニ關スル著書多シ一

九一七年五月食糧大臣トシテ臨時政府ニ入閣シ過激派把權迄同地位ニ在リキ

今左ニ領袖ノ略歴ヲ述ヘン

「チャイコフスキー」

青年時代ハ近衞士官タリシモ社會主義ノ爲軍職ヲ罷メラル社會革命黨ノ老將ニシテ所謂「チャイコフスキー」結社ヲ組織シテ同志ト共ニ解放運動ノ魁ヲナセリ一九一七年三月革命前ハ主トシテ英國ニ居住セシカ革命後「ペトログラード」ニ歸リ「ソヴイエト」ニ於テ活動ス過激派把權後聯合國ノ支援ヲ得テ北露「アルハンゲリスク」地方ニ據リ一九一八年八月乃至一九一九年七月北露政府ヲ樹立シ赤兵ト戰ヒタルモ利アラス目的ヲ達セスシテ遂ニ外國ニ亡命ス

機關紙

「ペトログラード」ニ「ナロドノエ、スロヴォ」、「ルースコエ、ボガートストヴォ」、「トルドワヤ、ムイスリ」等アリ

莫斯科ニハ「ナロードヌイ、ソツイアリスト」アリ

第十四節　社會革命黨

主義政綱

國際革命社會主義ハ有產階級ノ酷使ニ對スル使用人ノ反抗運動ヲ自覺シ勞働民衆ノ先驅トシテ人類ノ解放運動ヲ行フモノニシテ其ノ終局ノ目的ハ人類間ノ爭鬪ヲ絕チ總テノ强制及資本家ノ壓迫ヲ排シ社會組織ノ基礎ヲ自由平等及友愛ノ精神ニ基キ進ンテ男女信敎及民族ノ差ニ基ク差別的待遇ヲ廢止セセシムルニアリ

社會主義的制度ハ假令一部分ナレトモ社會ニ實現セラレ得ヘキヲ以テ資本ノ充實シテ社會主義實行ノ機熟スルヲ待ツコトナク組織的干涉ヲナシ此ノ目的ヲ達セサルヘカラス現今ノ世狀ニ鑑ミルニ今後露國ノ對外政策ハ列國ノ民主黨ト共同シ帝國主義及戰爭ノ撲滅ヲ計リ「インターナショナル」ノ再興ヲ企圖セサルヘカラス內政問題ニ關シテ革命ヲ無意味ナラシメサランカ爲國內ニ於ケル社會黨ヲ糾合シ新シキ社會組織ヲ作リ勞働階級ノ利益ヲ擁護セサルヘカラス

國體

民主々義聯邦共和國トシ議會ハ一院制ヲ採用シ議員ノ選擧ハ普通選擧法ニ依ル地方行政ニハ自治ヲ認メ自治團體ノ權利ヲ擴大ス

民族問題

各民族ニ對シ完全ナル自決權ヲ與フ小數民族ニ對シテハ其ノ權利ヲ擁護ス

土地問題

土地ハ何人ニモ屬セス勞力ヲ提供スル者ノミ之カ使用權ヲ有ストノ露國農民ノ信念ヲ尊重シ個人ノ土地所有權ヲ認メス總テ國有トシ其ノ處分及分配ハ地方ノ農民團及土地管理委員會ニ委任シ平等使用ノ原則ニ依テ處理セシム

勞働ハ總テ自己勞働トシ雇傭勞働ヲ禁止シ土地ヨリノ收入ニシテ勞働ニ依ラサルモノニ對シテハ課稅ス地下埋藏物ハ國家ニ森林及水利ハ地方自治團體ニ管理セシム土地問題ハ最モ重大ナルヲ以テ之カ解決ハ憲法議會ニ委ネ同會議開催迄ノ臨時ノ措置トシテ土地委員會ヲ設ケ之カ準備ニ當ラシム

勞働問題

八時間制ヲ採用ス但不健康ナル勞働ニハ右時間ヲ短縮シ又婦人幼年者ヲシテ健康上有害ナル勞働ニ從事セシムルヲ禁ス國家ハ勞働者ニ對シ保險制度ヲ行ヒ生活ノ安定ヲ保障セシム工場監督ハ勞

働者ヨリ選出セル委員會ヲシテ之ニ當ラシム又職業組合ヲ起シ勞働賃銀ノ最低率ハ右組合ト地方自治團ノ協定ニ依リテ之ヲ定ム

財政經濟問題

所得税及相續税ニ累進法ヲ採用シ間接税ヲ廢ス又保護關税ヲ廢ス「コオペラチーヴ」ヲ奬勵援助ス

敎育及宗敎問題

普通敎育ハ義務的且無料トシ又政敎ヲ分離シ信仰ノ自由ヲ認ム

軍事及司法

常備軍ヲ廢シ國民軍ヲ以テ之ニ代フ

裁判官ハ民選トシ訴訟ハ無料トス

戰爭ニ對スル態度

交戰各國ノ民主々義ニ對シ無併合無賠償民族自決權ノ主義ニ基キテ戰爭ヲ終了スヘキコトヲ提議ス此ト同時ニ同盟條約ノ改訂ヲ行ヒ平和運動ノ爲「インターナショナル」ヲ復興ス但獨逸ト單獨講和セス聯合國ト共ニ民主的平和及革命ヲ擁護ス

政府及「ソヴイエト」ニ對スル態度

「ソヴイエト」ニ對シ責任ヲ有スル社會黨員ヲ入閣セシムル聯立政府ヲ支持シ國防、革命擁護、憲法議會ノ召集ニ當ラシム「ソヴイエト」ニ對シテハ政府ヲ監督スルノ權利ヲ認ム

成立ノ由來

一九〇一年初メテ第一囘ノ會議ヲ開催シ黨ノ成立ヲ見タルモノナルカ其ノ主義主張ハ露國革命家「チエルヌイシエフスキー」、「ラヴロフ」、「ミハイロフスキー」ノ露國社會主義ト「ダヴイド」、「ベルンシタイン」等ノ西歐社會主義ヲ基礎トシタルモノナリ黨成立後政府反對ノ「テロル」ヲ行ヒタル爲當局ヨリ非常ナル壓迫ヲ受ケ遂ニ露國ニ於テハ裏面ノ活動スラ困難トナレリ依テ其ノ本部ヲ外國ニ移シ辛シテ活動ヲ繼續セリ

本黨ハ第一、第三、第四「デユーマ」選擧ニ參加セス「ボイコツト」ヲナセリ

一九一七年三月革命後外國ニ亡命シ居リタル黨員踵ヲ接シテ歸國シ其ノ勢力著シク增大セリ殊ニ農民及兵卒ハ本黨ノ土地及自由ナル標語ニ動サレ諸種ノ選擧ニ於テ本黨員ニ投票スルモノ多カリキ

本黨內ニ次ノ三大分派アリ

一、護國派ニシテ「ケレンスキー」、「アフクセンチエフ」、「ブレシコ、ブレシコフスカヤ」女史「ア

ルグノフ」等之カ領袖ナリ

二、護國派「インターナショナリスト」ニシテ「チエルノフ」、「ゴーツ」、「ルサーノフ」、「ゼンジノフ」等之カ領袖ナリ

三、左派ニシテ「スピリドーノワ」女史、「カムコーフ」、「ムスチスラフスキー」、「イワノフ、ラズウームニク」等之カ領袖ナリ

右三派ノ内第一派ノ主義ハ人民社會黨及右派社會民主黨卽チ合同派ニ最モ近キモノニシテ主義穩健ニシテ飽ク迄祖國ヲ防護セント努ムルモノナリ

第二派ハ本黨ノ中心ニシテ「ソヴイエト」ニ於テハ社會民主黨ノ「メンシエヴイキ」、革命主義護國派ト提携ス

第三派ハ主義ニ於テ「ボリシエヴイキ」若シクハ社會革命黨「マキシマリスト」ト共鳴ス

領袖トシテ「ブレシコ、ブレシコフスカヤ」女史、「ケレンスキー」、「アフクセンチエフ」「チエルノフ」「サヴインコフ」等アリ其ノ略歴左ノ如シ

「ブレシコ、ブレシコフスカヤ」(エカテリナ、コンスタンチノウナ」) 一八五七年生

露國革命ノ祖母ト通稱セラル若年ニシテ其ノ兩親、夫及小供ヲ捨テテ農民ノ間ニ入リ革命宣傳ニ

従事セリ之カ為西伯利亞ニ流刑ニ處セラル一九〇三年ヨリ一九〇五年迄瑞西及米國ニ居住シ「チヤイコフスキー」、「プレハーノフ」、「チエルノフ」等ト反帝政宣傳ヲナセリ其ノ後歸國シタルモ一九〇七年逮捕セラレ「ヤクツク」ニ流サレ一九一七年臨時政府ノ時赦サル、獨逸ニ對シ戰爭ヲ續行セサルヘカラサルコトヲ唱フ過激派把權後逃レテ米國、佛國、「チエコスロヴアキヤ」ヲ巡遊ス一九二一年一月巴里ニ開催セラレタル憲法會議々員會議ニ參加ス

又「ウフア」政府ニモ參加ス

「ケレンスキー」（ア、エフ）　一八八三年生

「ペトログラード」法科大學卒業後辯護士トナル勞働者ヨリ選ハレテ第四「デユーマ」議員トナル三月革命後成立セル假政府ノ司法大臣タリ死刑廢止ヲ行フ次イテ總理大臣軍司令官トナル「ボリシエヴイキ」革命ニ外國ニ逃レ英國、佛國ニ亡命シ居リタルカ目下「プラーグ」ニ在リ一九二一年一月ノ憲法會議々員會議ニ參加セリ

「アフクセンチエフ」（エ ヌ、デ）

一九〇五年「ペトログラードド」ニ「ソヴイエト」組織セラレタル時「トロツキー」ト共ニ之ニ參加ス同年末逮捕セラレ西伯利亞ニ流サレタルモ外國ニ逃ル主トシテ佛國ニ住ミ革命運動ニ與ル戰爭直前

「ポーチン」紙ヲ起シ社會主義ト國家主義トノ接近ヲ說ケリ戰爭宣言セラルルヤ「プリズイフ」紙ヲ起シ獨逸人ノ敵ナリト聲明セリ一九一〇年春歸國シ社會革命黨右派ノ領袖トナル獨逸トノ單獨講和ニ反對ス「ケレンスキー」內閣ニ內務大臣タリ過激派政變後「ウフア」ニ逃レ「ウフア」政府ノ首班トナル一九一八年同政府解散シ「コルチヤク」全露執政官トナルヤ外國ニ追ハル一九一九年以來巴里ニ定住シ居レリ一九二一年舊憲法會議議員會議ノ坐長ニ選擧セラル

「チエルノフ」（ヴエ、エム）

社會革命黨創立者ノ一人ニシテ其ノ中央執行委員會ノ長ナリ農民土地問題ニ關スル著書アリ三月革命前常ニ外國殊ニ瑞西ニ居住シ戰爭中ハ親獨反聯合國宣傳ニ從事セリ

三月革命後歸國シ改造セラレタル臨時政府ニ農務大臣タリ一九一八年一月憲法議會議長ニ選ハル

一九一八年九月「ウフア」ニ於テ全露政府ヲ組織ス

目下巴里ニアリ

「ゼンジノフ」

社會革命黨右派ノ幹部、文才アリ夙ニ黨ノ機關紙ニ執筆ス「オムスク」五頭政治ノ一人ナリ

「サーヴインコフ」(ベ、ヴエ) 一八七七年生

若年ニシテ革命運動ニ參加シ一九〔〇〕三年社會革命黨ニ屬シ間モナク實行團ニ加ハリ高官ノ暗殺ニ從事ス縛ニ就キ死刑ニ處セラレタルモ羅馬尼ニ逃レ後佛國ニ移リ革命文學ニ從事ス一九一七年三月革命後「ペトログラード」ニ歸リ臨時政府ヲ代表シテ大本營ニ派遣セラル「ケレンスキー」ノ時陸軍次官タリ

過激派把權後逃レテ南露「コルニーロフ」ノ許ニ走ル一九一八年夏「ヤロスラウリ」ノ暴動ヲ起ス「ウフア」政府ノ閣員タリ後巴里ニ來リ一九一九年「リヴオフ」公ノ主宰セル政治會議ニ參加ス一九百二〇年「ワルソー」ニ移リ「ピルスドスキー」ヨリ援助ヲ得テ反過激派軍ヲ起スモ事成ラス波蘭勞農政府ト和ヲ結フニ及ヒ「プラーグ」ニ移ル

機關紙

帝政時代ニハ祕密出版トシテ「革命ノ露西亞」、「スイン、オテーチエストヴア」、「勞働」、「革命思想」「ポーチン」等ヲ發行シタリシカ一九一七年ノ三月革命後ハ「デイロ、ナローダ」「ゼムリヤ、イ、ヴオリヤ」、「ヴオーリヤ、ナローダ」、「ナーシプーチ」、「ズナーミヤ、トルダ」等ヲ發行セリ

第十五節　「マキシマリスト」派社會革命黨

主義綱領

本黨ハ個人、其ノ利益及其ノ圓滿ナル發達ヲ第一義トス而シテ個人ノ自由ナル發達ハ社會主義ヲ基礎トスル社會生活ニ於テ之ヲ期スルコトヲ得、世界社會主義ノ一支隊タル本黨ハ勞働者、農民及勞働智識階級ニ依リ政權、土地工場ヲ勞働階級ノ掌中ニ握リ以テ社會主義ニ到達スル楷梯タラシメントスルモノナリ之ヲ要スルニ一九一七年ノ三月革命ハ政治的革命ナリ之ヲ進メテ社會的革命タラシメサルヘカラス

國體

勞働聯邦共和國トシ立法ニハ國民投票（レフエレンダム）制ヲ採用ス地方市町村ニ廣汎ナル自治ヲ與フ

民族問題

各民族ニ自由ナル自決權ヲ與フ

土地問題

個人所有ノ土地ヲ沒收シ之カ處分ヲ地方自治團體ニ委任ス耕地整理其ノ他土地ニ關スル經濟的施設ヲ行フ

勞働問題

職業組合及勞働紹介所ヲ設置シ勞働者ノ利益ヲ保護ス

財政經濟問題

大規模ノ生產、運送業、商業ヲ國家、地方、都市或ハ勞働團體ノ所有トス外國貿易ヲ國營トシ外國貨物ニ輸入稅ヲ課ス、租稅ハ國稅ト地方稅トノ權衡ヲ保タシム

敎育及宗敎

初等敎育ハ無料義務的トシ之ヲ村團ニ委任ス、中等及高等敎育ハ國家ニ於テ之ヲ掌ル、政敎ヲ分離シ信敎ノ自由ヲ認ム

軍事及司法

常備軍ヲ廢シ之ニ代フルニ國民全部ヲ武裝ス

裁判ハ公平獨立トシ裁判官ハ民選トス

戰爭ニ對スル態度

獨墺側ノ有産政府ト單獨講和セス聯合國及中立國ノ有産政府トモ條約ヲ結ハス平和ハ民族ノ自決權、無併合、無賠償ヲ主義トセサルヘカラス

政府及「ソヴィエト」ニ對スル態度

革命ノ歸着ハ中央政府ニ依ラス勞働民ノ地方團體ニヨリテ決ス故ニ政權ヲ「ソヴィエト」ニ收メ勞働共和國ヲ組織ス

成立ノ由來

本黨ハ一九〇五年社會革命黨第一回大會ノ開催セラルヽヤ同黨ヨリ分離シ一九〇六年十一月ニ至リ完全ニ獨立セルモノニシテ一九〇七年ノ反動後一時其ノ勢力衰ヘタリシカ一九一七年三月革命後再ヒ活動ヲ開始セリ其ノ領袖トシテハ「ソコロフ」、「マズーリン」、「ヴイノグラドフ」、「クリモフ」等有名ナリシカ盛ンニ高位高官ノ暗殺ヲ行ヒシ爲死刑ニ處セラレ現存スルモノトシテハ「リフキン」、「ズヴエーリン」及「ガールビン」アリ

機關紙

一九〇五年ニハ「プリンツイプイ、トルドヴオイ、テオリー」、「ヴオリヤ、トルダ」等アリシカ其ノ後中絶シ一九一七年三月革命後「トルドヴヤヤ、レスプーブリカ」ヲ發行セリ

第十六節　社會民主黨

主義綱領

歷史ノ全過程ハ自然ノ法則ニヨリテ行ハルヽ社會經濟關係ノ發展ニヨリテ定マル社會主義ノ勝利モ亦然リ現代ノ資本主義的經濟ハ左ノ如キ幾多ノ矛盾ヲ有ス

一、勞働者ト生產機關トノ分離

二、個々ノ企業トシテハ統一アルモ國家的生產ニ統一ナシ

三、生產過剩ニ基ク經濟恐慌アルニ不拘窮民增加ス

四、資本家ハ利益ヲ私シ勞働者ハ唯一ノ財產タル勞力ヲ賣ラサルヘカラサル悲境ニアリ

五、貧民增加シテ其ノ收益益々減少ス

此ノ如ク大資本家ハ小資本家ヲ壓倒シ資本ハ小數資本家ニ集中セラレ資本家ト「プロレタリアト」ノ差益々甚シ玆ニ於テ「プロレタリアト」ハ資本家ノ壓迫ニ堪ヱスシテ反抗シ政權ヲ奪ヒ勞働者ノ獨裁政治ヲ行ヒ總テノ生產機關ヲ掌握スルニ至リテ階級制度ハ撤廢セラレ世界ハ解放セラルヘシ

尙本黨五派政綱ノ差異ヲ擧クレハ左ノ如シ

一、統一派ノ見解

現時ノ如キ有產資本主義時代ニアリテハ一九一七年ノ政治的三月革命ヲ變シテ社會革命トナスヲ得サルノミナラス强イテ之ヲナサントセハ却テ反革命ヲ惹起シ再ヒ帝政ノ復活ニ導火線ヲ與フル恐アリ因テ「プロレタリアト」ハ目下ノ處民主的共和國ヲ建設シ土地問題及社會改革ヲ根本的ニ解決スルコトニ努メサルヘカラス而シテ其ノ目的實現ノ爲ニハ「プロレタリアト」ハ新制度ヲ確立セントスル他ノ階級ト行動ヲ共ニセサルヘカラス

二、「メンシエヴイキ」護國主義者ノ見解

「プロレタリアト」ノ目的ハ今回ノ革命ヲ機トシ勞働階級ノ地位ヲ改善シ政治上ノ自由ヲ確立シ社會主義ニ向テ進ム爲有利ナル條件ヲ作ルニアリ故ニ同一目的ヲ有スル他ノ階級ト行動ヲ共ニスヘシ但自己ノ階級觀念ヲ棄ツヘカラス

三、「メンシエヴイキ」、「インターナショナリスト」ノ見解

帝國主義ノ開始セル世界戰爭ハ資本制度ノ社會ニ於ケル根本的矛盾ヲ摘發シ各國間ニ於ケル革命的衝動ニ刺戟ヲ與ヘ「プロレタリアト」ノ覇權及社會主義實現ノ爲ニ一新紀元ヲ作ルモノニシテ露國革命ハ實ニ右世界革命運動ノ先驅タルナリ西歐諸國ノ革命ヲ誘致シ且社會ノ民主化ヲ計

ルニハ露國革命ヲシテ成功セシムルヲ要ス故ニ「プロレタリアト」ハ「ツインメルワルド」會議ニ於ケル決議ヲ基礎トシ團結セサルヘカラス

四、合同「インターナショナリスト」ノ見解

露國革命ハ世界革命ノ先驅ナリ國家的革命トシテ成功シタル露國革命ハ更ニ進歩發展シテ西歐諸國ノ社會革命及社會主義ノ勝利ヲ齎ラスヘキナリ

「プロレタリアト」ノ目的ハ「ツインメルワルド」ノ決議ヲ基礎トシ獨立セル階級的政黨ヲ組織シ革命ノ遂行ノ爲各國ノ無產革命ヲ支持スルニアリ

五、「ボリシエヴイキ」ノ見解

一九一七年三月ノ政治的革命ハ「ツアル」ヨリ「ブルジユア」ニ政權ヲ移シタルコトニヨリテ其ノ使命ヲ完フセリ今ヤ露國ハ社會主義實現ノ楷梯タル社會革命ノ域ニアルナリ依テ勞働階級ハ須ク「ブルジユア」ヨリ政權ヲ奪ヒ資本主義ノ戰爭ヲ終熄セシメ勞働民衆ノ爲土地ヲ沒收シ銀行及總テノ生產機關ヲ國有トシ「プロレタリアト」ノ獨裁權ヲ樹立シ以テ正當ナル共產主義ヲ實現スヘキナリ

一、「ボリシエヴイキ」以外四派共同見解
民主々義共和國トス、普通選擧法ニ依ル議會ヲ設ケ大統領ヲ置カス郡縣ニ自治制ヲ布キ地方ニ自治ヲ許ス

二、「ボリシエヴイキ」ノ見解
勞働者及農民共和國トス、行政機關ハ各階級及各職業ノ代表者ヨリ成ル「ソヴイエト」ヲ以テ代フ、立法及行政權ヲ合一ス

民族問題

一、統一派ノ見解
各民族ニ自由ナル自決權ヲ許シ小民族ニ文化ノ發達ヲ保證ス

二、統一派及「ボリシエヴイキ」以外ノ見解
各民族ニ自決權ヲ認メ又或ル民族カ多數ヲ占ムルカ又ハ特種ノ習慣ヲ有スル時ハ之ニ自治ヲ與フ

三、「ボリシエヴイキ」ノ見解
各民族ニ對シ分離ニ至ル迄ノ自決權ヲ認ム

土地問題

一、統一派ノ見解

土地ハ小地主所有以外ノモノハ全部沒收シ其ノ處分法ハ地方自治團內ニ設ケタル土地委員會ニ委任ス鑛物森林等ノ天產ハ國有トス

二、統一派及「ボリシエヴイキ」以外ノ見解

寺院、修道院及規定ノ面積ヲ超過スル個人ノ土地ヲ沒收シ一般國家ノ利益增進ノ爲ニ使用ス農村團及小地主ノ所有地ハ之ヲ沒收セス但國家及地方自治團ニハ之ヲ購入スルノ權利ヲ與フ天然ノ富源ハ國家ニ於テ處理ス

三、「ボリシエヴイキ」ノ見解

地主、帝室、寺院所有地ハ全部之ヲ沒收シテ國有トス土地處分權ハ民主的地方自治機關ニ附與ス土地ハ大規模ニ共同使用ヲナサシム

勞働問題

一、「ボリシエヴイキ」以外ノ見解

八時間制ヲ採用シ一週四十二時間ノ休息ヲ與フ、規定外及夜間勞働ヲ禁シ十六歲未滿ノ幼年者

ニハ絶對ニ勞働セシメス十六歳以上十八歳未滿者ニハ六時間勞働トシ婦人ハ健康上有害ナル勞働ニ從事セシメス

富者ニ特種ノ税ヲ課シ勞働保險ノ財源ニ當ツ選擧ニヨル工場監督制度ヲ設ク

二、「ボリシエヴイキ」ノ見解

八時間制トシ健康ニ有害ナル勞働ニアリテハ更ニ四時間乃至六時間ニ短縮ス、夜業ハ四時間ヲ超ユルコトヲ得ス、勞働者ニ保險ヲ附ス、選擧制度ニヨル工場監督制度ヲ採用ス

財政經濟問題

一、「ボリシエヴイキ」以外ノ見解

間接税ヲ廢シ所得税及相續税ニ對シテハ累進法ヲ採用ス戰時所得ニ課税シ新ニ財產税ヲ起ス

二、「ボリシエヴイキ」ノ見解

間接税ヲ廢シ之ニ代フルニ高率ノ所得税及遺產相續税ヲ賦課ス

主要產業ノ生產及分配ハ國家又ハ社會之ヲナシ金融機關及「シンヂケート」ハ國有トス

教育及宗教問題

一、「ボリシエヴイキ」以外ノ見解

學校ヲ民主化シ十六歳未滿ノ小兒ニ對シ義務的且無料ニテ普通及職業敎育ヲ施ス、國家ト宗敎トヲ分離シ信敎ノ自由及宗敎上ノ結社ヲ認ム

二、「ボリシエヴイキ」ノ見解

國民敎育ハ義務的且無料トシ費用ハ國庫之ヲ負擔ス、政敎分離ノ主義ヲ確立ス

軍事及司法

一、「ボリシエヴイキ」以外ノ見解

常備軍ヲ廢シ國民全部ヲ武裝ス

裁判官ハ民選トス

二、「ボリシエヴイキ」ノ見解

常備軍及警察ハ之ヲ廢シ國民全部ヲ武裝ス勞働者ニシテ民警ニ勤務スル者ニハ休業中ト雖モ賃銀ヲ拂フ

戰爭ニ對スル態度

一、統一派ノ見解

戰爭ハ獨墺側帝國カ各國民ノ經濟上ノ獨立ヲ奪ハントスルヲ防止スルニアルト共ニ歐洲ニ於ケ

ル君主制度ノ最後ノ根據ヲ挫クニアリ故ニ西歐ノ民主々義ト提携シテ中央帝國ト戰フコトハ露國革命ヲ救フノミナラス世界「プロレタリアト」ノ革命運動ヲ助長スルモノニシテ「インターナショナル」決議ノ趣旨ニ合致ス

二、「メンシエヴイキ」派護國主義者ノ見解

露國ノ戰敗ハ同國ニ不幸ヲ齎ラスヘキノミナラス民主的世界平和ノ期ヲ遠ケ革命ヲ失敗ニ歸セシムヘキ恐アリ故ニ防戰ヲ繼續スルト共ニ平和運動ヲ起ス必要アリ仍チ「ストックホルム」ニ世界ノ社會主義者大會ヲ開キ之ヲ促進スヘシ

三、「メンシエヴイキ」派「インターナショナリスト」ノ見解

各戰線直ニ休戰ヲナシ無併合、無賠償、民族自決權ヲ主義トスル平和ヲ結フコト但獨逸ト單獨講和ヲナスヘカラス直ニ戰爭ヲ終熄セシムル方法トシテ各國ノ「プロレタリアト」ト結ヒ帝國主義政府ト戰フヘシ中立國及交戰國ノ社會主義者大會ヲ「ストックホルム」ニ開催シ本問題ヲ審議スヘシ

四、合同派「インターナショナリスト」ノ見解

世界各國ノ「プロレタリアト」ト結合シ無併合、無賠償、民族自決權ノ主義ニ基キ卽時戰爭ヲ中

止セシムヘシ戰線ニ於ケル交戰國兵士間ニ友情ヲ温メシムヘシ

五、「ボリシエヴイキ」ノ見解

戰爭ヲ開始セルハ之ニヨリテ利益ヲ得タル資本家ナリ「プロレタリアト」ハ戰爭ニヨリテ何等益スル所ナシ故ニ戰爭ヲ終熄セシムル唯一ノ方法ハ各國ニ於テ政權ヲ「プロレタリアト」ノ手中ニ收ムルニアリ露國ニアリテハ勞働者及貧窮農民ノ手中ニ收ムルニ在リ

戰ニ於テ交戰國兵卒間ニ友情ヲ温メシムルコトハ戰爭中止ノ一助トシテ奬勵スヘシ

臨時政府ニ對スル態度

一、統一派ノ見解

「ブルジユア」階級ト民主々義ノ諸黨ト協議ノ上成立シタル臨時政府ハ革命ニヨリテ得タル政治上ノ自由ヲ確立シ憲法會議ヲ召集シテ國家ノ基礎ヲ確立センコトニ努力シツヽアリ依テ之ヲ支持ス但之ヲ監督スル爲「プロレタリアト」ノ代表者ヲ入閣セシム

二、「メンシエヴイキ」派護國主義者ノ見解

臨時政府ニシテ祖國及革命ヲ擁護スル限リ之ヲ支持ス

三、「メンシエヴイキ」派「インターナショナリスト」ノ見解

革命政府タルモノハ須ク戰爭ヲ終熄セシメ憲法會議ヲ召集スヘシ本黨ハ斯ル政府ヲ支持シ之ニ黨員ヲ入閣セシム

四、合同派「インターナショナリスト」ノ見解

「ソヴイエト」ハ革命人民ノ政權トシテ實現シ得ヘキ唯一ノ形式ナリ依テ徹底セサル臨時政府ヲ排シ同時ニ「ソヴイエト」內部ノ妥協主義者ヲ驅逐シ「ソヴイエト」政權樹立ニ努ムヘシ

五、「ボリシエヴイキ」ノ見解

臨時政府ハ反革命的ニシテ帝國主義的ナル有產黨及愛國社會黨ノ勢力下ニアリ依テ之ヲ倒シ勞農ノ獨裁權ヲ樹立スヘキナリ

成立ノ由來

社會主義ノ基礎ハ「マルクス」及「エンゲルス」ノ提唱スル所ニシテ露國ニ於テ初テ此ノ說ヲ唱ヘタルハ「プレハーノフ」ナリ同人ハ一八八〇年瑞西ニ於テ「ヴエラ、ザスーリチ」女史及「デイチ」等ト「勞働解放」ナル結社ヲ組織セリ爾來露國文壇ニ於テ「マルクス」主義ヲ論究スルモノ漸ク多ク前記「勞働解放」ノ一味ハ一八九〇年「ミンスク」ニ於テ第一大會ヲ催シ主義綱領ヲ定メ名稱ヲ社會民主勞働黨ト改メタリ

前記「ミンスク」大會ニ於テ本黨ハ「ボリシエヴイキ」ト「メンシエヴイキ」トニ分裂セルカ一九〇五年ノ「ストツクホルム」大會ニ於テ二派合同セリ然ルニ一九〇七年「ロンドン」大會ニ於テ更ニ二派ノ分裂ヲ見一九一一年以來兩派各獨立セル組織ヲ有スルコトヽナリシカ世界大戰中更ニ分裂シテ次ノ五派ヲナスニ至レリ

一、統一派

領袖、「プレハーノフ」、「デイチ」、「オルトドクス」

二、「メンシエヴイキ」派護國主義者

領袖、「ポトレーソフ」、「マースロフ」、「ダン」、「ボグダーノフ」、「チヘーゼ」、「ツエレテリ」

三、「メンシエヴイキ」派「インターナショナリスト」

領袖、「マルトフ」、「アクセルロード」

四、合同派「インターナショナリスト」

領袖、「トロツキー」、「ルナチヤルスキー」、「バザロフ」

五、「ボリシエヴイキ」派

領袖、「レーニン」、「ヂノヴイエフ」、「カーメネフ」、「コロンタイ」女史

今左ニ此等領袖ノ略歴ヲ記述セン

「デイチ」

露國社會民主黨創立者ノ一人ナリ屢々西伯利亞ニ流サレ多年英國ニ居住セリ

「ポトレソフ」（ア、エス） 一八六八年生

學生時代ヨリ革命運動ニ參與シ反政府宣傳ニ從事ス一八九八年「ヴヤトカ」縣ニ流サル一九〇五年以後外國ニ居住シタリシカ三月革命後露國ニ歸リ「ペトログラード」ニ新聞「デーニ」ヲ經營セリ目下露國ニ在ルモ「ボリシエヴイキ」ト關係ナシ

「マースロフ」（ペ、ペ）

「オレンブルブ」ノ「コザツク」ナリ一八八九年ヨリ屢々處刑セラル一九一四年勞働者間ニ宣傳ヲナセル廉ヲ以テ捕ハル土地問題ノ泰斗ナリ

「ダン」（エフ、イ）本名「グールヴイチ」 一八七一年生

「ドルパト」大學醫科大學卒業、革命宣傳ニ關係シタル廉ヲ以テ「ヴヤトカ」縣ニ流サル、外國ト

露國ト ノ間ヲ往來シ革命運動ニ從事セリ主義上「レーニン」ト意見ヲ異ニシタルモ「ソヴイエト」

制度主義ヲ支持セリ

目下露國ニアリ「ソヴイエト」ニ關係セス

「チヘーゼ」(エヌ、エス) 一八六三年生

「ジオルジヤ」人ニシテ「オデツサ」大學ニ在學スルコト一年一八八九年「ハリコフ」獸醫學校

ニ轉ス偶々學生一揆アリテ退學ス後社會民主黨機關紙ニ執筆ス第三及第四「デユーマ」ニ議員タ

リ常ニ政府反對黨トシテ政府ヲ攻擊セリ臨時政府ノ時ハ勞兵會ニ於テ最モ勢力ヲ有セリ過激派

把權後高加索ニ引揚ケ一時高加索三國ノ合同ヲ企テ過激派ニ對抗セルモ遂ニ敗レ目下巴里ニア

リ

「ツエレテリ」

大學在學中革命運動ニ與リ西伯利亞ニ流サルル一九一七年ノ三月革命當時ハ「イルクツク」ニ在リ

シカ直ニ迎ヘラレテ臨時政府ノ遞信大臣タリ

「マルトフ」(イ、オ)本名「ゼデルバウム」 一八七三年生

猶太人ナリ「ペトログラード」大學在學中ヨリ政治運動ニ關係シ退校ヲ命セラル一九〇一年以

來外國ニ居住シ社會民主黨ニ入リ「イースクラ」ニ執筆ス爾來外國ニ催サレタル露國社會主義者ノ會合ニ參加ス一九〇五年一旦歸露シタルモ一九〇六年再逮捕セラレ後外國ニ逃レ黨ノ爲ニ活動ス一九一二年「メンシエヴイキ」ノ領袖タリ「レーニン」ト反對ノ立場ニアルモ別ニ强テ之ニ反對セス

「アクセルロード」（ベ、イ）

「ペトログラード」軍醫大學ヲ卒業スルニ至ラスシテ革命結社員トシテ逮捕セラル後外國ニ逃レ一八九九年「プレハーノフ」ト共ニ勞働解放ナル結社ヲ組織ス爾來外國ニ催サレタル露國民主黨大會ニ參加ス

瑞西ニ發行セラレタル社會民主黨機關紙ニ主筆タリ

一九一五年ノ「ツインメルワルド」會議ニ列席ス

目下瑞西ニ居住シ「ボリシエヴイキ」ヲ攻撃ス

「トロツキー」（エル、デ）本名「ブロンシタイン」　一八七七年生

猶太人ナリ若年ニシテ社會黨ニ入リ屢々政治犯トシテ處刑セラル一九〇五年「ペトログラード」「ソヴイエト」ノ議長トナル一九〇六年更ニ逮捕セラレ西伯利亞ニ流サレ後墺國ニ赴キ維納ニ

於テ「ウクライナ」社會主義者ノ機關「プラウダ」ヲ發行シ更ニ佛國伊國ヲ遊歷ス外國ニ催サレタル社會民主黨ノ會合ニ列席ス戰時中佛國ヨリ退去ヲ命セラレ西國ニ赴キ後米國ニ移リ平和宣傳運動ヲ行フ一九一七年春帝政顚覆後米國ヲ去リ加奈陀ニ於テ抑留セラレ過激派擡頭ニ先チ露國ニ歸リ一九一七年七月「レーニン」ト共ニ臨時政府顚覆ヲ計畫シタルモ失敗シ一時逮捕監禁セラレタルモ「ソヴイエト」ノ要求ニヨリ釋放セラル十一月七日遂ニ臨時政府ヲ倒シ「ソヴイエト」共和國ヲ建設シ外務委員トナル後陸海軍委員ニ轉シ交通委員ヲ兼ヌ「ブレスト、リトウスク」ニ獨逸ト休戰及講和ヲ議ス意志强固ニシテ性怜悧ナリ

「ルナチヤルスキー」（ア、ヴエ）　一八七三年生

若年ヨリ社會民主黨ニ屬シ革命運動ニ從事ス一九〇七年ヨリ一九一七年春迄外國ニ居住シ活動ヲ續ク革命後「レーニン」ト共ニ歸國シ過激派把權後文部委員タリ

「カリニン」（エム、イ）　一八七五年生

「トヴエル」縣ノ百姓ナリ莫斯科電氣鐵道ニ勞働者トシテ雇ハレ勞働者ノ間ニ宣傳ヲナセリ一九一〇年莫斯科ヨリ退去ヲ命セラレタルモ後再宣傳ヲナセリ過激派ノ政變ニハ直接關係セサリキ現在全露中央執行委員會議長タリ前議長「スヴエルドロフ」ノ死去後「レーニン」ハ勞働者ト農民

トヲ結合スル意味ニテ農民出身ノ同人ヲ右議長ニ推シタルナリ

「レーニン」(「ウリヤノフ」)　一八七〇年生

父ハ「シムビルスク」縣ノ勅任官吏ナリ一八七〇年四月十日ヲ以テ「シンビルスク」ニ生レタリ正教的教育ノ下ニ幼時ヲ過セル彼ハ一八八七年中學ヲ終ヘ「カザン」大學ニ入レルカ同時ニ父ヲ喪ヘリ彼ノ兄「アレクサンドル、イリチ、ウリヤノフ」ハ歴山路三世ニ對スル陰謀ニ與シタルタメ四人ノ與黨ト共ニ「シユリセルブルグ」要塞内ニテ絞首セラレタリ「レーニン」ノ學生時代ハ模範生ノ一語ニ盡キ「ケレンスキー」ノ父ナル中學校長ヨリ優等證ヲ受ケタリ當時ノ彼ハ孤獨ヲ愛シ何人ヲモ信頼セサリキ兄ノ死刑ハ彼ニ深甚ナル影響ヲ與ヘ此ノ時ヨリ熱心ニ革命運動ニ從事スルニ至レリ彼ハ「ソシアル、マルクシスト」ニ入黨セシモソノ該博ナル智識ト特色アル雄辯ハ忽チ儕輩ヲ拔クニ至レリ彼ノ雄辯タルヤ情味ニ於テ缺クル處アルモ論理的ナル點ニ力アリ一八九一年「ペテルスブルグ」大學ニ入リ一八九五年「ゼネバ」ニ赴キ間モナク首都ニ歸リ革命文學ニ筆ヲ執レリ

後西伯利亞流刑三ケ年宣告セラレ、ソノ間ヲ「イルクツク」、「クラスノヤルスク」ニ過シ一九〇〇年ニ露國ヲ去レリ倫敦ニ於ケル露國社會民主黨總會ノ時彼ノ急進的理想ハ黨與ヲ得ルコト少

カリキ社會民主黨ハ此ノ時ヨリ多數派及「マルキシスト」ヲ意味スル「ボリシエヴイキ」ト少數派ヲ意味スル「メンシエヴイキ」ニ二分スルニ至レリ因ニ此ノ總會ノ際例ノ「チチエリン」ハ「メンシエヴイキ」中ニアリテ温和的ナル意見ヲ保持セリ

一九〇五年「レーニン」ハ露國革命ニ參加シ社會民主黨中ノ「ボリシエヴイキ」派ヲ率キシカ形勢ノ不利ナルヲ見ルヤ先ツ芬蘭ニ赴キ次テ國外ニ走リ歐洲諸國首府ノ大半ヲ遍歷セリ當時ニ於ケル彼ハ碌々タル一新聞記者トシテ雌伏セシモソノ間猛烈ナル勢ヲ以テ讀書ニ耽レリ歐洲大戰ノ初マルヤ彼ハ居ヲ「ゼネバ」ニ移セシカ此ノ時以來資本主義ト鬪フヘキ時ノ到來セルコトヲ說キ露帝國ノ壞滅ヲ豫言シ此ノ目的ノ爲ニ全力ヲ盡セリ

「ツインメルワルト」ノ會議ニ於ケル彼、露國革命中ノ彼ノ活動ハ周ク知ラルル處ナルカ露國革命ノ勃發スルヤ彼ハ獨逸官憲ノ許可ヲ得封鎖車ニ乘シテ歸國シ温和ナリシ「ソヴイエト」ヲ漸次過激派化シ一九一七年十一月七日遂ニ臨時政府ヲ顚覆シテ政權ヲ握レリ

「ラデク」其他「ボリシエヴイキ」派記者ハ種々辯解スレトモ「レーニン」カ露國ノ獨裁者タルハ事實ナリ

智的方面ニ於テモソノ私的生活ノ清廉ナル點ニ於テモ彼ニ匹敵スルモノナク彼ハ實ニ「ボリシエヴィキ」ノ頭腦ニシテソノ人望ノ偉ナルモ道理ナリ彼ハ事業ヲ遂ケサレハヤマサルノ强固ナル意思ノ所有者ニシテソノ該博ナル智識ヲ基礎トシ以テ常ニアルカママノ現實ヲ凝視シツツアルモ彼ノ腦奥ヲ割ツテミレハ人類救濟ハ共産主義ノ確立ニアリ而シテ此ノ大事業ヲナシ得ルハ彼及彼ノ同胞露人アルノミトノ信念ヲ懷ケル神祕主義者ナリ而シテコノ目的到達ノ爲ニハ如何ナル迂路モ犧牲モ彼ハ意ニ介セサルナリ

「ルイコフ」（ア、イ）　一八八一年生

農家ノ出ナリ一九〇八年頃ヨリ社會民主黨ト關係シ祕密警察ノ注意ヲ受ク一九〇九年同十七年迄外國ニアリ內外黨員ノ連絡ニ當ル臨時政府ノ時「ペトログラード」ニ歸リ過激派主義ヲ宣傳ス同黨把權後內務人民委員後人民最高經濟會議々長トナル現ニ中央執行委員會幹事ニシテ一九一一年「レーニン」發病後總理代理トナル

「カーメネフ」（エル、ベ）本名「ローゼンフエルド」　一八八三年生

莫斯科大學在學中政治運動ニ關係シ屢々逮捕監禁セラレタルコトアリ一九〇七年外國ニ逃レ爾

來「レーニン」ト事ヲ共ニス佛國及瑞西ニ發行セラレタル雜誌新聞ノ主筆タリ一九一四年露國ニ歸リ「デユーマ」議員タリシ社會民主黨ノ間ヲ遊說セントシ試ミタレトモ逮捕セラレ後西伯利亞ニ流サル革命後莫斯科ニ來リ同市「ソヴイエト」議長ニ選ル現ニ中央執行委員會幹事ニシテ且ツ「ルイコフ」、「ツユルーパ」ト共ニ總理代理ナリ其ノ妻ハ「トロツキー」ノ妹ナリ

「スタリン」(イ、ヴエ)本名「ジユガシヴイリ」

「ジオルジヤ」人ニシテ「チフリス」ノ產ナリ一九〇八年乃至一九一二年革命運動ニ從事セル廉ヲ以テ屢々處刑セラル「ボリシエヴイキ」ノ把權後民族委員トシテ終始シ中央執行委員會幹事ニシテ勢力アリ

「チチエリン」(ゲ、ヴエ)一八七〇年生

名家ノ出ナリ莫斯科市長タリシ彼ノ父ハ自由思想防遏者ナリシト云フ然ルニ彼ハ理想主義者ニシテ叔父ヨリ受ケタル莫大ナル遺產ヲ農民ノ爲ニ分配セル位ナリ曾テ帝政時代ノ外務省ニ勤務シタルコトアリ一九〇七―一九〇八年瑞西ニ居住シ初「メンシエヴイキ」ニ屬シ後「ボリシエヴイキ」トナリ「レーニン」ト親交アリ一九一八年ノ初露國ニ歸リ「トロツキー」ニ代ハリテ外務委

員タリ「ゼノア」會議ニハ露國側首席代表タリキ激烈ナル神經衰弱症ニ罹リ殆ント睡眠不可能ニシテ夜間事務ヲ執ルト云フ

「リトヴイノフ」（エム、エム、）本名「フインケルシタイン」　一八七六年生

猶太人ナリ一九〇一年革命宣傳ヲナセル廉ヲ以テ捕ハル後外國ニ逃ル一九〇六年社會民主黨ヨリ露國ニ革命ヲ起スタメ武器購入及輸入ノ使命ヲ受ク一九〇八年佛國ヨリ追ハレ一九〇九年以來倫敦ニ移リ戰爭ニ至ル戰時中監禁セラレ居リシカ一九一八年過激派ノ要求ニヨリ釋放セラル爾來勞働代表トシテ「スカンヂナヴイヤ」諸國ニ使シ英國トノ通商談判ヲナセリ西歐各地ニ過激派宣傳網ヲ組織ス經濟學ニ關スル造詣深シ一時「エストニヤ」ニアリテ在外宣傳機關ヲ操縱セリ今ヤ「カラハン」ト並テ外務副委員ノ地位ヲ占メ主トシテ西歐方面ノ外交事務ヲ擔任ス

「デルヂンスキー」（エフ）　一八八〇年生

波蘭人ナリ、波蘭「リスニヤ」社會民主黨ニ屬シ波蘭ニ於テ活動ス一九〇五年處刑セラル一九一七年釋放セラレ過激派ノ政權ヲ握ルヤ反革命委員會總理トナリ反過激派分子ヲ壓迫セリ其ノ後

交通内務兩委員ヲ兼任ス勢力アリ

「ブハリン」（エヌ、イ）　一八七八年生

父ハ帝判時代ノ官吏ナリ莫斯科大學ニ學フ一九〇二年革命運動ニ參加セル廉ヲ以テ逮捕セラル爾來社會民主黨ニ屬ス戰爭ノ當初「レーニン」ト共ニ「ガリシヤ」ニアリ後瑞西ニ移ル一九一七年三月革命後「レーニン」ト共ニ歸國ス最モ過激ナル理論家ナリ「レーニン」ノ温和政策ニ反對ストル傳ヘラル

「ヂノヴイエフ」（オ、）本名「アップフエルバウム」　一八八三年生

猶太人ナリ一九〇八年革命運動ニ從事シタル廉ニテ逮捕セラレ同年末外國ニ赴キ在外社會民主黨ノ會合ニ加ハリ又雜誌等ニ執筆セリ「レーニン」ヲ援ケテ革命運動ヲ畫策セリ一九一七年「レーニン」ト共ニ歸國シ過激派ノ把權後「ペトログラード」、「コムムーナ」ノ探題ニ任セラル

「コロンタイ」女史（ア、エム、）　一八七三年生

良家ノ出ナリ一大佐ニ嫁シ其ノ革命運動ニ關係セルハ戰爭前ニシテ一九一四年過激派ノ命ニヨリ「ワルソー」守備隊內ニ宣傳ヲナシ外國ニ於テ發行セラレタル社會主義雜誌ニ執筆セリ一九一五年「ツインメルワルド」會議ニ列ス後「スカンヂナヴイヤ」、英、米諸國ニ居住シ平和運動及社

會革命ノ宣傳ニ從事セリ過激派ノ把權後社會救濟委員タリ

「クラシン」(レオニド、ボリソヴイチ)

彼ハ純粹ナル露人ニシテ一八七〇年西伯利亞ニ生マレ「ペテルスブルグ」ノ高等工藝學校ニ學ヒシモ數囘政治上ノ理由ニテ退校ヲ命セラレタリ彼ハ最初ノ露國社會民主黨員ナリ一八九五西伯利亞ニ流謫セラレ技師トシテ西伯利亞鐵道ノ敷設ニ從事セルカ一九〇〇年以後ハ技師トシテ「バクー」ニ勤務セリ一九〇四年及一九〇六年ノ交、「ペテルスブルグ」電線建設ニ從ヒツツアリシカ一方革命家トシテノ彼ハ中央委員會委員ニ選ハレタリ一九〇四年彼ハ莫斯科ニ於テ次テ翌年「ヴイボルグ」ニテ捕縛セラレシカ三ケ月ノ拘禁後免サレテ國外ニ赴キ倫敦ノ「ボリシエヴイキ」會議ニ參列セリ

第一革命後彼ハ專ラ自己ノ職業ニ從事シタルカ「レーニン」其他ノ「ボリシエヴイキ」トノ友誼ヲ保持セリ彼ハ伯林「シーメンス、ハルスケ」會社ニ入リシカ一九一二年莫斯科支店長ニ擧ケラレ次テ同十四年「ペトログラード」支店長ニ轉任シコノ間勞農革命ノ成就スル迄政治問題ニ携ハラス其通商交涉ニ關與スルニ至レルハ「ブレスト、リトウスク」ノ和議後ナリ

一九一八年八月、軍需委員兼商工務委員ニ任セラレ一九一九年三月ニハ運輸委員ニ任セラル

彼ハ獨逸ニ學ヒ商業、工業問題ニ造稽深ク獨逸國民ヲ理解スルコト最モ深ク戰前ヨリ獨逸トハ深キ關係ヲ有セリ

其ノ主義ノ溫和ナルニヨリ又ソノ富メルカ故ニ黨人ノ疑惑ヲ受ケ英國ニ派遣セラレタルトキノ如キハ「クリシコ」氏監視役トシテ從ヘル程ナルカ「レーニン」ノ信用厚ク之ニヨリテソノ敵ニ抗セシノミナラス黨內ニ於ケル自己ノ勢力ヲ扶殖セリ彼ハ「レーニン」ト共ニ「ボリシエヴイキ」中ニアリテ最モ溫和的意見ヲ持セルカ彼ヲ熟知セルモノノ言ニヨレハ彼ハ偉大ナル智識、敎育ノ所有者ナルカ社會的經濟的ニ世界ヲ救ヒ得ルハ只タ「マルクス」社會主義アルノミトノ確信ヲ墨守スル嫌アリ彼ハ露國ノ共產主義カ失敗シタルニ不拘尙同主義ノ實行可能ナルコトヲ信スルモノナリト云フ

「ヨッフエ」（アドルフ、アブラモヴイチ）

全露「ソヴイエト」大會中央執行委員會議員年齡四十、體軀巨大、頭腦明晰ニシテ綿密、性執拗强情ニシテ計略ニ富ム、猶太人ナリ、靑年時代ヨリ革命運動ニ加ハリ官憲ノ壓迫ニ堪ヘスシテ外國ニ逃レ伯林大學ニ醫學ヲ修ム後瑞西ニ移住シ社會民主黨機關紙「プリズイヴ」其ノ他ニ執筆ス

一九一七年三月革命後歸國シ「ペトログラード」勞兵會員ニ當選シ後之カ副會長ニ選ハル同年十二月十五日露國全權トシテ露獨休戰條約ニ調印ス最初ノ露獨講和談判ニハ首席全權トシテ交渉ヲ行ヒタルモ平和條約ニハ調印セサリキ

「ブレスト、リトウスク」條約締結後駐獨大使ニ任命セラレ在任中外交官ノ特權ヲ濫用シテ宣傳ニ從事セル爲獨逸政府ノ忌ム所トナリ召喚セラル爾來「エストニヤ」「リスアニヤ」「ラトヴイヤ」波蘭諸國トノ講和條約ヲ締結シ一九二二年ノ「ゼノア」會議ニハ全權隨員トシテ參列シ「ラパッロ」條約締結ニ盡力セリ同會議決裂後在支特命全權使節トシテ北京ニ赴キ序テ長春會議ニ勞農露國及極東共和國ヲ代表シテ我國ト交渉ス

「ラコウスキー」(クリスチアン、ゲオルギエヴイチ)

全露中央執行委員會「ウクライナ」人民委員會議長兼外務委員、外國ニ於テ教育ヲ受ケ新聞記者トシテ有名ナリ屢々社會民主黨ノ集會ニ於テソノ意見ヲ發表セリ猶太人ニシテ勃牙利ノ「ドブルジヤ」ノ産ナリ法醫博士ノ二學位ヲ有ス彼ハ羅馬尼社會黨ノ急進派ナルカ投獄ノ難ヲ避ケテ外國ニ走リ「ウクライナ」ニテ共産黨組織ニ努メタリ彼ハ殆ト總テノ「スラブ」語ニ通シ「レーニン」ニ私淑ス莫斯科派遣「ウクライナ」總督ノ觀アリ彼ハ精力絶倫屢々重要ナル使節ニ派遣

サル居ルモ公ノ資格ニテ行動スルコト殆トナシ最近彼ハ獨逸ニ入リ更ニ玆ヨリ療養ヲ名トシテ「チエコ、スロバキア」ニ入レリ

「サプロノフ」（チモテオ、ウラヂミロヰチ）

勞働者ニシテ露國ニ於ケル「コオペラチーヴ」運動ノ代表者ニシテ産業ニ關シテハ全ク「ボリシエヴイキ」ト反對ノ見解ヲ持セリ最近ノ勞兵農大會ニ於テ「ボリシエヴイキ」ノ採レル措置ニ反對ノ大演說ヲナセリト

「シユリヤプニコフ」（アレクサンドル、ガブリロヰチ）

「サンヂカリスト」派ニ關スル革命家、冶金家、「オシンスキー」、「オブレンスキー」ト共ニ中央民主黨ト稱スル共產黨一派ヲ代表ス「ソヴイエト」露西亞ニ於ケル最モ聰明ナル人士ノ一人ニシテ歐洲式敎育ヲ受ケ經濟問題ニ關シテハ一隻眼ヲ有ス性冷靜ニシテ溫和分子ナリ

「ラデク」（カ）本名「ソーベルソン」　一八八〇年生

墺國生ノ猶太人ナリ波蘭系社會民主黨ナリ一時同黨ヲリ脫會セラレタルモ「レーニン」ノ力ニテ復黨セリ戰時中獨墺側ノ爲有利ナル行動ヲナシ過激派把權後露國ニ移リ「プラヴダ」ノ主筆ヲナシ「ステクロフ」ノ「イズヴエスチヤ」ニ於ケルカ如キ地位ヲ占ム

第三「インターナショナル」機關ノ主筆ナリ

「ガネツキー」（イ、エス、）本名「フュルステンブルグ」

波蘭系ノ社會民主黨ナリ一九一三年當時「クラコフ」ニ在リシ「レーニン」ト相識ル三月革命前「スカンヂナヴィヤ」ニ在リテ革命運動ノ準備ヲナセリ臨時政府時代モ猶「ストックホルム」ニ留マリ獨逸參謀本部ト過激派トノ中介者ノ役ヲナセリ過激派把權後外交上ノ使命ヲ帶ヒテ「ストックホルム」「コペンハーゲン」ニ使シ現在「ラトヴィヤ」駐劄代表トシテ西歐ト露國トノ連絡ニ當リ居レリ

「ステクロフ」（オ、エム、）本名「ナハムケス」　一八七〇年生

一八九四年反政府宣傳ヲナシタル廉ニテ西伯利亞ニ流サル一八九九年外國ニ逃レ在外革命團體ニ活動ス、社會民主黨雜誌ニ執筆ス、戰爭前「レーニン」ト親交ヲ重ヌ

一九一四年露國臣民タル廉ヲ以テ獨逸官憲ニ捕ヘラレタルモ釋放セラレ露國ニ歸リ市自治團結ニ入ル三月革命後「ソヴイエト」ニ入リ平和運動ヲ起ス過激派把權後「イスヴエスチヤ」主筆トナリ同政府ヲ支持ス勞農憲法ハ同人ノ草案スル所ナリ

統一派

「エヂンストヴォ」(新聞「プレハーノフ」主筆)

「ソヴレメンヌイミール」(雜誌)

「メンシエヴイキ」派護國主義者

「ラボーチヤヤ、ガゼータ」、「デーニ」、「デイロ」、「ラボーチエエ、デイロ」

「メンシエヴイキ」派「インターナシヨナリスト」

「レテウーチー、リストク」、「インテルナツオナル」、「イースクラ」

合同派「インターナシヨナリスト」

「フペリヨド」、「ノーヴヤヤ、ジーズニ」、「レートピシ」

「ボリシエヴイキ」派

「プラヴダ」、「イズヴエスチヤ」、「ソルダットスカヤ、プラヴダ」、「オコプナヤ、プラヴダ」、「ラボーチー、イ、ソルダート」、「プロレターリー」、「ラボーチイ」

第十七節　基督教無政府黨

主義綱領

人性ハ元來完全ナルニ人類ノ有害無益ナル發明卽チ國家、裁判、軍隊、現代産業等所謂物質的文明ハ神的人性ヲ破壞シ人類ノ不幸ヲ釀セリ自然ニ親シミ惡ヲ助長スルコトナク道德ヲ涵養シ平和ト正義ヲ達スルハ人類ノ幸福ナリ

仍テ政府事業ニ關係セス租税ハ自ラ進ンテ納付セス軍隊ニ入ルヲ避ク

强制ニ基ク國家ハ不必要有害ナルノミナラス道德ニ反ス

民族問題

人類ハ總テ同胞ナルヲ以テ國境ノ必要ナシ

土地問題

土地ハ人類全體ノ共通財産ナリ依テ水及空氣ト同シク何等ノ制限ナク一般ノ利用ニ供スヘキモノトス

勞働問題

生産品ハ之カ生産者又ハ自由意志ニヨリ讓受ケタル者ノ不分ノ財産ナリ

財政經濟問題

租稅ハ「ヘンリー、ジオージ」ノ單一稅制ニ依リ直接及間接稅ヲ廢止ス

敎育及宗敎

宗敎ノ唯一ノ根源ハ基督敎卽聖書ナリ現代ノ宗敎組織ハ基督敎ノ信條ヲ暗黑ナラシムルモノナリ

科學及藝術ハ人生ノ精神的修養ニ資スル範圍ニ於テ有益ナリ

軍事及司法

基督敎ノ敎義タル「殺スコト勿レ暴力ヲ以テ惡ニ抗スルコトナカレ」ニ從ヒ軍隊ハ不必要ナリ裁判所モ亦基督ノ敎義ニヨリ必要ナシ

戰爭ニ對スル態度

戰爭ハ卽時止ムヘシ

政府ニ對スル態度

政府ヲ否認ス

成立ノ由來

文豪「トルストイ」ノ敎化ハ多數ノ憧憬者ヲ出シ其ノ有力者トシテ「チエルトコフ」、「トレグーボフ」、「ビリユコフ」及「ニコラエフ」等アリ一九一七年三月革命後公然活動ヲ開始スルニ至レリ

領袖トシテ「チエルトコフ」アリ其ノ略歷左ノ如シ

「チエルトコフ」(ヴエ、ゲ、) 一八五五年生

「トルストイ」伯ノ憧憬者ニシテ農民敎育ニ關スル「パンフレツト」ヲ出版セリ

機關紙

莫斯科ニ「エヂネーニエ」アリ

第十八節　無政府黨

主義綱領

人類ノ幸福ハ個人カ强制及偏見ヲ脱スルコトニヨリテ得ラル不必要有害ナル政府ヲ有スル國家ヲ破壞シ國境ヲ撤廢シ强制的法律、裁判所、監獄、軍隊、民警ヲ廢止シ所有權、貨幣ヲ認メサルコトハ無主合同主義ニ基ク四海同胞的新社會ヲ生ムモノナリ有產階級及國家ニ對シ間接直接ニ反對行動ヲ採リ陰謀煽動ヲ行ヒ暴動ヲ起シ且勞働者兵士ノ「ストライキ」ヲ奬勵シ土地、森林、工場、住宅ヲ國民ノ有トシ社會革命ヲ誘致ス

無政府主義者中「サンヂカリスト」派ハ黨派的色彩ナキ勞働者及農民團ヲ組織シ來ルヘキ革命ノ準備ヲナサントシ「コンムニスト」派ハ專ラ行動ニ依ル宣傳ヲ行ハントス

國體

本黨ハ國家ヲ否定スルモノナリ

民族問題

人類ハ總テ同胞ニシテ平等ナリ

土地問題

何人ニモ土地ノ所有權ヲ認メス唯自由ナル農村團體之ヲ耕作使用スルコトヲ得又有產階級ノ土地ハ之ヲ沒收シ農民ノ使用ニ供ス

勞働問題

工場鐵道ハ勞働組合ノ手ニ收メ之ヲ管理セシム

財政經濟問題

生產品ハ勞働ノ均一主義ニ依リ共產團間ニ之ヲ分配交換ス租稅ハ之ヲ廢止ス

敎育及宗敎

宗敎ハ人ノ精神及自由意志ヲ奴隷トスル有害ナル偏見ナリ依テ寺院ハ之ヲ破壞ス

勞働民衆ニ敎育ヲ授ケ其ノ進步發展ヲ期ス

軍事及司法

强制抑壓ノ機關タル軍隊ヲ廢止ス罪惡ノ根據タル國家、所有權、貨幣制度ヲ消滅セシム

戰爭ニ對スル態度

無產階級ノ謀叛ヲ起シ殘忍ナル戰爭ヲ終熄セシム

政府及「ソヴイエト」ニ對スル態度

「サンヂカリスト」派ハ無政府主義宣傳ノ自由及社會革命ノ組織ヲ保障スル「ソヴイエト」ニ政權ヲ引渡スヘキモノトナスモノナリ

又「コンムニスト」派ハ强制壓迫ノ根源タル臨時政府ニ反抗ス

成立ノ由來

無政府主義者ニ二派アリ一ヲ「サンヂカリスト」他ヲ「コンムニスト」ト云フ其ノ沿革及主張等相似タルモノアルヲ以テ以下一括シテ之ヲ說述セン

露國ニ於テ初メテ無政府主義ヲ唱道セルハ「クロポトキン」及「バクーニン」(一八一四年—一八七五年)ナリ「バクーニン」ハ破壞主義ヲ宣傳シタリ一八八〇—九〇年代ニ至リ無政府主義ハ露國ニ於テ其ノ姿ヲ沒セリ一九〇三年「麵麭ト自由」ヲ主張スル同一思潮起リ一九〇八年—一九一七年無政府主義者ハ再ヒ其ノ影ヲ沒セシカ一九一七年三月ノ革命後各地ニ其ノ姿ヲ現ハスニ至レリ領袖トシテ「バロヴオイ」、「ソロノヴイチ」、「ブロンシタイン」、「マクシーモフ」、及「ソールンツエフ」等顯ハル「クロポトキン」(ペ、ア、) 一八四二年生レ一九二一年死ス

青年時代「コザツク」士官トシテ西伯利亞ニ駐屯シ西伯利亞ニ關スル著書數種アリ瑞西ニ於テ「イ

西瑞
ンターナショナル」ニ屬シ社會主義ノ宣傳ヲナセリ一時露國ニ歸リ捕縛セラレタルモ逃レテ瑞西ニ赴キタルカ無政府主義者ノ廉ヲ以テ同國ヨリ退去ヲ命セラレ佛國及英國ニ居住セリ無政府主義ノ理論家トシテ幾多ノ著書アリ

機關紙

「ペトログラード」ニハ「コンムーナ」、「ゴーロス、トルダ」アリ
莫斯科ニ「アナルヒスト」、「クリチ」アリ

第三章　結　論

第一節　概　説

三月革命ハ一見内政上ノ革改ヲ斷行シ聯合國ト一致協同シテ戰爭ヲ繼續センコトヲ主張セル「デューマ」ヲ中心トスル有産階級ノ力ニヨリテ行ハレタルカ如キモ其ノ實主トシテ社會黨各派ノ平和ト「パン」及自由ト土地ナル標語ニヨリテ宣傳セラレ革命之平和ナリト期待セル兵卒、勞働者及農民ニヨリテ行ハレタルモノナルヲ以テ此等三者ノ代表者會議即チ「ソヴイエト」(「ペトログラード」ニ於テハ三月十二日組織セラレ漸次地方及軍隊ニ及ヘリ)カ遠カラス發言權ヲ要求シ「デューマ」ヲ中心トスル有産階級ニヨリテ組織セラレタル臨時政府トノ間ニ衝突ヲ來スヘキハ容易ニ想像シ得ラルル處ナリシカ「ソヴイエト」ハ三月二十七日既ニ無併合無賠償民族自決權ヲ基礎トスル一般平和ヲ提唱シタルニ不拘臨時政府ハ之ヲ容ルルニ敏ナラサリシ爲五月遂ニ兩者ノ衝突ヲ來シ閣員中最モ帝國主義的ナル二大臣「ミリユコフ」及「グチコフ」ノ辭職ヲ見ルニ至レリ此ノ政治的危機ハ社會黨員ノ入閣ヲ以テ無事解決シタリシカ其後「ソヴイエト」部內ニ單獨ニテ政權ヲ乘取ルヘシトノ計畫ヲナスモノ現ハレ七月臨時政府ハ更ニ危機ニ際會セリ「ソヴイエト」ハ社會革命黨右派、社會民主黨護國主義者ノ多數ヲ以テ此ノ計畫ヲ排斥シ依然聯立內閣ヲ組織シ內外ノ敵ニ對シ革命ヲ擁護スヘキコトヲ決議シ之ニ「ソヴイエト」指定ノ社會黨員ヲ入閣セシメ且「ケレンスキー」ヲ總理トシ「ソヴイエト」側要求全部ヲ容レシメ危機ハ去リタレトモ其後ノ形勢溫和社會黨ニ不利ニシテ卽時平和ヲ主張シ露國革命ヲ楷梯トシテ世界革命ニ移ランコトヲ說ク過激派及社會革命黨左派ノ勢力漸次「ソヴイエト」內ニ偏ク六月ノ第一回全露「ソヴイエト」大會ニ於テハ出席者千九十名ノ內過激派及之ヲ支持スルモノ倂セテ百五十名ヲ出テサリシモノ十一月召集ノ第二回全露「ソヴイエト」大會ニ於テハ出席者總數六百七十六名ノ內大多數ハ過激派及之ヲ支持セル社會革命黨左派ニ屬シ臨時政府ハ「ソヴイエト」ノ支持ヲ失フコトトナレリ過激派及社會革命黨左派ハ機乘スヘシトナシ十一月七日遂ニ臨時政府ヲ顚覆シテ政權ヲ自已ノ手中ニ收メタリ

第二節　過激派把權後ノ政黨

過激派ハ露國ノ政權ヲ掌握スルヤ最モ大膽ニ其ノ政綱ヲ實行シタリ卽チ兵卒ノ爲ニハ平和ヲ締結シ農民ノ爲ニハ土地ヲ與ヘ勞働者ノ爲ニハ工場ヲ與ヘタリ

之ト同時ニ自己ニ反對シ又ハ妨害セントスルモノアレハ寸毫モ假借スル所ナク之ヲ反革命者ト爲シアラユル迫害ヲ加ヘ且ツ其ノ言論ヲ抑壓セリ故ニ三月革命後盛ニ起リタル政黨政派モ何等公的行動ヲ執ルコト能ハス其ノ領袖ハ多ク海外ニ避難シ或ハ國内ニ潛伏シ居レリ今左ニ過激派把權後ノ各政黨ニ就キ略述セン

一、帝政主義各派

帝政主義各派ハ獨逸（露國社交倶樂部）佛國（露國復興期成會）「ユーゴ、スラヴイヤ」等ニ散在シ居レルカ一九二一年六月獨逸「ライヘンハール」ニ會合シ帝政派最高會議ヲ組織セリ領袖トシテ「マルコフ」第二世（絶對君主主義者）「シヤフマトフ」公、「マースレニコフ」（立憲君主主義者）、「タウベ」男等アリ前記在獨露國社交倶樂部ヲ主宰スル「リームスキー、コルサコフ」ハ一九一九年九月伯林ニ西露政府ヲ樹テ獨逸ノ援助ニ依リ「リガ」方面ヨリ過激派ヲ顚覆センコトヲ計畫セルモ聯合國ノ爲妨害セラレ目的ヲ果ササリキ

現在機關紙トシテ「べログラード」ニ「ノーヴオエ、ウレミヤ」伯林ニ「ドヴグラーヴイ、オリオル」ヲ有ス

帝政派ニ近キ右黨團體トシテ獨逸ニ將校共援會（「アルセーニエフ」將軍）及巴里ニ露國實業家同

盟(「デニソフ」、「トレチヤコフ」、「ノーベリ」、「ブチロフ」、「リヤブシンスキー」、「スミルノフ」、「ベロゼルスキー」等)アリ

又「ウランゲル」將軍ノ一味ハ本部ヲ土國「コンスタンチノープル」ニ置キ「ヴエチエルナヤ、プレツサ」ナル機關紙ヲ有ス

二、自由民主主義各派

自由民主主義各派ハ過激派把權後最モ熱心ニ過激派顚覆ニ力ヲ注キ「コルチヤク」ノ全露政府、「デニキン」及「ウランゲル」ノ南露政府、「ユデニチ」將軍ノ北西露政府等ヲ組織シ畫策スル所アリシモ何レモ失敗ニ歸セリ

自由民主主義派ノ政黨中比較的組織アルハ立憲民主黨ニシテ同黨ハ目下左右二派ニ分ル右派ハ伯林發行「ルーリ」紙ヲ中心トスル「ゲツセン」及「カメンカ」並巴里ニ於テ露國國民委員會ヲ組織シ居ル「カルターシエフ」及「ローヂチエフ」等ニシテ「オブシチエエ、デイロ」紙ヲ中心トスル「ブルツエフ」ニ一味ト接近シ左派ハ「ミリユコフ」、「ヴイナヴエル」、「コノワーロフ」、「ハルラーモフ」等(機關紙「ポスレドニヤ、ノーヴオスチ」巴里發行)ニシテ人民社會黨、社會革命黨所屬憲法議會議員ト共ニ議員團ヲ組織ス

三、社會主義各派

人民社會黨

「チャイコフスキー」ハ一九一八年八月英、佛、米軍ノ援助ヲ得テ「アルハンゲリスク」ニ反過激派北露政府ヲ樹立セシモ聯合國ノ同地撤兵ト共ニ一九一九年七月解散セリ

「チャイコフスキー」ハ目下巴里ニアリテ元憲法議會議員團ヲ組織ス

社會革命黨右派

過激派政權カ憲法議會ヲ解散スルヤ同議會議員ノ多數ヲ占メタル社會革命黨員ハ地方ニ逃レ一九一八年九月「ウフア」ニ全露政府ヲ組織セリ同政府ハ赤軍ノ勢力ニ抗スル能ハス十月「オムスク」ニ移リ間モナク政權ヲ西伯利亞政府ニ讓レリ

一九一九年二月「チチエリン」及「カーメネフ」ハ過激派ヲ代表シ憲法議會議長「チエルノフ」及其ノ他ノ議員ト莫斯科ニ會見シ妥協點ヲ見出サントシタルモ何等成功セス越テ一九二一年末勞農政府ヲ代表セル「リトヴイノフ」ト「チエルノフ」、「ゼンジノフ」トノ間ニ會見行ハレタルモ再ヒ妥協點ヲ見出スコト能ハス同黨ハ過激派ト武力ヲ以テ抗爭スルノ黨議ヲ變更セス

目下「ケレンスキー」、「アフクセンチエフ」、「ミノル」ハ巴里ニアリテ立憲民主黨ノ「ミリユコフ」、

人民社會黨ノ「チャイコフスキー」等ト共ニ舊憲法議會議員團ヲ構成ス「リガ」ニ於テ發行セラルル「セヴオドニヤ」ハ之カ機關紙ナリ

「チエルノフ」一派ハ伯林ニアリテ「ゴーロス、ロシイ」ヲ發行ス

社會革命黨左派ハ十月革命當時過激派ヲ支持シ後提携シテ政府ヲ組織シタルカ「ブレスト、リトウスク」條約ニ反對ニシテ莫斯科駐劄獨逸大使「ミルバツフ」ヲ暗殺シ且ツ政權ヲ奪ハントシテ失敗シタル爲黨勢振ハス黨員ノ多クハ其ノ後過激派ニ入黨セリト云フ

社會民主黨

統一派「ブライロフスキー」、「クルイムスキー」、「ロゴジン」等目下巴里ニ在リ

「メンシエヴイキ」護國主義者ハ社會革命黨右派ト共ニ臨時政府ニ黨員ヲ入閣セシメ活動スル所アリシモ十月革命後「メンシエヴイキ」、「インターナショナリスト」ト合同シ「ダン」ノ説ヲ容レ過激派ト妥協スルニ異議ナシ

合同派「インターナショナリスト」ノ大部分ハ過激派ニ入黨セリ

過激派（露國共產黨）

把權以來六年ノ間內憂外患絕ユルコトナカリシニ不拘巧ニ難關ヲ切拔ケ政權ヲ維持シタルノミナ

ラス最近ニ至リ克ク全露ヲ統一セリ彼等ノ目的トスル所ハ世界的社會革命ニシテ彼等ハ之カ爲一九一九年三月世界各國ノ同志ヲ「モスクワ」ニ招致シ「ツインメルワルド」ニ端ヲ發セル第三共產主義「インターナショナル」ノ基礎ヲ確立シ露國ヲ以テ世界革命運動ノ根據地トナセリ

然レトモ國内經濟上ノ破綻ハ彼等ヲシテ從來ノ過激政策ヲ緩和シ所謂新經濟政策ノ名ノ下ニ漸進主義ヲ採ルノ止ムナキニ至ラシメタリ

過激派最近ノ發表スル所ニヨレハ現在黨員ハ四十一萬ニシテ内二十六萬ハ都會住民ナリ又黨員中一九一七年ニ入黨セルモノハ一萬ニシテ一九一八年入黨セルモノ三萬五千、一九一九年ニ入黨セルモノ十萬八千、一九二〇年ニ入黨セルモノ十二萬二千ナリト

尚黨員ヲ種別スレハ勞働者四割四分、農民二割六分ナリ

四、無政府主義各派

無政府主義各派ハ分裂シ最モ革命的ナル分子ハ過激派ニ入黨セリ

第二十九編　羅馬尼亞國

第二十九編　羅馬尼亞ノ政黨

第一章　最近ニ於ケル羅國政黨ノ概況

一八六六年羅國ニ憲法政治ノ施行セラレテヨリ今次ノ大戰ニ至ル迄一貫シテ政黨タルノ存在ヲ保チ來タレルハ舊保守黨及自由黨ノ二ナリ其ノ間幾多ノ小政黨ノ出現ヲ見タルモ皆一時的現象ニ過キスシテ概シテ二大政黨ノ樹立ヲ見タリ然ルニ輓近舊保守黨ハ漸次其ノ勢力ヲ失フニ至レリ一九〇〇年「ゲオルグ、カンタ、クヂノ」同黨ニ首領タル際親獨派「カルプ」ハ分立シテ一派「ジユニミスト」ヲ構成シ次テ一九〇八年ニハ舊保守黨ノ重鎭タル「タケ、ヨネスコ」ハ脫退シテ新タニ民主黨ヲ創立スルニ至リ舊保守黨ハ其ノ勢力ヲ減シタルカ「ゲオルグ、カンタ、クヂノ」ノ後ヲ繼キタル「マルギロマン」ヲ首領トシテ僅ニ其ノ餘命ヲ維持シ得タリ斯ノ如ク舊保守黨ノ衰微セルニ反シ自由黨ハ其ノ勢力益〻盛ニシテ戰前久シク政權ヲ把握シ引續キテ羅國ノ大戰ニ參加スルニ至ル迄政局ニ當レリ、民主保守黨ノ如キ一時國民ノ信ヲ受クルコト多カリシニ拘ラス遂ニ戰後ニ至ル迄一度モ內閣ヲ組織スルノ機ヲ得サリキ、大戰ノ勃發スルヤ羅國內ニ於テハ參戰スルノ可否ノ論喧シク自由黨ハ親聯合國主義ヲ有シタルモ當時羅國ノ國情ヲ考慮シテ其ノ中立維持ヲ可トスルノ態度ヲ示シタルカ國民ノ大多數ハ聯合側ニ立ツ可キヲ主張シ他方民主黨モ極力聯合側加擔ヲ主張セリ又舊保守黨ニアリテハ「マルギロマン」一派ハ親獨ニ傾キテ中央同盟側ニ加擔スヘキヲ主張シ「フイリペスコ」一派ハ新聯合國主義ヲ抱キテ之ニ反對シ遂ニ一九一四年舊保守黨ハ之等二黨ノ分立ヲ見「マルギロマン」ハ自ラ進歩保守黨ヲ組織シ「フイリペスコ」ハ親聯合國保守黨ヲ組織シ舊保守黨ハ全ク其ノ存在ヲ失ヒ進歩保守黨ハ舊保守黨ノ唯一ノ後繼者ト目シ得ヘキモ名義ノミニ止リ其ノ實ハ全ク異レルモノアリ斯ノ如ク開戰當初ニ於ケル羅國ノ政黨ハ自由黨、民主黨、進歩保守黨親聯合國保守黨及微力ナル「カルプ」一派ノ小黨アリシモ自由黨ハ一段ノ優勢ヲ示シ民主黨、進歩保守黨及親聯合國保守黨ノ勢力ハ到底自由黨ニ比ス可クモアテス又「カルプ」一派ノ如キハ僅カニ二三名ノ黨員アルニ過キスシテ政黨トシテ數フルニ足ラサルモノナリキ

然ルニ開戰後間モ無クシテ「フイリペスコ」逝去スルニ及ヒ親聯合國保守黨ハ瓦解シ黨員ハ大部分民主黨ニ入リ民主黨ハ間モナク民主保守黨ト改稱セリ、サレハ戰時中ニ於ケル政黨ハ自由黨、民主保守黨及進歩保守黨ノ三黨存シタルノミナリキ當初自由黨ノ方針トシタル中立主義ハ國民ノ輿論ニ反對シテ之ヲ遂行スルヲ得ス漸ク同黨モ意ヲ決シテ聯合側ニ立テ參戰スルノ擧ニ出テタリ而シ

テ自由黨內閣ノ參戰斷行ハ國民ノ疑惑ヲ一掃シテ其ノ信賴ヲ得タルモ戰時中獨軍ノ侵入ニ依リ國家ノ危機ニ瀕スルニ至ルヤ一時民主黨及親聯合國保守黨中ヨリ閣員ヲ得テ所謂國民內閣ヲ組織シ一九一八年一月ニ至ル迄政局ニ當リタリ同月「アヴエレスコ」將軍（當時未タ人民黨ハ確立セラレス）ノ二ケ月內閣組織セラレ次テ同年三月親獨主義ノ進步保守黨內閣組織セラレ單獨講和條約ヲ締結シタルモ聯合側ノ「サロニカ」ニ於ケル戰捷ト同時ニ瓦解シ終リ「コアンダ」將軍ノ中立內閣出テタルカ一ケ月ニシテ更迭シ再ヒ自由黨內閣組織セラルルニ至レリ之レ大戰後第一回ノ內閣ニシテ同黨ノ首領「ブラチアノ」ハ平和會議ニ羅國全權トシテ出席セリ而シテ「サンゼルマン」條約中羅國ニ關スル條項ノ調印ヲ拒絕シタル後歸羅シ同時ニ自由黨內閣ノ瓦解ヲ見一九一九年末「ヴアイトイアヌ」將軍ノ組織セシ中立內閣組織セラレタルカ自由黨ト密接ナル關係ヲ維持セリ而シテ該內閣以後初メテ普通選擧實施セラルルニ至レリ

第一回普通選擧ニ於テハ舊羅國ノ各政黨ハ新領土ニ候補者ヲ出スコト能ハサリシヲ以テ各新領土ニ於テハ何等反對候補者無ク總テ自州ノ議員ヲ選出スルコトヲ得殊ニ「トランシルヴアニー」國民黨ノ如キハ新議會ニ多數ノ議員ヲ代表セシムルヲ得ルニ至レリ

又舊王國ニ於テハ「アヴエレスコ」將軍一派及「タケ、ヨネスコ」ノ民主保守黨ノ如キハ中立ヲ標榜セル「ヴアイトイアヌ」將軍內閣ヲ目シテ自由黨ノ一味トナシ公正ナル選擧ノ施行ヲ保シ難シトシテ其ノ立候補ヲ斷念シタリ茲ニ於テ主トシテ自由黨及進步保守黨ノミノ立候補ヲ見ルニ至レリ然ルニ地方農民其他僧侶、敎育家等ハ戰爭ノ慘禍ノ罪ヲ自由黨ニ歸シテ自ラ候補者ヲ擁立シタルカ該選擧ノ結果自由黨ハ政府ノ援護ニヨリ辛フシテ其ノ候補者ノ半數ノ議員ヲ得タルモ新領土選出議員及舊領ニ於ケル他黨議員（選擧後其ノ大部分ハ農民黨ヲ組織ス）ノ數ニ及ハス又進步保守黨ハ僅ニ二三議員ヲ得タルニ過キス而シテ一九一九年末ノ新議會開會後ニ於テ「トランシルヴアニー」國民黨及農民黨ノ合同內閣ノ出現ヲ見ルニ至レリ

間モナク「アヴエレスコ」將軍之ニ入閣セリ「トランシルヴアニー」國民黨ノ「ヴアイダ」首相トナリ「サンゼルマン」條約ニ關シ努力スル處アリ羅國ハ讓步ヲ得タル上之ニ調印セリ

然レトモ同內閣ハ政治的經驗ニ富メル者少ク又戰後ノ羅國財政上ニ對スル施政ノ實擧ラス且他方外相「ループ」ノ社會主義的思想ハ當時勃興シタル社會主義ノ運動ヲ容易ナラシメ羅國ノ秩序ヲ破ルノ惧アリタル爲メ輿論ノ反對アリ大命出テテ一九二〇年六月內閣ノ更迭行ハレタリ此ノ際普通選擧ニ於テ人民黨下院ニ於テ絕對多數ヲ占メ同黨首領「アヴエレスコ」將軍首相トナレリ

茲ニ於テ人民黨ハ民主保守黨ノ協力ヲ得テ內閣ヲ組織シ後者ヨリ三名ノ閣員ヲ得タリ外相「タケ、

ヨネスコ」ハ小協商同盟ヲ主唱シテ之ヲ實現セシメ又該内閣ハ社會黨絶滅ヲ方針トシテ遂ニ之ヲ再ヒ立ツ能ハサラシムルニ至レリ、一九二一年十二月「タケ、ヨネスコ」首相トナリタリ然レトモ其間僅カニ二十七日ニシテ一九二二年一月再ヒ「ブラチアノ」ヲ首相トスル自由黨内閣ノ出現ヲ見遂ニ今日ニ及ヘリ

前述スルカ如ク戰後羅國ハ政局ニ一大變化ヲ生セシメタルカ其ノ主タル原因ハ卽チ（一）農地ノ收用及ヒ（二）普通選擧ノ實施ナリ而シテ農地收用ノ漸次實行セラレ從來大地主ノ有シタル農地ハ追々小農民ニ分配セラルルニ至リ他方普通選擧法實施ノ結果一般農民ハ選擧權ヲ獲得スルニ至レリ而シテ羅國農民ハ全人口ノ七分ノ六ヲ占ムルヲ以テ選擧ノ際之カ勢力ノ利用ノ如何ハ各政黨ニ大ナル利害關係アルハ勿論ニシテ自由黨ノ如キハ常ニ之等地方ニ其勢力ノ樹立ヲ計リ最近ニ於テ其ノ組織ヲ地方ニ得ルニ至レリ又民主保守黨ハ地方農民ノ信ヲ得タルモ遂ニ其ノ地方ニ於ケル同黨ノ組織ヲ完フスルヲ得スシテ止メリ又進歩保守黨ノ如キハ地方ニ於ケル勢力ノ樹立ニ努力スル處アリタルモ其ノ親獨的傾向ハ一般農民ノ反感ヲ買ヒ何等成功ヲ見ス

而シテ戰後ニ於ケル農民ノ自覺及國民ノ要求ハ茲ニ新タナル政黨ノ出現ヲナサシムルニ至レリ戰後間モナク組織セラレタル國民聯盟ハ人民黨（首領「アヴエレスコ」將軍）トナリ續テ農民黨（一

名「ツアラニスト」)(首領「ミハラケ」)及社會黨ヲ生シ最近「イオルガ」敎授ハ國民民主黨ヲ組織スルニ至レリ其他戰後羅國ハ露國、洪牙利等ノ領土ヲ併合シタルニヨリ此等諸地ニ於テハ新タナル地方的政黨ノ組織セラレタルモノアリ卽「トランシルヴアニー」國民黨(Parti National des Transyl-vaniens)(首領「イウビウ、マニウ」)「ブコヴィナ」聯合黨(Parti Unioniste de Bucovine)(首領「ヤンコ、ニストル」)及ヒ「ベツサラビー」農民黨(Parti Tzãrãniste Bessarabien)(首領「コンスタンチン、ステレ」)(羅國農民黨員)等之ナリ然レトモ之等地方的政黨ノ大部分ハ最近他ノ中央政黨ト合併シ終ルニ至レリ又小數民族ノ政黨トシテ「サクソン」黨「マジヤール」黨及猶太人黨等ノ如キ出現シタルモ其ノ組織ノ未タ確立セルモノ無クシテ之等ハ一般ニ政黨トシテ公認セラレス

以上ハ現今羅馬尼亞ニ於ケル政黨ノ概況ニシテ戰前ト全ク其ノ趣ヲ異ニセリ小政黨ノ出滅常ナク又黨員ノ離合モ頻リニ起リ各政黨間ノ關係甚タ複雜ヲ極ムルモノアリ而シテ現在同國ニ於テ政黨トシテ公認セラルルモノハ

(一) 國民自由黨 (通常自由黨ト稱ス(Parti National-libéral)(現內閣ヲ組織ス)

(二) 進步保守黨 (Parti Conservateur-progressist)(通常保守黨ト稱ス)

(三) 國民黨 (Parti National)

（四）人民黨（Parti du Peuple）

（五）農民黨（Parti Paysan）（通常「ツアラニスト」Tzărăniste ト稱ス）

（六）國民民主黨（Parti Nationaliste-démecrat）（通常民主黨ト稱セラル）

（七）社會黨（Parti Socialist）

（八）「キリスト」教國民黨（Parti National Chrétien）

等トス其他民主保守黨（所謂「タキスト」）ハ其名ノミアレ共全ク有名無實ニ等シク又以上ノ中ニ於テモ進歩保守黨及社會黨ハ現今羅國政界ニ殆ト其ノ勢力ヲ有セス尚最近民主黨ヨリ分立シテ創設セラレタル「キリスト」教國民黨等ノ如キニ至リテハ之ヲ政黨ト稱シ得ヘキヤ否ヤ疑ナキヲ得ス

次ニ各政黨ノ現狀ヲ述フルニ當リ一言ス可キハ元來羅馬尼亞ニ於テハ如何ナル政黨ト雖モ其ノ具體的政綱ヲ揭クルモノナキヲ以テ當該政黨カ實際政局ニ當リタル際其ノ行動ニ依リテ内外政策ノ如何ヲ知ルノ外途ナキモノノ如シ且外交政策ヲ擁シテ政爭ノ具ト爲シタルコトモ亦極メテ稀ニシテ今次ノ大戰中羅國ノ中立時代ニ於ケル國内ニ參戰ノ可否喧シカリシ當時ヲ除ク他外交政策ハ選擧ノ際ニ於ケル政黨ノ宣傳若クハ議會ニ於ケル他黨攻擊ノ用ニ供セラレタルコトナシ而シテ大戰後續イテ組織セラレタル諸内閣ノ外交政策ハ皆聯合側トノ提携及國際聯盟ノ發展ヲ以テ羅國ノ利

益ノ最大ノ保障ナリトスル點ニ於テハ一致セルモノノ如ク又國防問題ニ對シテハ何レモ小協商同盟ノ維持ヲ以テ方針トセリ

第一節　國民自由黨（Parti National-libéral）

同黨ノ創立セラレタルハ一八六六年「シャルル」第一世ノ羅馬尼亞統治時代ニシテ同年初メテ憲法ノ發布アリ故「ブラチアノ」（C. Bratiano）（現內閣總理大臣自由黨首領「ブラチアノ」ノ父ナリ）之カ創立者タリ而シテ當時同黨ハ新思想ヲ基礎トスル自由主義ヲ標榜シタルニ依リ同主義ヲ謳歌スル人士ノ同黨ニ參加スルモノ忽チ多ク大地主、貴族等ノ跋扈ノ下ニアリタル多數中流階級ノ入黨其他大地主中ニアリテモ新思想ヲ抱ケル者モ之ニ入黨スルニ至リ同黨樞要ノ地位ヲ占メタリ而シテ以前大地主ノ命ヲ奉スルコト厚カリシ此等中產階級ハ克ク同黨首領ノ命ニ服シ同黨ハ又之ニ依リテ其ノ峻嚴ナル黨紀ヲ確立維持スルヲ得其ノ遺風ハ延テ今日ニ及ヘリ

而シテ此ノ如ク綱紀ノ嚴肅ナルハ同黨ヲシテ有力ナラシムル素因ノ一タルヲ失ハス然レトモ同黨勢力ノ日ヲ追フテ隆盛ニ赴キ黨員ノ增加ヲ來シタル主要ナル原因ハ卽其經濟政策ニ歸セサル可カラス

自由黨ニ入リクル一部大地主ハ大戰後農地ノ收用一般投票制度ノ出現ト共ニ同黨ヲ指導スルノ主

要ナル職務ヲ失フニ至リタルカ同黨主要部分ヲ構成スル中產階級者タル商工業者ノ勢力愈々增大シ其ノ資本ニ依リ金融機關及商工業諸會社等ノ創立セラルルモノ多キニ至レリ玆ニ於テ近來同黨ハ羅國主要生產業ニ對シ有力ナル地位ヲ得タルト共ニ國內生產業ニ關シテ漸ク外資ニ賴ルノ必要ナキヲ信スルニ至リ斯カル傾向ハ遂ニ同黨ノ主義トナレリ

尚戰後新領土ニ於テ商工業家ヲ其ノ勢力內ニ引入レタルモノ多ク益〻黨勢ヲ加ヘ今ヤ自由黨ハ羅國ノ經濟的活動ニ對シ殆ント之ヲ支配セントスルノ大勢力ヲ有スルニ至レリ斯ノ如キ强固ナル經濟的基礎ヲ有スルヲ以テ同黨ニ對シテハ反對黨ノ拮抗困難ナルモノアリ又同黨ニハ所謂智識階級者官吏等ニシテ政治的經驗ニ富メル者尠カラス常ニ政局ニ當リテ充分ナル人物ヲ抱擁セリ羅馬尼亞ニ憲法ノ行ハレテヨリ今日ニ至ル迄同黨カ政局ニ當リタル期間ハ前後相通シテ其ノ四分ノ三ニ及フト稱セラル而シテ其ノ間難局ニ處シ能ク解決ヲ爲シタル事跡ハ甚タ多ク羅馬尼亞ノ發展ニ貢獻シタル處盡大ナルモノアリ皇室ノ信ヲ受クルコト亦厚ク現在羅馬尼亞ニ於テハ最モ勢力アル政黨ニシテ一九二二年一月現內閣ヲ組織シ今日ニ及ヘリ

政　綱

自由黨ハ戰前ニアリテハ民主的方針ヲ有シ個人ノ自由及平等ヲ主張シ之ニ基ク內政ヲ方針トセリ

而シテ羅國ノ普通選擧ノ實施及ヒ農地ノ收用ニ關シ其ノ貢獻シタル處少カラス又外交政策ニ關シテハ羅國ノ國際的地位ノ進展ヲ計ルト共ニ近隣諸國トノ友好關係ノ維持ヲ以テ國家ノ利益發展策トセリ而シテ戰後同黨ノ國內經濟界ニ大ナル勢力ヲ有スルニ至リテヨリ外資ノ侵入ヲ防止セントシ偏ニ羅國ノ生產力ノ隆興ニ依リテ其ノ經濟的獨立ヲ計ラントセリ然ルニ羅國經濟界ト密接ナル關係ヲ有シ如上ノ主義ノ遂行ヲ企圖セル結果其ノ政策ハ近來動モスレハ其ノ標識タル自由主義ヲ失セントスルニ至レリ

外交政策ニ關シテハ純黨ニ於ケルト同シク未タ政綱ノ揭ケラレタルモノ無キモ其ノ施政ノ實情ヨリ見レハ今次ノ大戰ニ當リ聯合側參戰ヲ斷行シ爾來聯合側トノ提携竝ニ國際聯盟ノ發展ヲ以テ羅國ノ利益ニ對スル唯一ノ保障ナリトセルモノノ如ク國防ニ關シテハ小協商同盟ノ維持ヲ方針トセリ

議會ニ於ケル勢力

同黨ハ下院ニ於テ二百四十六名ノ議員ヲ有シ（總數三百六十九名）絕對多數ヲ占メ又上院ニ於テハ選擧ニ依ル議員總數百八十二名中百六十六名ヲ自黨ヨリ選出セシメ居ルヲ以テ反對黨ハ總數僅ニ十六名存スルニ過キス

自由黨主要人物

「ブラチアノ」(I. J. C. Bratiano) 現內閣總理大臣

「アレキサンドル、コンスタンチネスコ」(Alexandre Constantinesco) 農務大臣

「ドウカ」(J. G. Duca) 外務大臣

「マルセスコ」(G. Mârzesco) 勞働大臣

「サスー」(N. Sassou) 商工務大臣

「アンゼレスコ」(Dr. Angelesco) 文部大臣

「アントネスコ」(Em. Antonesco) 舊國務大臣

「バヌー」(C. Banou) 宗敎文藝大臣

「フロレスコ」(J. T. Floresco) 司法大臣

「コスマ」(A. Cosma) (トランシルヴァニー選出代議士) 工部大臣

「モシヨイウ」(Général Mosoiu) 交通大臣

「ヴィンチラ、ブラチアノ」(Vintila Bratiano) (首相ノ弟) 大藏大臣

「ヴァイスチアノ」(Général Arthur Văistiano) 內務大臣

「インクルテツ」(J. Inculetz)「ベツサラビー」選出代議士

「フエレキデ」(Mihail Pherekyde) 上院議長、舊國務大臣

「オルレスコ」(Mihail Orlesco) 下院議長、舊國務大臣

「ニストル」(Ianco Nistor)「ブコヴィナ」選出代議士、無任所大臣

次ニ自由黨ト地方トノ關係ヲ見ルニ同黨ハ未タ「トランシルヴアニー」ニハ强固ナル基礎ヲ得ス「ベツサラビー」ニ於テハ最近其ノ入黨ヲ見タル「インクルテツ」ノ一派ノ盡力ニ依リ漸ク勢力ヲ得ントシ又「ブコヴイナ」ニ於テハ同樣最近入黨シタル「ニストル」一派ノ力ニ依リ漸ク地盤ヲ得ントスルニ至レリ

而シテ之等地方ニ於ケル自由黨ノ勢力ノ消長ハ一ニ今後ノ同黨ノ努力如何ニ依ルモノト觀察セラル

同黨ノ機關紙左ノ如シ

「ヴイートルール」(Viitorul)「ブカレスト」夕刊新聞紙

「ランデパンダンス、ルーメーヌ」(L'Mdépendence Roumanie)「ブカレスト」發刊

「インフラチレア」(Infratirea)「トランシルバニー」ノ「クルージユ」(Cluj) ニテ發刊

「ドレプタテア」(Dreptatea)「ベッサラビー」ノ「キシナウ」(Chisinau) ニテ發刊
「グラスール、ブコヴィネイ」(Glasul Bucovinei)「ブコヴィナ」發刊ニシテ「ニストール」一派ノ機關紙ナリ

第二節　保守黨 (Parti Conservateur)

一八五九年羅馬尼亞各州（「モルダヴィー」「ワラキー」）ノ合併セラレ「シャルル」第一世ノ卽位ヲ見タル後一八六六年憲法ノ發布セラルルニ至ル迄ハ政治上ノ特權ハ一ニ大地主（boyards）ノ有スル處ニシテ羅國ノ政治ニ參與シタルモノハ此ノ大地主ナリキサレト自由主義ヲ抱ケル一般人民ハ參政權ヲ獲得センカ爲メ之ト爭闘ヲ爲シ來レリ而シテ大地主ハ此ノ如キ政治上ノ特權ノ剝奪ヲ企圖シ且土地ノ分配ヲ主張スル自由主義者ノ反抗ニ備ヘンカ爲メ常ニ一團ヲ爲シ父祖ノ土地ヲ擁シテ舊習ヲ尊ヒ偏ニ保守主義ヲ維持セントセリ然レトモ大地主ハ當時國內ニ於ケル智識階級ノ第一位ヲ占ムル者多ク其ノ政治的手腕ニ於テモ能ク指導統帥ノ力ヲ有シタル爲メ其ノ勢力ノ根據ヲ廣ク一般國民中ニ有セサルニ拘ラス政治ヲ左右スルヲ得タリ而シテ舊羅馬尼亞王國ノ出現シテ所謂近代的政治生活ニ入ルニ及ヒテハ此ノ大地主ノ團體ハ「ラスカル、カタルヂウ」(Lascar Catargiu）ヲ首領トシ保守黨トシテ自由黨ニ拮抗スルニ至リタルカ自由黨ノ勢力ノ增大スルニ及ヒ一般人民中ニ勢力ノ根據無キ同黨ハ漸ク昔日ノ優勢ナル地位ヲ失ハントスルニ至レリ

就中露土戰爭ノ起ルニ際シ羅馬尼亞ハ土耳其國ニ對シ獨立ヲ宣言シテ露國側ニ立ツニ及ビ之ニ反對セル保守黨ハ威力地ニ落チ以後十二年間ハ全ク自由黨ノ勢力ニ壓セラルルニ至リ保守黨ハ多數黨員ノ減少ヲ見ルニ至レリ

保守黨ハ其ノ前身タル大地主團體ノ當時ヨリ全ク商工業者トハ何等ノ關聯ヲモ有セズ從ツテ未ダ曾テ同黨ハ自黨員資本ニ基ク何等ノ機關ヲ創設シタルコトナク又斯ノ如キ財政上ノ支持トモナルヘキ機關ヲ要望シタルコト無シ而シテ同黨カ内閣ヲ組織スル際一般輿論カ新タナル生産上ノ機關ノ創設ヲ要求スル場合ニハ外資ヲ以テ之カ設立ヲ企圖スルコト多ク又自由黨ノ反對アルニ拘ラス國有機關ノ資本ヲ導キテ往々之カ創設ヲ斷行シ得タルコトアリ然レトモ同黨ハ漸次一般國民ノ信ヲ失スルニ至リ黨内ニモ動搖起リ即チ前述セル如ク一九〇〇年ニ至リ親獨派「カルプ」ノ分立シテ一派ヲ構成スルアリ次テ一九〇八年ニハ「タケ、ヨネスコ」脱退シテ一味ヲ率キテ民主黨ヲ創立スルアリ保守黨ハ「マルギロマン」ヲ首領トスル少數黨員ヨリ成ルニ止マリテ其ノ勢力全ク昔日ノ面影ナキニ至レリ然ルニ一九一四年大戰ノ開始スルヤ保守黨内ニ二流ヲ生シ親獨主義ニ傾ケル

「マルギロマン」一派ハ新タニ進歩保守黨ヲ組織シ「フイリペスコ」ハ親聯合國保守黨ヲ創立スルニ至リ茲ニ舊保守黨ハ全ク瓦解ヲ見今日ニアリテハ同黨ハ僅カニ數名ノ政治家ヲ包有スルニ過キサルモ之レ皆政界ヨリ隱退シ居タルヲ以テ最早舊保守黨ハ其ノ實現ヲ失フニ至レリ而シテ舊保守黨ノ二分派トモ云フヘキ民主保守黨及進歩保守黨ハ單ニ其ノ名ヲ保守トスル以外ニ於テ何等主義政綱ヲ一ニスルモノニアラス前者ハ上述ノ如ク全ク現今其ノ存在ナク僅カニ後者ノミ唯一ノ保守黨後繼者トシテ存セリ

（イ）　民主保守黨（Parti Conservateur-democrat）

一九〇八年「タケ、ヨネスコ」（Take Ionesco）ハ舊保守黨ヲ脱シテ自ラ民主黨ヲ組織シ「チツレスコ」（N. Titulesco）「グレチアノ」（G. Greciano）ヲ主要黨員トシ同黨ハ「タケ、ヨネスコ」ノ精神ヲ以テ黨是トセリ

一九一六年ニ至リ舊保守黨ヨリ「フイリペスコ」一味ノ入黨アリ同黨ハ民主保守黨ト改稱シテ益〻勢力ヲ得タリ一九二一年人民黨「アヴエレスコ」内閣ノ際同黨ハ閣員三名ヲ出スニ至レリ即チ「タケ、ヨネスコ」ハ外相ニ「チツレスコ」ハ大藏大臣ニ又「グレチアノ」ハ司法大臣タリ然ルニ間モ無クシテ「タケ、ヨネスコ」首相タルニ及ヒ茲ニ初メテ民主保守黨内閣ノ出現ヲ見タリ然レト

モ其ノ存立僅ニ一ヶ月ヲ出テスシテ交迭ヲ見タリ
然ルニ一九二二年「タケ、ヨネスコ」ノ逝去ト共ニ忽チ同黨ハ瓦解シ黨員ノ大部分ハ「トランシルヴアニー」國民黨ノ吸收スル處トナリ該黨ハ之ニヨリテ其ノ勢力ヲ增シテ舊王國內ニ其ノ根據ヲ得ルニ及ヒ遂ニ羅國國民黨ヲ組織セリ而シテ民主保守黨ハ其ノ實在ノ存立ヲ失フニ至レリ

政綱

故「タケ、ヨネスコ」ハ輓近民主的思想ノ漸ク羅國內ニ勃興橫溢セルヲ見テ舊保守黨ノ政綱トスルカ如キ保守的精神ノ最早時代ノ要求ニ適合セサルヲ洞觀シテ自由主義的政治トノ調和ヲ計ラントシ卽チ內政ニ對シ新保守主義ノ政策ノ貫行ヲ目的トセリ

其ノ外交政策ニ關シテハ「タケ、ヨネスコ」ハ小協商同盟ノ成立ニ最モ努力シ「バルカン」諸邦ノ聯盟ヲ以テ諸大國ノ威壓ヨリ免ルル唯一ノ策ナルヲ切ニ主張シタリ同氏カ小協商ノ實施ニ對スル功績ハ蓋シ大ナルモノアリ又大戰中羅國ノ中立時代ニ於テ羅國ノ聯合側トノ提携參戰ヲ最モ主張シ同國ヲシテ遂ニ其擧ニ出テシメタル最大ノ宣傳者タリキ

同黨ノ機關紙タリシモノ

「エポカ」(Epoca)「ブカレスト」發刊「フイリペスコ」ノ組織ニ係ル

其他「ブカレスト」ニ於ケル「ルプタ」紙 (Lupta)「ウニヴエルセル」紙 (Universel) 及「アデヴアルール」紙 (Adevărul) 等モ同黨ノ利用セシ處ナリ

（ロ） 進歩保守黨 (Parti Conservateur Progressist)

一九一六年舊保守黨ヨリ分立シテ親獨主義ヲ唱ヘタル進歩保守黨ハ其ノ政策竝ニ黨員等ヨリ見テ眞ニ舊保守黨ノ後繼者トハ認メラレサルモ現今ニ於テ唯一ノ保守黨タルモノナリ然レトモ戰後農地收用ニ基ク大地主階級ノ滅亡ハ同黨ノ支柱タル可キ力ヲ失ハシムルニ至レリ他方其ノ親獨的傾向ハ大戰以來一般臣民ノ反感ヲ招キテ甚タシク黨ノ威勢ヲ失シ黨員モ減少シテ僅カニ數名ヲ數フルニ過キス今日ニアリテハ國內ニ於テ何等勢力ノ根據ヲ有セス現在ニ於テハ政黨タルノ實在ヲ疑ハルルノ狀態ニアリ

政　綱

舊保守黨ノ主義ヲ排シタルモ依然トシテ保守的政策ヲ目的トシ彼ノ農地收用ノ擧ニ對シテハ反對ノ態度ヲ表示セリ

外交政　ニ對スル同黨ノ主義ハ上述ノ如ク大戰以來中央同盟側トノ提携ヲ主張セリ

議會ニ於ケル勢力　同黨ハ現今議院ニ於テ其ノ議員ヲ有セス

主要人物

「マルギロマン」(Alexandre Marghiloman) 首領

「アリオン」Cost. C. Arion) 舊國務大臣

「グレゴアール、カンタクジノ」(Gregoire Contacuzino) (舊保守黨首領「カンタクジノ」ノ子ニシテ舊國務大臣)

「エマニユエル、ラホヴアリー」(Emanuel Lahovary)

機關紙

「ル、プログレ」紙 (佛文) (Le Progrès) 「ブカレスト」發刊

「ステアグール」(Steagul) 「ブカレスト」發刊

尚近ク「テインプール」紙「ブカレスト」ニ發刊セラルル趣ナリ

第三節　國民黨 (Parti National)

大戰前「トランシルヴアニー」州カ洪牙利領タル時代ニ於テ同州ニ住スル羅國人ニシテ該領土ヲ

羅國ニ併合セシメントスルノ運動ヲ爲セシモノアリ而シテ此ノ團體ハ卽チ現在ノ國民黨ノ起原ヲ爲スモノナリ大戰後同州ノ羅國ニ併合セラルルヤ該團體ハ漸ク純然タル羅國ノ地方的政黨トナリ「トランシルヴアニー」國民黨トシテ新規ノ政綱ノ下ニ活動スルニ至レリ

一九一九年末第一回普通選擧行ハレ同政黨ハ多數ノ議員ヲ選出スルヲ得新議會ノ開催ト共ニ農民黨ト共同內閣(ヴイダ內閣)ヲ組織スルヲ得タリ而シテ一九二二年民主保守黨ノ瓦解アリ該黨員ノ大部分ノ入黨ヲ見タルニ依リ忽チ黨勢加ハリ其ノ名ヲ羅國國民黨ト改稱シ玆ニ純然タル羅國政黨トナルニ至レリ同黨ハ此ノ如ク「トランシルヴアニー」ニ於ケル農民大多數ノ同情ヲ有スルト共ニ其ノ民主黨員ノ併有ハ舊王國內ニ於ケル該黨ノ勢力上ノ根據ヲモ利用スルヲ得ルニ至レリ而シテ同黨ハ財政機關トシテ「トランシルヴアニー」農業銀行ヲ有ス同黨ハ主トシテ「トランシルヴアニー」ニ其ノ勢力ノ根據ヲ有セルモノナルモ此ノ如キ權威ノミニテハ羅國ノ有力ナル政黨トシテ存スルコト難カルヘク今後新領土全般ニ於テ强固ナル實質的組織ヲ求メ其ノ安定ナル基礎ヲ得サル以上同黨將來ノ安全ハ期シ難キモノト觀察セラルルモ現在ニアリテハ自由黨ニ次ク羅國ノ有力政黨ト認メラル

政綱

民主的政策ノ遂行ヲ主義トシテ少數民族ニ對スル權利ノ附與ヲ主張シ且個人ノ自由ヲ重ンスルノ

內政方針ヲ抱ケリ

外交政策ニ關シテハ聯合側ト密接ナル協調ヲ遂クルヲ方針トス

議會ニ於ケル勢力

現在下院ニ於テ三十四名ノ議員ヲ有シ上院ニ二名ヲ有ス

主要人物

「マニウ」(Iubiu Maniu) 首領

「ヴアイダ、ヴオエヴオド」(Al. Vǎida-Voevod) 舊國務大臣

「ステフアン、ポツプ」(Stefan Pop) 同

「ミハイル、ポポヴイツチ」(Mihail Popovici) 同

「バシル、ゴルデイシユ」(Basil Goldis)

機關新聞

「パトリア」紙 (Patria)「トランシルヴアニー」州「クルージユ」(Cluj) 發刊

其他最近民主保守黨トノ關係上「ブカレスト」ノ「エポカ」紙ヲモ機關紙トナセリ

第四節　人民黨 (Parti du Peuple)

大戰中「アヴエレスコ」將軍ノ愛國的努力ハ國民一般ノ至大ナル同情ヲ集メ殊ニ戰後ニ於テハ舊軍役者、農民、地方敎員及牧師等ニシテ同將軍ヲ謳歌スルモノ多ク同將軍ハ其一味及舊民主黨ノ一部黨員ヲ中心トシテ「ベッサラビー」ノ「ヤシー」(Iasy) ニ人民聯盟 (Ligue du peuple) ヲ組織スルニ至レリ然ルニ戰時中各政黨ヨリ異說ヲ唱ヘテ脫出シタルモノモ之ニ加入スルアリテ忽チ其ノ勢力ヲ得ルニ至レリ一九一八年一月同將軍ハ民主黨及其他ノ分子ヨリナル內閣ヲ組織シテ首相タルニ至リタルモ未タ其政黨ノ基礎强固ナラス同內閣ハ僅カニ二ケ月間ニシテ終レリ

然ルニ其ノ勢力ハ日ヲ追テ增大ニ赴キ一九一九年人民黨ト改稱シテ政黨ノ名實ヲ備フルニ至レリ能ク自由黨社會黨等ニ拮抗シテ輸贏ヲ爭フヲ得タリ而シテ一九二〇年ノ總選擧ニ於テハ下院ニ於ケル絕對多數ヲ選出セシムルニ至リ同年六月「アヴエレスコ」將軍總理大臣トナリ民主保守黨ノ協力ヲ得テ內閣ヲ組織シ「タケ、ヨネスコ」ハ外相トシテ小協商同盟ヲ主唱シテ遂ニ之ヲ實現セシメ又內政上ニ於テハ戰後社會黨ニヨリテ攪亂セラレントシタル國內ノ秩序ノ確立ヲ標榜シテ同黨ノ絕滅ヲ畫策シ遂ニ之ヲ屈服スルヲ得又共產黨ノ過激主義ヲモ制シテ各種ノ同盟罷業ヲ防遏シ得タ

リ然レトモ同黨ハ往々自己ノ勢力ヲ過信シタルト共ニ黨内ノ綱紀ニ弛緩ヲ生シタル爲メ遂ニ非立憲的行爲或ハ國財ニ對スル不正ノ行爲ヲ爲スニ至リ一時國民ノ憤怒ヲ買ヒ又他方皇室ノ信頼ヲモ失フニ至リシノミナラス黨内ニ於テモ不平ノ徒ノ生スルアリテ一九二一年末「アヴエレスコ」將軍ノ失脚ヲ見ルニ至レリ之レ同黨ノ副首領タル「アルゼトイアヌ」ノ專制的行爲ノ然ラシムル處多シト稱セラル然レトモ最近ニ至リ同黨ハ新タニ綱紀ヲ律シテ陣容ヲ改メ再ヒ國民ノ囑望ヲ得テ現自由黨政府顚覆ノ宣傳ヲ試ミントシ他方農民ノ大勢力ヲ根據トシテ存立セサル農民黨ニ拮抗シテ覇ヲ爭ハントノ勢ヲ示セリ現在ニ於テハ自由黨、國民黨ニ次ク勢力ヲ有セリ

議院ニ於ケル勢力　下院ニ於テ十二名上院ニ於テ三名ノ議員ヲ有ス

政綱

同黨ハ極メテ民主的政綱ヲ掲クルモ同黨ノ政局ニ當リタル當時社會主義ノ勃興ニ對シテハ寧ロ反動的政策ニ出テタリ同黨ハ自由黨ノ創立ニ係ル農地收用政策ノ遂行ニ最モ貢獻セリ現在國内經濟政策ニ對シテハ其ノ政綱ヲ有セス

外交政策ニ關シテハ現在羅國ノ加盟セル條約ノ維持及聯合側ノ指導スル政策ノ遂行ヲ以テ外交ノ方針ト爲サントス

主要人物

「アヴエレスコ」(Général Averesco)將軍、首領

「アルゼトイアヌ」(C. Argetoianu)

「ペトロヴイッチ」(Q. Petrovici)「ヤシー」選出代議士

「ヴアレアヌ」將軍 (Général Văleanu)

「ゴーガ」(Octaviau Goga)「トランシルヴアニー」選出代議士、舊國務大臣

「ドリ、ポポヴイッチ」(Dori Popovici)「ブコヴイナ」選出代議士

「ニッア」(Serge Nitsă)「ベッサラビー」選出代議士

「ラスカヌ」將軍 (Général Rascanu) 舊國務大臣

機關紙

「インドレプタレア」(Indreptarea)「ブカレスト」夕刊新聞

第五節　農民黨 (Parti Paysan ou Tzărăniste)

農民黨ハ大戰後羅國民ノ新タナル政治的生活ニ基キ出現シタル政黨ニシテ創立以來數年ヲ經タル

ノミナリ卽チ戰後普通選擧制ノ實施ト共ニ地方一般農民ハ漸ク政治ニ參與シ得ルニ至リタルカ羅國ニ於テハ農民ハ其ノ全人口ノ八割ニ達スルヲ以テ政黨ノ勢力ノ根據トシテ重要ナルコト明白ナリ農民黨ノ創立者ハ此ノ新タナル農民ノ大勢力ニ根據ヲ得テ一政黨ヲ組織スルニ至リタルモノニ外ナラス戰前地方、學校敎員團體ハ「ミハラケ」(T. Mihalache)ヲ會頭トシテ一ツノ組織ヲ構成シ居タルカ普通選擧制ノ實施セラレ地方農民ノ政治的生活ニ入ルニ當リ此等敎員ハ地方牧師ト協同シテ農民中ニ宣傳シテ玆ニ農民黨トシテ政治運動ヲ開始スルニ至レリ大戰中獨軍ノ侵入ニ依リ農場ノ蹂躙作物ノ徵發ヲ蒙リタルモノ多ク農民ハ苦境ニ陷リ其ノ極度ナル不滿憤怒ヲ抱ケルニ乘シ農民黨ハ巧ニ農民ノ心ヲ收攬シ得タルト共ニ他方戰時中各黨ヨリ脫シタル異分子ノ入黨ヲ見タルニ依リ益〻力ヲ得一九一九年末ニ於テハ稍優勢ナル地位ヲ收得スルニ至レリ

然ルニ同黨ニハ政治的智識經驗ニ富メル黨員少キタメ斯ル有力ナル勢力ノ根據ヲ有スルニ拘ラス黨勢振ハス其ノ成立以來僅カニ一回一九一九年「トランシルヴァニー」國民黨ト協同內閣(「トランシルヴァニー」國民黨首領「ヴァイダ」首相)ヲ組織シタルモ自黨ヨリ少數ノ閣員ヲ出シ得タルニ過キス又同黨ノ動モスレハ急進的ナラントスル傾向ハ漸ク農民階級ノ保守的精神ニ適合セサルモノアリ之カ爲メ近時其ノ勢力ニ支障ヲ生シ且其ノ社會主義的態度ハ著シク皇室ノ信賴ヲ失

シタルヲ以テ今後同黨ノ政局ニ重要位置ヲ占ムルハ頗ル困難ナルモノト察セラル

議會ニ於ケル勢力

同黨ハ下院ニ於テ三十七名上院ニ十二名ノ議員ヲ有シ現政府黨ヲ除キテハ最モ多數ノ議員ヲ有スル政黨ナリ

政　綱

同黨ノ主義ハ未タ確立セサルモノノ如キモ其ノ政局ニ當リタル際ノ態度ヨリ見ルニ寧ロ社會主義的傾向ヲ有シ殊ニ領袖タル「ループ」ハ自ラ社會主義者ヲ以テ任セルヲ以テ其ノ政策ノ斯ル傾向アルハ當然ナリ

外交政策ニ關シテモ亦主義トシテ揭ケラレタルモノナキモ隣國トノ友好關係ノ保持ヲ主眼トシ現今勞農露國トノ善隣關係ノ樹立ヲ最モ要望セルハ同黨ナリト稱セラル

主要人物

「ミハラケ」(T. Mihalache) 首領

「コンスタンチン、ステレ」(Constantin Stere) 學者、舊自由黨員

「シモン」(Simon) 舊保守黨員

「ヴイルジル、マジエアル」(Virgil Madgearu)
「グレゴアール、イウニアン」(Gregoire Iunian)
「ループ」博士(Dr. Lupu)舊自由黨員

機關紙
「オーロラ」紙(Aurora)「ブカレスト」發刊

第六節　民主國民黨(Parti Nationaliste-démocrat)

同黨ハ羅國ノ大歷史家「ニコラス、イオルガ」博士ヲ中心トスル政黨ニシテ戰後創立セラレタルモノナリ同氏ハ戰前既ニ政治的生活ニ入リタルカ常ニ獨立ノ地位ヲ維持シ數回議員トシテ選出セラレタリ然ルニ戰後ニ至リ同氏ハ其ノ友輩及其ノ舊子弟ニ擁セラレ反猶太人主義ヲ標榜シテ民主國民黨ヲ創設スルニ至レリ故ニ同黨員ハ同氏ノ舊子弟大部分ヲ占メ居リ其他他黨ヨリ脫退シタル者ヲ含ムモ之等ハ重要ナル要素ヲ爲スモノニアラス又「ヤシー」大學敎授「クーザ」ノ入黨ヲ見タルモ同氏ハ後ニ至リ脫退シテ「キリスト」敎國民黨ヲ創立セリ而シテ同黨ハ常ニ首領タル「イオルガ」博士ノ意思ヲ以テ黨是トセルモ一定セス卽チ同博士ノ政治ニ對スル態度ハ時機ニ應シテ變化スルモ決シテ行動ニ矛盾アルヲ許サスサレト同黨カ一般國民中ニ有スル勢力ノ基礎ハ極メテ少ク且地方ニ於テモ僅カニ同博士ノ舊子弟ノ組織ニカカル微力ナル根據ヲ有スルニ止ル一九一九年「トランシルヴァニー」國民黨ト農民黨トノ合同内閣ノ組織セラレタル際「イオルガ」博士ハ下院議長トナリタル以外今日ニ至ル迄同黨員ニシテ羅國政治上ノ重要ナル地位ヲ占メタルモノナシ

議會ニ於ケル勢力

下院ニ於テ五名ノ議員ヲ有スルニ過キス上院ニ於テハ僅カニ二名ヲ有スルノミ

政　綱

内政及外交共ニ何等政綱トシテ揭ケラレタルモノ無シ此レ全ク「イオルガ」博士ノ主義理想ヲ黨ノ精神トスルニ基クモノニシテ卽チ同博士ノ强烈ナル愛國的精神ヲ基礎トスル政策ノ遂行ヲ以テ一貫セントスルモノナリ

主要人物

「イオルガ」博士（Dr. Nicolas Iorga）首領

機關紙

「ネアムール、ロムネスク」（Neamul Komânesc）「ブカレスト」夕刊

「ネアムール、ロムネスク、ペントルポール」(Neamul Komânesc pentru popor)(「イオルガ」博士ノ個人的ノ機關紙ナリ)

其他同黨ハ往々「アデヴルール」(Adevarul)、「ドウミネアツア」(Dumineatza)、「ルプタ」(Lupta)及「ウニヴエルセル」(Universul)等ノ援助ヲ受クルコトアリ

第七節 「キリスト」敎國民黨(Parti Nationaliste-Chretien)

同黨ハ「ヤシー」大學敎授「クーザ」ノ創立ニ係リ初メ同氏ハ「イオルガ」博士ノ率ユル民主國民黨ノ主要人物タリシモ「イオルガ」博士ノ反猶太人主義ノ稍々衰フルニ及ヒ同博士ノ態度ヲ悅ハサル少數青年政客ト共ニ一九二〇年民主國民黨ヲ脫黨シテ一團ヲ爲シ最近ノ選擧ニ於テ自黨ヨリ一名ノ議員ノ選出ヲ見タリ一九二二年末ニ至リテ羅國內主トシテ「ブカレスト」ニ於ケル學生ノ反猶太人運動ノ再燃ヲ見タルカ一九二三年一月「クーザ」ハ之等學生ニ擁セラレテ自黨ヲ「キリスト」敎國民黨ト稱スルニ至リタルモ其ノ組織ノ果シテ政黨ト稱シ得ヘキヤ否ヤ疑問タルヲ失ハス而シテ其ノ勢力ノ主タル根據ハ反猶太人主義ノ學生ニシテ其他國民中同主義ヲ抱ケル者ノ支持ヲ受クルニ過キス

現在議會ニ於テハ下院ニ一名ノ議員ヲ有スルノミ

主要人物

「クーザ」(A. C. Cuza) 首領

機關紙

「アバラレア、ナチォナーラ」(Aprarea Nationala)

第八節　社會黨 (Parti Sociariste)

社會主義的政見ヲ抱クモノハ戰前既ニ存在シタルモ政黨トシテノ存立ヲ見タルハ戰後ニ屬ス卽普通選擧制度ノ實施セラレタル結果同黨ハ勞働階級ノ勢力ヲ得テ漸ク議員ヲ選出セシムルヲ得タリ「モスコー」ニ於ケル過激派ニ同情ヲ表シ他方國內ニ於ケル共產主義者トモ連絡ヲ保テリ然ルニ一九二〇年人民黨首領タル「アヴエレスコ」ハ民主保守黨ノ協力ヲ得テ政府ヲ組織スルヤ專心社會黨ノ撲滅ヲ企圖シテ高壓手段ニ依リ極端社會主義者ヲ投獄シテ社會黨ニ打擊ヲ加ヘ一九二一年末ニ至ル迄ニ殆ト該黨勢力ヲ挫折シ盡セリ

社會黨中ニ二派アリ其ノ極端派ハ「ジオルジユ、クリステスク」(Georze-Christescu) ヲ首領トシ殆ント共產主義ニ近キ態度ニ出テタルモ一九二一年上院內ニ於テ無政府的陰謀ヲ行ヒタル結果黨員ハ處罰ニ逢ヒ今日ニアリテハ殆ント其ノ存在ヲ失フニ至リ大赦ニ依リ出獄シタル同黨員ノ存スルニ依リ僅カニ同黨ノ面影ヲ止ムルニ過キス而シテ一方溫和社會黨ハ「モスコー」ヲ首領トシテ其ノ餘命ヲ繋ケルモ其ノ勢力甚タ振ハス近來「トランシルヴアニー」及「ブコヴイナ」地方ニ於テ其ノ新タナル勢力ヲ得ント努力セルモノノ如シ又同黨ハ「モスコー」ヨリ資金ヲ得居レリト稱セラル

議院ニ於ケル勢力

同黨ハ現今議員ヲ有セス議會ニ於テ社會主義者トシテ二名ノ議員アレトモ之等ハ獨立ノ存在ヲ有シ所謂社會黨員タルモノニアラス

政　綱

同黨ノ政綱トスル處ハ大體「モスコー」第三「アンテルナシヨナル」ノ主義ニ等シキモ羅國ノ特殊ノ國情ノ下ニアルヲ以テ枝葉ノ點ニ於テ異ル處アルハ免レス對外政策ニ關シテハ國際聯盟ノ權限ヲ認メサルヲ主義トセリ

主要人物

「モスコヴイツチ」(Elie Moscovici) 首領

機關紙

「ヴレメア、ノーア」(Vremea Noua)「ブカレスト」ニ於ケル週刊雜誌ナリ

「ソチアリズムール」紙 (Socialismul)「ブカレスト」週刊新聞

第三章　議會ニ於ケル政黨別

下院ニ於テハ議員總數三百六十九名中自由黨ハ二百四十六名ヲ有シテ過半數ヲ占メ之ニ次キテ農民黨、國民黨、人民黨、國民民主黨等ヲ議會ニ於ケル主要政黨トスルコト既ニ述ヘタルカ如シ「キリスト」敎國民黨ハ僅カニ一名ノ議員ヲ出セルニ過キス現在社會黨ノ名目ヲ以テ議席ニ列スルモノ一名（Dr. Pistiner Jacob）及國民社會黨トシテ議席ヲ有スルモノ一名（Bugnariu Iosif）アレトモ何レモ所謂羅國社會黨ノ分子ニアラスシテ全ク獨立ノ地歩ヲ有スルモノナルカ之等ハ該議員ノ社會黨ト自稱スル處ニ過キス又「ベッサラビー」農民黨ト稱スルモノ十五名アリタルモ大部分ハ最近農民黨ニ併合セラレ次ニ國民黨ハ（Parti Tzationai Zărăniat）ナルモノ三名アリタルモ同シク最近國民民主黨内ニ入レリ

其他合同民主黨（Parti Democrat Union）（十三名ヲ有シタリ）分立自由黨（Parti National-libéral dissident）（一名）及獨立自由黨（Parti libéral-independent）（一名）等ト稱スル小黨派アリタルモ皆最近自由黨ニ入レリ

次ニ所謂各種ノ小數民族ヲ代表スル議員アリ今期議會ニ選出セラレタル者ハ下院ニ於テ僅カニ十

二名アルニ過キサリキ

今各派ニ就キ之ヲ掲クレハ左ノ如シ

一、「サクソン」黨	(Parti National Saxon)	四名
二、人民「サクソン」黨	(Parti du Peuple Saxon)	一名
三、獨立「マジャール」黨	(Parti Independent Magiar)	二名
四、「マジャール」黨	(Parti Magiar)	一名
五、獨逸黨	(Parti Allemagne)	一名
六、獨逸議院團	(Groupe Parlementaire Allemagne)	一名
七、獨洪國民黨	(Parti Svab National)	一名
八、猶太人黨	(Parti National Juif)	一名

之等皆羅國ノ新領土ヨリ選出セラレタルモノナレ共皆啻ニ其ノ黨名ヲ冠セルニ過キスシテ事實上黨員トシテ數フルニ足ルモノ無ク又何等政黨タルノ組織ヲ有セサルヲ以テ眞正ノ意義ニ於ケル政黨トハ稱シ得サルモノナリ而シテ最近他黨ヨリ小數民族黨ニ入リシ者アリタル爲メ現在ニ於テハ總計十六名アリ

以上ノ外ハ卽チ獨立ノ地位ヲ維持スルモノニシテ當初四名アリシカ「トランシルヴアニー」農民黨ノ農民黨ニ併合セラレタル際少數ノ黨員ハ中立スルニ至リ又自由黨其他ノ黨員ニシテ獨立スルモノアリタル爲メ現在ニ於テハ十六名ヲ算ス而シテ之等黨員ノ中自由黨ハ往時議會ニ於ケル所謂左黨ノ地位ニアリタルモ現今ニ於テハ右黨ノ地位ニアリ國民黨及人民黨ハ中央黨トシテ存シ農民黨ハ左黨ニ及社會黨ハ極左黨ノ地位ヲ占ム而シテ極右黨タルヘキ進步保守黨ハ全ク議會ニ何等ノ勢力ヲ有セス

次ニ上院ニ於ケル各政黨ノ勢力ヲ見ルニ現在議員總數ハ百九十八名ト規定セラレ中三十名ヲ權利議員（Sénateur de droit）トシ百六十八名ハ選擧ニ依ルモノトス（權利議員ハ皇太子及大司敎（Métropolite）四名、大僧正（Archevêque）二十一名竝ニ各大學敎授ノ大學ニテ選出セラレタルモノ四名ヲ勅選ス）

選擧議員中現在ニ於テ自由黨ハ百四十八名ヲ占メ農民黨ハ十二名、人民黨ハ三名、國民黨及民主黨ハ各二名ヲ有シ其他獨立ノモノ一名存セリ故ニ上院ハ恰モ自由黨ノ上院タルカ如キ觀ヲ呈セリ尙大學敎授ニシテ勅選セラレタルモノ四名中三名ハ自由黨ニ屬シ他ノ一名ハ國民黨所屬ナリ

各國ノ政黨〔第二分冊〕　日本立法資料全集　別巻 1146

平成29年 2 月20日　復刻版第 1 刷発行

編纂者　外 務 省 歐 米 局

発行者　今 井 貴
渡 辺 左 近

発行所　信 山 社 出 版

〒113-0033 東京都文京区本郷 6 - 2 - 9 -102
モンテベルデ第 2 東大正門前
電 話 03 (3818) 1019
FAX 03 (3818) 0344
郵便振替 00140-2-367777(信山社販売)

Printed in Japan.

制作／(株)信山社，印刷・製本／松澤印刷・日進堂

ISBN 978-4-7972-7254-3 C3332

巻数	書　名	編・著者	ISBN	本体価格
950	実地応用町村制質疑録	野田藤吉郎、國吉拓郎	ISBN978-4-7972-6656-6	22,000 円
951	市町村議員必携	川瀬周次、田中迪三	ISBN978-4-7972-6657-3	40,000 円
952	増補 町村制執務備考 全	増澤鐵、飯島篤雄	ISBN978-4-7972-6658-0	46,000 円
953	郡区町村編制法 府県会規則 地方税規則 三法綱論	小笠原美治	ISBN978-4-7972-6659-7	28,000 円
954	郡区町村編制 府県会規則 地方税規則 新法例纂 追加地方諸要則	柳澤武運三	ISBN978-4-7972-6660-3	21,000 円
955	地方革新講話	西内天行	ISBN978-4-7972-6921-5	40,000 円
956	市町村名辞典	杉野耕三郎	ISBN978-4-7972-6922-2	38,000 円
957	市町村吏員提要〔第三版〕	田邊好一	ISBN978-4-7972-6923-9	60,000 円
958	帝国市町村便覧	大西林五郎	ISBN978-4-7972-6924-6	57,000 円
959	最近検定 市町村名鑑 附 官国幣社 及 諸学校所在地一覧	藤澤衛彦、伊東順彦、増田穆、関惣右衛門	ISBN978-4-7972-6925-3	64,000 円
960	鼇頭対照 市町村制解釈 附 理由書 及 参考諸布達	伊藤寿	ISBN978-4-7972-6926-0	40,000 円
961	市町村制釈義 完　附 市町村制理由	水越成章	ISBN978-4-7972-6927-7	36,000 円
962	府県郡市町村 模範治績　附 耕地整理法 産業組合法 附属法令	荻野千之助	ISBN978-4-7972-6928-4	74,000 円
963	市町村大字読方名彙〔大正十四年度版〕	小川琢治	ISBN978-4-7972-6929-1	60,000 円
964	町村会議員選挙要覧	津田東璋	ISBN978-4-7972-6930-7	34,000 円
965	市制町村制 及 府県制　附 普通選挙法	法律研究会	ISBN978-4-7972-6931-4	30,000 円
966	市制町村制註釈 完　附 市制町村制理由〔明治21年初版〕	角田真平、山田正賢	ISBN978-4-7972-6932-1	46,000 円
967	市町村制詳解 全　附 市町村制理由	元田肇、加藤政之助、日鼻豊作	ISBN978-4-7972-6933-8	47,000 円
968	区町村会議要覧 全	阪田辨之助	ISBN978-4-7972-6934-5	28,000 円
969	実用 町村制市制事務提要	河邨貞山、島村文耕	ISBN978-4-7972-6935-2	46,000 円
970	新旧対照 市制町村制正文〔第三版〕	自治館編輯局	ISBN978-4-7972-6936-9	28,000 円
971	細密調査 市町村便覧（三府 四十三県 北海道 樺太 台湾 朝鮮 関東州） 附 分類官公衙公私学校銀行所在地一覧表	白山榮一郎、森田公美	ISBN978-4-7972-6937-6	88,000 円
972	正文 市制町村制 並 附属法規	法曹閣	ISBN978-4-7972-6938-3	21,000 円
973	台湾朝鮮関東州 全国市町村便覧 各学校所在地〔第一分冊〕	長谷川好太郎	ISBN978-4-7972-6939-0	58,000 円
974	台湾朝鮮関東州 全国市町村便覧 各学校所在地〔第二分冊〕	長谷川好太郎	ISBN978-4-7972-6940-6	58,000 円
975	合巻 佛蘭西邑法・和蘭邑法・皇国郡区町村編成法	箕作麟祥、大井憲太郎、神田孝平	ISBN978-4-7972-6941-3	28,000 円
976	自治之模範	江木翼	ISBN978-4-7972-6942-0	60,000 円
977	地方制度実例総覧〔明治36年初版〕	金田謙	ISBN978-4-7972-6943-7	48,000 円
978	市町村民 自治読本	武藤榮治郎	ISBN978-4-7972-6944-4	22,000 円
979	町村制詳解　附 市制及町村制理由	相澤富蔵	ISBN978-4-7972-6945-1	28,000 円
980	改正 市町村制 並 附属法規	楠綾雄	ISBN978-4-7972-6946-8	28,000 円
981	改正 市制 及 町村制〔訂正10版〕	山野金蔵	ISBN978-4-7972-6947-5	28,000 円

別巻　巻数順一覧【915 ～ 949 巻】

巻数	書　名	編・著者	ISBN	本体価格
915	改正 新旧対照市町村一覧	鍾美堂	ISBN978-4-7972-6621-4	78,000 円
916	東京市会先例彙輯	後藤新平、桐島像一、八田五三	ISBN978-4-7972-6622-1	65,000 円
917	改正 地方制度解説〔第六版〕	狭間茂	ISBN978-4-7972-6623-8	67,000 円
918	改正 地方制度通義	荒川五郎	ISBN978-4-7972-6624-5	75,000 円
919	町村制市制全書 完	中嶋廣蔵	ISBN978-4-7972-6625-2	80,000 円
920	自治新制 市町村会法要談 全	田中重策	ISBN978-4-7972-6626-9	22,000 円
921	郡市町村吏員 収税実務要書	荻野千之助	ISBN978-4-7972-6627-6	21,000 円
922	町村至宝	桂虎次郎	ISBN978-4-7972-6628-3	36,000 円
923	地方制度通 全	上山満之進	ISBN978-4-7972-6629-0	60,000 円
924	帝国議会府県会郡会市町村会議員必携 附関係法規 第1分冊	太田峯三郎、林田亀太郎、小原新三	ISBN978-4-7972-6630-6	46,000 円
925	帝国議会府県会郡会市町村会議員必携 附関係法規 第2分冊	太田峯三郎、林田亀太郎、小原新三	ISBN978-4-7972-6631-3	62,000 円
926	市町村是	野田千太郎	ISBN978-4-7972-6632-0	21,000 円
927	市町村執務要覧 全 第1分冊	大成館編輯局	ISBN978-4-7972-6633-7	60,000 円
928	市町村執務要覧 全 第2分冊	大成館編輯局	ISBN978-4-7972-6634-4	58,000 円
929	府県会規則大全　附 裁定録	朝倉達三、若林友之	ISBN978-4-7972-6635-1	28,000 円
930	地方自治の手引	前田宇治郎	ISBN978-4-7972-6636-8	28,000 円
931	改正 市制町村制と衆議院議員選挙法	服部喜太郎	ISBN978-4-7972-6637-5	28,000 円
932	市町村国税事務取扱手続	広島財務研究会	ISBN978-4-7972-6638-2	34,000 円
933	地方自治制要義 全	末松偕一郎	ISBN978-4-7972-6639-9	57,000 円
934	市町村特別税之栞	三邊長治、水谷平吉	ISBN978-4-7972-6640-5	24,000 円
935	英国地方制度 及 税法	良保両氏、水野遵	ISBN978-4-7972-6641-2	34,000 円
936	英国地方制度 及 税法	髙橋達	ISBN978-4-7972-6642-9	20,000 円
937	日本法典全書 第一編 府県制郡制註釈	上條慎蔵、坪谷善四郎	ISBN978-4-7972-6643-6	58,000 円
938	判例挿入 自治法規全集 全	池田繁太郎	ISBN978-4-7972-6644-3	82,000 円
939	比較研究 自治之精髄	水野錬太郎	ISBN978-4-7972-6645-0	22,000 円
940	傍訓註釈 市制町村制 並ニ 理由書〔第三版〕	筒井時治	ISBN978-4-7972-6646-7	46,000 円
941	以呂波引町村便覧	田山宗堯	ISBN978-4-7972-6647-4	37,000 円
942	町村制執務要録 全	鷹巣清二郎	ISBN978-4-7972-6648-1	46,000 円
943	地方自治 及 振興策	床次竹二郎	ISBN978-4-7972-6649-8	30,000 円
944	地方自治講話	田中四郎左衛門	ISBN978-4-7972-6650-4	36,000 円
945	地方施設改良 訓諭演説集〔第六版〕	鹽川玉江	ISBN978-4-7972-6651-1	40,000 円
946	帝国地方自治団体発達史〔第三版〕	佐藤亀齢	ISBN978-4-7972-6652-8	48,000 円
947	農村自治	小橋一太	ISBN978-4-7972-6653-5	34,000 円
948	国税 地方税 市町村税 滞納処分法問答	竹尾高堅	ISBN978-4-7972-6654-2	28,000 円
949	市町村役場実用 完	福井淳	ISBN978-4-7972-6655-9	40,000 円

別巻　巻数順一覧【878 ～ 914 巻】

巻数	書　名	編・著者	ISBN	本体価格
878	明治史第六編 政黨史	博文館編輯局	ISBN978-4-7972-7180-5	42,000 円
879	日本政黨發達史 全〔第一分冊〕	上野熊藏	ISBN978-4-7972-7181-2	50,000 円
880	日本政黨發達史 全〔第二分冊〕	上野熊藏	ISBN978-4-7972-7182-9	50,000 円
881	政党論	梶原保人	ISBN978-4-7972-7184-3	30,000 円
882	獨逸新民法商法正文	古川五郎、山口弘一	ISBN978-4-7972-7185-0	90,000 円
883	日本民法鼇頭對比獨逸民法	荒波正隆	ISBN978-4-7972-7186-7	40,000 円
884	泰西立憲國政治攬要	荒井泰治	ISBN978-4-7972-7187-4	30,000 円
885	改正衆議院議員選舉法釋義 全	福岡伯、横田左仲	ISBN978-4-7972-7188-1	42,000 円
886	改正衆議院議員選舉法釋義 附 改正貴族院令,治安維持法	犀川長作、犀川久平	ISBN978-4-7972-7189-8	33,000 円
887	公民必携 選舉法規ト判決例	大浦兼武、平沼騏一郎、木下友三郎、清水澄、三浦數平	ISBN978-4-7972-7190-4	96,000 円
888	衆議院議員選舉法輯覽	司法省刑事局	ISBN978-4-7972-7191-1	53,000 円
889	行政司法選舉判例總覽―行政救濟と其手續―	澤田竹治郎・川崎秀男	ISBN978-4-7972-7192-8	72,000 円
890	日本親族相續法義解 全	髙橋捨六・堀田馬三	ISBN978-4-7972-7193-5	45,000 円
891	普通選舉文書集成	山中秀男・岩本溫良	ISBN978-4-7972-7194-2	85,000 円
892	普選の勝者 代議士月旦	大石末吉	ISBN978-4-7972-7195-9	60,000 円
893	刑法註釋 卷一～卷四(上卷)	村田保	ISBN978-4-7972-7196-6	58,000 円
894	刑法註釋 卷五～卷八(下卷)	村田保	ISBN978-4-7972-7197-3	50,000 円
895	治罪法註釋 卷一～卷四(上卷)	村田保	ISBN978-4-7972-7198-0	50,000 円
896	治罪法註釋 卷五～卷八(下卷)	村田保	ISBN978-4-7972-7198-0	50,000 円
897	議會選舉法	カール・ブラウニアス、國政研究科會	ISBN978-4-7972-7201-7	42,000 円
901	鼇頭註釈 町村制　附 理由 全	八乙女盛次、片野続	ISBN978-4-7972-6607-8	28,000 円
902	改正 市制町村制　附 改正要義	田山宗堯	ISBN978-4-7972-6608-5	28,000 円
903	増補訂正 町村制詳解〔第十五版〕	長峰安三郎、三浦通太、野田千太郎	ISBN978-4-7972-6609-2	52,000 円
904	市制町村制 並 理由書　附 直接間接税類別及実施手続	高崎修助	ISBN978-4-7972-6610-8	20,000 円
905	町村制要義	河野正義	ISBN978-4-7972-6611-5	28,000 円
906	改正 市制町村制義解〔帝國地方行政学会〕	川村芳次	ISBN978-4-7972-6612-2	60,000 円
907	市制町村制 及 関係法令〔第三版〕	野田千太郎	ISBN978-4-7972-6613-9	35,000 円
908	市町村新旧対照一覧	中村芳松	ISBN978-4-7972-6614-6	38,000 円
909	改正 府県郡制問答講義	木内英雄	ISBN978-4-7972-6615-3	28,000 円
910	地方自治提要 全　附 諸届願書式 日用規則抄録	木村時義、吉武則久	ISBN978-4-7972-6616-0	56,000 円
911	訂正増補 市町村制問答詳解　附 理由及追輯	福井淳	ISBN978-4-7972-6617-7	70,000 円
912	改正 府県制郡制註釈〔第三版〕	福井淳	ISBN978-4-7972-6618-4	34,000 円
913	地方制度実例総覧〔第七版〕	自治館編輯局	ISBN978-4-7972-6619-1	78,000 円
914	英国地方政治論	ジョージ・チャールズ・ブロドリック、久米金彌	ISBN978-4-7972-6620-7	30,000 円

巻数	書　名	編・著者	ISBN	本体価格
843	法律汎論	熊谷直太	ISBN978-4-7972-7141-6	40,000円
844	英國國會選擧訴願判決例 全	オマリー、ハードカッスル、サンタース	ISBN978-4-7972-7142-3	80,000円
845	衆議院議員選擧法改正理由書 完	内務省	ISBN978-4-7972-7143-0	40,000円
846	戇齋法律論文集	森作太郎	ISBN978-4-7972-7144-7	45,000円
847	雨山遺稾	渡邉輝之助	ISBN978-4-7972-7145-4	70,000円
848	法曹紙屑籠	鷺城逸史	ISBN978-4-7972-7146-1	54,000円
849	法例彙纂 民法之部 第一篇	史官	ISBN978-4-7972-7147-8	66,000円
850	法例彙纂 民法之部 第二篇〔第一分冊〕	史官	ISBN978-4-7972-7148-5	55,000円
851	法例彙纂 民法之部 第二篇〔第二分冊〕	史官	ISBN978-4-7972-7149-2	75,000円
852	法例彙纂 商法之部〔第一分冊〕	史官	ISBN978-4-7972-7150-8	70,000円
853	法例彙纂 商法之部〔第二分冊〕	史官	ISBN978-4-7972-7151-5	75,000円
854	法例彙纂 訴訟法之部〔第一分冊〕	史官	ISBN978-4-7972-7152-2	60,000円
855	法例彙纂 訴訟法之部〔第二分冊〕	史官	ISBN978-4-7972-7153-9	48,000円
856	法例彙纂 懲罰則之部	史官	ISBN978-4-7972-7154-6	58,000円
857	法例彙纂 第二版 民法之部〔第一分冊〕	史官	ISBN978-4-7972-7155-3	70,000円
858	法例彙纂 第二版 民法之部〔第二分冊〕	史官	ISBN978-4-7972-7156-0	70,000円
859	法例彙纂 第二版 商法之部・訴訟法之部〔第一分冊〕	太政官記録掛	ISBN978-4-7972-7157-7	72,000円
860	法例彙纂 第二版 商法之部・訴訟法之部〔第二分冊〕	太政官記録掛	ISBN978-4-7972-7158-4	40,000円
861	法令彙纂 第三版 民法之部〔第一分冊〕	太政官記録掛	ISBN978-4-7972-7159-1	54,000円
862	法令彙纂 第三版 民法之部〔第二分冊〕	太政官記録掛	ISBN978-4-7972-7160-7	54,000円
863	現行法律規則全書（上）	小笠原美治、井田鐘次郎	ISBN978-4-7972-7162-1	50,000円
864	現行法律規則全書（下）	小笠原美治、井田鐘次郎	ISBN978-4-7972-7163-8	53,000円
865	國民法制通論 上卷・下卷	仁保龜松	ISBN978-4-7972-7165-2	56,000円
866	刑法註釋	磯部四郎、小笠原美治	ISBN978-4-7972-7166-9	85,000円
867	治罪法註釋	磯部四郎、小笠原美治	ISBN978-4-7972-7167-6	70,000円
868	政法哲學 前編	ハーバート・スペンサー、濱野定四郎、渡邊治	ISBN978-4-7972-7168-3	45,000円
869	政法哲學 後編	ハーバート・スペンサー、濱野定四郎、渡邊治	ISBN978-4-7972-7169-0	45,000円
870	佛國商法復説 第壹篇自第壹卷至第七卷	リウヒエール、商法編纂局	ISBN978-4-7972-7171-3	75,000円
871	佛國商法復説 第壹篇第八卷	リウヒエール、商法編纂局	ISBN978-4-7972-7172-0	45,000円
872	佛國商法復説 自第二篇至第四篇	リウヒエール、商法編纂局	ISBN978-4-7972-7173-7	70,000円
873	佛國商法復説 書式之部	リウヒエール、商法編纂局	ISBN978-4-7972-7174-4	40,000円
874	代言試験問題擬判録 全 附録明治法律學校民刑問題及答案	熊野敏三、宮城浩蔵、河野和三郎、岡義男	ISBN978-4-7972-7176-8	35,000円
875	各國官吏試驗法類集 上・下	内閣	ISBN978-4-7972-7177-5	54,000円
876	商業規篇	矢野亨	ISBN978-4-7972-7178-2	53,000円
877	民法実用法典 全	福田一覺	ISBN978-4-7972-7179-9	45,000円

別巻　巻数順一覧【810～842巻】

巻数	書名	編・著者	ISBN	本体価格
810	訓點法國律例 民律 上卷	鄭永寧	ISBN978-4-7972-7105-8	50,000円
811	訓點法國律例 民律 中卷	鄭永寧	ISBN978-4-7972-7106-5	50,000円
812	訓點法國律例 民律 下卷	鄭永寧	ISBN978-4-7972-7107-2	60,000円
813	訓點法國律例 民律指掌	鄭永寧	ISBN978-4-7972-7108-9	58,000円
814	訓點法國律例 貿易定律・園林則律	鄭永寧	ISBN978-4-7972-7109-6	60,000円
815	民事訴訟法 完	本多康直	ISBN978-4-7972-7111-9	65,000円
816	物権法(第一部)完	西川一男	ISBN978-4-7972-7112-6	45,000円
817	物権法(第二部)完	馬場愿治	ISBN978-4-7972-7113-3	35,000円
818	商法五十課 全	アーサー・B・クラーク、本多孫四郎	ISBN978-4-7972-7115-7	38,000円
819	英米商法律原論 契約之部及流通券之部	岡山兼吉、淺井勝	ISBN978-4-7972-7116-4	38,000円
820	英國組合法 完	サー・フレデリック・ポロック、榊原幾久若	ISBN978-4-7972-7117-1	30,000円
821	自治論 一名人民ノ自由 巻之上・巻之下	リーバー、林董	ISBN978-4-7972-7118-8	55,000円
822	自治論纂 全一册	獨逸學協會	ISBN978-4-7972-7119-5	50,000円
823	憲法彙纂	古屋宗作、鹿島秀麿	ISBN978-4-7972-7120-1	35,000円
824	國會汎論	ブルンチュリー、石津可輔、讃井逸三	ISBN978-4-7972-7121-8	30,000円
825	威氏法學通論	エスクバック、渡邊輝之助、神山亨太郎	ISBN978-4-7972-7122-5	35,000円
826	萬國憲法 全	高田早苗、坪谷善四郎	ISBN978-4-7972-7123-2	50,000円
827	綱目代議政體	J・S・ミル、上田充	ISBN978-4-7972-7124-9	40,000円
828	法學通論	山田喜之助	ISBN978-4-7972-7125-6	30,000円
829	法學通論 完	島田俊雄、溝上與三郎	ISBN978-4-7972-7126-3	35,000円
830	自由之權利 一名自由之理 全	J・S・ミル、高橋正次郎	ISBN978-4-7972-7127-0	38,000円
831	歐洲代議政體起原史 第一册・第二冊／代議政體原論 完	ギゾー、漆間眞學、藤田四郎、アンドリー、山口松五郎	ISBN978-4-7972-7128-7	100,000円
832	代議政體 全	J・S・ミル、前橋孝義	ISBN978-4-7972-7129-4	55,000円
833	民約論	J・J・ルソー、田中弘義、服部德	ISBN978-4-7972-7130-0	40,000円
834	歐米政黨沿革史總論	藤田四郎	ISBN978-4-7972-7131-7	30,000円
835	内外政黨事情・日本政黨事情 完	中村義三、大久保常吉	ISBN978-4-7972-7132-4	35,000円
836	議會及政黨論	菊池學而	ISBN978-4-7972-7133-1	35,000円
837	各國之政黨 全〔第1分冊〕	外務省政務局	ISBN978-4-7972-7134-8	70,000円
838	各國之政黨 全〔第2分冊〕	外務省政務局	ISBN978-4-7972-7135-5	60,000円
839	大日本政黨史 全	若林清、尾崎行雄、箕浦勝人、加藤恒忠	ISBN978-4-7972-7137-9	63,000円
840	民約論	ルソー、藤田浪人	ISBN978-4-7972-7138-6	30,000円
841	人權宣告辯妄・政治眞論一名主權辯妄	ベンサム、草野宣隆、藤田四郎	ISBN978-4-7972-7139-3	40,000円
842	法制講義 全	赤司鷹一郎	ISBN978-4-7972-7140-9	30,000円

巻数	書名	編・著者	ISBN	本体価格
776	改正 府県制郡制釈義〔第三版〕	坪谷善四郎	ISBN978-4-7972-6602-3	35,000 円
777	新旧対照 市制町村制 及 理由〔第九版〕	荒川五郎	ISBN978-4-7972-6603-0	28,000 円
778	改正 市町村制講義	法典研究会	ISBN978-4-7972-6604-7	38,000 円
779	改正 市制町村制講義 附 施行諸規則 及 市町村事務摘要	樋山廣業	ISBN978-4-7972-6605-4	58,000 円
780	改正 市制町村制義解	行政法研究会、藤田謙堂	ISBN978-4-7972-6606-1	60,000 円
781	今時獨逸帝國要典 前篇	C・モレイン、今村有隣	ISBN978-4-7972-6425-8	45,000 円
782	各國上院紀要	元老院	ISBN978-4-7972-6426-5	35,000 円
783	泰西國法論	シモン・ヒッセリング、津田真一郎	ISBN978-4-7972-6427-2	40,000 円
784	律例權衡便覽 自第一冊至第五冊	村田保	ISBN978-4-7972-6428-9	100,000 円
785	檢察事務要件彙纂	平松照忠	ISBN978-4-7972-6429-6	45,000 円
786	治罪法比鑑 完	福鎌芳隆	ISBN978-4-7972-6430-2	65,000 円
787	治罪法註解	立野胤政	ISBN978-4-7972-6431-9	56,000 円
788	佛國民法契約篇講義 全	玉乃世履、磯部四郎	ISBN978-4-7972-6432-6	40,000 円
789	民法疏義 物權之部	鶴丈一郎、手塚太郎	ISBN978-4-7972-6433-3	90,000 円
790	民法疏義 人權之部	鶴丈一郎	ISBN978-4-7972-6434-0	100,000 円
791	民法疏義 取得篇	鶴丈一郎	ISBN978-4-7972-6435-7	80,000 円
792	民法疏義 擔保篇	鶴丈一郎	ISBN978-4-7972-6436-4	90,000 円
793	民法疏義 證據篇	鶴丈一郎	ISBN978-4-7972-6437-1	50,000 円
794	法學通論	奥田義人	ISBN978-4-7972-6439-5	100,000 円
795	法律ト宗教トノ關係	名尾玄乘	ISBN978-4-7972-6440-1	55,000 円
796	英國國會政治	アルフユース・トッド、スペンサー・ヲルポール、林田龜太郎、岸清一	ISBN978-4-7972-6441-8	65,000 円
797	比較國會論	齊藤隆夫	ISBN978-4-7972-6442-5	30,000 円
798	改正衆議院議員選擧法論	島田俊雄	ISBN978-4-7972-6443-2	30,000 円
799	改正衆議院議員選擧法釋義	林田龜太郎	ISBN978-4-7972-6444-9	50,000 円
800	改正衆議院議員選擧法正解	武田貞之助、井上密	ISBN978-4-7972-6445-6	30,000 円
801	佛國法律提要 全	箕作麟祥、大井憲太郎	ISBN978-4-7972-6446-3	100,000 円
802	佛國政典	ドラクルチー、大井憲太郎、箕作麟祥	ISBN978-4-7972-6447-0	120,000 円
803	社會行政法論 全	H・リョースレル、江木衷	ISBN978-4-7972-6448-7	100,000 円
804	英國財産法講義	三宅恒徳	ISBN978-4-7972-6449-4	60,000 円
805	國家論 全	ブルンチュリー、平田東助、平塚定二郎	ISBN978-4-7972-7100-3	50,000 円
806	日本議會現法 完	増尾種時	ISBN978-4-7972-7101-0	45,000 円
807	法學通論 一名法學初歩 全	P・ナミュール、河地金代、河村善益、薩埵正邦	ISBN978-4-7972-7102-7	53,000 円
808	訓點法國律例 刑名定範 卷一卷二 完	鄭永寧	ISBN978-4-7972-7103-4	40,000 円
809	訓點法國律例 刑律從卷 一至卷四 完	鄭永寧	ISBN978-4-7972-7104-1	30,000 円

別巻　巻数順一覧【741 ～ 775 巻】

巻数	書　名	編・著者	ISBN	本体価格
741	改正 市町村制詳解	相馬昌三、菊池武夫	ISBN978-4-7972-6491-3	38,000 円
742	註釈の市制と町村制　附 普通選挙法	法律研究会	ISBN978-4-7972-6492-0	60,000 円
743	新旧対照 市制町村制 並 附属法規〔改訂二十七版〕	良書普及会	ISBN978-4-7972-6493-7	36,000 円
744	改訂増補 市制町村制実例総覧 第 1 分冊	田中廣太郎、良書普及会	ISBN978-4-7972-6494-4	60,000 円
745	改訂増補 市制町村制実例総覧 第 2 分冊	田中廣太郎、良書普及会	ISBN978-4-7972-6495-1	68,000 円
746	実例判例 市制町村制釈義〔昭和十年改正版〕	梶康郎	ISBN978-4-7972-6496-8	57,000 円
747	市制町村制義解　附 理由〔第五版〕	櫻井一久	ISBN978-4-7972-6497-5	47,000 円
748	実地応用町村制問答〔第二版〕	市町村雑誌社	ISBN978-4-7972-6498-2	46,000 円
749	傍訓註釈 日本市制町村制 及 理由書	柳澤武運三	ISBN978-4-7972-6575-0	28,000 円
750	鼇頭註釈 市町村制俗解　附 理由書〔増補第五版〕	清水亮三	ISBN978-4-7972-6576-7	28,000 円
751	市町村制質問録	片貝正晉	ISBN978-4-7972-6577-4	28,000 円
752	実用詳解町村制 全	夏目洗藏	ISBN978-4-7972-6578-1	28,000 円
753	新旧対照 改正 市制町村制新釈　附 施行細則及執務條規	佐藤貞雄	ISBN978-4-7972-6579-8	42,000 円
754	市制町村制講義	樋山廣業	ISBN978-4-7972-6580-4	46,000 円
755	改正 市制町村制講義〔第十版〕	秋野沆	ISBN978-4-7972-6581-1	42,000 円
756	註釈の市制と町村制 市制町村制施行令他関連法収録〔昭和4年4月版〕	法律研究会	ISBN978-4-7972-6582-8	58,000 円
757	実例判例 市制町村制釈義〔第四版〕	梶康郎	ISBN978-4-7972-6583-5	48,000 円
758	改正 市制町村制解説	狭間茂、土谷覺太郎	ISBN978-4-7972-6584-2	59,000 円
759	市町村制註解 完	若林市太郎	ISBN978-4-7972-6585-9	22,000 円
760	町村制実用 完	新田貞橘、鶴田嘉内	ISBN978-4-7972-6586-6	56,000 円
761	町村制精解 完　附 理由 及 問答録	中目孝太郎、磯谷郡爾、高田早苗、両角彦六、高木守三郎	ISBN978-4-7972-6587-3	35,000 円
762	改正 町村制詳解〔第十三版〕	長峰安三郎、三浦通太、野田千太郎	ISBN978-4-7972-6588-0	54,000 円
763	加除自在 参照条文　附 市制町村制　附 関係法規	矢島和三郎	ISBN978-4-7972-6589-7	60,000 円
764	改正版 市制町村制並ニ府県制及ビ重要関係法令	法制堂出版	ISBN978-4-7972-6590-3	39,000 円
765	改正版 註釈の市制と町村制 最近の改正を含む	法制堂出版	ISBN978-4-7972-6591-0	58,000 円
766	鼇頭註釈 市町村制俗解　附 理由書〔第二版〕	清水亮三	ISBN978-4-7972-6592-7	25,000 円
767	理由挿入 市町村制俗解〔第三版増補訂正〕	上村秀昇	ISBN978-4-7972-6593-4	28,000 円
768	府県制郡制註釈	田島彦四郎	ISBN978-4-7972-6594-1	40,000 円
769	市制町村制傍訓 完　附 市制町村制理由〔第四版〕	内山正如	ISBN978-4-7972-6595-8	18,000 円
770	市制町村制釈義	壁谷可六、上野太一郎	ISBN978-4-7972-6596-5	38,000 円
771	市制町村制詳解 全　附 理由書	杉谷庸	ISBN978-4-7972-6597-2	21,000 円
772	鼇頭傍訓 市制町村制註釈 及 理由書	山内正利	ISBN978-4-7972-6598-9	28,000 円
773	町村制要覧 全	浅井元、古谷省三郎	ISBN978-4-7972-6599-6	38,000 円
774	府県制郡制釈義 全〔第三版〕	栗本勇之助、森惣之祐	ISBN978-4-7972-6600-9	35,000 円
775	市制町村制釈義	坪谷善四郎	ISBN978-4-7972-6601-6	39,000 円